汽车发动机机械系统检修

主编　宗明建　赵雪永　赵海宾

北京理工大学出版社
BEIJING INSTITUTE OF TECHNOLOGY PRESS

内容简介

本书以汽车维修企业典型工作过程为导向，需学生完成的工作任务为教学载体，设计了21个工作项目。每个项目包含一个实际的工作任务、工作页与评分表和若干个理论与实践技能的核心知识点。

本书主要内容包括发动机基础知识、曲柄连杆机构的检修、配气机构的检修、冷却系统的检修、润滑系统的检修五个单元。再细分为工具与量具的使用、发动机总体结构认识，气缸的测量、气缸盖的拆装与检测、活塞与活塞环的拆装与检测、活塞连杆组的拆装、连杆的检测、曲轴的检测、曲轴飞轮组的拆装与检测、发动机气缸压力低的故障检修，气门组的拆装与检测、凸轮轴的拆装与检测、正时链的检测与更换、更换正时皮带、气门室异响的故障诊断，节温器的拆装与检测、更换冷却液、发动机冷却液温度过高的故障诊断，机油泵的拆装与检测、更换发动机机油与机滤、发动机机油压力过低的故障诊断共21个工作项目。每个工作项目有详细的操作方法、步骤、要求等，重点针对学生实践技能和动手能力的培养。

本书可作为高职高专汽车类相关专业教学用书，也可供从事汽车相关工作的工程技术人员参考。

图书在版编目（CIP）数据

汽车发动机机械系统检修/宗明建，赵雪永，赵海宾主编．—北京：北京理工大学出版社，2018．3（2021.7重印）

ISBN 978－7－5682－5438－0

Ⅰ．①汽…　Ⅱ．①宗…　②赵…　③赵…　Ⅲ．①汽车－发动机－机械系统－车辆检修－教材　Ⅳ．①U472．43

中国版本图书馆CIP数据核字（2018）第056765号

出版发行／北京理工大学出版社有限责任公司
社　　址／北京市海淀区中关村南大街5号
邮　　编／100081
电　　话／（010）68914775（总编室）
（010）82562903（教材售后服务热线）
（010）68948351（其他图书服务热线）
网　　址／http：//www.bitpress.com.cn
经　　销／全国各地新华书店
印　　刷／三河市天利华印刷装订有限公司
开　　本／787毫米×1092毫米　1/16
印　　张／21．25　　责任编辑／封　雪
字　　数／505千字　　文案编辑／封　雪
版　　次／2018年3月第1版　2021年7月第3次印刷　　责任校对／周瑞红
定　　价／53．00元　　责任印制／李　洋

前言

PREFACE

《汽车发动机机械系统检修》是高职高专院校汽车类专业的主干课程教材，编者紧紧围绕高素质技能型人才的培养目标，根据高职汽车专业毕业生主要就业岗位的职业能力与素质要求，以及国家汽车修理工职业标准对汽车维修高级工的知识和能力要求，以能力为本位，以工作过程为导向编写此书。本书可供高职高专汽车类相关专业教学使用，也可作为从事汽车相关工作的工程技术人员的参考用书。

本书的编者都来自教学一线，有着丰富的教学经验和扎实的专业理论知识及专业实践技能。在编写过程中，引入汽车企业培训内容，并结合企业的工作过程，按照工程过程的情境组织教材内容，并将其分为五个单元，21 个工作项目。每个工作项目接近企业的实际工作过程。旨在培养学生的实际工作技能，满足高职学生的人才培养要求。

河北交通职业技术学院宗明建、赵雪永和赵海宾担任本书主编，并负责全书统稿工作；河北交通职业技术学院张玉泉、程嫣、张宁担任副主编；河北科技学院代长安参编。具体编写分工为：宗明建编写单元二的项目七和项目八、单元三的概述和项目五、单元四的概述和项目三，赵雪永编写单元二的项目五和项目六、单元五的概述和项目三，张玉泉编写单元二的项目二和项目三、单元三的项目三、单元五的项目一，程嫣编写单元一的项目一、单元二的概述和项目一、单元三的项目二、单元五的项目二，赵海宾编写单元二的项目四、单元三的项目四、单元四的项目一，张宁编写单元一的项目二、单元三的项目一、单元四的项目二，代长安参与了部分章节的编写工作。本书在编写过程中，参考了大量的书籍、论文等文献资料，在此，谨向原作者表示感谢。

由于编者水平有限，书中存在不当甚至错误之处在所难免，衷心希望广大读者批评指正。

编　者

目录

CONTENTS

单元一　发动机基础知识

单元二　曲柄连杆机构的检修

单元三 配气机构的检修

单元四 冷却系统的检修

单元五 润滑系统的检修

单元一

发动机基础知识

学习目标

通过本单元的学习，重点掌握发动机的总体构造、基本术语、四冲程发动机的工作原理、发动机的性能指标；了解发动机的种类、发动机的型号编制、常用工具与量具的使用。

学习要求

能力目标	知识要点	权重
会选用、使用基本的工具与量具	常用工具的种类与正确使用 常用量具的种类、正确使用与读数	30%
认识发动机的总体结构	总体结构组成及工作原理	40%
通过性能指标、型号区分发动机	发动机的性能指标 发动机的型号编制	30%

项目一

工具与量具的使用

1.1.1 常用工具

1. 螺钉旋具

1）种类和用途

（1）一字螺钉旋具（一字螺丝刀、一字改锥），如图 1－1－1（a）所示。一字螺钉旋具主要用于拆装一字槽口的螺钉。一字螺丝刀的型号表示为刀头宽度 × 刀杆，如 3.2 mm × 75 mm，表示刀头宽度为 3.2 mm，杆长为 75 mm（非全长）。常用杆长规格有 50 mm、75 mm、125 mm、150 mm 等。

（2）十字螺钉旋具（十字螺丝刀、十字改锥），如图 1－1－1（b）所示。十字螺钉旋具专门用于拆装十字槽口的螺钉。十字螺钉旋具规格型号表示为刀头大小 × 刀杆。例如，2# × 75 mm，表示刀头为 2 号，金属杆长 75 mm（非全长）。机械设备常用十字螺钉旋具刀头型号为 0#、1#、2#、3#、4#，适用的螺钉直径为 3 mm、5 mm、6 mm、8 mm、10 mm。部分厂家以数字前加 PH 表示，如 PH2 即为 2#。

（a）

（b）

图 1－1－1　螺钉旋具

（a）一字螺钉旋具；（b）十字螺钉旋具

2）使用注意事项

（1）旋具有木柄和塑料柄之分，塑料柄具有一定的绝缘性，适宜电工使用。

（2）使用前应先擦净旋具柄和槽口、刀口的油污，以免工作时滑脱而发生意外。

（3）螺钉旋具刀口应与螺钉（栓）槽口的形状和大小适合，刀口端太薄易折断，螺钉太厚不能完全嵌入槽口内，而易使旋具口和螺钉（栓）槽口损坏。

（4）使用时，不允许将工件拿在手上用旋具拆装螺钉（栓），以免旋具从槽口中滑出伤手。

（5）使用时，不可用旋具当撬棒和錾子使用，除穿心加力螺钉旋具外，不允许用锤子敲击旋具柄，不允许用扳手或钳子扳转旋具口端来增大扭力，以免使旋具发生弯曲或扭曲变形。穿心加力螺钉旋具如图 1－1－2 所示。

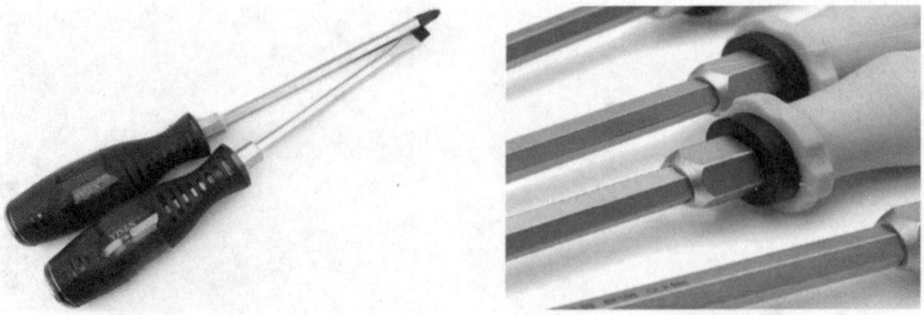

（a）　　　　　　　　　　（b）

图 1－1－2　穿心加力螺钉旋具

（a）穿心加力螺钉旋具；（b）穿心加力螺钉旋具的加力部

（6）正确的握持方法［图 1－1－3（a）］应以右手握持旋具，手心抵住旋具柄端，让旋具口端与螺栓（钉）槽口处于垂直吻合状态。当开始拧松或最后拧紧时，应用力将旋具压紧后再用手腕力按需要的力矩扭转旋具。当螺栓（钉）松动后，即可使手心轻压住旋具柄，用拇指、中指和食指快速扭转。使用较长的螺钉旋具时，可用右手压紧和转动旋具柄，左手握在旋具柄中部，防止旋具滑脱，以保证安全工作。应避免错误使用［图 1－1－3（b）］，以免损坏螺钉旋具。

（a）　　　　　　　　　　（b）

图 1－1－3　螺钉旋具的使用

（a）正确使用；（b）错误使用

2. 钳子

1）种类和用途

汽车维修作业中常用的钳子有鲤鱼钳、钢丝钳、尖嘴钳、弯嘴钳、卡簧钳和断线钳等，一般用于拔出圆钉、切断金属丝及夹持或弯曲较小的金属零件。钳的规格以钳长来表示。

（1）鲤鱼钳（图 1－1－4）。鲤鱼钳可用来切割金属丝、弯扭小型金属棒料、夹持扁或圆柱形小工件。鲤鱼钳的常用规格有 6 in（约 150 mm）、8 in（约 200 mm）、10 in（约 240 mm）三种。

（2）钢丝钳（图 1－1－5）。钢丝钳上带有旁刃口，除能夹持工件外，还能折断金属薄板以及切断直径较小的金属线。钳柄上套有橡胶绝缘套的钢丝钳多在带电场合使用。钢丝钳的型号规格一般有 6 in（约 150 mm）、7 in（约 175 mm）、8 in（约 200 mm）三种。

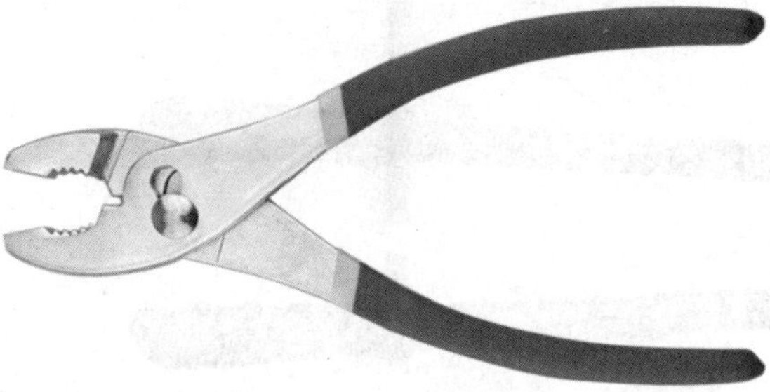

图 1－1－4　鲤鱼钳

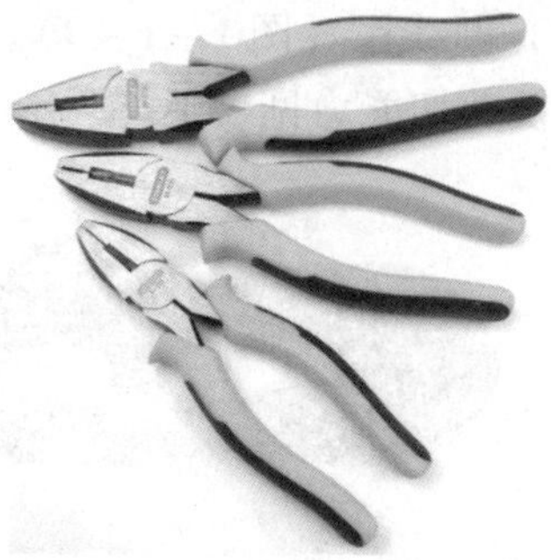

图 1－1－5　钢丝钳

（3）尖嘴钳和弯嘴钳（图 1－1－6）。尖嘴钳和弯嘴钳能在较狭小的工件空间操作，不带刃口的只能夹捏工件，带刃口的能切剪细小零件，是修理仪表及电器材料的常用工具。一般有 5 in（约 125 mm）、6 in（约 150 mm）、8 in（约 200 mm）三种。

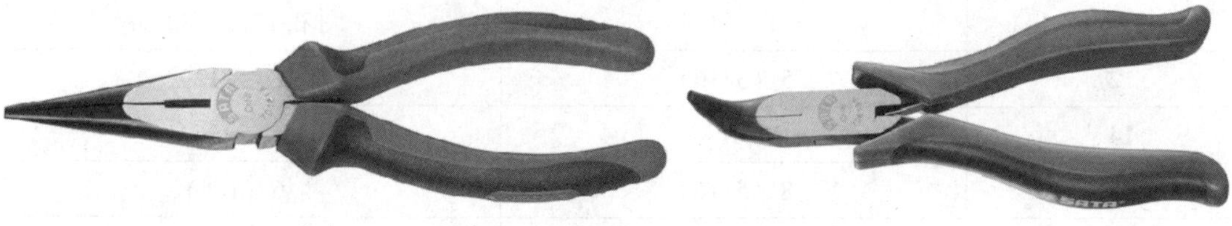

（a）　　　　（b）

图 1－1－6　尖嘴钳和弯嘴钳

（a）尖嘴钳；（b）弯嘴钳

（4）卡簧钳（图 1－1－7）。卡簧钳也称挡圈钳，专门用于拆装带拆装孔的弹性挡圈。按用途可分为轴用（外卡簧）、孔用（内卡簧）两种，按钳头可分为直头和弯头两种。型号规格一般有 5 in（约 125 mm）、7 in（约 175 mm）、9 in（约 225 mm）、13 in（约 325 mm）四种。内外卡簧钳的使用方法如图 1－1－8 所示。

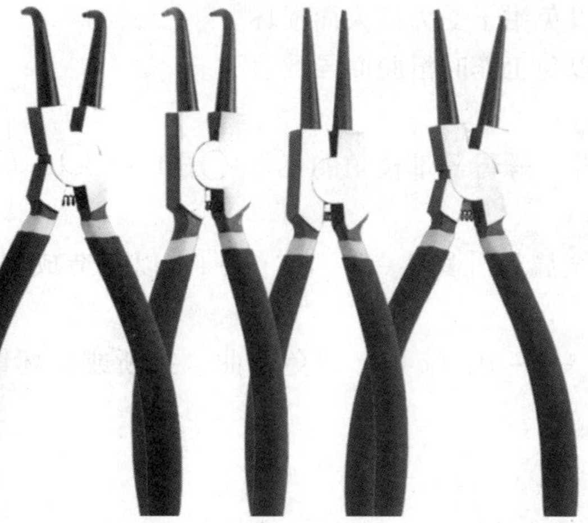

（a）　（b）　（c）　（d）

图 1－1－7　卡簧钳

（a）弯嘴内卡簧钳；（b）弯嘴外卡簧钳；

（c）直嘴外卡簧钳；（d）直嘴内卡簧钳

图 1－1－8　内外卡簧钳的使用方法

(5) 断线钳（图1-1-9）。断线钳能比较省力地剪断较粗的金属线材。断线钳常用型号规格及剪切能力见表1-1-1。

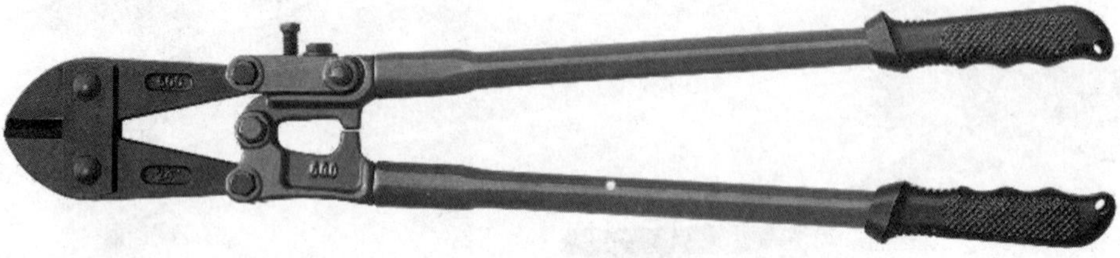

图1-1-9 断线钳

表1-1-1 断线钳常用型号规格及剪切能力

规格/in	最大剪切能力	
	低碳钢直径/mm（in）	中碳钢直径/mm（in）
8	3.17（1/8）	3.17（1/8）
12	5（3/16）	4（5/12）
14	7（1/4）	5（3/16）
18	8（5/16）	6（1/4）
24	10（3/8）	8（5/16）
30	13（1/2）	10（3/8）
36	16（5/8）	12（7/16）
42	19（3/4）	14（9/16）
48	22（7/8）	16（5/8）

2）使用注意事项

(1) 钳子的规格应与工件规格相适应，以免钳子受力过大而损坏。

(2) 使用前应先擦净钳子柄上的油污，以免工作时滑脱而导致事故。

(3) 使用完应保持清洁，及时擦净。

(4) 严禁用钳子代替扳手拧紧或拧松螺栓、螺母等带棱角的工件［图1-1-10（a）］，以免损坏螺栓、螺母等工件的棱角。

(5) 使用时，不允许用钳子切割过硬的金属丝［图1-1-10（b）］，以免造成刃口损坏或钳体损坏。

(6) 不可用钳子柄当撬棒撬物体［图1-1-10（c）］，以免弯曲、折断或损坏钳子，也不可用钳子代替手锤敲击零件。

3. 扳手

1）种类和用途

扳手主要有开口扳手、梅花扳手、套筒扳手、活动扳手、扭力扳手和内六角扳手等。它用来拆装有棱角的标准螺栓螺母，有单头、双头两种。端部开口方向与本体有15°、45°等

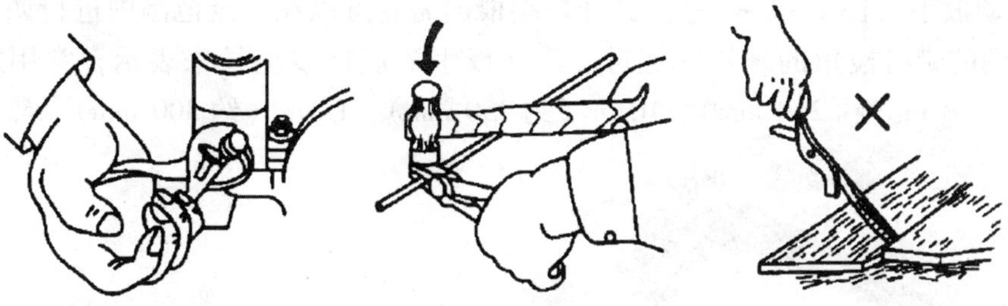

（a）　　　　（b）　　　　（c）

图 1－1－10　钳子的不正确使用

（a）用钳子代替扳手；（b）用钳子切割过硬的金属丝；（c）用钳子柄当撬棒

角度，使用方便，可上下套入或直接插入螺栓头部或螺母。

（1）开口扳手（图 1－1－11）。开口扳手主要用于拆装一般标准规格的螺栓或螺母。公制开口扳手的规格为其开口宽度，尺寸范围为 6～32 mm，常见套组为 8 件、11 件、14 件等。

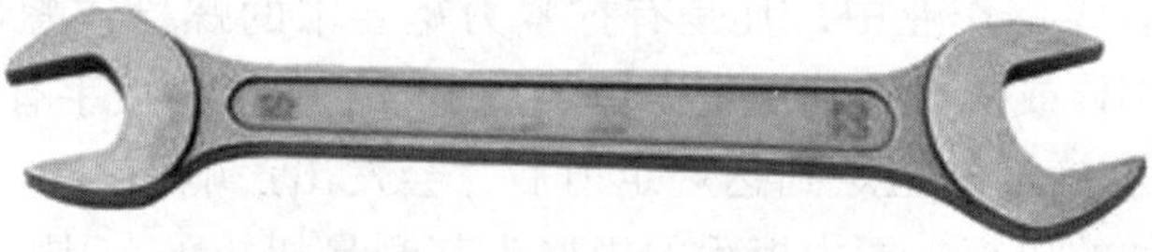

图 1－1－11　双头开口扳手

（2）梅花扳手（图 1－1－12）。梅花扳手用途与开口扳手相似，两端为套筒式圆环状，圆环内有 12 个棱角，能将螺栓或螺母的六角部分全部围住，工作时不易滑脱，更为安全可靠。梅花扳手的规格表示为对边宽度×对边宽度，如 8 mm×12 mm，表示扳手一头适应六角头对边宽度 S（图 1－1－13）为 8 mm 的螺栓螺母，另一头可用于对边宽度 S 为 12 mm 的螺栓螺母，如图 1－12 所示。适用范围在 5.5～27 mm，常见套组为 6 件、8 件、11 件套等。

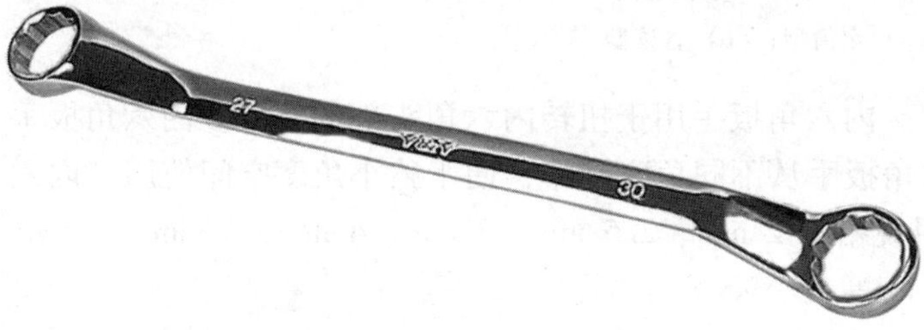

图 1－1－12　双头梅花扳手

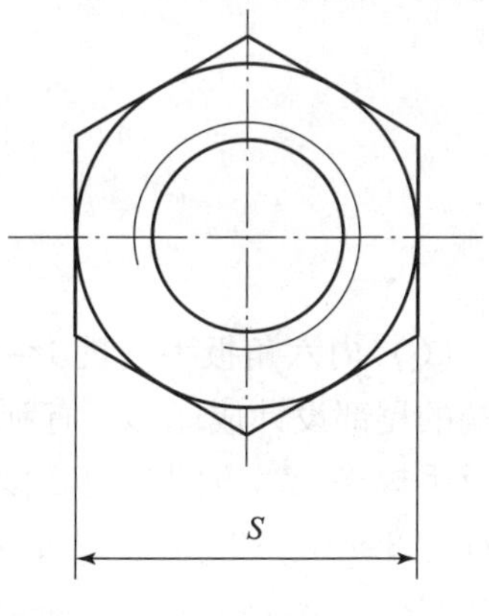

图 1－1－13　螺栓螺母六角头对边宽度 S

（3）套筒扳手（图 1－1－14）。套筒扳手适合拆装部位狭小的螺栓或螺母。套筒扳手是一种组合型工具，由多种规格的套筒和多种用途的手柄组合而成。其套筒与梅花扳手的端头相似，工作时根据需要选用不同规格的套筒和各种手柄进行组合，还可配合扭力扳手显示拧紧力矩，具有功能多、使用方便、安全可靠的特点。

（4）活动扳手（图1－1－15）。其开口端根据需要可以在一定范围内进行调节，主要用于拆装不规则的带有棱角的螺栓或螺母。活动扳手的规格以全长来表示，常用规格有 6 in（约 150 mm）、8 in（约 200 mm）、10 in（约 250 mm）、12 in（约 300 mm）等。

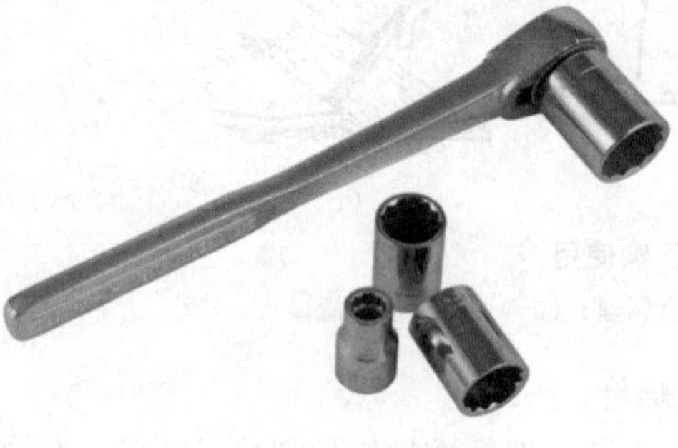

图1－1－14　套筒扳手

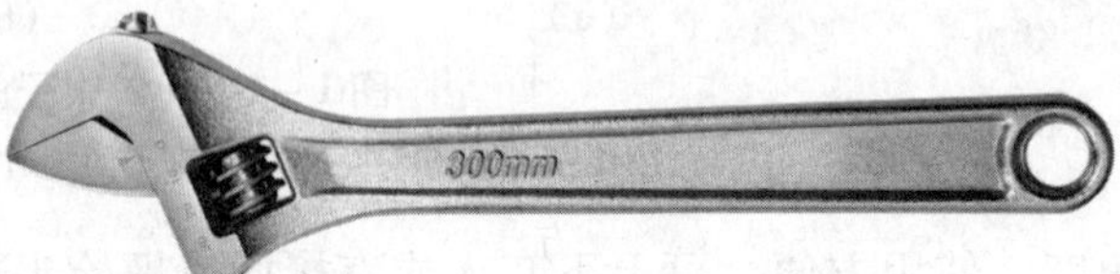

图1－1－15　活动扳手

（5）扭力扳手。在维修作业中，凡是有拧紧力矩要求的螺栓或螺母，均需用扭力扳手与套筒配合使用，将螺栓或螺母拧到规定力矩。常用的手动扭力扳手有定值型和直读型两种（图1－1－16），前者在施加的扭矩到达规定值后，会发出声响信号；后者在拧转螺栓或螺母时，能显示出所施加的扭矩。扭力扳手的规格为其测量扭矩的范围，如 1～5 N·m、5～25 N·m、20～100 N·m、40～200 N·m、68～340 N·m 等。

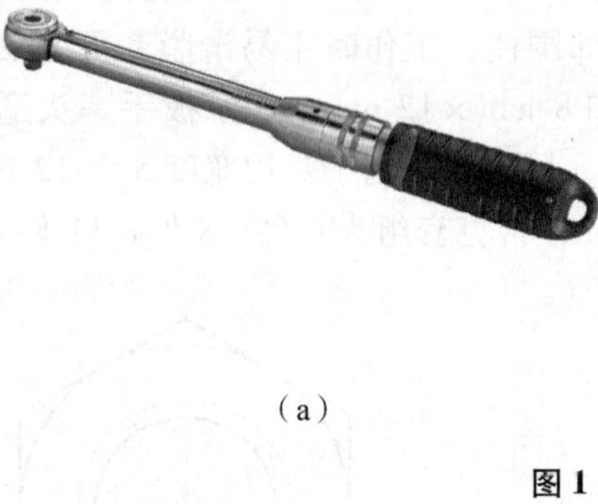

（a）

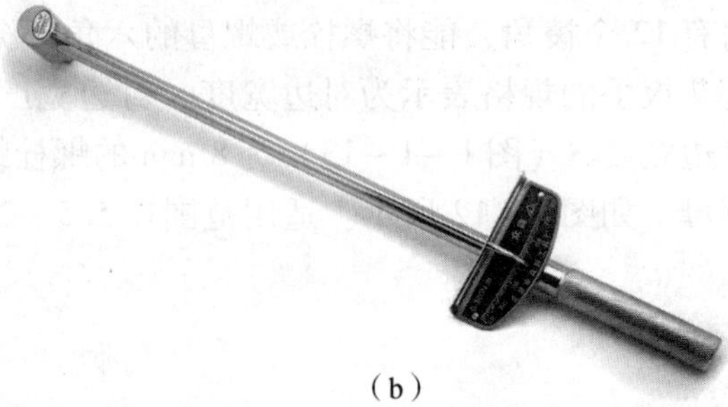

（b）

图1－1－16　扭力扳手

（a）定值型；（b）直读型

（6）内六角扳手（图1－1－17）。内六角扳手用于扭转内六角头部的螺栓。内六角扳手长端的尾部设计成球形，有利于内六角扳手从不同角度操作，便于狭小角度空间使用。内六角扳手规格为六方的对边宽度，常用规格有 2 mm、2.5 mm、3 mm、4 mm、5 mm、6 mm、7 mm、8 mm、10 mm、12 mm、14 mm 等。

图1－1－17　内六角扳手套组

2）使用注意事项

（1）拆装操作时，应按照“先套筒扳手，后梅花扳手，再开口扳手，最后活动扳手”的选用原则进行选取。

（2）必须选择与螺栓（螺母）相同规格的扳手，以免损坏螺栓（螺母）的棱角（图1－1－18）。

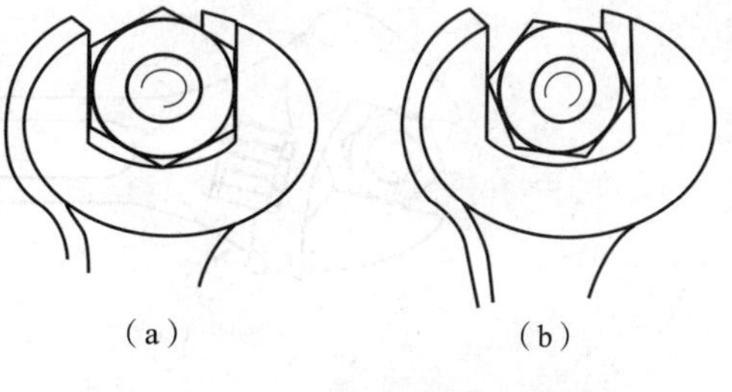

图1－1－18　合理选择扳手规格

（a）正确；（b）错误

（3）施力时最好将扳手柄向操作者方向拉，而不要往外推；当使用推力拆装时，应用手掌力来推动，不能采用握推的方式，以免碰伤手指（图1－1－19）。

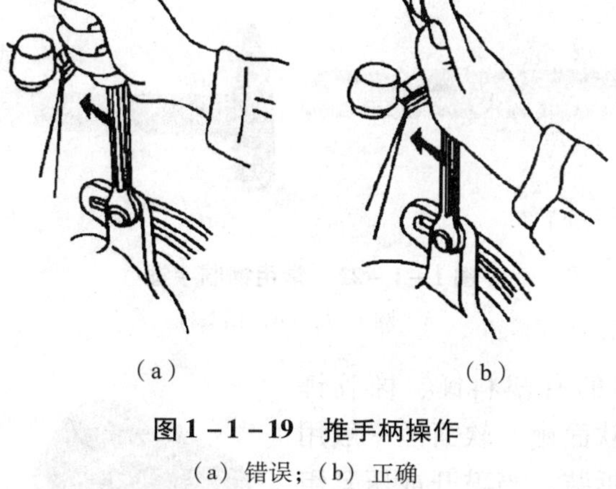

图1－1－19　推手柄操作

（a）错误；（b）正确

（4）不能采用两个扳手对接或用套筒套接等方式来加长扳手（图1－1－20），以免损坏扳手或发生事故。

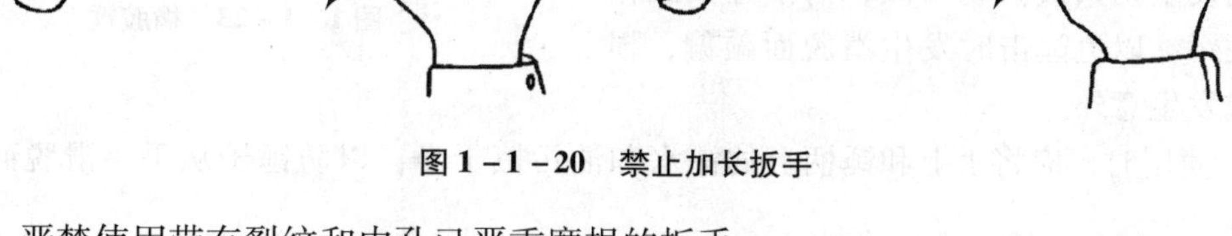

图1－1－20　禁止加长扳手

（5）严禁使用带有裂纹和内孔已严重磨损的扳手。

（6）使用活动扳手时，要使可调钳口部分受推力，固定钳口受拉力，否则会使压力作用在调节螺杆上，在施力时促使钳口变大，损坏螺栓、螺母的棱角和扳手本身（图1－1－21）。

4. 锤子

1）种类和用途

锤子又称榔头，用于锤击工件，可分为铜锤、木槌、铁锤、橡胶锤等。使用时，用手握

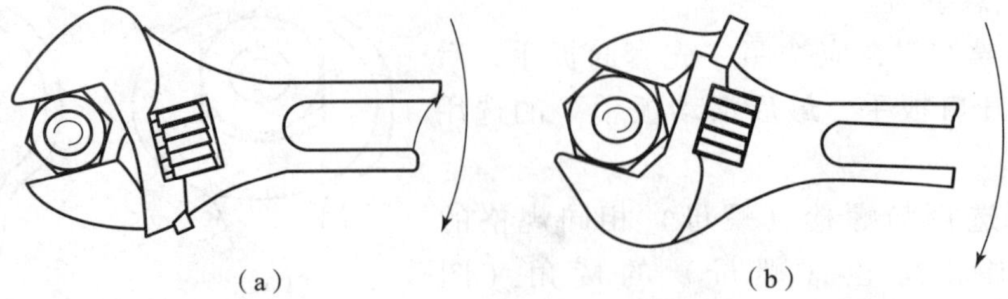

（a）　　　　（b）

图 1－1－21　活动扳手的使用

（a）正确；（b）错误

紧手柄后端，眼睛注视被锤击工件，锤面与工件锤击面平行。

（1）钢制圆头锤和横头锤（图 1－1－22）。钢制手锤规格是以锤头的质量单位规定的。常用的有 0.25 kg、0.5 kg、0.75 kg、1 kg、1.25 kg、1.5 kg 六种。

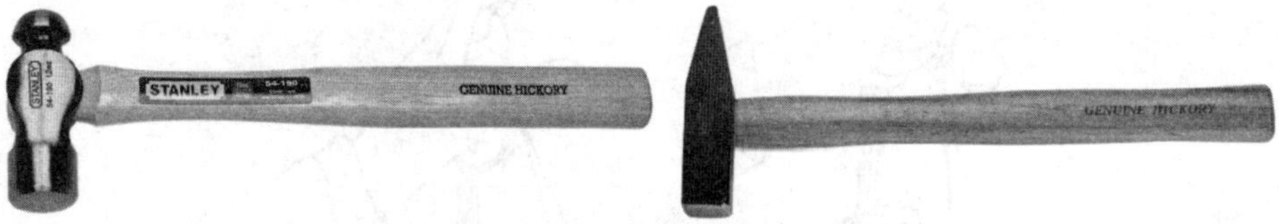

（a）　　　　（b）

图 1－1－22　常用钢制手锤

（a）圆头锤；（b）横头锤

（2）软面锤。常用的有塑料锤、橡胶锤（图 1－1－23）和黄铜软面锤。软面锤一般用于过盈配合的组合件的拆装，当敲开或压紧组合件时，使用软面锤不会损坏零件。

图 1－1－23　橡胶锤

2）使用注意事项

（1）使用前，必须检查锤柄是否安装牢固，如松动应重新安装，以防在使用时由于锤头脱出而发生伤人或损物事故；清洁锤头工作面上的油污，以免锤击时发生滑脱而敲偏，损坏工件或发生意外。

（2）使用时，应将手上和锤柄上的汗水和油污擦干净，以防锤子从手中滑脱而伤人或损坏物件。

（3）使用时，手要握住锤柄后端，握柄时手的握持力要大小适度，这样才能保证锤击时灵活自如。锤击时要靠手腕的运动，眼应注视工件，锤头工作面和工作锤击面应平行（图 1－1－24），才能使锤面平整地打在工件上。

（4）在锤击铸铁等脆性工件和截面较薄的零件或悬空未垫实的工件时，不能用力太猛，以免损坏工件。

（5）使用完毕，应将锤子擦拭干净。

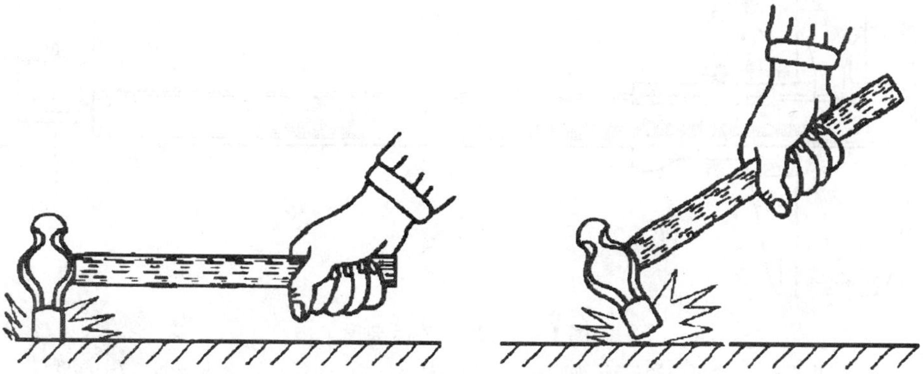

（a）　　　　　　（b）

图 1－1－24　锤子的使用

（a）正确；（b）错误

1.1.2　常用量具

1. 塞尺

1）用途

塞尺是一种由多片厚薄不同的标准钢片组成的测量工具。钢片上刻有数字，表明钢片的厚度，单位为 mm，如图 1－1－25 所示。主要用于测量两个接合面之间的间隙值。使用时，可以用一片进行测量，也可以多片组合在一起进行测量。

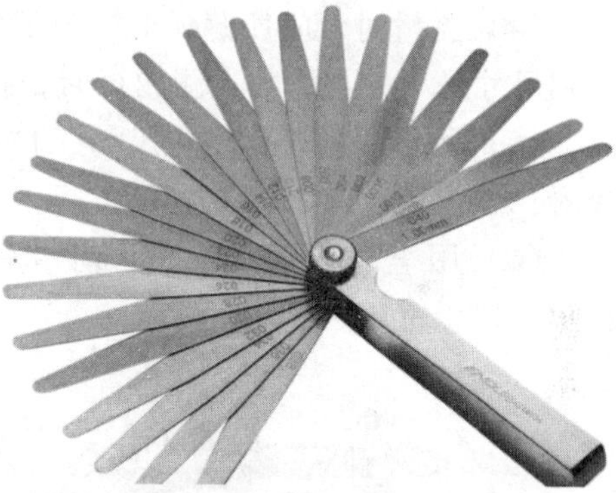

图 1－1－25　塞尺

2）使用方法

（1）用干净布将塞尺片擦净，塞尺片沾有油污会影响测量结果的准确性。

（2）将塞尺片插入被测间隙中，来回拉动塞尺片，感到稍有阻力时，表明该间隙值接近塞尺片上所标数值。如果拉动时阻力过大或过小，则该间隙值小于或大于塞尺片上所标出的数值。

（3）在测量过程中，不允许剧烈弯折塞尺片，或用较大的力硬将塞尺片插入被检测间隙中，否则会损坏塞尺片。

（4）测量后，应将塞尺片擦拭干净，并涂上一薄层润滑油或工业凡士林，然后将塞尺片收回夹框内，以防锈蚀、弯曲或变形。

2. 游标卡尺

1）用途

游标卡尺是一种能直接测量工件内外直径、宽度、长度或深度的量具（图 1－1－26）。常用的有 0～150 mm、0～200 mm、0～300 mm 三种量程。

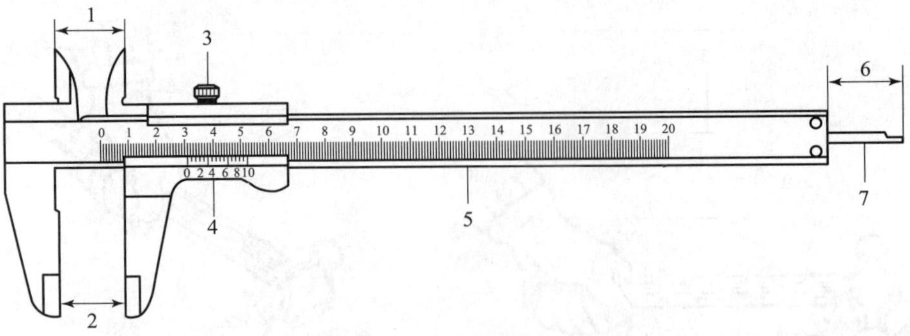

图 1-1-26 游标卡尺

1—测量内径；2—测量外径；3—锁紧螺母；4—游标尺；5—主尺；6—测量深度；7—深度尺

2）使用方法

（1）使用前，先将工件被测表面和量爪接触表面擦拭干净。

（2）测量工件外径时，先将可移动外测量爪向外移动，使两量爪间距大于工件外径；慢慢移动游标，使两量爪与工件接触，如图 1-1-27（a）所示。

（3）测量工件内径时，先将可移动内量爪向内移动，使两量爪间距小于工件内径，然后缓慢向外移动游标，使两量爪与工件接触，如图 1-1-27（b）所示。

（4）测量时，应使游标卡尺与工件垂直，量爪与工件接触后固定锁紧螺钉。测外径时，找到尺寸最小处再读数；测内径时，找到尺寸最大处再读数。

（5）测量深度时，将主尺与工件被测表面平整接触，缓慢移动游标，使深度针与工件接触，如图 1-1-27（c）所示。

（6）用毕，将游标卡尺各部件擦拭干净，并涂上一薄层润滑油或工业凡士林放入盒内存放。切忌重压。

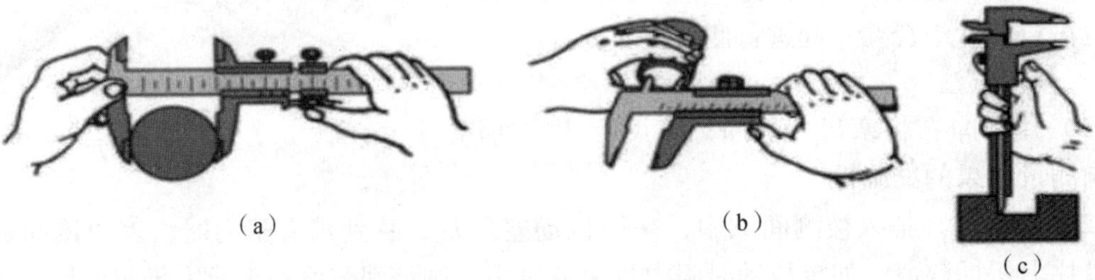

图 1-1-27 游标卡尺的使用

（a）测量外径；（b）测量内径；（c）测量深度

3）读数方法

（1）读出游标零刻线所指示主尺上左边刻线的毫米数。

（2）观察游标上零刻线右边第几条刻线与主尺某一刻线对准，将精确度乘以游标上的格数，即为毫米小数值。

（3）将主尺上整数和游标上的小数值相加即得被测工件的尺寸。计算公式如下：

$$工件尺寸 = 主尺整数 + 游标格数 \times 精确度$$

如图 1-1-28 所示，若游标卡尺的精确度为 0.02 mm，则读数值为 $33 + 16 \times 0.02 = 33.32$（mm）。

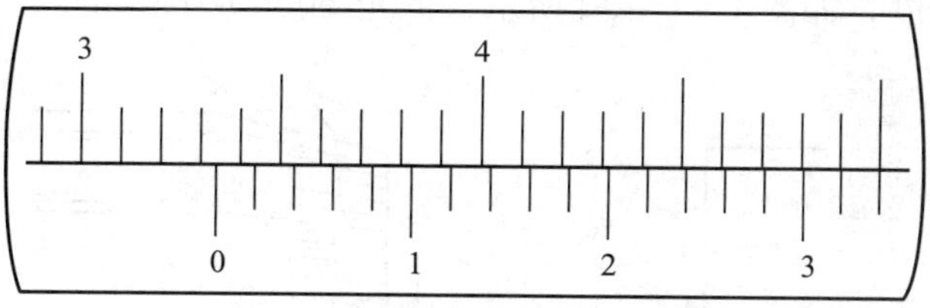

图 1-1-28　游标卡尺读数范例

3. 千分尺

1）用途

千分尺是一种用于测量加工精度要求较高的工件的精密量具（图 1-1-29），测量精度可达到 0.01 mm。按量程可分为 0～25 mm、25～50 mm、50～75 mm、75～100 mm、100～125 mm 等多种规格。

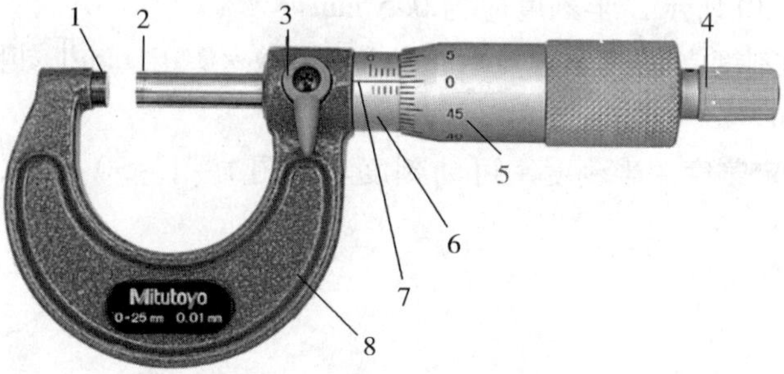

图 1-1-29　千分尺结构

1—测砧；2—测杆；3—锁紧装置；4—棘轮；5—活动套筒；6—固定套筒；7—基线；8—尺架

2）误差检查（校零）

（1）把千分尺测砧、测杆端表面擦拭干净。

（2）旋转活动套筒，使两个砧端靠拢，再旋转棘轮，直到听见 2～3 声“咔咔”轻响，检视指示值。

（3）活动套筒的前端应与固定套筒的“0”线对齐。

（4）活动套筒的“0”线与固定套筒的基线对齐。

（5）若两者中有一个“0”线不能对齐，则该千分尺有误差，应予检调后才能测量。

3）使用方法

（1）将工件被测表面擦拭干净，并置于千分尺两砧端之间，使千分尺螺杆轴线与工件中心线垂直或平行。

（2）先旋转活动套筒，使砧端与工件测量表面接近，再旋转棘轮，直到听见 2～3 声“咔咔”轻响，这时的指示数值就是所测量得到的工件尺寸。

（3）测量完毕，倒转活动套筒，取下千分尺。

（4）将千分尺擦拭干净，两砧端不得接触，涂抹一薄层润滑油或工业凡士林放入盒内存放。

4）读数方法

（1）先读固定刻度，如图1－1－30所示，固定刻度应为55 mm。

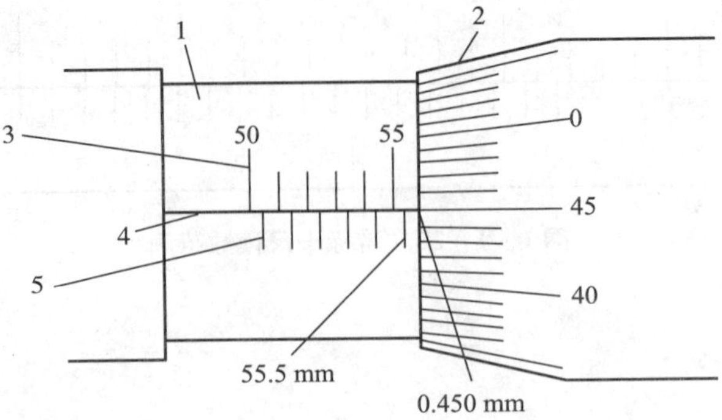

图1－1－30　千分尺的读数

1—固定套筒；2—活动套筒；3—整毫米刻度线；4—基线；5—半毫米刻度线

（2）再读半刻度，若半刻度线已露出，记作0.5 mm；若半刻度线未露出，记作0.0 mm，如图1－1－30所示，半刻度应为0.5 mm。

（3）最后读可动刻度（估读小数点后三位）：格数×0.01 mm，如图1－1－30所示，可动刻度应为0.450 mm。

（4）测量值＝固定刻度＋半刻度＋可动刻度。如图1－1－30所示，测量值＝55＋0.5＋0.450＝55.950（mm）。

4. 百分表

1）用途

百分表是一种比较性测量仪器，不能直接测得工件的量度尺寸，主要用于测定工件的偏差值、零件平面度、直线度、跳动量、气缸圆度、圆柱度误差以及配合间隙等，如图1－1－31所示。

图1－1－31　百分表及磁性表座

2）使用方法

（1）先将百分表固定在表座（支架）上，把百分表测量杆端的触头垂直地调整到略低于被测工件表面，然后使触头与被测工件表面接触，再转动大刻度盘使零线与大指针对正。

（2）移动被测工件（或百分表），观察指针的偏转量，该偏转盘即是被测工件的偏差尺寸或间隙值。

（3）用完后，擦拭干净，水平地放置于盒内，严禁重压。

3）读数方法

大刻度盘圆周刻有100等分格，测量杆每移动0.01 mm，大指针就偏转1格（表示0.01 mm）；当大指针偏转1周时，小指针偏转1格（表示1 mm）。指针的偏转量，即为被测工件的实际偏差或间隙值。

5. 量缸表

1）用途

量缸表（图1－1－32）用来测量发动机气缸的圆度误差、圆柱度误差和磨损情况。

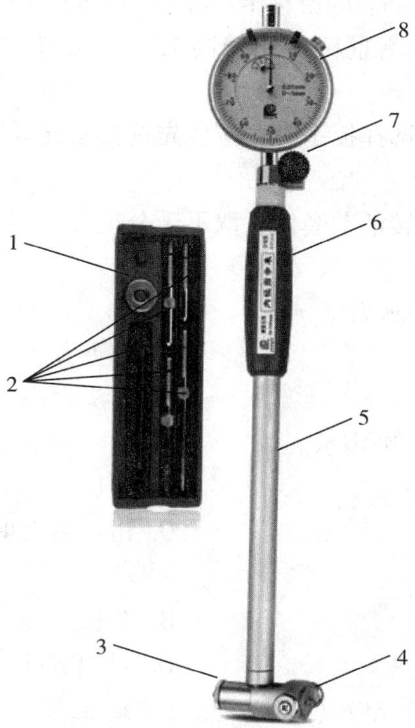

图1－1－32　量缸表结构

1—锁片；2—可换测头；3—可换测头与锁片安装处；4—活动测杆；
5—表杆；6—绝热手柄；7—锁紧螺钉；8—百分表头

2）使用方法

（1）根据所测孔径尺寸，装上该量程的接杆并用标定过的外径千分尺校对标准尺寸。

（2）使用时，一只手拿住绝热手柄，另一只手尽量托住表杆下部，轻轻地摆动表杆，使活动测杆与内孔轴线垂直，可通过观察百分表的指针摆动情况来判断，当指针指示到最小数值时，即表示活动测杆垂直于内孔轴线。

3）读数方法

（1）如果百分表的大指针正好指在“0”处，表明被测工件的孔径与标准尺寸相同。

（2）如果百分表的大指针顺时针方向转离“0”位，则表明工件尺寸小于标准尺寸；反之，则表明工件尺寸大于标准尺寸。

（3）通过对不同测量点的测量，即可得到内孔的圆度、圆柱度误差或工件磨损情况。

习题

一、判断题

（　　）1. 使用量具测量时，不可施加过大的作用力。

（　　）2. 精确度为0.02 mm的游标卡尺，游标上的50格与尺身上的50 mm对齐。

（　　）3. 千分尺是一种测量精度比较高的通用量具，不能测量毛坯件及未加工的表面。

（　　）4. 在维修工作中选择扳手时，应优先选择套筒扳手，其次选择梅花扳手，再次选择开口扳手。

（　　）5. 测量完毕，倒转活动套筒，取下千分尺。

二、选择题

1. 一字螺钉旋具的型号表示为（　　）。

A. 刀头宽度×刀杆　　B. 刀头大小×刀杆

C. 刀头重量×刀杆　　D. 刀头大小

2. 钳子的规格以（　　）来表示。

A. 重量　　B. 钳长

C. 钳口尺寸　　D. 钳口最大剪切力

3. 梅花扳手的规格表示为（　　）。

A. 开口宽度　　B. 全长

C. 扭矩　　D. 对边宽度×对边宽度

4. 用量具测量读数时，目光应（　　）量具的刻度。

A. 垂直于　　B. 倾斜于

C. 平行于　　D. 任意

5. 测量直径为$\phi 27\ mm \pm 0.015\ mm$的轴颈，应选用的量具是（　　）。

A. 游标卡尺　　B. 百分表

C. 千分尺　　D. 量缸表

班级：______________　　指导教师：______________

组号：______________　　组员：______________________________________

项目一　工具与量具的使用工作页

一、准备工作

（1）设备：工作台、举升机、丰田 COROLLA 轿车、单个气门。

（2）工具与量具：组合工具箱、扭力扳手、游标卡尺、千分尺。

（3）发动机维修手册。

（4）耗材、工单及其他：清洁用棉布、工单、手套等。

二、工作过程

1. 合理选择工具

（1）举升车辆至高位。

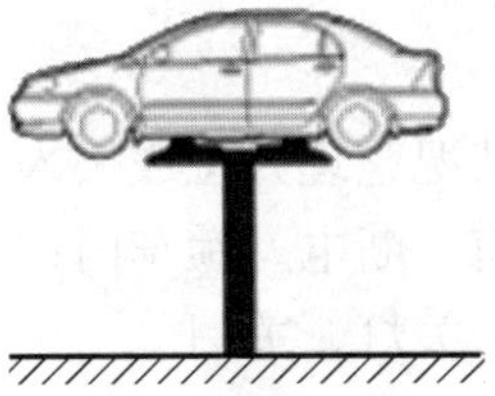

（2）选择最合适的扳手和扭力扳手进行指定螺栓（螺母）的紧固作业：

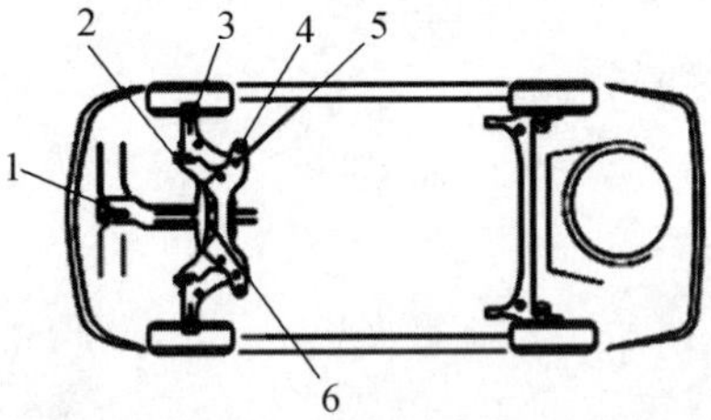

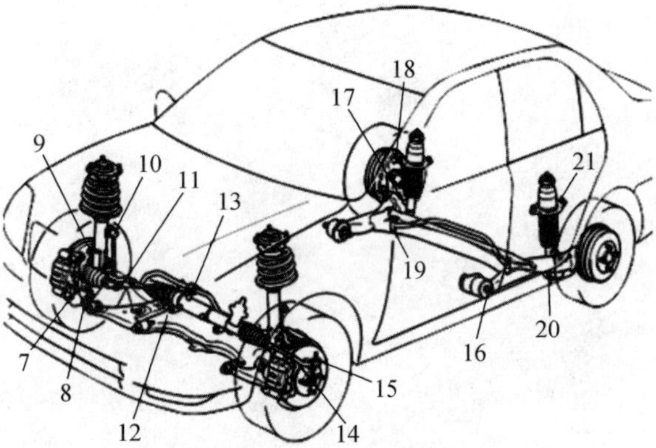

①选用________扳手紧固横梁 × 车身（4 位置）处的螺栓，拧紧力矩________ N · m。

②选用________扳手紧固下臂 × 横梁（2 位置）处的螺栓，拧紧力矩________ N · m。

③选用________扳手紧固转向器外壳 × 横梁（12 位置）处的螺栓，拧紧力矩________ N · m。

④选用________扳手紧固横拉杆端头锁止螺母（14 位置）处的螺栓，拧紧力矩________ N · m。

（3）将车辆降至地面，工具清洁归位。

2. 以测量气门杆直径为例，练习游标卡尺的使用

（1）清洁被测气门杆和游标卡尺。

（2）游标卡尺的精确度是________ mm。

（3）校正游标卡尺。
（4）使用________（内、外）测量爪进行测量。
（5）读数并记录：________ mm。
（6）清洁游标卡尺，妥善收纳。

3. 以测量气门杆直径为例，练习千分尺的使用
（1）清洁被测气门杆和千分尺。
（2）选用量程为________ mm 的千分尺。
（3）校正千分尺。
（4）读数并记录：________ mm。
（5）清洁千分尺，妥善收纳。

三、5S 工作

（1）工量具清洁、收纳、归位；
（2）零件清洁、归位；
（3）维修手册归位；
（4）清洁工作台，耗材按使用情况整理归位或丢入垃圾桶；
（5）清洁实训用车辆、关闭车窗、断电、锁车门；
（6）清扫实训场地并清空垃圾，关灯、关门。

班级：__________　　指导教师：__________

组号：__________　　组员：______________________________

项目一　工具与量具的使用评分表

序号	项目	操作内容	评判标准	配分	扣分
1	维修手册	选择正确维修手册	页码不对扣 2 分，不会查数据扣 3 分	5	
2	合理选用工具	举升车辆	正确操作举升机	3	
		4 位置螺栓紧固	合理选择扳手	4	
		2 位置螺栓紧固	合理选择扳手	4	
		12 位置螺栓紧固	合理选择扳手	4	
		14 位置螺栓紧固	合理选择扳手	4	
		车辆降至地面，工具清洁归位	未降车辆扣 2 分 扭力扳手、套筒扳手、梅花扳手、开口扳手未清洁归位，一项扣 1.5 分	6	
3	游标卡尺使用	清洁游标卡尺和气门杆	未清洁工具、被测件，每项扣 2 分	4	
		校正游标卡尺	未校正或校正不准确，扣 4 分	4	
		测量气门杆直径	卡爪选择错误，扣 3 分 尺身与气门杆未垂直，扣 2 分 操作用力过猛或未夹紧，扣 2 分 读数前未锁紧，扣 2 分 读数出现重大误差，扣 4 分	13	
		结束后工量具归位	没有清洁量具扣 2 分 不整齐扣 2 分	4	
4	千分尺使用	清洁千分尺和气门杆	未清洁工具、被测件，每项扣 2 分	4	
		千分尺选用	量程选用不适当，扣 3 分	3	
		校正千分尺	未校正或校正不准确，扣 4 分	4	
		测量气门杆直径	尺身与气门杆未垂直，扣 2 分 操作用力过猛或未夹紧，扣 2 分 读数前未锁紧，扣 2 分 读数出现重大误差，扣 4 分	10	
		结束后工量具归位	没有清洁量具扣 2 分 不整齐扣 2 分	4	
5	5S	着装干净整洁、无佩饰，着工作鞋	有一项不合格扣 1 分	3	
		作业中工作台、量具摆放等整齐、及时复位	摆放无序扣 1 分，有堆放扣 1 分	5	
			量具未及时复位一次扣 1 分		
		废弃物处理	废弃物未处理扣 2 分	2	

续表

序号	项目	操作内容	评判标准	配分	扣分
6	工作安全	作业操作	操作姿势一次不正确扣1分，操作不规范一次扣1分	5	
		操作中人身损伤	因操作失误造成损伤直接扣5分，非操作失误原因等其他因素导致损伤扣3分		
		重大安全事故	出现操作错误，取消考生该项目资格		
7	工单	填写工单	整齐，作业后及时、如实填写	5	
				100	

项目二

发动机总体结构认识

1.2.1 发动机总体结构认识项目实施

1. 准备工作

（1）设备：台架发动机、工作台。
（2）工具与量具：成套工具盒、扭力扳手、橡胶锤、一字改锥等。
（3）耗材、工单及其他：记号笔、机油壶、清洁用棉布、手套等。

2. 总体结构认识步骤和要求

1）发动机结构介绍

发动机由两大机构五大系统组成，两大机构为：曲柄连杆机构和配气机构；五大系统为：冷却系统、润滑系统、燃料供给系统、起动系统和点火系统（图1-2-1）。

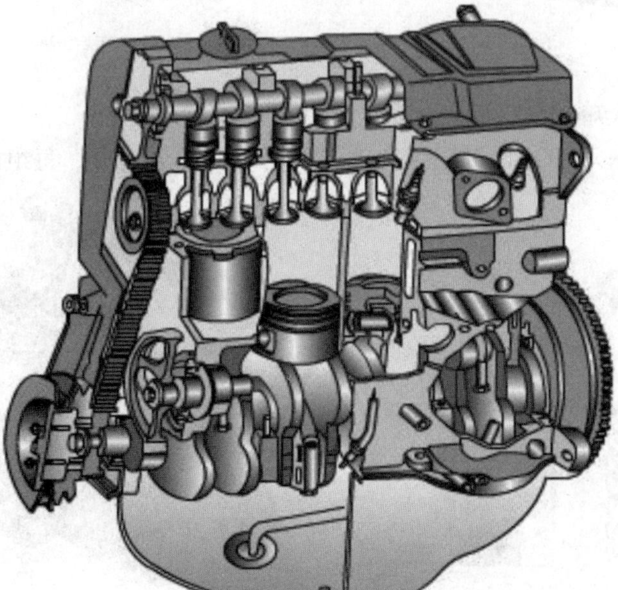

图1-2-1 发动机总体结构

2）发动机的分类

发动机是将燃料燃烧的能量转化为机械能的机器。按照燃烧燃料的不同分为汽油机、柴油机、燃气发动机；按照冷却方式可以分为水冷式发动机和风冷式发动机；按照气缸的布置形式可以分为对置式发动机、直列式发动机和V型布置发动机；按照工作循环分类可以分为二冲程发动机和四冲程发动机。

3）曲柄连杆机构的认知

曲柄连杆机构（图1－2－2）由机体组、活塞连杆组和曲轴飞轮组构成。机体组由气缸体、曲轴箱、气缸盖、气缸套、气缸垫和油底壳等组成；曲柄连杆组主要由活塞、活塞环、活塞销和连杆等组成；曲轴飞轮组由曲轴、飞轮、扭转减震器等组成。

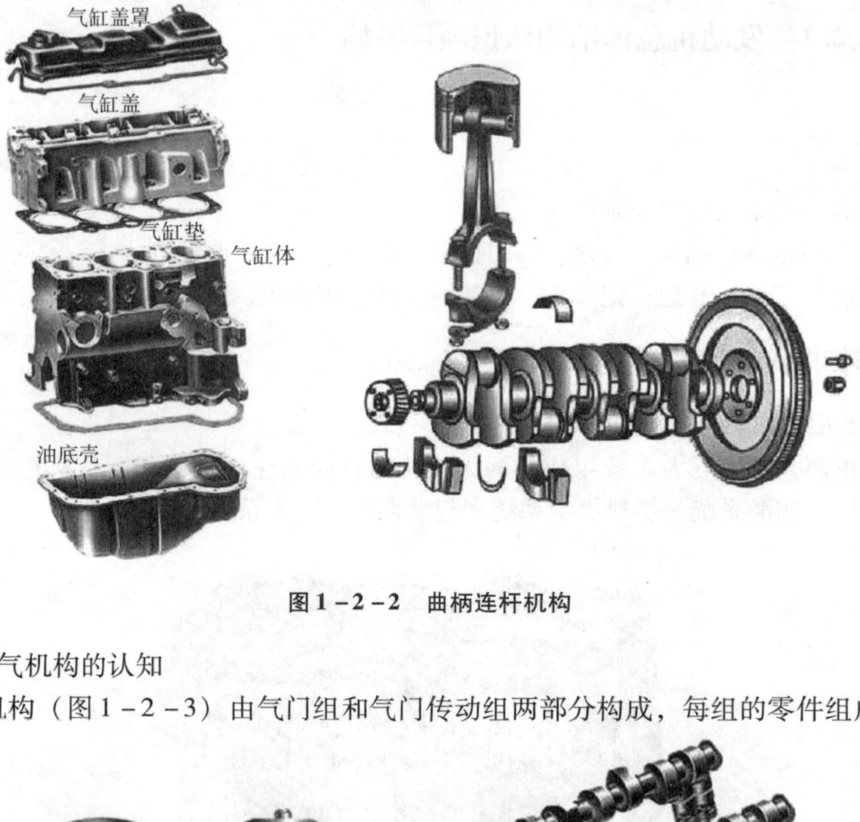

图1－2－2　曲柄连杆机构

4）配气机构的认知

配气机构（图1－2－3）由气门组和气门传动组两部分构成，每组的零件组成与气门的

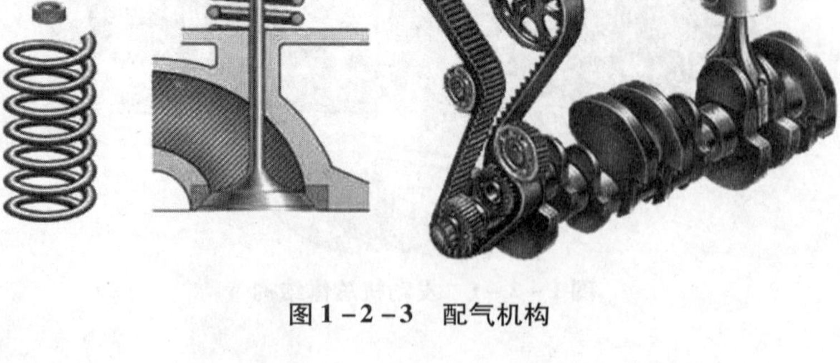

图1－2－3　配气机构

位置、凸轮轴的位置和气门驱动形式有关。气门组主要包括气门、气门导管、气门弹簧、气门弹簧座和气门锁环等；气门传动组主要包括凸轮轴正时齿轮、凸轮轴、挺柱、推杆、摇臂和摇臂轴等。

5）冷却系统的认知

冷却系统（图 1－2－4）由散热器、水泵、风扇、冷却水套和温度调节装置等组成。

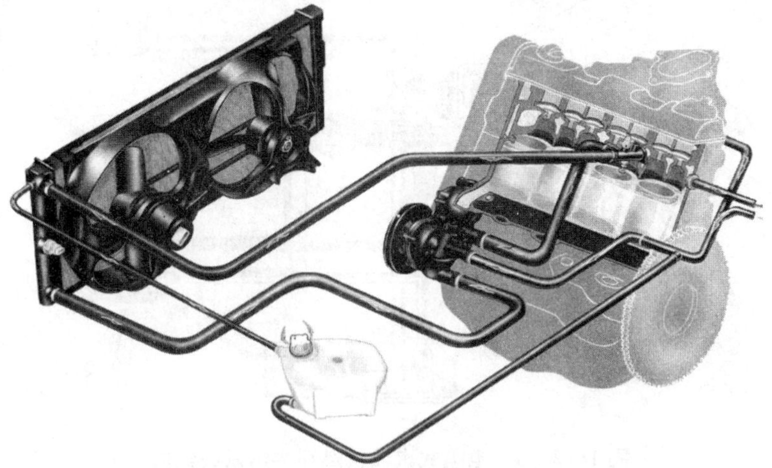

图 1－2－4　冷却系统

6）润滑系统的认知

润滑系统（图 1－2－5）由油底壳、机油泵、机油滤清器、限压阀、旁通阀、油道、机

图 1－2－5　润滑系统

油压力表以及机油散热器等组成。

7）燃料供给系统的认知

汽油机燃料供给系统（图 1 -2 -6）由燃油箱、燃油泵、燃油缓冲器、燃油压力调节器、燃油滤清器等组成。

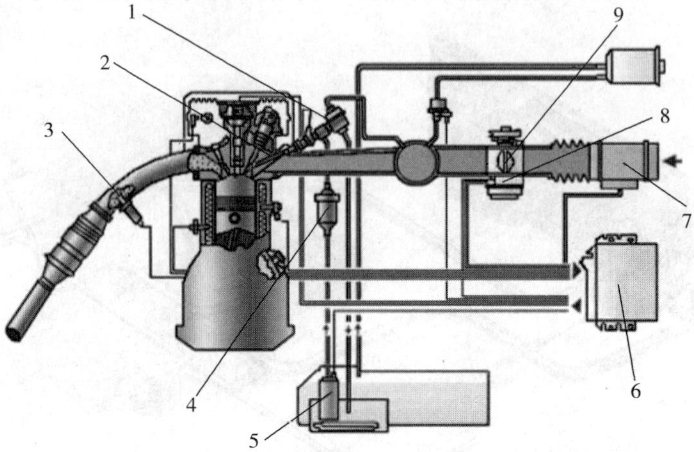

图 1 -2 -6　电喷式汽油机燃料供给系统组成

1—燃油压力调节器；2—喷油器；3—水温传感器；4—燃油滤清器；5—电动燃油泵；6—电控单元；7—翼片式空气流量计；8—怠速辅助空气阀；9—节气门位置传感器

电控柴油机燃料供给系统（图 1 -2 -7）由燃油箱、粗滤器、细滤器、输油泵、高压油泵、共轨、喷油器、传感器、执行器等组成。

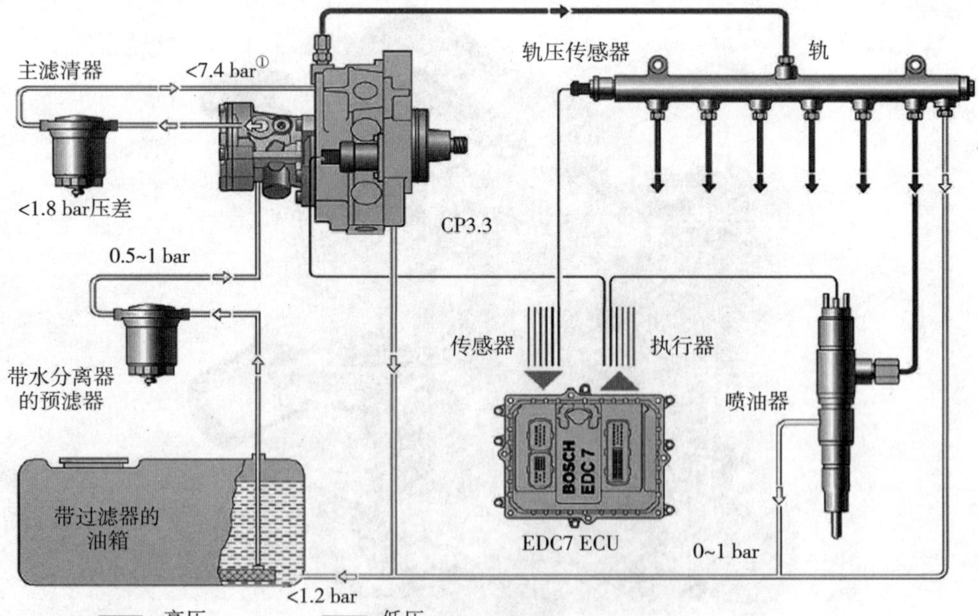

图 1 -2 -7　电控柴油机燃料供给系统组成

① 1 bar = 10^5 Pa。

8）点火系统的认知

点火系统（图1－2－8）由电源（蓄电池和发电机）、点火开关、点火线圈、电容器、断电器、配电器、火花塞、阻尼电阻和高压导线等组成。

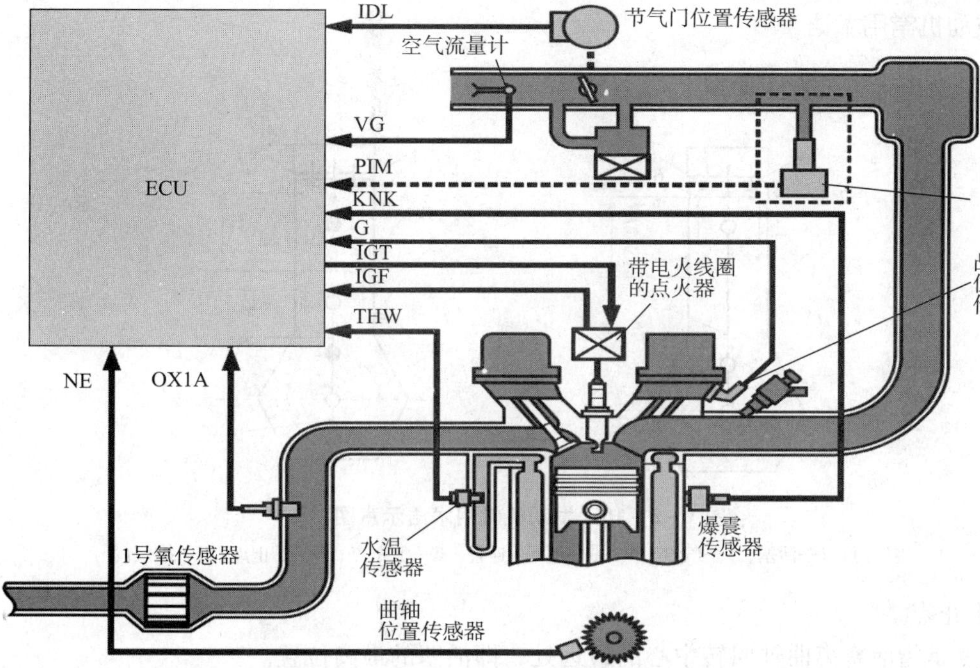

图1－2－8　汽油机点火系统组成

9）起动系统的认知

起动系统（图1－2－9）由蓄电池、点火开关、起动继电器、起动机等组成。

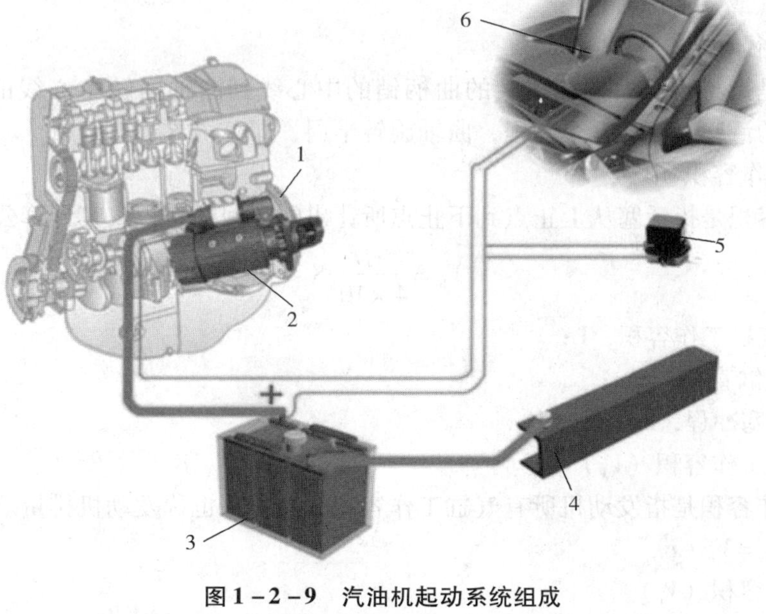

图1－2－9　汽油机起动系统组成

1—飞轮；2—起动机；3—蓄电池；4—搭铁；5—起动继电器；6—点火开关

单元一　发动机基础知识

1.2.2 发动机常用术语和基本的工作原理

1. 发动机常用术语

发动机常用术语示意图如图 1-2-10 所示。

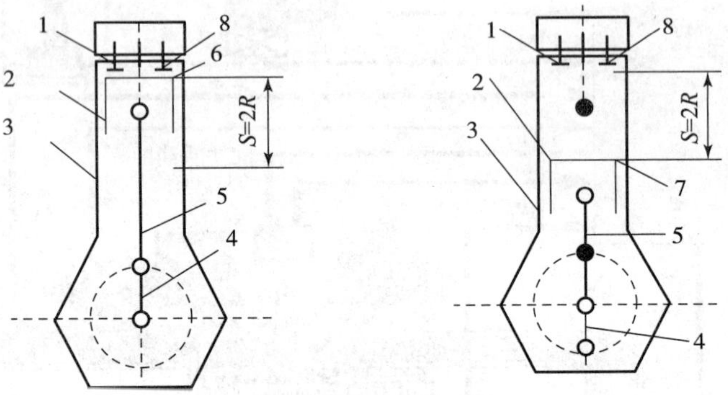

图 1-2-10 发动机常用术语示意图

1—进气门；2—活塞；3—气缸；4—曲柄；5—连杆；6—上止点；7—下止点；8—排气门

1）上止点

上止点是指活塞离曲轴回转中心的最远处，即活塞的最高位置。

2）下止点

下止点是指活塞离曲轴回转中心的最近处，即活塞的最低位置。

3）活塞行程（S）

活塞行程是指上、下两止点间的距离。活塞由一个止点移到另一个止点运动一次的过程称为一个冲程（或一个行程）。

4）曲柄半径（R）

曲柄半径是指与连杆大端相连接的曲柄销的中心线到曲轴回转中心线的距离（mm）。四冲程发动机的活塞每移动一个冲程，曲轴旋转半周，即 $S=2R$。

5）气缸工作容积（V_h）

气缸工作容积是指活塞从上止点到下止点所让出的空间的容积。其计算公式为

$$V_h=\frac{\pi D^2}{4\times10^6}S$$

式中 V_h——气缸工作容积，L；

D——气缸直径，mm；

S——活塞冲程，mm。

6）发动机工作容积（V_L）

发动机工作容积是指发动机所有气缸工作容积的总和，也称发动机排量。若发动机的气缸数为 i，则 $V_L=V_h\cdot i$

7）燃烧室容积（V_c）

燃烧室容积是指活塞在上止点时，活塞顶上面空间的容积，单位为 L。

8）气缸总容积（V_a）

气缸总容积是指活塞在下止点时，活塞顶上面空间的容积（L），它等于气缸工作容积与燃烧室容积之和，即 $V_a = V_h + V_c$。

9）压缩比（ε）

压缩比是指气缸总容积与燃烧室容积的比值，即

$$\varepsilon = V_a/V_c = (V_h + V_c)/V_c = 1 + V_h/V_c$$

ε 表示活塞从下止点运动到上止点时，气缸内气体被压缩的程度，也表示气缸内气体膨胀时体积变化的倍数。各种不同类型发动机对压缩比的要求各不相同，一般柴油机的压缩比高（$\varepsilon = 16 \sim 22$），汽油机则较低（$\varepsilon = 6 \sim 9$，轿车 $\varepsilon = 9 \sim 11$）。

2. 四冲程发动机的工作原理

发动机是一种能量转换机构，它将燃料燃烧产生的热能转变成机械能。要完成这个能量转换必须经过进气，把可燃混合气（或新鲜空气）引入气缸；然后将进入气缸的可燃混合气（或新鲜空气）压缩，压缩接近终点时点燃可燃混合气（或将柴油高压喷入气缸内形成可燃混合气并引燃）；可燃混合气着火燃烧，膨胀推动活塞下行实现对外做功；最后排出燃烧后的废气。即经过进气、压缩、做功、排气四个过程。这四个过程叫作发动机的一个工作循环，工作循环不断地重复，就实现了能量转换，使发动机能够连续运转。完成一个工作循环，曲轴转两圈（720°），活塞上下往复运动四次，称为四冲程发动机。而完成一个工作循环，曲轴转一圈（360°），活塞上下往复运动两次，称为二冲程发动机。

1）四冲程汽油机的工作原理

四冲程汽油机的工作循环由进气、压缩、做功和排气四个冲程组成。图 1－2－11 所示为单缸四冲程汽油机工作循环示意图。

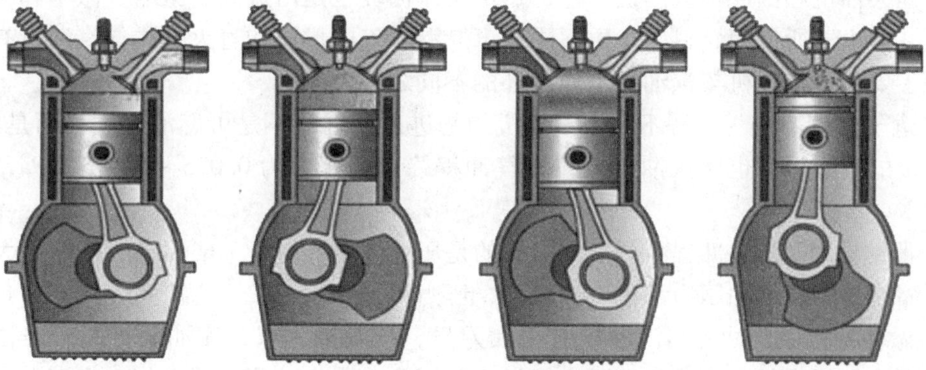

图 1－2－11　单缸四冲程汽油机工作循环示意图

（1）进气冲程。活塞由曲轴带动从上止点向下止点运动，此时，排气门关闭，进气门开启。活塞移动过程中，气缸内容积逐渐增大，形成一定真空度，于是经过滤清的空气与汽油混合成可燃混合气，通过进气门被吸入气缸。至活塞到达下止点时，进气门关闭，停止进气。

由于进气系统存在进气阻力，进气终了时气缸内气体的压力低于大气压力，为 0.075 ~

0.09 MPa。由于气缸壁、活塞等高温件及上一循环留下的高温残余废气的加热，气体温度升高到370～440 K。

（2）压缩冲程。进气冲程结束时，活塞在曲轴的带动下，从下止点向上止点运动，气缸内容积逐渐减小，由于进、排气门均关闭，可燃混合气被压缩，至活塞到达上止点时，压缩结束。气缸内气体被压缩的程度称为压缩比。压缩比越大，则压缩终了时气缸内气体的压力和温度就越高，燃烧速度也越快，因而发动机发出的功率越大，经济性也越好。

压缩冲程中，气体压力和温度同时升高，并使混合气进一步均匀混合，压缩终了时，气缸内的压力为0.6～1.2 MPa，温度为600～800 K。

（3）做功冲程。在压缩冲程末，火花塞产生电火花点燃混合气，并迅速燃烧，使气体的温度、压力迅速升高而膨胀，从而推动活塞从上止点向下止点运动，通过连杆使曲轴旋转做功，至活塞到达下止点时，做功结束。

在做功冲程中，开始阶段气缸内气体压力、温度急剧上升，瞬间压力可达3～5 MPa，瞬时温度可达2 200～2 800 K。

（4）排气冲程。在做功冲程终了时，排气门打开，进气门关闭，曲轴通过连杆推动活塞从下止点向上止点运动，废气在自身剩余压力及活塞的推动下，被排出气缸，至活塞到达上止点时，排气门关闭，排气冲程结束。排气冲程终了时，由于燃烧室容积的存在，气缸内还存有少量废气，气体压力也因排气系统存在排气阻力而略高于大气压力。此时，压力为0.105～0.115 MPa，温度为900～1 200 K。

排气冲程结束时，排气门关闭，进气门开启，活塞继续向下运动，又开始了下一个工作循环。如此重复，循环不已。

四冲程汽油发动机示功图如图1－2－12所示。

2）四冲程柴油机的简单工作原理

四冲程柴油机和四冲程汽油机一样，每个工作循环也是由进气、压缩、做功和排气四个冲程组成，但由于所使用燃料的性质不同，可燃混合气的形成和着火方式与汽油机有很大区别。下面主要叙述柴油机与汽油机工作循环的不同之处。

（1）进气冲程。进气冲程不同于汽油机的是进入气缸的不是可燃混合气，而是纯空气。由冲程残留的废气温度也比汽油机低，进气冲程终了的压力为0.075～0.095 MPa，温度为320～350 K。

（2）压缩冲程。压缩冲程不同于汽油机的是压缩纯空气，由于柴油机的压缩比大，为16～22，压缩终了的温度和压力都比汽油机高，压力可达3～5 MPa，温度可达800～1 000 K。

（3）做功冲程。此冲程与汽油机有很大差异，压缩冲程末，喷油泵将高压柴油经喷油器呈雾状喷入气缸内的高温高压空气中，被迅速汽化并与空气形成混合气，由于此时气缸内的温度远高于柴油的自燃温度（约500 K），柴油混合气便立即自行着火燃烧，且此后一段时间内边喷油边燃烧，气缸内压力和温度急剧升高，推动活塞下行做功。

做功冲程中，瞬时压力可达5～10 MPa，瞬时温度可达1 800～2 200 K，做功冲程终了时压力约为0.125 MPa，温度为800～1 000 K。

（4）排气冲程。此冲程与汽油机基本相同。排气冲程终了时的气缸压力为0.105～0.125 MPa，温度为800～1 000 K。

由上述四冲程汽油机和柴油机的工作循环可知，两种发动机工作循环的基本内容相似。

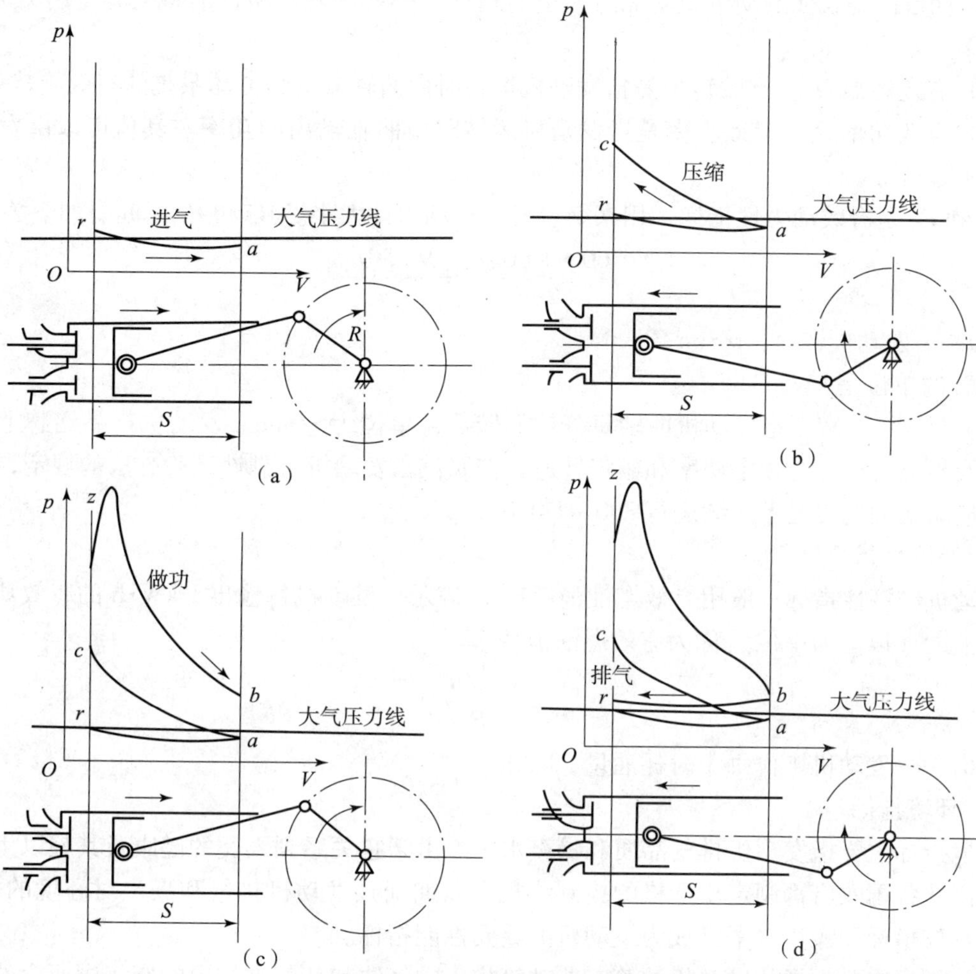

图 1-2-12　四冲程汽油发动机示功图

(a) 进气冲程；(b) 压缩冲程；(c) 做功冲程；(d) 排气冲程

每个工作循环曲轴转两周（720°），每一冲程曲轴转半周（180°）。四个冲程中，只有做功冲程做功，其他三个冲程是为做功冲程做准备工作的辅助冲程，都要消耗一部分能量。发动机起动时的第一个循环，必须有外力将曲轴转动，以完成进气和压缩冲程；当做功冲程开始后，做功能量便通过曲轴储存在飞轮内，以维持以后的冲程和循环得以继续进行。

1.2.3　发动机主要性能指标和工作特性

1. 发动机的主要性能指标

发动机的性能指标用来表征发动机的性能特点，并作为评价各类发动机性能优劣的依据。发动机的性能指标主要有：动力性指标、经济性指标、环境指标、可靠性指标和耐久性指标。

1）动力性指标

动力性指标是表征发动机做功能力大小的指标，一般用发动机的有效转矩、有效功率、转速等作为评价指标。

（1）有效转矩 M_e。有效转矩是指发动机运转时由曲轴输出给传动系统的有效旋转力矩。

（2）有效功率 P_e。有效功率是指发动机运转时由曲轴输出的功率。其值可以由发动机测功机实际测得。

M_e 和 P_e 是有效动力性指标，用来衡量发动机动力性大小。M_e 和 P_e 之间有如下关系：

$$M_e = \frac{60 \times 1\,000 P_e}{2\pi n} = \frac{9\,550 P_e}{n}$$

式中 n——发动机转速，r/min；

P_e 的单位是 kW。

（3）转速 n。转速指发动机曲轴每分钟的转数，单位为 r/min。发动机产品铭牌上标明的功率及相应转速称为额定功率和额定转速。按照汽车发动机可靠性试验方法的规定，汽车发动机应能在额定工况下连续运行 300 ~ 1 000 h。

2）经济性指标

发动机经济性指标一般用有效燃油消耗率 g_e 表示。发动机每输出 1 kW·h 的有效功所消耗的燃油量（以 g 为单位）称为有效燃油消耗率。

$$g_e = \frac{1\,000 G_T}{P_e}$$

式中 G_T——发动机工作每小时耗油量，kg/h。

3）环境指标

环境指标主要指发动机排气品质和噪声水平。由于它关系到人类的健康及其赖以生存的环境，因此各国政府都制定出严格的控制法规，以期削减发动机排气和噪声对环境的污染。当前，排放指标和噪声水平已成为发动机的重要性能指标。

排放指标主要是指从发动机油箱、曲轴箱排出的气体和从气缸排出的废气中所含的有害排放物的量。对汽油机来说主要是废气中的一氧化碳（CO）和碳氢化合物（HC）含量；对柴油机来说主要是废气中的氮氧化物（NO_x）和颗粒（PM）含量。

噪声是指对人的健康造成不良影响及对学习、工作和休息等正常活动发生干扰的声音。由于汽车是城市中的主要噪声源之一，而发动机又是汽车的主要噪声源，因此控制发动机的噪声就显得十分重要。例如，我国的噪声标准（GB/T 18697—2002）中规定，轿车的噪声不得大于 79 dB(A)。

4）可靠性指标和耐久性指标

可靠性指标是表征发动机在规定的使用条件下，在规定的时间内，正常持续工作能力的指标。可靠性有多种评价方法，如首次故障行驶里程、平均故障间隔里程等。耐久性指标是指发动机主要零件磨损到不能继续正常工作的极限时间。

大体上，在用车生活中，我们主要注意到的是发动机的两个指标，一个是功率，一个是扭矩。功率的单位是千瓦或马力，扭矩单位是牛·米。

通俗地讲，功率反映的是车的绝对速度，或者说它可以跑多快；扭矩反映的是加速度，也就是提速性能。一般来说，功率大的发动机可以跑得很快，达到 300 km/h 的速度都是可以做到的。扭矩大的发动机提速性能好，加速快，灵活。但有一个共同的特点，就是在表述这两个指标的时候，不能脱离发动机转速，性能高的发动机可以在一个相当宽泛的转速范围内保持高功率和高扭矩，比如说在 2 800 ~ 5 500 r/min 的范围内，可以保持 95% 的功率或扭矩。在转速越低的位置出现高扭矩，说明发动机的提速性能越好。

2. 发动机的工作特性

发动机有效性能指标随调整情况和使用工况而变化的关系称为发动机特性，通常用曲线表示它们之间的关系，这条曲线称为特性曲线。其中，有效性能指标随调整情况而变化的关系，称为调整特性，如汽油机的燃料调整特性、点火提前角调整特性，柴油机的喷油提前角调整特性等；随使用工况而变化的关系称为使用特性，如速度特性、负荷特性等。

通过对特性曲线的分析，可以评价发动机在不同工况下的动力性、经济性及其他运转性能，为合理选择、有效利用发动机以及评价发动机维修后质量好坏提供依据。这里，介绍应用较多的发动机的速度和负荷两个使用特性。

1）速度特性

在节气门开度（或喷油泵供油拉杆位置）一定的条件下，发动机的有效功率 P_e、有效转矩 M_e、有效燃油消耗率 g_e 随发动机转速变化的规律，称为发动机速度特性。节气门开度最大时（或喷油泵供油拉杆在标定功率的循环供油量位置时）测得的速度特性称为外特性；部分开度时（或喷油泵供油拉杆所处位置供油量小于标定功率的循环供油量位置时）测得的速度特性称为部分特性。

图 1-2-13 所示为某发动机的外特性曲线图。由图分析可知，当发动机转速 $n=2\ 000$ r/min 时，发动机发出转矩最大；当 $n<2\ 000$ r/min 或 $n>2\ 000$ r/min 时，发动机转矩都将减小。当 $n=3\ 500$ r/min 时，发动机发出功率最大；当 $n<3\ 500$ r/min 或 $n>3\ 500$ r/min 时，发动机功率都将减小。当 $n=2\ 000$ r/min 时，发动机有效燃油消耗率最小；当 $n<2\ 000$ r/min 或 $n>2\ 000$ r/min 时，发动机有效燃油消耗率将增大。

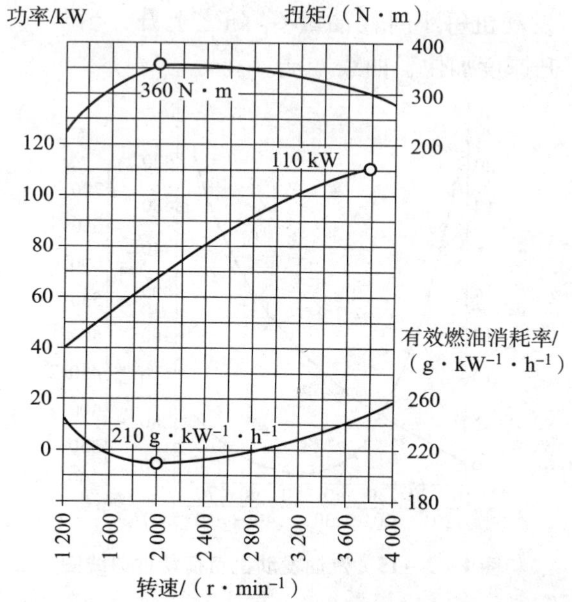

图 1-2-13　发动机的外特性曲线图

图 1-2-14 所示为 2.0TSI 发动机的外特性曲线图，由图可以看出，其在很宽的一个转速范围内保持最大扭矩不变，说明其动力性能好。

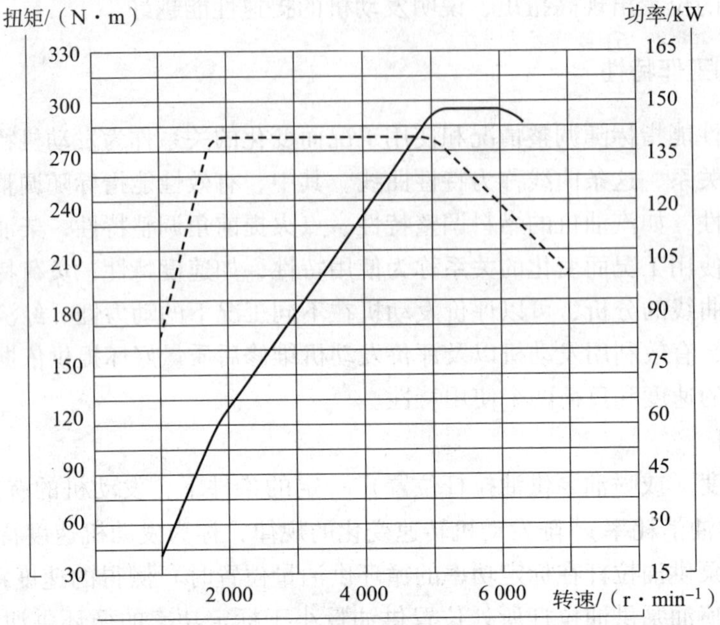

图 1-2-14　2.0TSI 发动机的外特性曲线图

2）负荷特性

发动机转速一定，逐渐改变节气门开度（或改变喷油泵供油拉杆位置），发动机每小时耗油量 G_T、有效燃油消耗率 g_e 随有效功率 P_e（或有效转矩 M_e）变化而变化的关系，称为发动机负荷特性。负荷特性可用来评定不同转速及不同负荷下发动机的经济性。

图 1-2-15 所示为汽油发动机负荷特性曲线图。由图分析可知，随节气门开度增大，有效功率 P_e 由小增大，发动机每小时耗油量 G_T 随之上升，当节气门开度达到全开的 80% 时，加浓混合气，G_T 上升速度加快，曲线变陡。

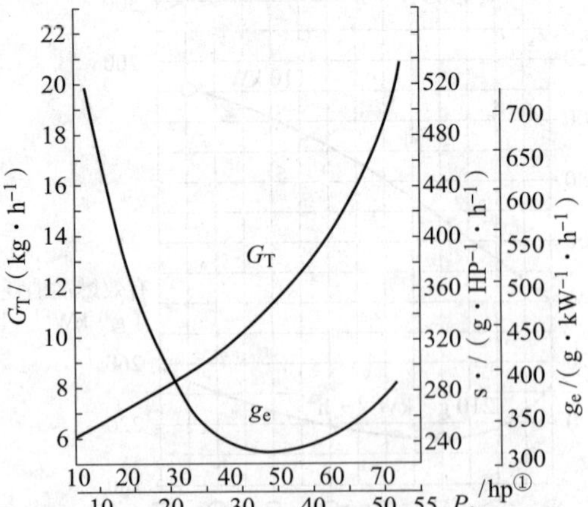

图 1-2-15　汽油发动机负荷特性曲线图

① 1 hp（英制马力）=746 W。

当发动机在怠速状态运转时，输出有效功率 $P_e=0$，故有效燃油消耗率 g_e 曲线趋向无穷大，随节气门开度增大，P_e 由小变大，g_e 迅速下降，直至降到最低值，随 P_e 继续加大，节气门开度增大到全开的 80% 时，混合气开始加浓，g_e 又有所上升。

图 1-2-16 所示为 6135Q 型柴油机负荷特性曲线图，其中标明 1 200、1 800 两条曲线分别是额定转速为 1 200 r/min 和 1 800 r/min 时的有效燃油消耗率 g_e 曲线，由图分析可知，G_T 随 P_e 增大而近似直线上升，直至 P_e 增大到等于全负荷的 90% 时，当负荷继续增大，G_T 迅速加大，曲线变陡。

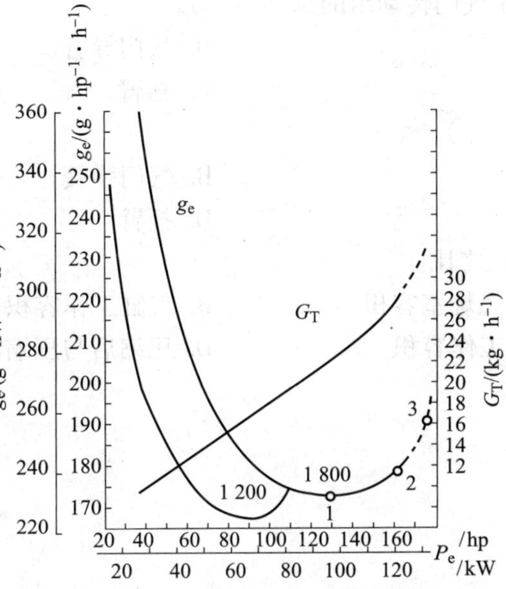

图 1-2-16　6135Q 型柴油机负荷特性曲线图

有效燃油消耗率 g_e 在怠速时趋向无穷大，随 P_e 增加，g_e 下降，当 P_e 增大到等于全负荷的 90% 时，g_e 达到最小值，如图中点 1 所示，再增加负荷，g_e 上升至曲线点 2 时，柴油机排放黑烟，至曲线点 3 时，柴油机发出最大功率。为了避免由排放黑烟引起的环境污染、易使燃烧室积炭和发动机过热现象等，采用由调速器来控制标定的循环供油量，可使标定功率限制在曲线点 2 以内。

从负荷特性曲线上可以看出，在接近全负荷时，g_e 最低，因此，为了提高汽车的燃料经济性，希望发动机经常处于 g_e 低、负荷又较大的经济负荷区运行。

习题

一、判断题

(　　) 1. 四冲程发动机的活塞在气缸内移动一个行程，曲轴旋转 180°。

(　　) 2. 气缸工作容积也称发动机排量。

(　　) 3. 各种不同类型发动机对压缩比的要求各不相同，一般汽油机的压缩比高，柴油机则较低。

(　　) 4. 柴油机进气冲程进入气缸的是柴油与空气形成的可燃混合气。

(　　) 5. 发动机的环境指标主要指发动机排气品质和噪声水平。

(　　) 6. 汽油机的组成部分有点火系统，而柴油机没有点火系统。

二、单项选择题

1. 曲柄连杆机构一般由（　　）构成。
   A. 活塞、连杆、曲轴飞轮组
   B. 机体组、活塞连杆组、曲轴飞轮组
   C. 曲柄机构、连杆机构、曲轴飞轮机构
   D. 机体组、曲柄机构、飞轮机构
2. 下列零部件不属于气门传动组的是（　　）。
   A. 凸轮轴　　B. 气门导管
   C. 挺柱　　D. 摇臂
3. 气门组不包括（　　）。
   A. 气门杆　　B. 气门弹簧
   C. 气门弹簧座　　D. 摇臂
4. 压缩比是（　　）之比。
   A. 气缸总容积与燃烧室容积　　B. 气缸工作容积与燃烧室容积
   C. 气缸总容积与工作容积　　D. 压缩后与压缩前气体容积

班级：____________　　指导教师：____________

组号：____________　　组员：____________________________________

项目二　发动机总体结构认识工作页

一、准备工作

（1）设备：台架发动机、工作台。

（2）工具：成套工具盒、扭力扳手、橡胶锤、一字改锥等。

（3）耗材、工单及其他。

二、工作过程

1. 判断发动机的冷却方式、缸数、类型

2. 找出发动机两大机构和五大系统总成和零件

3. 发动机工作原理和工作过程的认知

4. 发动机的性能指标

三、5S 工作

（1）工量具清洁、收纳、归位；

（2）零件清洁、归位；

（3）维修手册归位；

（4）清洁工作台，耗材按使用情况整理归位或丢入垃圾桶；

（5）清洁实训用台架发动机；

（6）清扫实训场地并清空垃圾，关灯、关门。

班级：____________　　指导教师：____________

组号：____________　　组员：____________________________________

项目二　发动机总体结构认识评分表

序号	项目	操作内容	评判标准	配分	扣分
1	安全与文明生产	正确穿戴工作服和安全鞋	不穿工作服扣 2 分，不穿安全鞋扣 3 分	5	
		工具与零件有序摆放	每混乱摆放一个零件和工具扣 1 分	5	
		工作场地的清洁	油、水洒落后不及时清洁，每次扣 1 分	3	
2	工具准备	准备正确的工具	每少一件工具扣 1 分	5	
		选择正确的工具	每次错选一件工具扣 1 分	2	
3	发动机总体结构认识	能够正确地说出发动机零件名称	每错一项扣 3 分	15	
		能够正确找到相关零件	每错一项扣 3 分	15	
		能够表述零件的工作原理	每错一项扣 3 分	15	
		发动机性能指标认识	每错一项扣 3 分	10	
		发动机型号编制	每错一项扣 3 分	10	
4	5S	作业中工作台、量具摆放等整齐、及时复位	摆放无序扣 1 分，有堆放扣 1 分	5	
			量具未及时复位一次扣 1 分		
		废弃物处理	废弃物未处理扣 2 分	2	
5	工作安全	作业操作	操作姿势一次不正确扣 1 分，操作不规范一次扣 1 分	4	
		操作中人身损伤	因操作失误造成损伤直接扣 5 分，非操作失误原因等其他因素导致损伤扣 3 分		
		重大安全事故	出现操作错误，取消考生该项目资格		
6	工单	填写工单	整齐，作业后及时、如实填写	4	
合计				100	

单元二

曲柄连杆机构的检修

学习目标

1. 掌握发动机曲柄连杆机构的作用与总体构造。
2. 掌握曲柄连杆机构的拆装与检修。

学习要求

能力目标	知识要点	权重
能够对气缸盖进行检验 能够对气缸直径、圆度、圆柱度进行检验 能够根据量缸数据计算修理尺寸	掌握机体组零件作用、结构 掌握气缸磨损规律及修理方法 了解机体组零件的工作条件、使用要求和材料 了解机体组零件的损伤形式和原因	40%
能够对活塞、活塞环、活塞销进行选配 能够对活塞、活塞环、连杆、轴瓦进行检验 能够对活塞连杆组进行组装	掌握活塞连杆组零件作用、结构及工作原理 掌握活塞连杆组零件的安装要求及方向标记、位置标记等 了解活塞连杆组零件的工作条件、要求和材料 了解活塞连杆组零件的损伤形式和原因	30%
能够对曲轴飞轮组进行正确的检查 能够对曲轴飞轮组进行正确的维护和调整 能够对曲轴飞轮组常见故障进行诊断与排除	掌握曲轴飞轮组的功用 了解曲轴飞轮组的要求和分类 掌握曲轴飞轮组的构造、工作原理 掌握曲轴飞轮组常见故障的现象、原因	30%

情境背景

由于车龄较长、事故等原因，发动机的技术状况显著恶化。此时发动机的动力性与经济性下降、排放超标、故障率增加，影响汽车的正常使用。这时，将发动机拆散，按大修工艺与技术要求对发动机进行修理，对气缸与曲轴进行修理，称为发动机的大修。经过大修后的发动机，可以恢复到原来的技术状况，各项性能指标明显改善。

概　　述

1. 曲柄连杆机构的功用

曲柄连杆机构的功用是：把燃气作用在活塞顶上的力转变为曲轴的转矩，以向工作机械输出机械能。

2. 曲柄连杆机构的组成

曲柄连杆机构由以下三部分组成：

1）机体组

机体组主要包括气缸体、曲轴箱、气缸盖、气缸套、气缸衬垫、油底壳等机件（图2－0－1）。

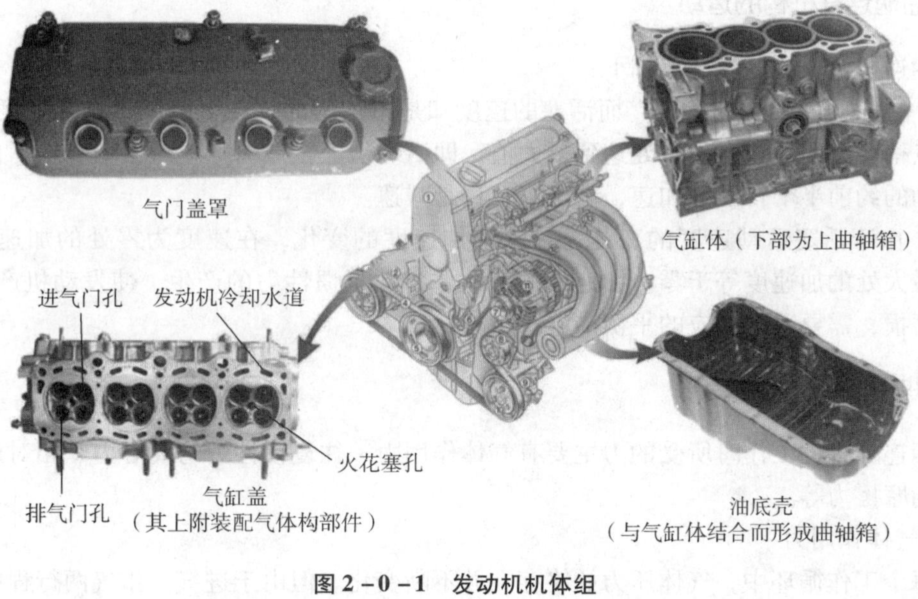

图2－0－1　发动机机体组

2）活塞连杆组

活塞连杆组主要包括活塞、活塞环、活塞销和连杆等机件（图2－0－2）。

3）曲轴飞轮组

曲轴飞轮组主要包括曲轴、飞轮、扭转减震器等机件（图2－0－2）。

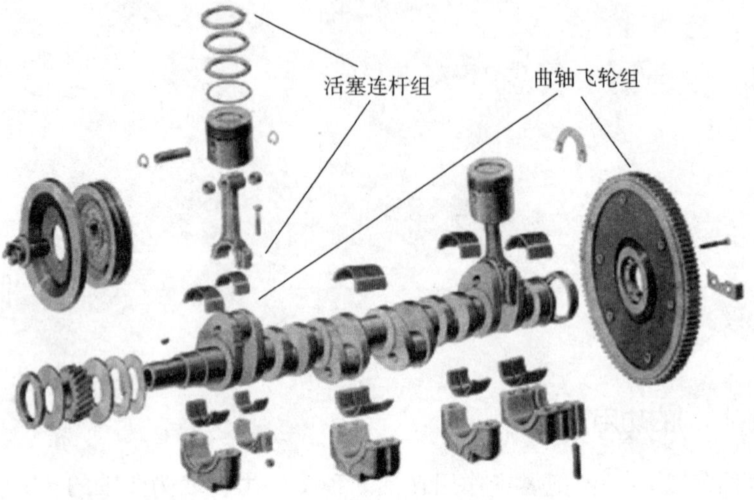

图 2-0-2　活塞连杆组和曲轴飞轮组

3. 曲柄连杆机构的工作条件

在发动机做功时，气缸内最高温度可达 2 500 K 以上，最高压力可达 3 ~5 MPa，现代汽车发动机最高转速可达 3 000 ~6 000 r/min，此外，与可燃混合气和燃烧废气接触的机件还会受到化学腐蚀。因此，曲柄连杆机构工作条件的特点是高温、高压、高速和化学腐蚀。

4. 曲柄连杆机构的运动

曲柄连杆机构的运动特点如下：

（1）曲轴虽然做匀速运动，而活塞的速度却是不均匀的。在上、下止点处速度等于零，在上止点稍前处和下止点稍后处达到最大值，即活塞从上止点向下止点运动和从下止点向上止点运动的约前半个行程是加速，后半个行程是减速。

（2）由于活塞运动速度的变化，导致其加速度的变化，在速度为零处的加速度最大，而速度最大处的加速度等于零。加速度的变化，导致了惯性力的产生，使发动机产生冲击、振动和磨损，需要采取相应的平衡措施。

5. 曲柄连杆机构的受力

曲柄连杆机构工作时所受的力主要有气体作用力、往复惯性力与离心力、相对运动件接触表面的摩擦力等。

1）气体作用力

在每个工作循环中，气体压力始终存在并不断变化。但由于进气、排气两行程中气体压力较小，对机件影响不大，故主要研究做功和压缩两行程中气体作用力。

在做功行程中，气体压力是推动活塞向下运动的力，这时，燃烧气体产生的高压直接作用在活塞顶部［图 2-0-3（a）］。设活塞所受总压力为 F_p，它传到活塞销上，可分解为 S_p 和 N_p。分力 S_p 通过活塞销传给连杆，并沿连杆方向作用在曲柄销上。S_p 还可分解为两个分力 R_p 和 T_p。沿曲柄方向分力 R_p 使曲轴主轴颈与主轴承间产生压紧力；与曲柄垂直的分力

T_p 除了使主轴颈和主轴承之间产生压紧力外，还对曲轴形成转矩 M_p，推动曲轴旋转。分力 N_p 把活塞压向气缸壁，形成活塞与缸壁间的侧压力，有使机体翻倒的趋势，故机体下部的两侧应支撑在车架上。

在压缩行程中，气体压力是阻碍活塞向上运动的阻力。这时作用在活塞顶的气体总压力 F_p，也可分解为两个分力 S_p 和 N_p [图 2-0-3（b）]，而 S_p 又分解为 R_p 和 T_p。R_p 使曲轴主轴颈与主轴承间产生压紧力；T_p 对曲轴造成一个旋转阻力矩 M_p，企图阻止曲轴旋转，而 N_p 则将活塞压向气缸的另一侧壁。

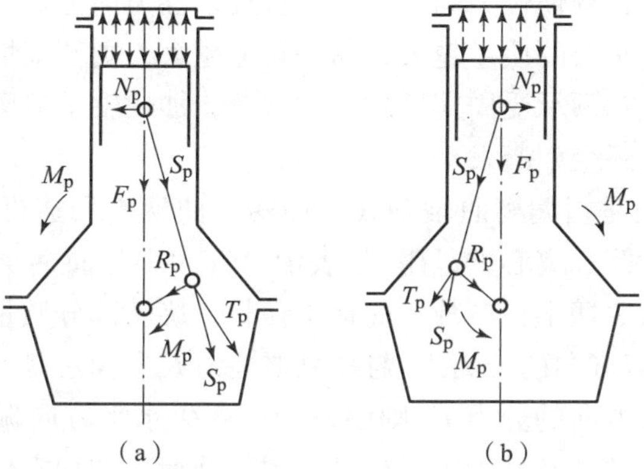

图 2-0-3　气体压力作用情况示意图

（a）做功行程；（b）压缩行程

在工作循环的任何行程中，气体作用力的大小都是随着活塞的位移而变化的，再加上连杆左右摇摆，因而作用在活塞销和曲轴轴颈的表面以及二者的支撑表面上的压力和作用点不断变化，造成各处磨损的不均匀性。同样，气缸壁沿圆周方向的磨损也不均匀。

2）往复惯性力与离心力

做往复运动的物体，当运动速度变化时，就要产生往复惯性力。物体绕某一中心做旋转运动时，就会产生离心力。这两种力在曲柄连杆机构的运动中都是存在的，如图 2-0-4 所示。

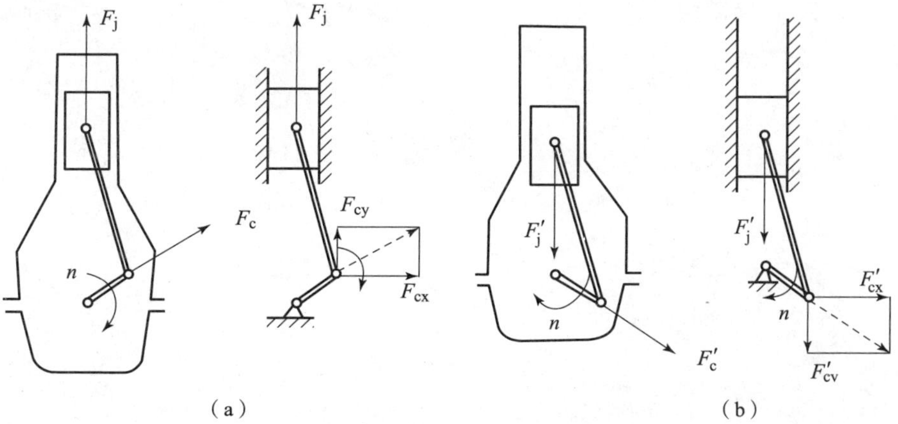

图 2-0-4　往复惯性力和离心力作用情况示意图

（a）活塞在上半行程时的惯性力；（b）活塞在下半行程时的惯性力

(1) 往复惯性力。往复惯性力是指活塞组件和连杆小头在气缸中做往复直线运动所产生的惯性力，用 F_j 表示，其大小与机件的质量及加速度成正比，其方向总与加速度的方向相反。

活塞在气缸内的运动速度很高，而且数值在不断变化。当活塞从上止点向下止点运动时，其速度变化规律是：从零开始，逐渐增大，临近中间达最大值，然后又逐渐减小至零。也就是说，当活塞向下运动时，前半行程是加速运动，惯性力向上，以 F_j 表示，表示［图2-0-4（a）］；后半行程是减速运动，惯性力向下，以 F_j' 表示［图2-0-4（b）］。同理，当活塞向上运动时，前半行程惯性力向下，后半行程惯性力向上。

活塞、活塞销和连杆小头的质量越大，曲轴转速越大，则往复惯性力也越大。它使曲柄连杆机构的各零件和所有轴颈承受周期性的附加载荷，加快轴承的磨损；未被平衡的变化着的惯性力传到气缸体后，还会引起发动机的振动。

(2) 离心力。离心力是指偏离曲轴轴线的曲柄、曲柄销和连杆大头绕曲轴轴线做圆周运动产生的旋转惯性力，简称离心力，用 F_c 表示，其大小与曲柄半径、旋转部分的质量及曲轴转速有关，其方向沿曲柄半径向外。曲柄半径长，旋转部分质量大，曲轴转速高，则离心力大。离心力 F_c 在垂直方向的分力 F_{cy} 与往复惯性力 F_j 方向总是一致的，因而加剧了发动机的上、下振动；而水平方向的分力 F_{cx} 则使发动机产生水平方向振动。离心力使连杆大头的轴瓦和曲柄销、曲轴主轴颈及其轴承受到又一附加载荷，增加它们的变形和磨损。

3) 摩擦力

任何一对互相压紧并做相对运动的零件表面之间都存在摩擦力，其大小与对摩擦面形成的正压力和摩擦系数成正比，其方向与相对运动的方向相反。摩擦力是造成零件配合表面磨损的根源。

上述各种力，作用在曲柄连杆机构和机体的各有关零件上，使它们受到压缩、拉伸、弯曲和扭转等不同形式的载荷。为了保证工作可靠，减少磨损，在结构上必须采取相应的措施。

项目一

气缸的测量

2.1.1 气缸体的检查与修理项目实施

1. 准备工作

（1）设备：台架发动机、工作台。

（2）工具与量具：成套工具盒、游标卡尺、千分尺、千分尺支架、量缸表、刀口尺、厚薄规等。

（3）发动机维修手册。

（4）耗材、工单及其他：记号笔、机油壶、清洁用棉布、手套等。

2. 气缸磨损的检验与修理工作过程

气缸经长期使用后，其尺寸和形状将会发生改变。虽然引起发动机技术状况变坏的因素很多，但气缸磨损程度是决定发动机是否需要大修的主要依据。所以，掌握气缸磨损规律，分析气缸磨损原因，提高检测和维修质量，并在使用中减轻气缸磨损，是延长发动机使用寿命的重要措施。

1）气缸磨损规律

气缸正常的磨损特点是不均匀磨损：在气缸轴线方向上呈上大下小的不规则锥形磨损，最大磨损部位在第一道活塞环上止点稍下的部位；在气缸最上沿不与活塞环接触的部位，几乎没有磨损，形成一明显台阶，通常称为“缸肩”；在断面上的磨损呈不规则的椭圆形，磨损最大部位往往随气缸结构、使用条件的不同而异，一般是前后或左右方向磨损最大；磨损量不大于0.01 mm/10 000 km。磨损特点如图2－1－1和图2－1－2所示。

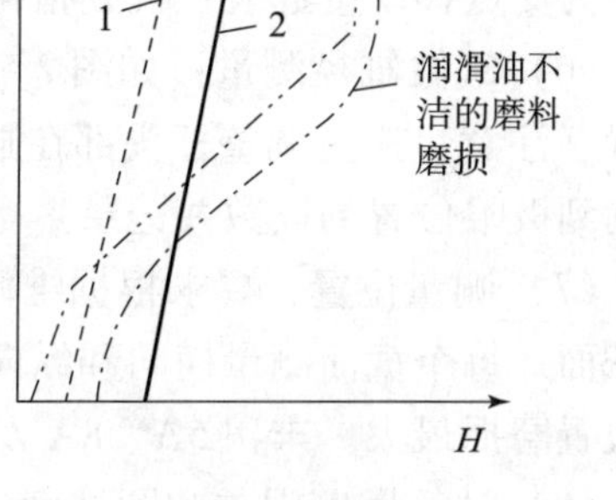

图2－1－1　气缸轴线方向的磨损

1—纵向；2—横向

2）气缸磨损的原因分析

气缸的最大磨损位置通常处在第一道活塞环上止

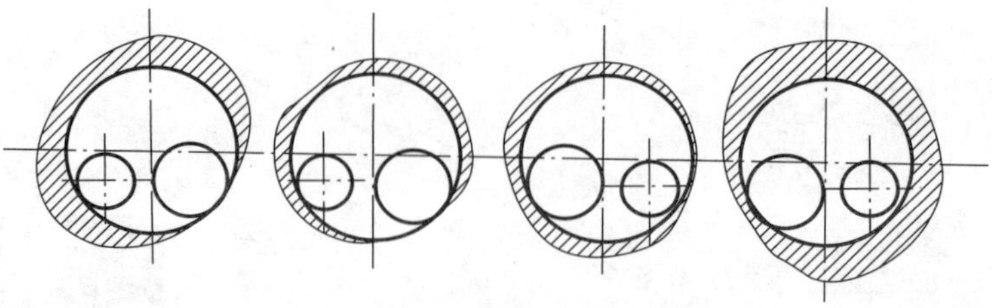

图 2-1-2 气缸断面上的磨损

点稍下的部位，其原因很多：第一，是由于活塞环换向，运动速度几乎为零，环的布油能力最差，润滑能力弱；第二，因爆发燃烧的压力、温度最高，可燃混合气燃烧产生的酸性氧化物生成的矿物酸最多，附着在气缸壁上不但不能被油膜完全覆盖，甚至破坏缸壁上的润滑油膜，在这个部位上，腐蚀磨损严重；第三，进气流对缸壁局部的冷却以及未雾化的燃油颗粒对局部缸壁上润滑油膜的破坏，强化了局部缸壁的"冷激"效应；第四，进气中的灰尘在此处缸壁上的附着量较多，不但能加剧此处的腐蚀磨损，而且也能加剧此处的磨料磨损；第五，活塞在此处所承受的侧向力大，活塞环的背压最大，容易破坏缸壁上的润滑油膜，加剧此部位的黏着磨损。所以，第一活塞环上止点稍下，对应的缸壁上磨损量最大。但是，曲轴轴向间隙过大、活塞偏缸、缸体变形等故障就会改变气缸的磨损规律，使最大磨损出现在气缸中部或下部。

3）气缸磨损的检验

气缸磨损的检验一般包括两项内容：一是外观检查，检查气缸的机械损伤、表面质量和化学腐蚀程度等；二是用内径量缸表和千分尺测气缸的直径、圆度误差和圆柱度误差。步骤如下：

（1）清洁气缸内壁：用布擦拭。

（2）用游标卡尺测量气缸直径，获得标准尺寸。

（3）安装百分表，使百分表指针有 0.5 ~ 1 mm 移动量，表面与测量杆垂直。

（4）选择与缸径合适的测量杆：校准测量杆（或调整垫圈），使量缸表测量端总长比缸径大 1 mm 左右即可。

（5）量缸表的零校准：清洁千分尺，将千分尺安装到支座上并进行校零（安装时应在千分尺与支座间垫上布）。

将千分尺设置到由游标卡尺测得的标准尺寸，并用锁销锁紧。在千分尺上以量缸表的测量杆为支点移动量缸表，找到指针最收缩位置。在此位置，转动表盘将量缸表设定到零点。

（6）气缸缸径测量：如图 2-1-3 所示，慢慢推导向板将量缸表仔细放入气缸内规定位置（注意：避免调整杆头部在缸壁滑动），来回轻轻摆动表架，观察百分表的长针顺时针摆动到极限位置的读数并记录。

（7）测量位置：要求根据维修手册规定的测量位置进行测量。一般取上、中、下三个横截面，每个截面测量横向和纵向两个位置。上截面位于第一道活塞环上止点的位置，一般该位置磨损最大。丰田 5A、8A 发动机的测量部位如图 2-1-4 所示。

（8）计算圆度误差和圆柱度误差：

圆度误差：指同一横截面上磨损的不均匀性。气缸圆度公差：汽油机为 0.05 mm，柴油机为 0.065 mm。

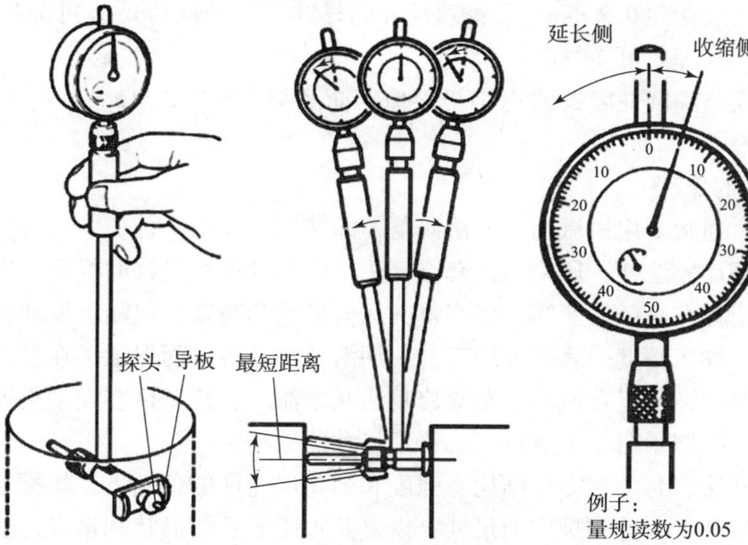

图 2-1-3　量缸表测量法

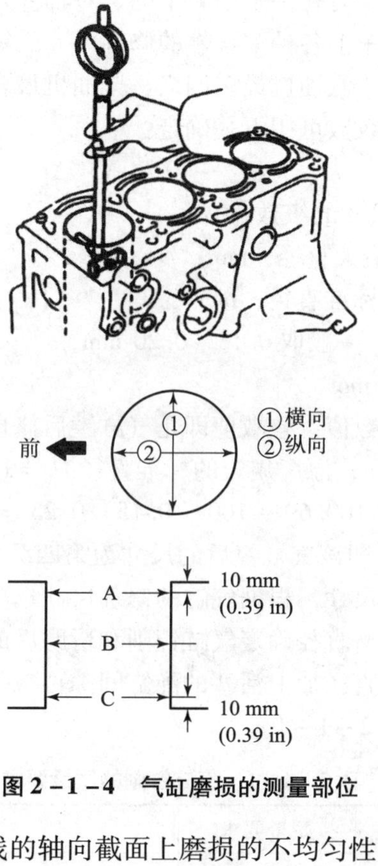

图 2-1-4　气缸磨损的测量部位

圆柱度误差：指沿气缸轴线的轴向截面上磨损的不均匀性。用不同横截面上任意方向测得的最大与最小直径差值的一半作为圆柱度误差。圆柱度公差：汽油机为 0. 175 mm，柴油机为 0. 25 mm。

气缸的检验分类技术条件如下：

气缸的圆度误差达到 0. 050 ~0. 063 mm，圆柱度误差达到 0. 175 ~0. 250 mm，最大磨损量有修理尺寸的气缸达到0.2 mm，无修理尺寸的气缸（薄型缸套）达到0.4 mm，其中任一项达到限值时必须修理或更换气缸（套）。

气缸的圆度误差和圆柱度误差均小于限值，而磨损量小于0.15 mm时，可更换活塞及活塞环。

4）气缸磨损的修理

气缸磨损后，通常采用机械加工方法修复，即修理尺寸法。

过去，除修理尺寸法外，还采用镶套修复法，即当发动机气缸磨损到一定程度后，在缸筒中重新镶入一个标准直径的套筒，以恢复其几何形状和精度。但随着发动机制造工艺水平的提高，从材料、加工精度、表面处理工艺、润滑条件等各方面保证了在发动机正常使用条件下，气缸磨损极少，所以在汽车上镶套修复法基本淘汰，甚至许多发动机连修理尺寸法都取消了，所以在其维修手册中不提供气缸修理尺寸的数据。

所谓修理尺寸法，是指在零件结构、强度和强化层允许的条件下，将配合副中主要件的磨损部位进行机械加工，达到规定的尺寸，恢复其正确的几何形状和精度，然后更换相应的配合件，使得尺寸改变而配合性质不变。显然，使用修理尺寸法修复后的尺寸已不同于零件的原基本尺寸，而是形成了一个对孔件是增大了的、对轴件是缩小了的新基本尺寸，这个新的基本尺寸就是修理尺寸。汽车上各种配合件的修理尺寸的等级和级差都是国家标准制定了的，如发动机气缸的修理尺寸，汽油机最多四级，柴油机最多八级，级差为0.25 mm。

实际中，气缸修理尺寸的级数可用下式确定：

$$n \geqslant (D_{max} - D_0 + X)/\Delta D$$

式中 n——镗削后气缸修理尺寸的级数；

D_{max}——镗削前气缸的最大直径，mm；

D_0——原厂规定气缸的标准直径，mm；

X——气缸的镗磨余量，一般取0.13~0.20 mm；

ΔD——修理尺寸级差，mm。

将计算出的n再圆整成整数值，整数值即是气缸镗后修理尺寸的级数。例如，某发动机气缸，磨损后$D_{max}=100.69$ mm，原厂规定的标准直径$D_0=100$ mm，取$X=0.15$ mm，则

$$n \geqslant (100.69 - 100 + 0.15)/0.25 = 3.35$$

将3.35圆整为整数值4，即该气缸镗后的尺寸为第四级修理尺寸。

在镗缸前确定气缸的修理尺寸，根据气缸的修理尺寸选配好相应修理尺寸的活塞。而在镗磨气缸中，又是以选配的活塞直径确定气缸镗削和珩磨后的实际尺寸，那么，气缸镗削后的直径应等于活塞裙部的最大直径加上活塞的配缸间隙再减去气缸的珩磨余量。

气缸镗削的质量要求见表2-1-1。

表2-1-1 气缸镗削的质量要求

项目	质量要求	项目	质量要求
圆度公差/mm	0.005	气缸轴线横向位移公差/mm	0.10
圆柱度公差/mm	0.01	气缸轴线纵向位移公差/mm	0.07
轴线垂直度公差/mm	0.05	表面粗糙度/μm	$Ra \leqslant 1.6$

当发动机某气缸产生拉缸故障后，不能为了节省修理费用，只镗削加大该气缸而不镗削其他的气缸；否则势必造成各缸压缩比的不均匀，影响发动机工作的平稳性，增加曲轴的疲劳应力。因此，镗削修理气缸时，各缸必须保持同一级修理尺寸。

3. 气缸体上平面变形的检验与修理

气缸体在使用过程中变形是普遍存在的。气缸体的变形破坏了零件的正确几何形状，影响发动机的装配质量和工作能力。例如，气缸体平面度误差逾限，将造成气缸密封不严，漏气、漏水，严重时将冲坏气缸垫。气缸体变形后在修理中未进行整形修理，是影响大修发动机耐久性的一项重大因素。GB 3801—83《汽车发动机气缸体与气缸盖修理技术条件》（已作废）中规定的气缸上平面的平面度公差见表 2 –1 –2 可供参考在实际修理中以各制造厂规定的具体标准为准。

表 2 –1 –2　气缸上平面的平面度公差

项目				公差/mm
气缸上平面的平面度	任意	50 mm × 50 mm		0. 05
	全长	≤600 mm		0. 15
		>600 mm	铸铁	0. 25
			铝合金	0. 35

气缸平面度的检验，多采用刀口尺和厚薄规来进行。如图 2 –1 –5 所示，利用等于或略大于被测平面全长的刀口尺，沿气缸上平面的纵向、横向和对角线方向 6 处进行测量，而求得其平面度误差。气缸上平面的平面度误差逾限则必须修整气缸上平面。

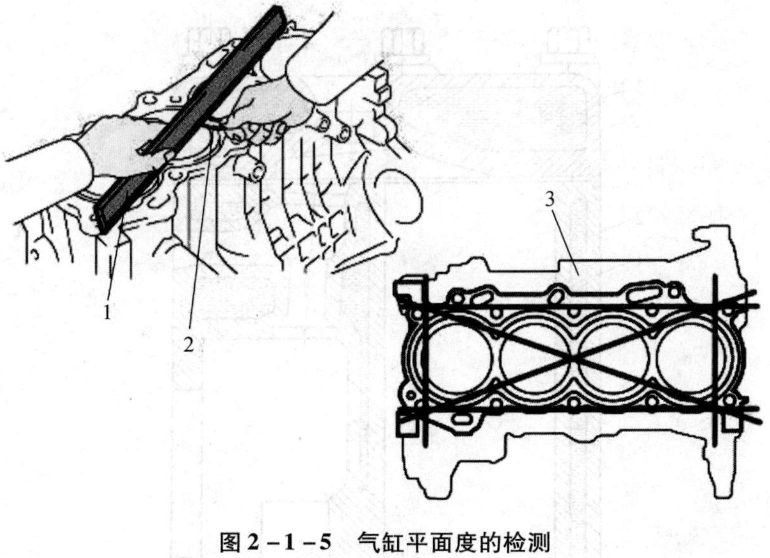

图 2 –1 –5　气缸平面度的检测

1—刀口尺；2—塞尺（厚薄规）；3—缸体上平面

气缸上平面的平面度可通过铲削或磨削加工进行修理。

几种国产车型气缸的平面度公差要求见表 2 –1 –3。

表 2-1-3　几种国产车型气缸的平面度公差　　单位：mm

项目车型		现代 Terracan	东风本田 CR-V	日产 FUGA（Y50）	威驰 5A、8A
在全长上的平面度公差	出厂规定	0.05	0.07	0.1	0.05
	大修允许	0.05	0.07	0.1	0.05

2.1.2　气缸体与曲轴箱的结构

1. 气缸体基本结构与功用

发动机的气缸体和曲轴箱常铸成一体，称为气缸体-曲轴箱，简称为气缸体。气缸体上半部有若干个为活塞在其中运动导向的圆柱形空腔，称为气缸。下半部为支承曲轴的曲轴箱，其内腔为曲轴运动的空间。

气缸体是为发动机各个机构和系统的装配基体，与高温、高压的燃气直接接触并承受高温、高压气体作用力，且有活塞在其中做高速往复运动，因而要求气缸体应具有足够的刚度、强度，耐高温、耐磨损、耐腐蚀。

为了使发动机能在高温下正常工作，必须对气缸体和气缸盖加以冷却。按冷却介质的不同，可分为水冷和风冷两种冷却方式。汽车发动机上采用较多的是水冷却。

发动机用水冷却时，气缸周围和气缸盖中均有用以充水的空腔，称为水套，如图 2-1-6 所示。气缸体和气缸盖上的水套相互连通，利用水套中的冷却水流过高温零件的周围而将热量带走。

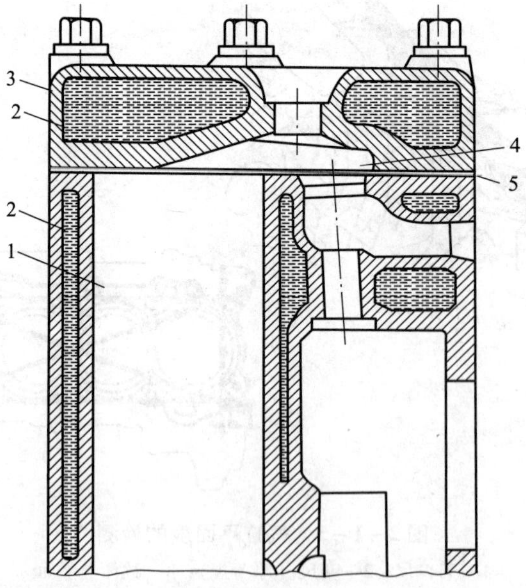

图 2-1-6　水冷发动机的气缸体和气缸盖

1—气缸；2—水套；3—气缸盖；4—燃烧室；5—气缸垫

发动机用空气冷却时，在气缸体和气缸盖外表面铸有许多散热片，以增加散热面积，保证散热充分，如图 2-1-7 所示。

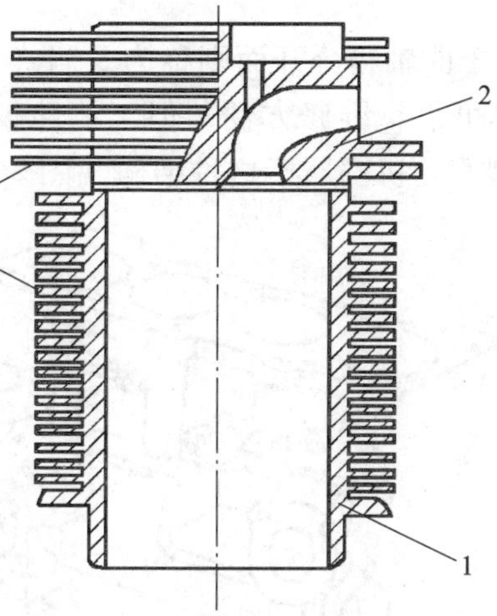

图 2-1-7　风冷发动机的气缸体和气缸盖

1—气缸体；2—气缸盖；3—散热片

2. 曲轴箱的形式

根据其具体结构型式，曲轴箱可分为三种：平分式、龙门式和隧道式，如图 2-1-8 所示。

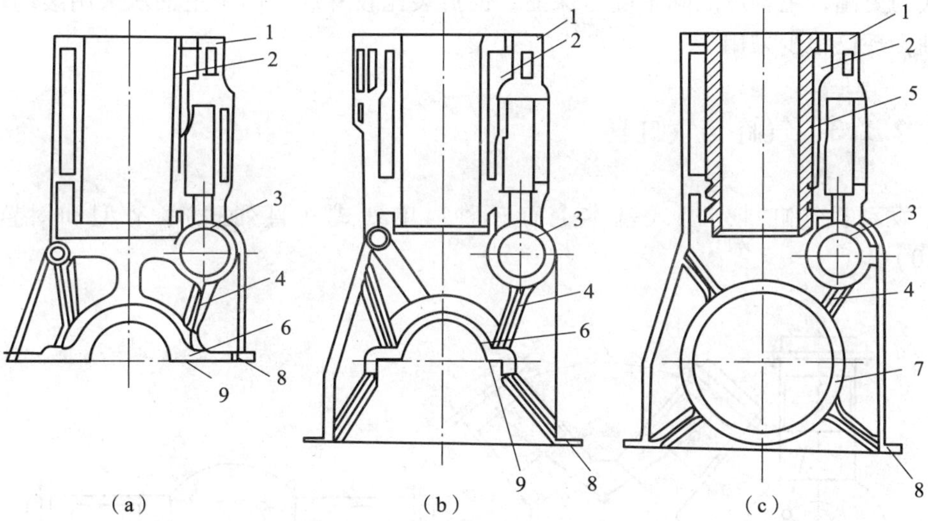

图 2-1-8　曲轴箱的基本结构形式

(a) 平分式；(b) 龙门式；(c) 隧道式

1—气缸体；2—水套；3—凸轮轴孔座；4—加强筋；5—湿缸套；6—主轴承座；7—主轴承座孔；8—安装油底壳的加工面；9—安装主轴承盖的加工面

若发动机的曲轴轴线与曲轴箱分开面在同一平面上则为平分式［图 2-1-8 (a)］，这种结构便于机械加工，但刚度较差，曲轴前后端的密封性较差，多用于中小型发动机。富康ZX型轿车TU3.2K型发动机、BJ2023型吉普车的492QA型发动机的曲轴箱即属于这种结构。

若发动机的曲轴轴线高于曲轴箱分开面则称为龙门式［图2-1-8（b）］，这种结构的刚度和强度较好，密封简单可靠，维修方便，但工艺性较差。桑塔纳、捷达、奥迪、解放CA1091型汽车用CA6102型发动机都属于这种结构（图2-1-9）。

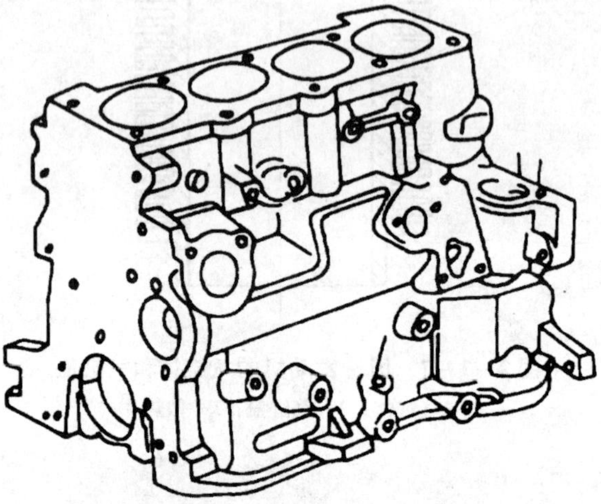

图2-1-9　上海桑塔纳发动机气缸体

隧道式曲轴箱的主轴承承孔不分开［图2-1-8（c）］，这种结构的特点是其结构刚度比龙门式的更高，主轴承的同轴度易保证，但拆装比较麻烦，用于主轴承采用滚动轴承的组合式曲轴，现已很少采用。

2.1.3　气缸与气缸套

汽车发动机气缸排列型式基本上有三种：单列式（直列式）、V型和对置式（图2-1-10）。

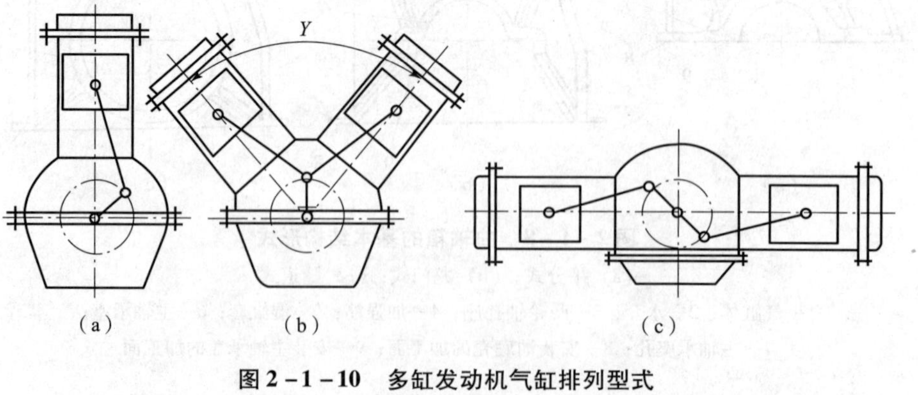

图2-1-10　多缸发动机气缸排列型式

（a）单列式（直列式）；（b）V型；（c）对置式

单列式发动机的各个气缸排成一列，一般是垂直布置的［图2－1－10（a）］。但为了降低发动机的高度，有时也把气缸布置成倾斜的，甚至是水平的。这种排列型式其气缸体结构简单，加工容易，但长度和高度较大。一般六缸以下发动机多用单列式，如桑塔纳、捷达、富康、一汽奥迪100型和解放CA1091型等汽车的发动机。

V型发动机将气缸排成两列［图2－1－10（b）］，其气缸中心线的夹角$\gamma<180^{\circ}$。它的特点是缩短了发动机的长度，降低了发动机的高度，增加了气缸体的刚度，重量也有所减轻，但加大了发动机宽度，且形状复杂，加工困难，一般多用于缸数多的大功率发动机上。现在六缸及六缸以上的发动机多采用V型布置。

对置式发动机［图2－1－10（c）］的高度比其他型式的小得多，在某些情况下，使得汽车（特别是轿车和大型客车）的总布置更为方便。

气缸体的材料一般采用优质灰铸铁、球墨铸铁或铝合金，为了提高气缸的耐磨性，有时在铸件中加入少量合金元素，如镍、钼、铬、磷等。现代汽车发动机广泛在气缸体内镶入气缸套，形成气缸工作表面。这样，气缸套可用耐磨性较好的合金铸铁或合金钢制造，以延长使用寿命，而气缸体则可用价格较低的普通铸铁或铝合金等材料制造。采用铝合金气缸体时，由于铝合金耐磨性不好，必须镶用气缸套。

气缸套有两种结构，如图2－1－11所示。

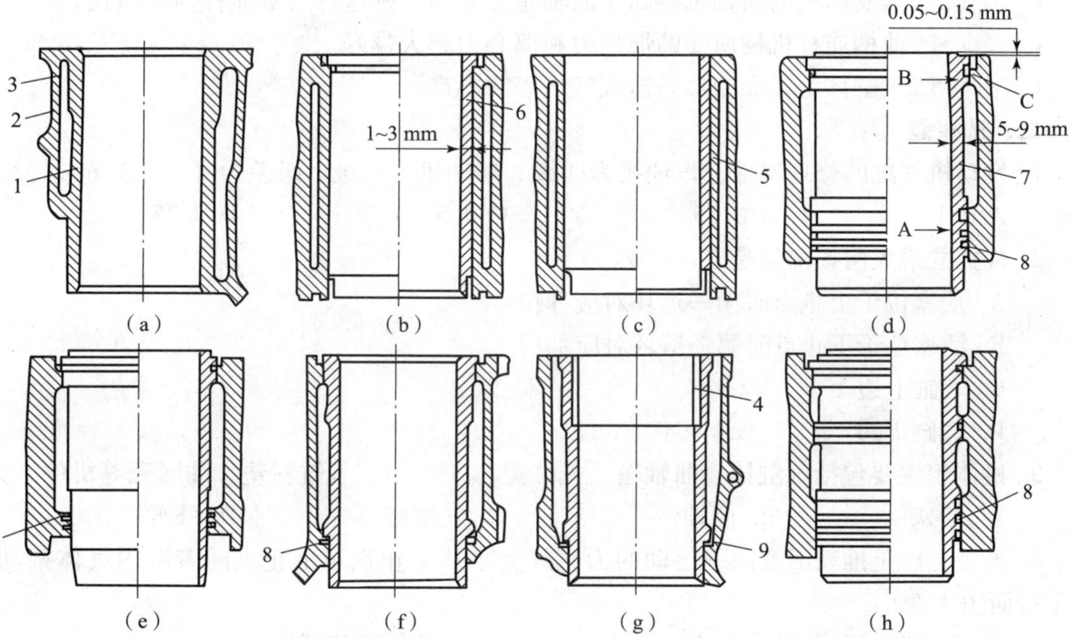

图2－1－11　气缸套

1—气缸壁；2—气缸冷却水套壁；3—冷却水套；4—上置半节缸套；5—干式缸套；6—可卸式干缸套；7—可卸式湿缸套；8—橡胶密封圈；9—铜密封圈

干式气缸套［图2－1－11（a）～（c）］不直接与冷却水接触，壁厚一般为1～3 mm。

湿式气缸套［图2－1－11（d）～（h）］则与冷却水直接接触，壁厚一般为5～9 mm。气缸套的外表面有两个保证径向定位的凸出的圆环带A和B［图2－1－11（d）］，分别称为上支承定位带和下支承密封带。气缸套的轴向定位是利用上端的凸缘C［图2－1－11

(d)]。为了密封气体和冷却水，有的气缸套凸缘 C 下面还有紫铜垫片。

气缸套的上支承定位带直径略大，与气缸套座孔配合较紧密。下支承密封带与座孔配合较松，通常装有 1 ~ 3 道橡胶密封圈来封水。常见的密封结构形式有两种。一种形式是将密封环槽开在缸套上，将具有一定弹性的橡胶密封圈 8 装入环槽内 [图 2 - 1 - 11 (d)]。另一种形式是将安置密封圈的环槽开在气缸体上 [图 2 - 1 - 11 (e)]，这种结构的工艺性较差，故应用较少。

湿式缸套装入座孔后，通常缸套顶面略高出气缸体上平面 0. 05 ~ 0. 15 mm。这样当紧固气缸盖螺栓时，可将气缸盖衬垫压得更紧，以保证气缸的密封性，防止冷却水和气缸内的高压气体窜漏。

湿式气缸套的优点是在气缸体上没有封闭的水套，铸造方便，容易拆卸更换，冷却效果较好。其缺点是气缸体的刚度差，易于漏气漏水。

习题

一、判断题

(　　) 1. 当发动机某气缸产生拉缸故障后，只镗削加大该气缸即可。

(　　) 2. 不直接与冷却水接触的缸套称为干式缸套，其壁厚为 5 ~ 9 mm。

(　　) 3. 若发动机的曲轴轴线高于曲轴箱分开面，则这种气缸体称为龙门式。

(　　) 4. 曲柄连杆机构所受的惯性力和离心力越大越好。

(　　) 5. 气缸体上平面变形易造成气缸密封不严。

二、选择题

1. 发动机气缸的修理尺寸，汽油机为四级，柴油机为八级，级差为 (　　) mm。

A. 0. 1　　B. 0. 25　　C. 0. 5　　D. 0. 75

2. 气缸的最大磨损部位是 (　　)。

A. 活塞位于上止点时第一道环对应部位

B. 活塞位于下止点时第一道环对应部位

C. 气缸上边

D. 气缸下边

3. 机体组主要包括气缸体、曲轴箱、气缸盖、(　　)、气缸衬垫、油底壳等机件。

A. 活塞　　B. 曲轴　　C. 气缸套　　D. 飞轮

4. (　　) 是推动活塞向下运动的力，其大小从上止点至下止点随着缸内气体推动活塞下行而由大变小。

A. 做功行程的气体作用力　　B. 做功行程的惯性力

B. 压缩行程的气体作用力　　D. 做功行程的离心力

5. 同一横截面上磨损的不均匀性是指 (　　)。

A. 圆度误差　　B. 圆柱度误差

C. 径向跳动误差　　D. 弯曲

班级：____________　　指导教师：____________

组号：____________　　组员：____________________________________

项目一　气缸的测量工作页

一、准备工作

（1）设备：台架发动机、工作台。

（2）工具与量具：成套工具盒、游标卡尺、千分尺、千分尺支架、量缸表、刀口尺、厚薄规等。

（3）发动机维修手册。

（4）耗材、工单及其他：记号笔、机油壶、清洁用棉布、手套等。

二、工作过程

（1）清洁缸体。

（2）目视检查气缸壁状况。

检查结果记录：____。

（3）查阅维修手册，该发动机型号是____________，气缸的标准直径是____________，维修标准是圆度____________，圆柱度____________。

（4）校验量具，测量并记录。

测量部位	曲轴方向/mm	推力方向/mm	圆度误差/mm	圆柱度误差/mm	气缸最大磨损直径/mm
上					
中					
下					

根据检测结果，结论：____。

（5）计算气缸修理尺寸级别。

三、5S 工作

（1）工量具清洁、收纳、归位；

（2）零件清洁、归位；

（3）维修手册归位；

（4）清洁工作台，耗材按使用情况整理归位或丢入垃圾桶；

（5）清洁实训用台架发动机；

（6）清扫实训场地并清空垃圾，关灯、关门。

班级：____________　指导教师：____________

组号：____________　组员：______________________________

项目一　气缸的测量评分表

序号	项目	操作内容	评判标准	配分	扣分
1	安全文明否决	重大安全事故、文明操作	造成人身、设备重大事故，或恶意攻击考官、严重扰乱考场秩序，立即终止考试，此项目记0分		
2	安全文明生产	作业操作	不穿工作服、工作鞋，不戴工作帽各扣1分 工具、零件乱放混放每次扣2分 油、水洒落或零部件表面未及时清理每次扣1分 考试完后不清理工零件或场地各扣3分 不服从考官指示、出言不逊，每次扣3分 拆装前不检查发动机台架锁止情况（含每次被考官提醒），每次扣3分	20	
3	准备	工量具准备与检查	工量具每少准备一件扣1分 工量具选择不当，每次扣2分 未校验量具每次扣2分	5	
4	手册	维修手册使用	每查错一个数据或漏查一个数据扣3分，根据工单填写情况对照维修手册标准值评分	10	
5	气缸圆度、圆柱度	气缸圆度、圆柱度测量	未清洁被测气缸扣2分 未清洁量具扣2分 不按被测气缸标准直径选择测量杆扣3分 工具、零件落地每次扣2分 安装量缸表时未使用千分尺扣1分，量缸表在千分尺上校零时未留预压量扣2分 测量部位每错一处扣1分 不能找到气缸直径位置扣5分 测量数据每错一个扣1分 圆度、圆柱度计算每错一项扣3分	30	
6	气缸最大磨损直径	气缸最大磨损直径测量	未清洁被测气缸扣2分 未清洁量具扣2分 不按被测气缸标准直径选择测量杆扣2分 工具、零件落地每次扣2分 安装量缸表时未使用千分尺扣1分，量缸表在千分尺上校零时未留预压量扣3分 不能找到最大磨损值扣10分 检查数据不正确扣5分 不能判断检测结果扣5分	30	
7	工单	填写工单	维修记录字迹潦草扣2分 填写不完整，每项扣1分	5	
合计				100	

项目二

气缸盖的拆装与检测

2.2.1 气缸盖的拆装与检测项目实施

1. 准备工作

（1）设备：台架发动机、工作台。

（2）工具与量具：成套工具盒、扭力扳手、套筒、橡胶锤、一字改锥、气枪、游标卡尺、磁力吸棒等。

（3）发动机维修手册。

（4）耗材、工单及其他：清洁用棉布、手套、木块等。

2. 气缸盖的拆卸与检测工作过程

（1）拆卸气缸盖：按图2－2－1所示顺序拆卸气缸盖螺栓：分2～3次松开，用吸力棒吸出垫圈。

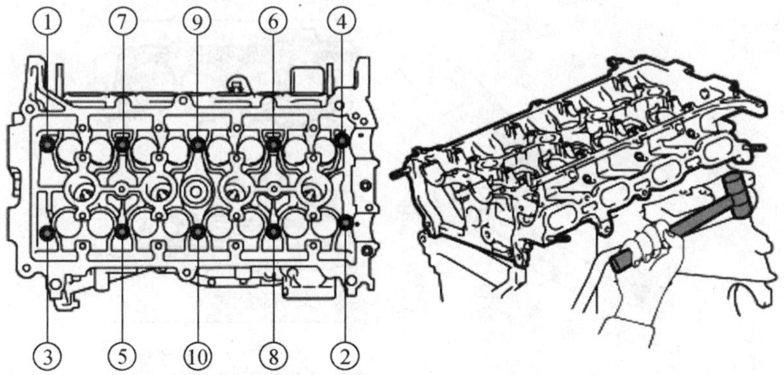

图2－2－1　拆卸凸轮轴

①～⑩为气缸盖螺栓的拆卸顺序

（2）将木块放在工作台上，木块上面铺好棉布。将拆下的气缸盖正面朝下放在木块上。

（3）拆下气缸垫并清洁。

（4）清洁气缸盖下面与进、排气歧管侧面。

（5）目测气缸垫有无裂痕。

（6）检查气缸盖塑性区螺栓，如图2－2－2所示，用游标卡尺在规定点测量。图2－2－2中A和B是使用游标卡尺测量螺栓压缩最大处的外形，并通过极限值来确定塑性区螺栓是否重新使用（如某一塑性区螺栓标准直径为7.3～7.5 mm，最小直径为7.3 mm。如果测量结果小于7.3 mm，必须更换螺栓）。图2－2－2中C是使用游标卡尺测量螺栓的伸长度确定塑性区螺栓是否重新使用（如某一塑性区标准螺栓长度为142.8～144.2 mm，最大螺栓长度为147.1 mm。若测量结果为147.1 mm以上，就需要更换螺栓）。

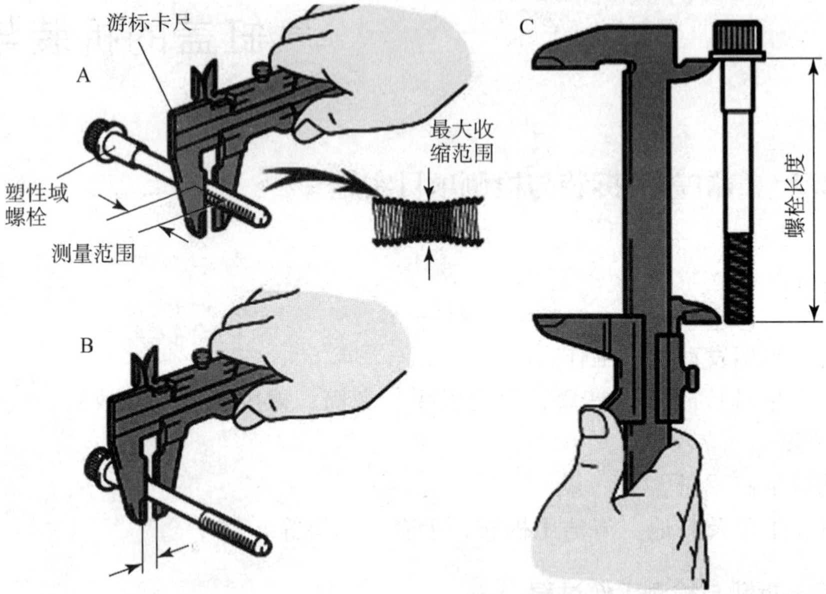

图2－2－2　塑性区螺栓的检查

（7）检查气缸盖平面度（图2－2－3）。

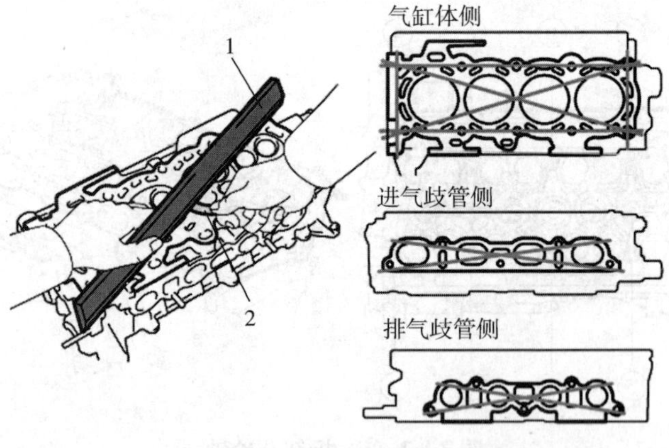

图2－2－3　检查气缸盖平面度

1—刀口尺；2—厚度规

3. 气缸盖的安装工作过程

（1）清洁气缸盖下表面。

（2）清洁气缸体上表面与螺栓孔，按正确方向安装气缸垫（图 2－2－4）。

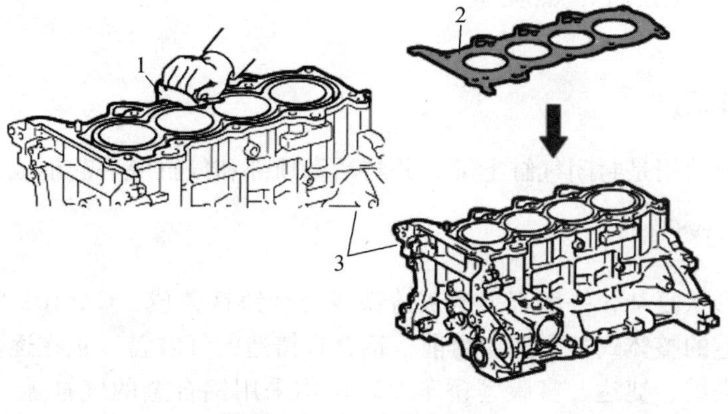

图 2－2－4　安装气缸垫

1—棉布；2—气缸垫；3—气缸体

特别提示

● 安装螺栓时如果螺栓孔内仍有油污，气缸体可能由于液压力而受到损伤。

● 如果气缸垫安装方向不正确，则气缸盖与气缸体相通的油孔和水套孔就可能被挡住，从而造成油路不通和水路不通或漏油或漏水。

（3）安装气缸盖与气缸盖螺栓垫（注意方向）。

（4）在缸盖螺栓上涂油，分几次按正确顺序拧紧螺栓（图 2－2－5）。

（5）塑性区螺栓拧到规定力矩 34 N·m 后，再拧 120°～180°（图 2－2－6）。

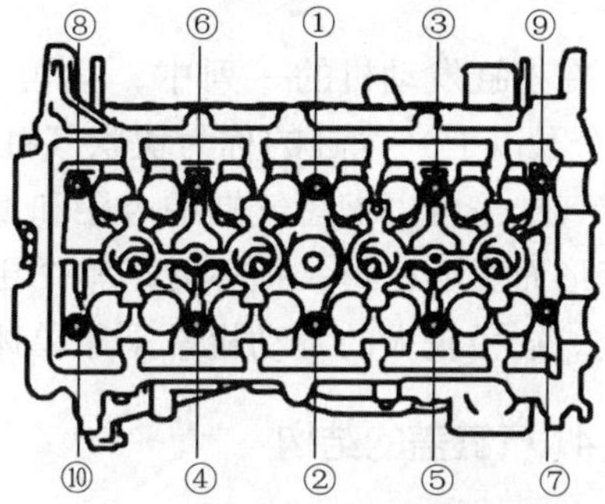

图 2－2－5　气缸盖螺栓的拧紧顺序

①～⑩为气缸盖螺栓的安装顺序

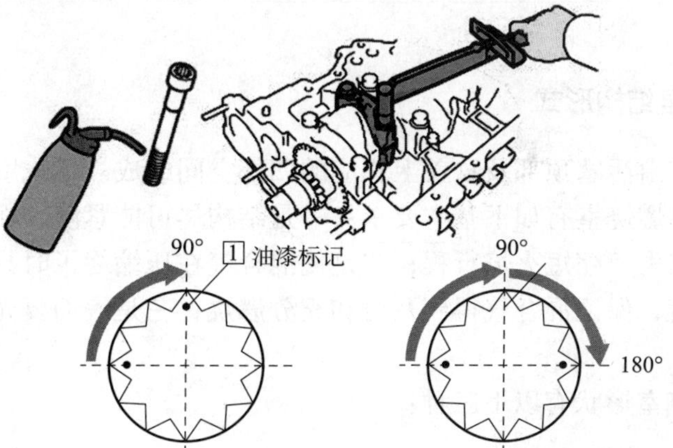

图 2－2－6　塑性区螺栓拧紧

单元二 曲柄连杆机构的检修

2.2.2 气缸盖、燃烧室

1. 气缸盖的功用

气缸盖的主要功用是封闭气缸上部，并与活塞顶部和气缸壁一起形成燃烧室。

2. 气缸盖的材料

气缸盖由于形状复杂，一般都采用灰铸铁或合金铸铁铸成，CA6102 型发动机系采用铜钼低合金铸铁铸造的整体式气缸盖。目前，铝合金铸造的气缸盖，正在逐步推广，有取代铸铁的趋势，如桑塔纳、捷达、富康等轿车发动机均采用铝合金的气缸盖，捷达 EA113 型发动机是采用铝合金材料 AlSi10Mn 铸造而成的整体式气缸盖。因铝的导热性比铸铁好，有利于提高压缩比，以适应高速高负荷强化汽油机散热及提高压缩比的需要。铝合金气缸盖的缺点是刚度低，使用中容易变形。

3. 气缸盖的类型

在多缸发动机的一列中，只覆盖一个气缸的气缸盖，称为单体气缸盖；能覆盖部分（两个及以上）气缸的称为块状气缸盖；能覆盖全部气缸的气缸盖则称为整体气缸盖。采用整体气缸盖可以缩短气缸中心距和发动机的总长度，其缺点是刚性较差，在受热和受力后容易变形而影响密封，损坏时须整个更换。整体式气缸盖多用于缸径小于 105 mm 的汽油发动机上。缸径较大的发动机常采用单体气缸盖或块状气缸盖。

4. 气缸盖的结构

气缸盖内部有与气缸体相通的冷却水套，应有进、排气门座及气门导管孔和进、排气通道，有燃烧室、火花塞座孔（汽油机）或喷油器座孔（柴油机），上置凸轮轴式发动机的气缸盖上还有用以安装凸轮轴的轴承座。图 2－2－7 所示为上海桑塔纳轿车发动机的气缸盖分解图。

5. 汽油机燃烧室结构形式

汽油机的燃烧室由活塞顶部及缸盖上相应的凹部空间组成。燃烧室的形状对发动机的工作影响很大。所以对燃烧室有如下基本要求：一是结构尽可能紧凑，面容比要小，充气效率要高，以减小热量损失及缩短火焰行程；二是使混合气在压缩终了时具有一定涡流运动，以提高混合气燃烧速度，保证混合气得到及时和充分燃烧；三是表面要光滑，不易积炭、排气净化好。

汽油机常用燃烧室形状有以下三种：

1）楔形燃烧室

楔形燃烧室结构较简单、紧凑［图 2－2－8（a）］。在压缩终了时能形成挤气涡流，因而燃烧速度较快，经济性和动力性较好。红旗 7560 型轿车发动机和解放 CA6102 型发动机均采用楔形燃烧室。

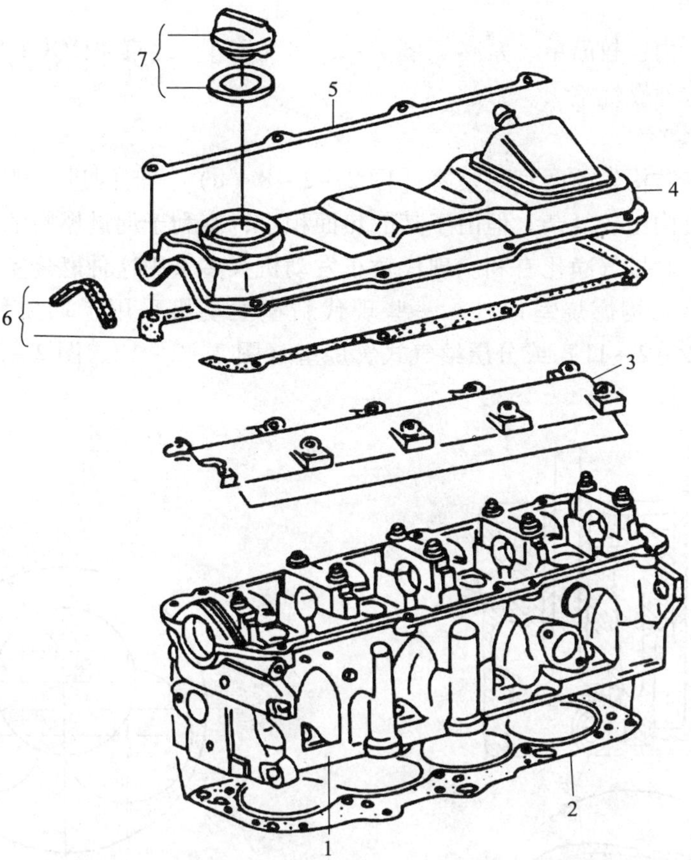

图 2－2－7　上海桑塔纳轿车发动机的气缸盖分解图

1—气缸盖；2—气缸垫；3—机油反射罩；4—气缸盖罩；5—压条；6—气门罩垫；7—加油盖

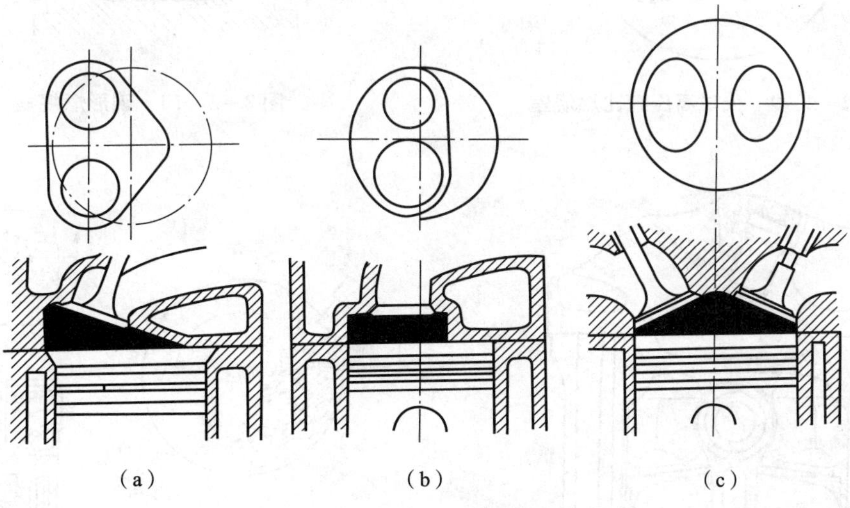

图 2－2－8　汽油机的燃烧室形状

（a）楔形燃烧室；（b）盆形燃烧室；（c）半球形燃烧室

2）盆形燃烧室

盆形燃烧室结构也较简单、紧凑［图2－2－8（b）］。北京492QG2型和捷达EA113型发动机均采用了这种燃烧室。

3）半球形燃烧室

半球形燃烧室结构较前两种更紧凑［图2－2－8（c）］。但因进、排气门分别置于气缸盖两侧，故配气机构比较复杂。但由于其散热面积小，有利于促进燃料的完全燃烧和减少排气中的有害气体，对排气净化有利。现代轿车发动机大多采用这种燃烧室。

除了以上典型结构燃烧室以外，一些现代新型发动机采用了均质稀混合气的燃烧室（图2－2－9～图2－2－11）或分层给气式燃烧室（图2－2－12、图2－2－13），以提高汽油机经济性和排放性。

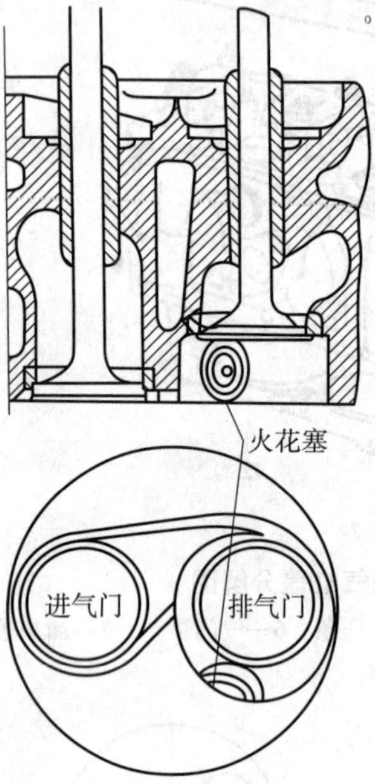

图2－2－9　火球高压缩比燃烧室

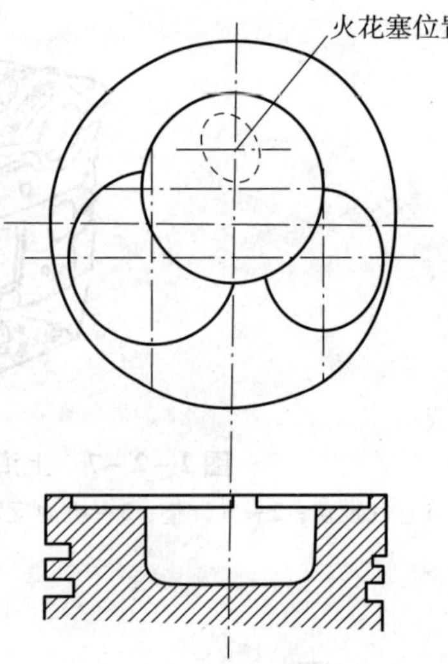

图2－2－10　碗形燃烧室

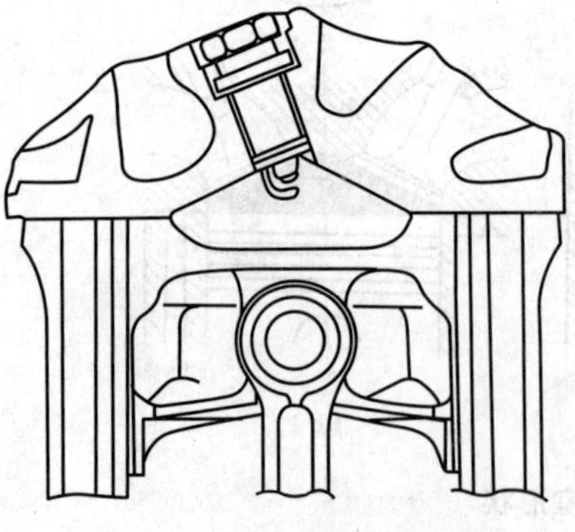

图2－2－11　紧凑型燃烧室

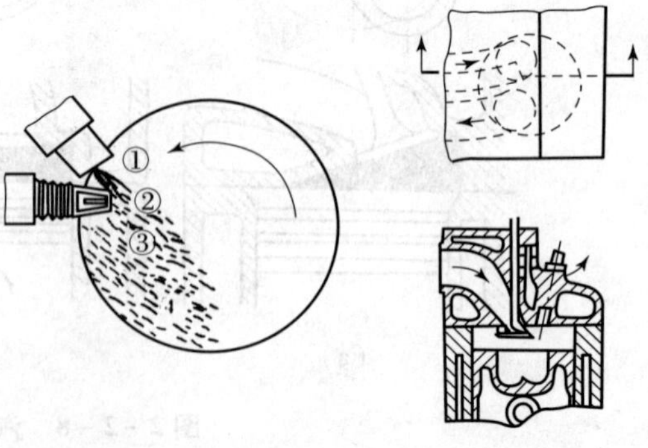

图2－2－12　德士古公司TCCS燃烧室

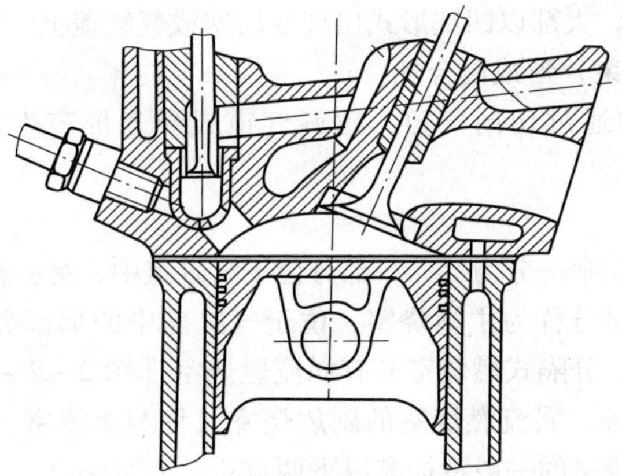

图 2-2-13　本田公司 CVCC 燃烧室

6. 柴油机燃烧室结构形式

柴油机的燃烧室一般均按其结构形式分为直喷式（统一式）燃烧室和分隔式燃烧室两大类。

1）直喷式燃烧室

直喷式燃烧室的容积集中于气缸之中，且其大部分集于活塞顶上的燃烧室凹坑内（图 2-2-14）。燃烧室凹坑的形状多种多样，极具创造性。其中有的为回转体［图 2-2-14（a）］，有的则是非回转体［图 2-2-14（b）、（c）、（d）］。直喷式燃烧室的一般特征有以下几点：

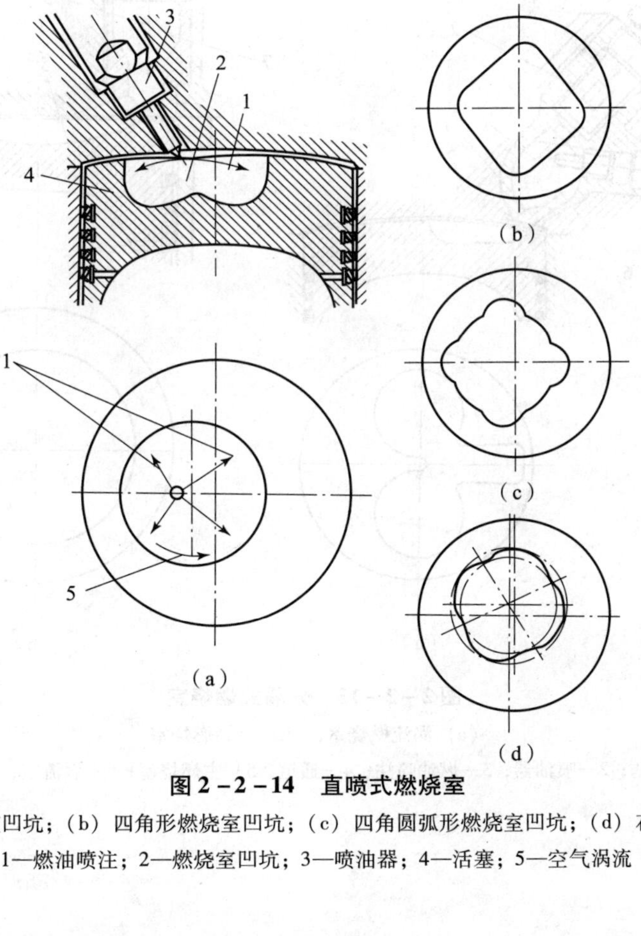

图 2-2-14　直喷式燃烧室

（a）回转体燃烧室凹坑；（b）四角形燃烧室凹坑；（c）四角圆弧形燃烧室凹坑；（d）花瓣形燃烧室凹坑

1—燃油喷注；2—燃烧室凹坑；3—喷油器；4—活塞；5—空气涡流

（1）燃烧室不分开，大都以凹坑形式出现在活塞或气缸盖上。

（2）通过喷射（油束）形成混合气。

（3）在进气过程中通过切向气道、螺旋气道或导气屏产生的涡流运动促进混合气形成。

2）分隔式燃烧室

分隔式燃烧室的容积则一分为二，一部分位于气缸盖中，另一部分则在气缸内（图2－2－15）。在气缸内的那部分称为主燃烧室，位于气缸盖中的那部分称为副燃烧室。主、副燃烧室之间用通道连通。分隔式燃烧室又有涡流燃烧室［图2－2－15（a）］和预燃燃烧室［图2－2－15（b）］之分。涡流燃烧室的副燃烧室又称为涡流室，预燃燃烧室的副燃烧室则称预燃室。分隔式燃烧室的一般特征有以下两点：

（1）燃烧室至少分成两部分。

（2）由各室之间的空气流动形成可燃混合气。

分隔式燃烧室适用于小型、高速柴油机。分隔式柴油机的燃烧速度比直喷式柴油机慢，其运转比较平稳，但固有热量与流动损耗使得热效率低，为了追求高的热效率，轿车用柴油机向直喷式燃烧室发展。

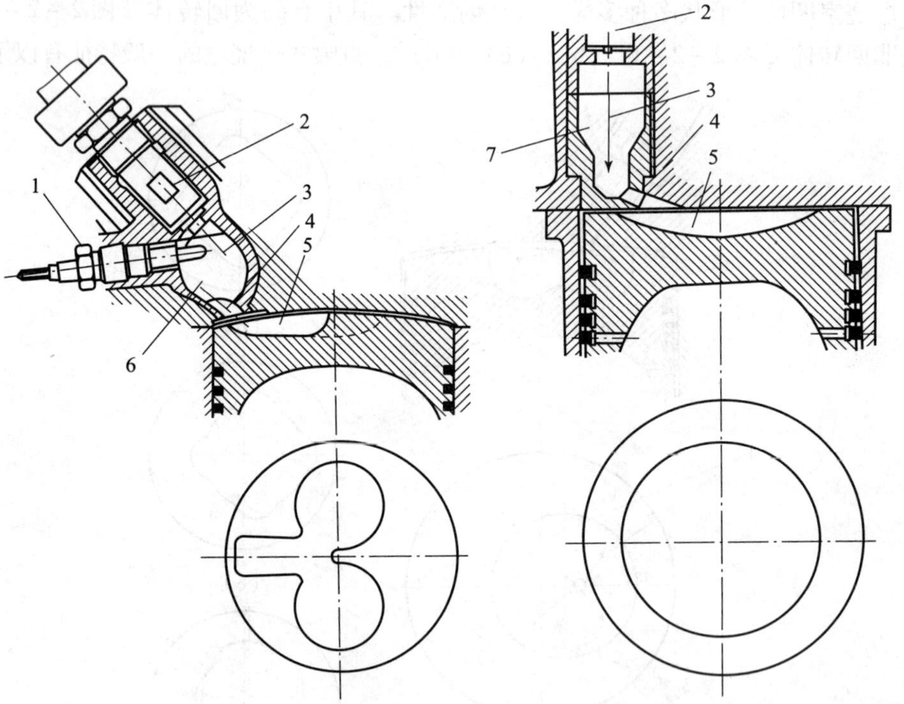

图2－2－15　分隔式燃烧室

（a）涡流燃烧室；（b）预燃燃烧室

1—电热塞；2—喷油器；3—燃油喷注；4—通道；5—主燃烧室；6—涡流室；7—预燃室

2.2.3 气缸垫

1. 气缸垫的功用

气缸垫的主要功用是保证气缸体与气缸盖结合面间的密封，防止漏气、漏水、漏油。

2. 气缸垫的结构

气缸垫应满足如下主要要求：

（1）在高温高压燃气作用下有足够的强度，不易损坏。

（2）耐热和耐腐蚀，即在高温、高压燃气或有压力的机油和冷却液的作用下不烧损或变质。

（3）具有一定弹性，能补偿接合面的不平度，以保证密封。

（4）拆装方便，能重复使用，寿命长。

目前汽车发动机采用的气缸垫大致有以下结构：

应用较多的是金属－石棉气缸垫，如图2－2－16（a）、（b）所示。石棉中间夹有金属丝或金属屑，且外覆铜皮或钢皮。水孔和燃烧室周围另用镶边增强，以防被高温燃气烧坏。这种衬垫压紧厚度为1.2～2 mm，有很好的弹性和耐热性，能重复使用，但厚度和质量的均一性较差。

有的发动机采用在石棉中心用编织的钢丝网［图2－2－16（c）］或有孔钢板［冲有带毛刺小孔的钢板，如图2－2－16（d）］为骨架，两面用石棉及橡胶黏结剂压成的气缸垫。近年来，国内有的汽油机上采用膨胀石墨作为衬垫的材料。

很多强化的汽车发动机采用实心的金属片作为气缸垫。例如，红旗轿车的发动机即采用图2－2－16（e）所示的钢板衬垫。这种衬垫在需要密封的气缸孔和水孔、油孔周围冲压出一定高度的凸纹，利用凸纹的弹性变形实现密封。

有的发动机采用了较先进的加强型无石棉气缸垫结构［图2－2－16（f）］，在气缸口密封部位采用五层薄钢板组成，并设计成正圆形，没有石棉夹层，从而消除了气囊的产生，在油孔和水孔处均包有钢护圈以提高密封性。

3. 安装注意

安装气缸垫时，应注意安装方向。一般是衬垫卷边的一面朝向易修整的接触面或硬平面，如气缸盖和气缸体同为铸铁时，卷边应朝向气缸盖（易修整）；而气缸盖为铝合金，气缸体为铸铁时，卷边应朝向气缸体。也可根据标记或文字要求进行安装，如衬垫上的文字标记“TOP”“OPEN”表示朝上，“FRONT”表示朝前。

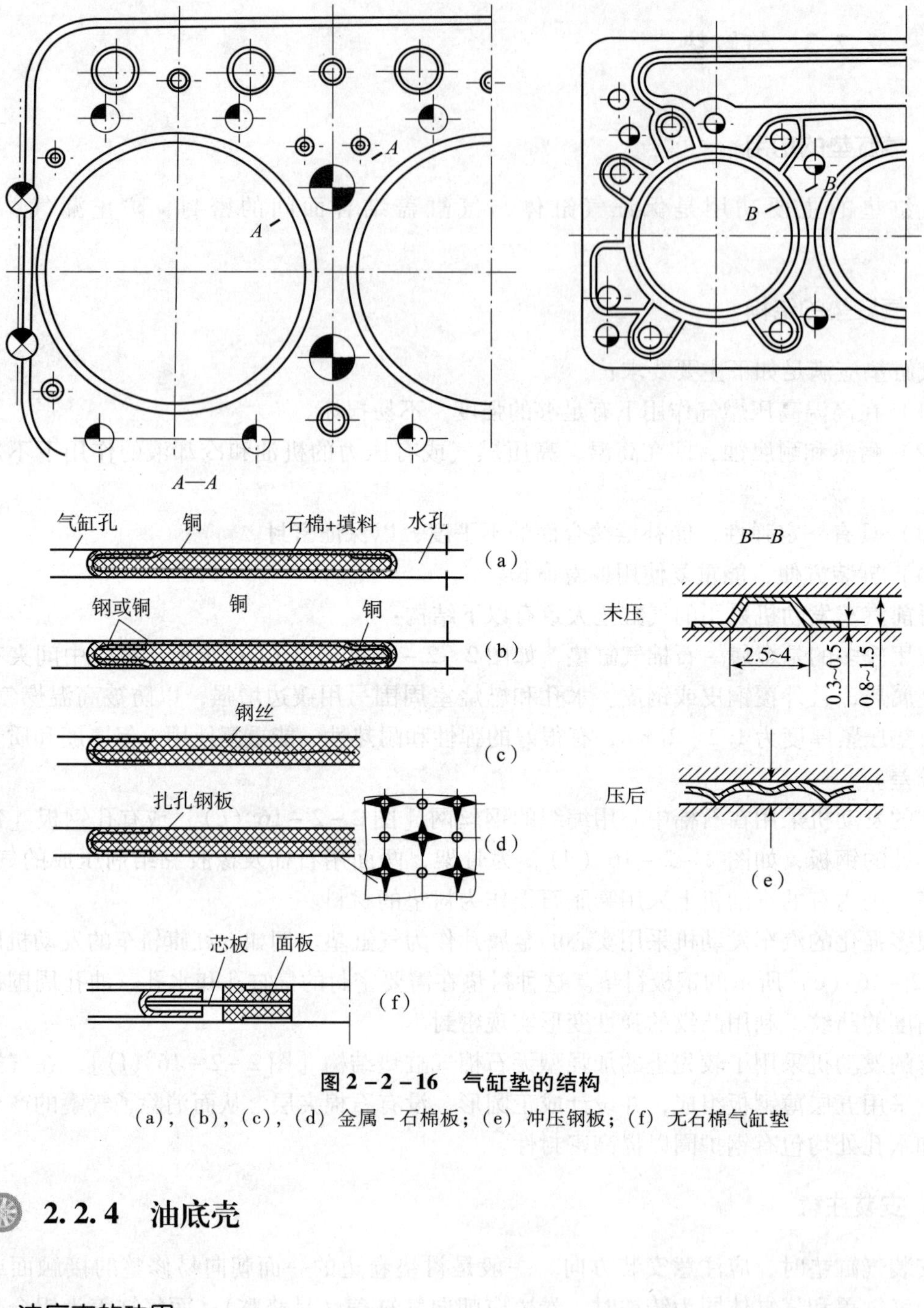

图 2-2-16　气缸垫的结构

(a),(b),(c),(d) 金属-石棉板;(e) 冲压钢板;(f) 无石棉气缸垫

2.2.4　油底壳

1. 油底壳的功用

油底壳的主要功用是储存机油并封闭曲轴箱。

2. 油底壳的结构

油底壳受力很小，一般采用薄钢板冲压而成（图 2-2-17）。油底壳的形状取决于发动机的总体布置和机油的容量。在有些发动机上，为了加强油底壳内机油的散热，采用了铝合金铸造的油底壳，在壳的底部还铸有相应的散热肋片。

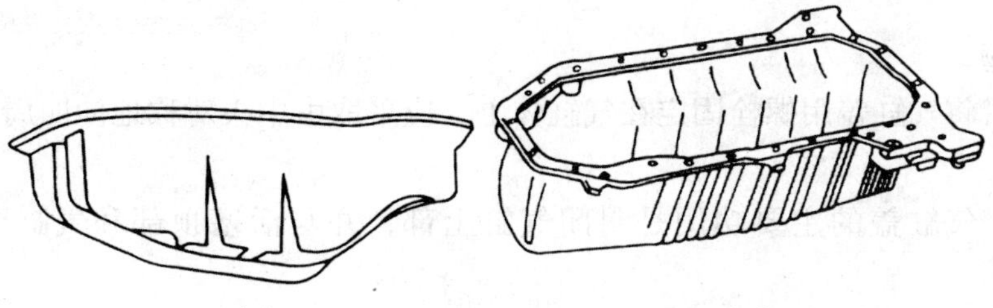

图2-2-17 油底壳

(a) 薄钢板油底壳；(b) 轻金属油底壳

为了保证在发动机纵向倾斜时机油泵能经常吸到机油，油底壳后部一般做得较深。油底壳内还设有挡油板，以防止汽车振动时油面波动过大。油底壳底部装有放油塞。有的放油塞是磁性的，能吸集机油中的金属屑，以减少发动机运动零件的磨损。

2.2.5 塑性区螺栓

螺栓一般都有规定的紧固力矩，施加一定的力，可使螺栓发生变形，从而起到连接的作用。螺栓在弹性区域的变形一般是可以恢复的。螺栓拧紧到超出屈服点，产生不可恢复的变形，即为塑性区螺栓。

塑性区螺栓将螺栓旋紧到超出弹性范围，然后在塑性区紧固，此处只有螺栓旋转角改变，而轴向拉力变化非常小。这种拧紧法可降低由于螺栓旋转角的不均匀性而引起的轴向拉力的不均匀性，使螺栓有稳定的轴向拉力（图2-2-18）。在某些发动机上用作气缸盖螺栓和轴承盖螺栓。

塑性区螺栓头部一般都是12边形的。

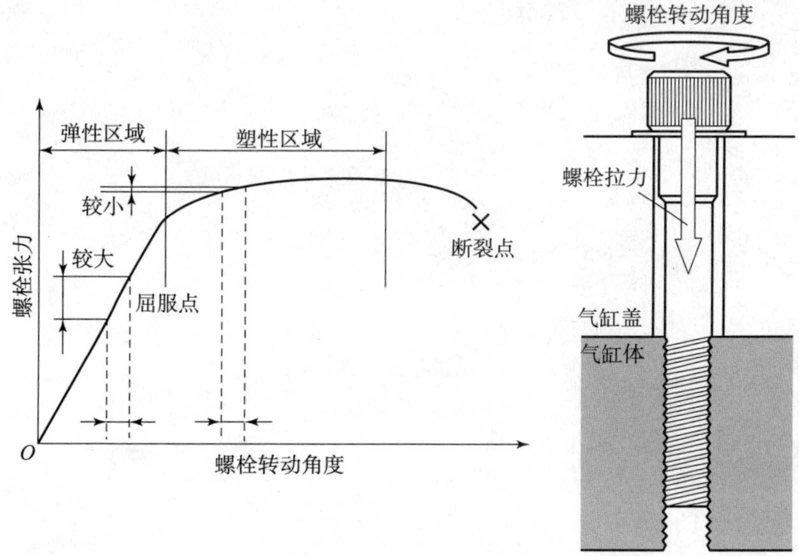

图2-2-18 塑性区螺栓

习题

一、判断题

（　　）1. 将气缸盖用螺栓固定在气缸体上，应采取由中央对称地向四周扩展的顺序分几次拧紧。

（　　）2. 气缸盖的主要功用是封闭气缸上部，并与活塞顶部和气缸壁一起形成燃烧室。

（　　）3. 气缸垫没有安装方向。

（　　）4. 分隔式燃烧室一般用于柴油机。

（　　）5. 合金气缸盖的优点是刚度高，不容易变形。

二、选择题

1. 气缸体（盖）平面变形检验标准要求之一是，每 50 mm × 50 mm 范围内平面度误差不大于（　　）。

A. 0. 5 mm　　B. 0. 05 mm　　C. 0. 005 mm

2. 气缸盖变形，经铣削后造成的燃烧室容积变化，对于汽油机燃烧室容积减小不应小于公称容积的（　　）。

A. 10%　　B. 0. 5%　　C. 5%

3. 气缸体平面变形较大时应采取（　　）。

A. 磨削法修复　　B. 铲削法修复　　C. 研磨法修复

4. 气缸垫应满足（　　）。

A. 耐高温、高压　　B. 耐腐蚀、有弹性　　C. A 和 B 都应满足

5. 汽油机常用燃烧室形状有（　　）。

A. 分隔式　　B. 半球形　　C. 梯形

班级：__________　　指导教师：__________

组号：__________　　组员：______________________________

项目二　气缸盖的拆装与检测工作页

一、准备工作

（1）设备：台架发动机、工作台。

（2）工具与量具：成套工具盒、扭力扳手、套筒、橡胶锤、一字改锥、气枪、游标卡尺、磁力吸棒等。

（3）发动机维修手册。

（4）耗材、工单及其他：清洁用棉布、手套、木块等。

二、工作过程

（1）拆下气缸盖螺栓：分 2 ~3 次松开，用吸力棒吸出垫圈。

（2）拆卸前将木块放好并放上布。

（3）拆下气缸盖，使其下面朝上放在木块上。

（4）拆下气缸垫并清洁。

（5）清洁气缸盖下面与进、排气歧管侧面。

（6）目测气缸垫有无裂痕。

（7）检查气缸盖螺栓，用游标卡尺在规定点测量最小直径应为 8.75 mm。

（8）检查气缸盖平面度。

（9）清洁气缸体上表面与螺栓孔。

（10）安装气缸垫。

（11）安装缸盖螺栓垫（注意方向）。

（12）在气缸盖螺栓上涂油，分几次安装螺栓。

（13）拧到规定力矩 34 N · m，再拧 120° ~180°。

（14）清洁、整理工具。

三、5S 工作

（1）工量具清洁、收纳、归位；

（2）零件清洁、归位；

（3）维修手册归位；

（4）清洁工作台，耗材按使用情况整理归位或丢入垃圾桶；

（5）清洁实训台架发动机；

（6）清扫实训场地并清空垃圾，关灯、关门。

班级：____________　　指导教师：____________

组号：____________　　组员：____________________________

项目二　气缸盖的拆装与检测评分表

序号	项目	操作内容	评判标准	配分	扣分
1	维修手册	选择正确维修手册	页码不对扣2分；不会查数据扣3分	3	
2	拆下气缸盖	松开气缸盖螺栓	松螺栓顺序不对扣5分，选用工具不对扣2分，操作动作不对一次扣1分。	10	
		拆下气缸盖	操作动作不对一次扣1分	3	
3	拆下气缸垫	拆下缸垫并清洁	操作动作不对一次扣1分	3	
		目测气缸垫有无裂痕	检测不到位扣2分，未检测扣4分	4	
4	气缸盖清洁与检测	清洁气缸盖	操作动作不对一次扣1分	3	
		检测气缸盖下平面的平面度	操作动作不对一次扣1分，选用量具不对扣5分	7	
		检测气缸盖进、排气歧管侧平面度	操作动作不对一次扣1分，选用量具不对扣5分	7	
5	气缸盖塑性区螺栓的检测	螺栓的检测（判断螺栓的类型，查手册用正确的方法与量具进行检测）	螺栓类型判断、查手册、工具选用、检测位置、结论，每错误一处扣2分（该项目总分值8分，扣完为止）	8	
6	安装前清洁	清洁气缸盖下表面	操作动作不对一次扣1分	2	
		洁气缸体上表面与螺栓孔	操作动作不对一次扣1分	2	
		清洁气缸垫并安装	操作动作不对一次扣1分	2	
7	安装气缸盖	安装气缸盖与螺栓垫	气缸盖安装操作动作不对扣3分，螺栓垫方向不对扣2分	5	
		气缸盖螺栓并拧紧	螺栓上不涂油或涂油过多扣2分	2	
			螺栓拧紧顺序不对扣5分	5	
			螺栓拧紧力矩、拧紧角度不对一次扣5分	10	
8	工量具使用	熟练程度（由考官判定）	分为好4分　较好3分　中2分　差1分	4	
9	5S	着装干净整洁、无佩饰，着工作鞋	有一项不合格扣1分	3	
		作业中工作台、量具摆放等整齐、及时复位	摆放无序扣1分，有堆放扣1分	8	
			量具未及时复位一次扣1分		
		废弃物处理	废弃物未处理扣2分	2	

续表

序号	项目	操作内容	评判标准	配分	扣分
10	工作安全	作业操作	操作姿势一次不正确扣1分；操作不规范一次扣1分	5	
		操作中人身损伤	因操作失误造成损伤直接扣5分，非操作失误原因等其他因素导致损伤扣3分		
		重大安全事故	出现操作错误取消考生该项目资格		
11	工单	填写工单	整齐、作业后及时、如实填写	2	
合计				100	

项目三

活塞与活塞环的拆装与检测

2.3.1 活塞与活塞环的拆装与检测项目实施

1. 准备工作

（1）设备：活塞。

（2）工具与量具：千分尺、厚薄规、橡胶锤、一字改锥、活塞环钳、游标卡尺等。

（3）发动机维修手册。

（4）耗材、工单及其他：记号笔、清洁用棉布、手套等。

2. 活塞与活塞环拆卸与检测的工作过程

（1）检测活塞与活塞环是否磨损。

（2）用SST拆卸活塞第一、二道气环（图2-3-1）。

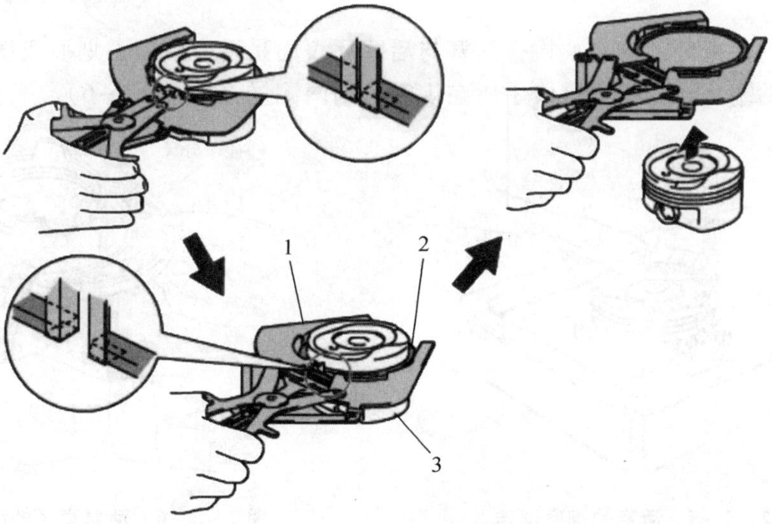

图2-3-1 气环的拆卸

1—活塞环扩张器；2—活塞环；3—活塞

（3）用手拆卸油环（图2-3-2）。

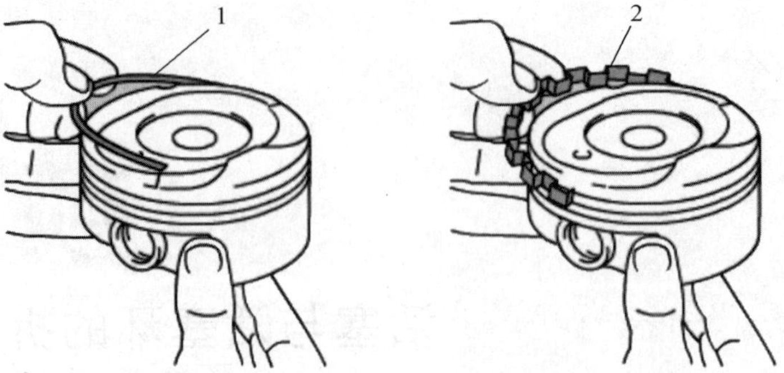

图 2-3-2　油环的拆卸

1—油环刮片；2—衬簧

（4）清洁活塞：①用衬垫刮刀去除活塞顶部的积炭（图 2-3-3）；②用环槽清洁工具或折断的活塞环清洁活塞环槽（图 2-3-4）；③用刷子和溶剂彻底清洁活塞（图 2-3-5）。注意：不能用钢丝刷。

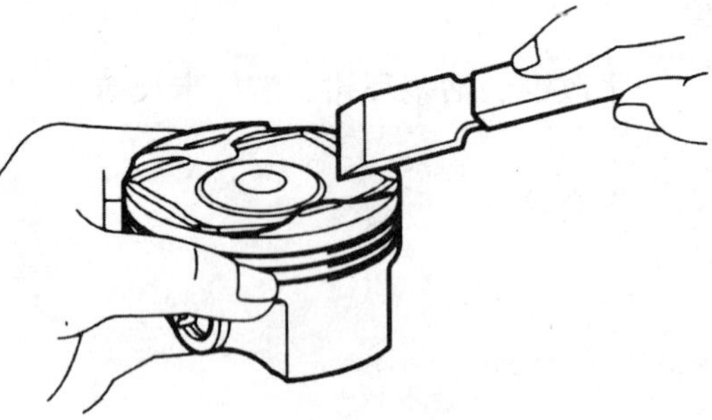

图 2-3-3　活塞顶部的清洁

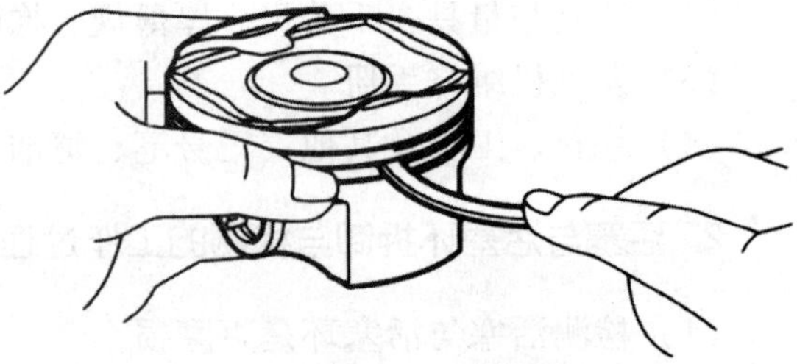

图 2-3-4　活塞环槽的清洁

（5）活塞与活塞环的检查：检查活塞与活塞环表面是否有破损、划痕或伤蚀现象。

（6）测量活塞直径：根据维修手册在规定范围内测量（图 2-3-6）。

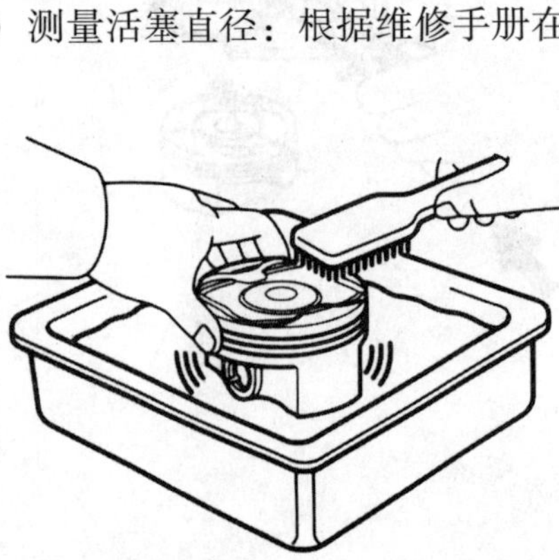

图 2-3-5　活塞的彻底清洁

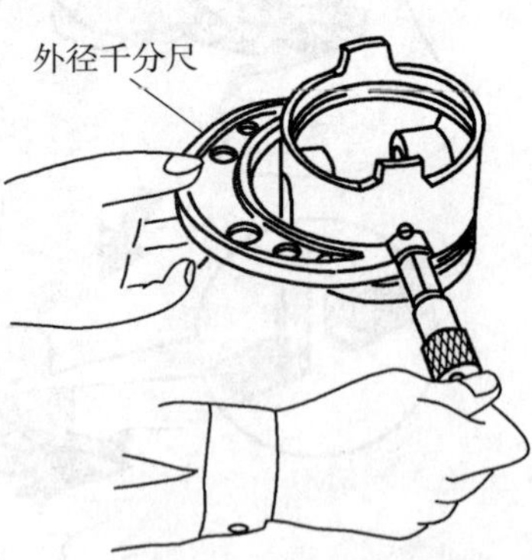

图 2-3-6　活塞直径的测量

（7）测量活塞环端隙：根据维修手册选好测量位置将活塞环放入缸筒，将活塞倒置用活塞头部把环压到测量位置进行测量（图 2-3-7）。

（8）测量活塞环侧隙：将活塞环放入相应的环槽内，用厚薄规进行测量（图 2-3-8）。

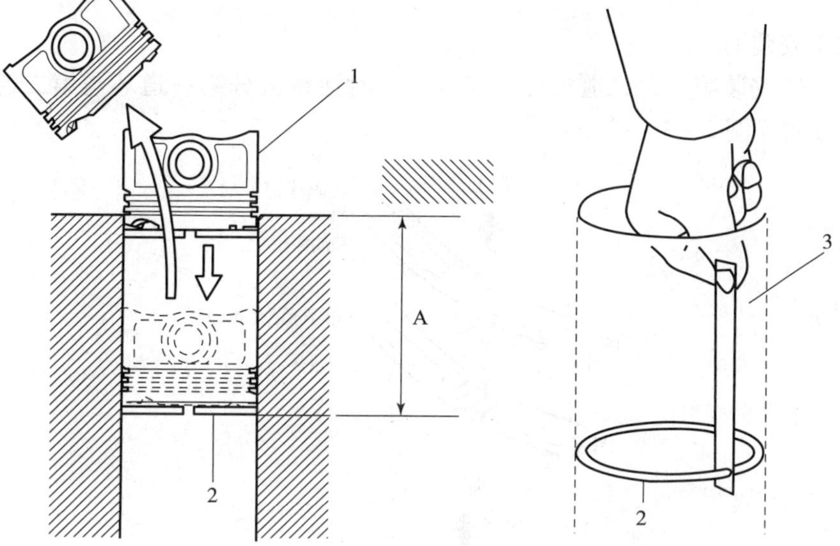

图 2-3-7　活塞环端隙的测量

1—活塞；2—活塞环；3—厚度规

A—测量活塞环端隙时活塞环所处的位置与气缸体上平面的距离

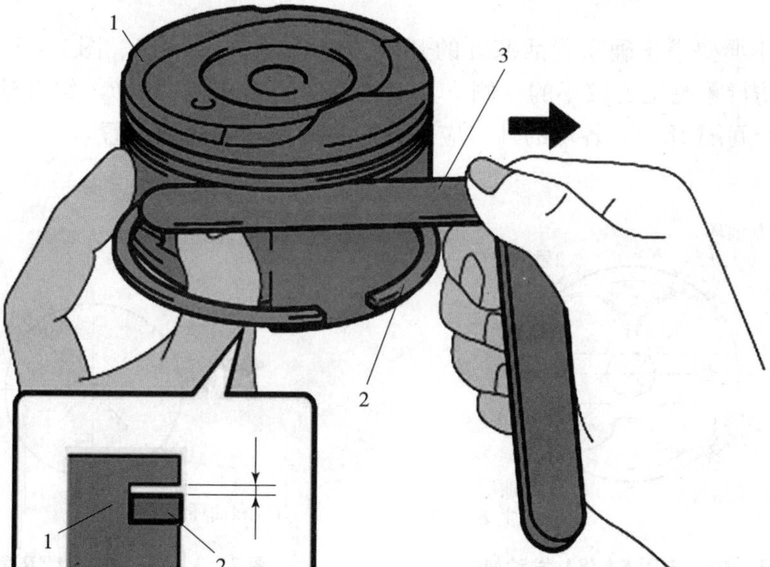

图 2-3-8　活塞环侧隙的测量

1—活塞；2—活塞环；3—厚度规

（9）活塞环背隙的测量：将活塞环装入活塞内，将环落入环槽底，再用深度游标卡尺测出环外圆柱面沉入环岸的数值。也可以用经验法来判断，将环置入环槽内，环应低于环岸，且能在槽中滑动自如，无明显松旷感觉即可。

3. 活塞与活塞环安装的工作过程

（1）用手安装油环。

（2）用 SST 安装第一、二道气环。安装气环时注意区分第一道环与第二道环，注意区分环的安装方向（图 2－3－9）。

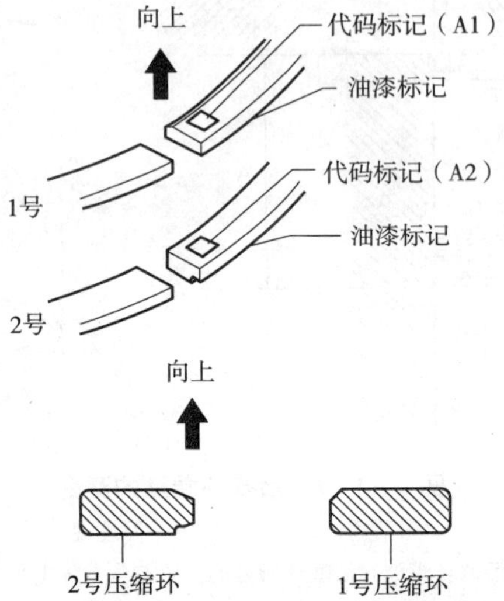

图 2－3－9　丰田 1ZR 发动机活塞环的安装标记

（3）根据手册要求正确布置活塞环的开口方向（图 2－3－10、图 2－3－11）。第一道环应布置在做功行程侧压力较小的一侧。其他环依次间隔 90°～180°。组合油环的上下刮片也要交错排列，间隔 180°。各环的开口应避开活塞销座和膨胀槽位置。

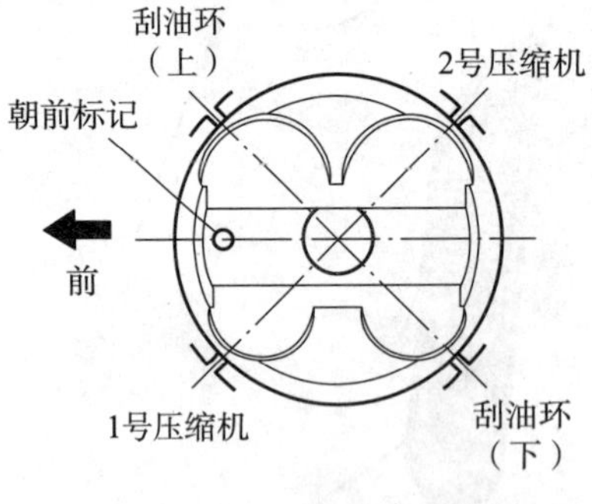

图 2－3－10　丰田 5A/8A 发动机活塞环的开口方向

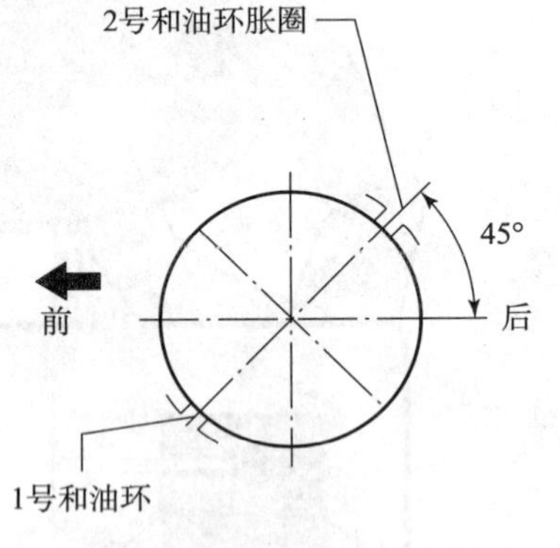

图 2－3－11　丰田 1ZR 发动机活塞环的开口方向

2.3.2　活塞

1. 功用、工作条件、要求及材料

活塞的功用是与气缸盖共同构成燃烧室，承受气体压力，并将此力通过活塞销传给连

杆，以推动曲轴旋转。活塞是在高温、高压、高速、润滑不良和散热困难的条件下工作的，其工作条件如下：

由于活塞顶部直接与高温燃气接触，燃气的最高温度可达 2 500 K 以上。因此，活塞的温度也很高，其顶部的温度通常高达 600 ~ 700 K。高温一方面使活塞材料的机械强度显著下降；另一方面会使活塞的热膨胀量增大，容易破坏活塞与其相关零件的配合。

活塞顶部在做功行程时，承受着燃气的带有冲击性的高压力。对于汽油机活塞，瞬时的压力最大值可达 3 ~ 5 MPa。对于柴油机活塞，其最大值可达 6 ~ 9 MPa，采用增压时则更高。高压还将导致活塞的侧压力更大，从而加速活塞外表面的磨损，增加活塞变形量。

一般汽车用汽油机的转速为 4 000 ~ 6 000 r/min，活塞在气缸中的平均速度可达 8 ~ 12 m/s，其瞬间速度会更高。由受力分析可知，活塞运动速度的大小和方向在不断地变化，故会引起很大的惯性力，它将使曲柄连杆机构的各零件和轴承承受附加的载荷。

活塞承受的气压力和惯性力是呈周期性变化的，因此，活塞的不同部分会受到交变的拉伸、压缩或弯曲载荷，并且由于活塞各部分的温度极不均匀，活塞内部将产生一定的热应力，从而引起活塞的变形、磨损等各种损坏。

活塞的工作条件要求活塞具有足够的刚度和强度，良好的导热性和耐磨性，质量要小，以保持最小的惯性力、热膨胀系数小、活塞与缸壁间较小的摩擦系数等。

汽车发动机目前广泛采用的活塞材料是铝合金，如桑塔纳发动机所用的活塞是由 Si – Cu – Mg 过共晶铝合金铸造的。铝合金活塞具有质量小（为同样结构的铸铁活塞的 50% ~ 70%）、导热性好（约为铸铁的 3 倍）的优点。缺点是热膨胀系数较大，在温度升高时，强度和硬度下降较快。为了克服这些缺点，一般要在结构设计、机械加工或热处理上采取各种措施加以弥补。

铝活塞的成型方法有铸造、锻造和液态模锻等几种，如解放 CA6102 型发动机活塞就是采用共晶铝合金，经液态模锻新工艺而制造的。

近年来柴油机的活塞又启用灰铸铁材料，以发挥其成本低、耐热性好、膨胀系数小的优势。新设计的灰铸铁活塞的质量比铝合金的还轻，它完全跳出了一般活塞的结构型式（如薄顶、楔形单销座、只在侧压力的方向保留裙部、喷油冷却等）。

2. 活塞的结构

活塞的基本构造可分顶部、头部和裙部三部分（图 2 – 3 – 12）。

活塞顶部是燃烧室的组成部分，其形状与选用的燃烧室型式有关。汽油机活塞顶部较多采用平顶活塞［图 2 – 3 – 13（a）］，其优点是吸热面积小、制造工艺简单。有些汽油机为了改善混合气形成和燃烧而采用凹顶活塞［图 2 – 3 – 13（b）］。凹坑的大小还可以用来调节发动机的压缩比。二冲程汽油发动机通常采用凸顶活塞［图 2 – 3 – 13（c）］。柴油机的活塞顶部为与柴油机混合气的形成或与燃烧要求相适应，常常设有各种各样的凹坑，并且根据凹坑的深浅分为半开式（凹坑口径与活塞直径之比一般在 0.35 ~ 0.7）和开式（凹坑口径与活塞直径之比一般大于 0.7）。半开式的活塞顶部有较深的凹坑，凹坑有缩口的，也有不缩口的。常见的有中心凸起的 ω 形和较深的球形以及 U 形（图 2 – 3 – 14）。开式的活塞顶部有略微凸起的浅 ω 形（图 2 – 3 – 15）和平底的浅盆形，凹坑较浅。

有的活塞顶部打有箭头“→”是装配记号，装配时箭头应指向前端（曲轴带盘端）。

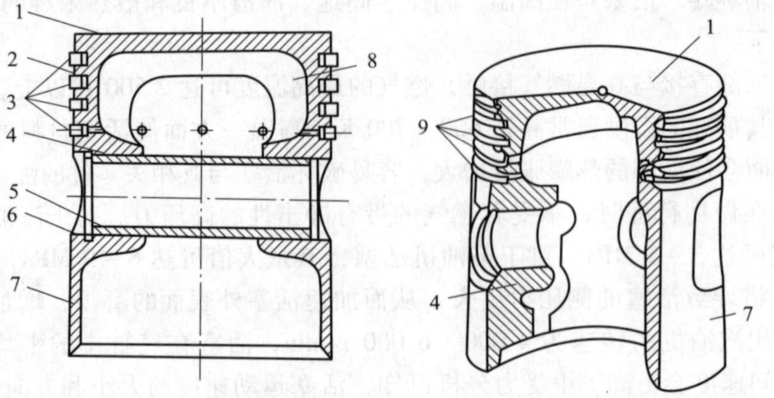

（a）　　　　（b）

图 2-3-12　活塞的基本结构

（a）全剖；（b）部分剖

1—活塞顶；2—活塞头；3—活塞环；4—活塞销座；

5—活塞销；6—活塞销锁环；7—活塞裙；8—加强筋；9—环槽

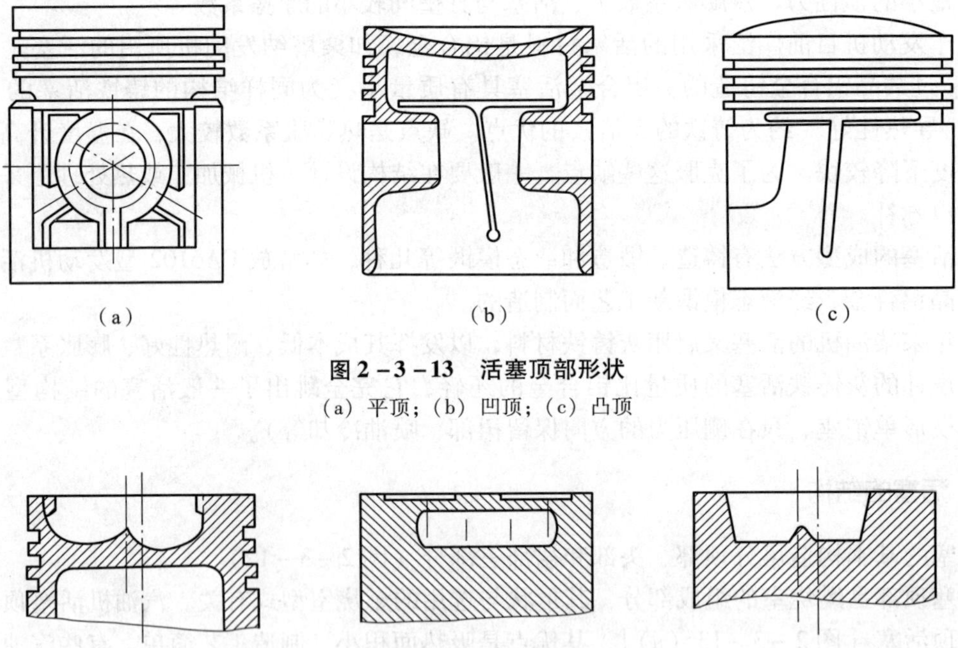

（a）　　　　（b）　　　　（c）

图 2-3-13　活塞顶部形状

（a）平顶；（b）凹顶；（c）凸顶

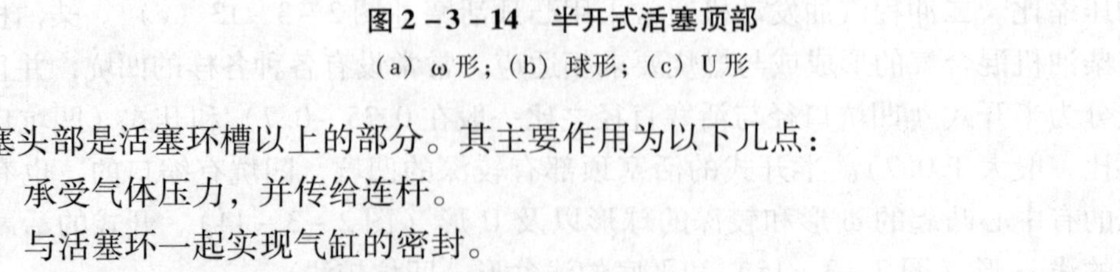

（a）　　　　（b）　　　　（c）

图 2-3-14　半开式活塞顶部

（a）ω形；（b）球形；（c）U形

活塞头部是活塞环槽以上的部分。其主要作用为以下几点：

（1）承受气体压力，并传给连杆。

（2）与活塞环一起实现气缸的密封。

（3）将活塞顶所吸收的热量通过活塞环传导到气缸壁上。

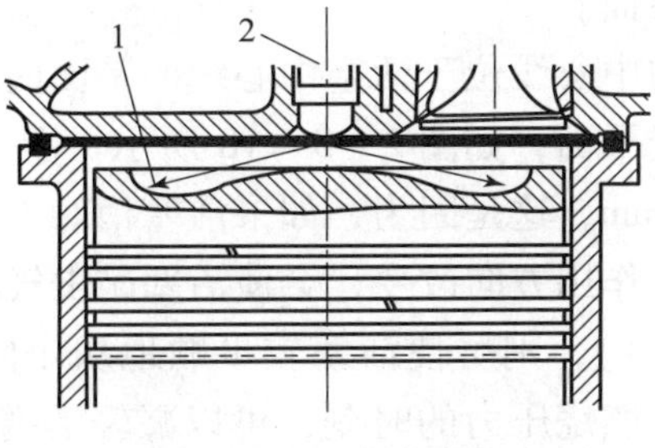

图 2-3-15　开式活塞顶部（浅 ω 形）

1—活塞；2—喷油器

头部切有若干道用以安装活塞环的环槽。汽油机一般有 2～3 道环槽，上面 1～2 道用以安装气环，下面一道用以安放油环。在油环槽底面上钻有许多径向小孔，使被油环从气缸壁上刮下来的多余机油，得以经过这些小孔流回油底壳。

活塞头部一般做得较厚，以便于热量从活塞顶经活塞环传到气缸的冷却壁面上，从而防止活塞顶部的温度过高。

活塞环槽的磨损常常是影响活塞使用寿命的一个重要因素。在热负荷较高的发动机中，由于活塞的第一道环槽温度较高，铝合金材料硬度下降，再加上活塞环与环槽的相对运动，更加速了环槽的磨损。为了保护和加强活塞环槽，可在铝合金活塞环槽部位铸入由耐热材料制造的环槽护圈，如图 2-3-16 所示。采用奥氏体铸铁护圈后，环槽的寿命可以提高 3～10 倍。

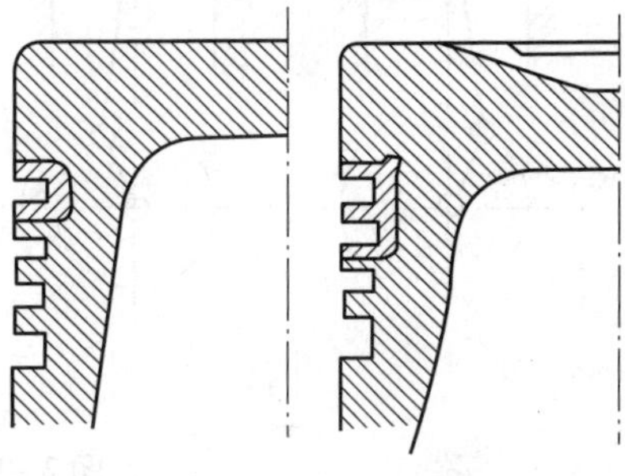

（a）　　（b）

图 2-3-16　活塞环槽护圈

（a）一道护圈；（b）两道护圈

活塞裙部是指油环槽下端以下部分。其作用是为活塞在气缸内做往复运动导向和承受侧压力。因而裙部要有一定的长度和足够的面积，以保证可靠导向和减轻磨损。

裙部的基本形状为一薄壁圆筒，若该圆筒完整则称为全裙式（图 2-3-12）。许多高速发动机为了减小活塞质量，在活塞不受作用力的两侧，即沿销座孔轴线方向的裙部切去一部分，形成拖板式裙部（图 2-3-17）。这种结构的活塞裙部弹性较好，可以减小活塞与气缸的装配间隙。

活塞销座是活塞通过活塞销与连杆连接的部分，位于活塞裙部的上部，为厚壁圆筒结构，用以安装活塞销。故活塞销座的作用是将活塞顶部气体作用力经活塞销传给连杆。销座通常有肋片与活塞内壁相连，以提高其刚度。活塞销（全浮式）座孔内接近外端面处车有安放弹性锁环的锁环槽，锁环用来防止活塞销在工作中发生轴向窜动。

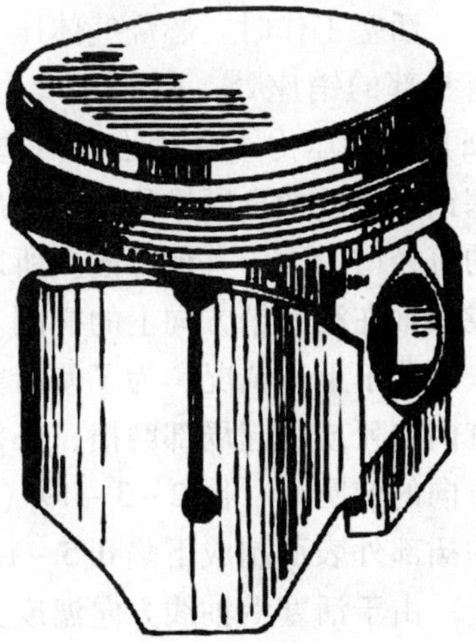

图 2-3-17　拖板式活塞

加工时，销座孔要求有很高的精度，并与活塞销进行分组选配，以达到高精度的配合，销座孔的尺寸分组通常用色漆标于销座孔下方的外表面。

一般发动机活塞销座孔的中心线位于活塞中心线的平面内。但也有些高速汽油机的活塞销座孔中心线偏离活塞中心线平面，如图 2-3-18 所示。图中活塞销座轴线向做功行程中受侧压力的一面偏移了 1~2 mm，这是因为，如果活塞销对中布置［图 2-3-18（a）］，则当活塞越过上止点时侧压力的作用方向改变，会使活塞敲击气缸壁面产生噪声。如果把活塞销偏移布置［图 2-3-18（b）］，则可使活塞较平顺地从压向气缸的一面过渡到压向另一面，且过渡时刻早于达到最高燃烧压力的时刻，可以减轻活塞“敲缸”，降低噪声，改善发动机工作的平顺性。但这种活塞销偏置的结构，会带来活塞裙部两端的尖角负荷增大，引起这些部分的磨损或变形增大，这就要求活塞的间隙尽可能地减小。

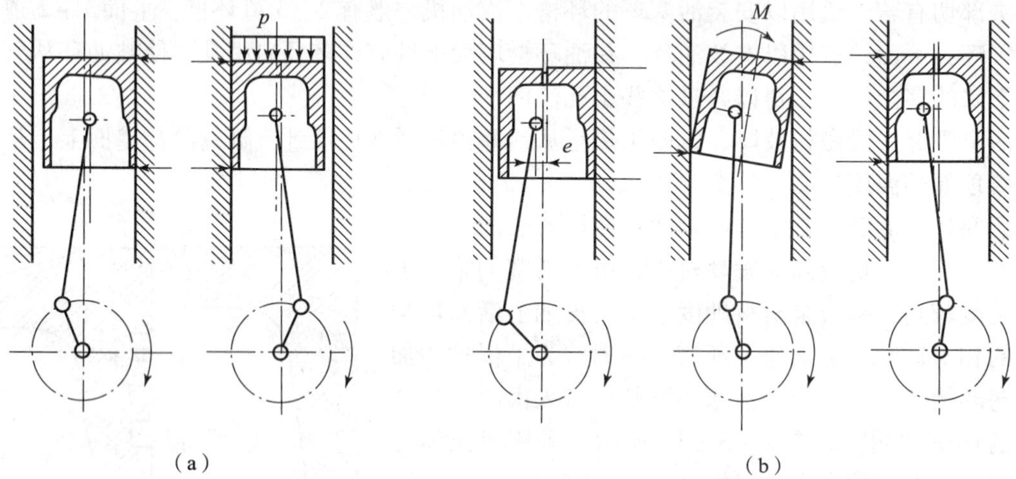

图 2-3-18 活塞销偏置时的工作情况

（a）活塞销对中布置；（b）活塞销偏移布置

3. 活塞的变形及采取的相应措施

活塞工作时，燃烧气体压力 p 均布作用在活塞顶上，而活塞销给予的支反力则作用在活塞头部的销座处，由此而产生的变形是裙部直径沿活塞销座轴线方向增大［图 2-3-19（a）］。侧压力 N 作用也使活塞裙部直径在同一方向上增大［图 2-3-19（b）］。此外，活塞销座附近的金属堆积，受热后膨胀量大，致使裙部在受热变形时，在沿活塞销座轴线方向的直径增量大于其他方向。所以，活塞工作时产生的机械变形和热变形，使得其裙部断面变成长轴在活塞销方向上的椭圆。

鉴于上述情况，为了使活塞在正常温度下与气缸壁间保持有比较均匀的间隙，以免在气缸内卡死或引起局部磨损，必须预先在冷态下把活塞加工成其裙部断面为长轴垂直于活塞销方向的椭圆形［图 2-3-19（c）］。为了减少销座附近处的热变形量，有的活塞将销座附近的裙部外表面制成下陷 0.5~1.0 mm。

由于活塞沿轴线方向温度分布和质量分布都不均匀，因此各个断面的热膨胀量是上大下小。铝合金活塞的这种差异尤其显著。为了使铝合金活塞在工作状态（热态）下接近一个圆柱形，有的活塞将其头部的直径制成上小下大的阶梯形［图 2-3-20（a）］或截锥形

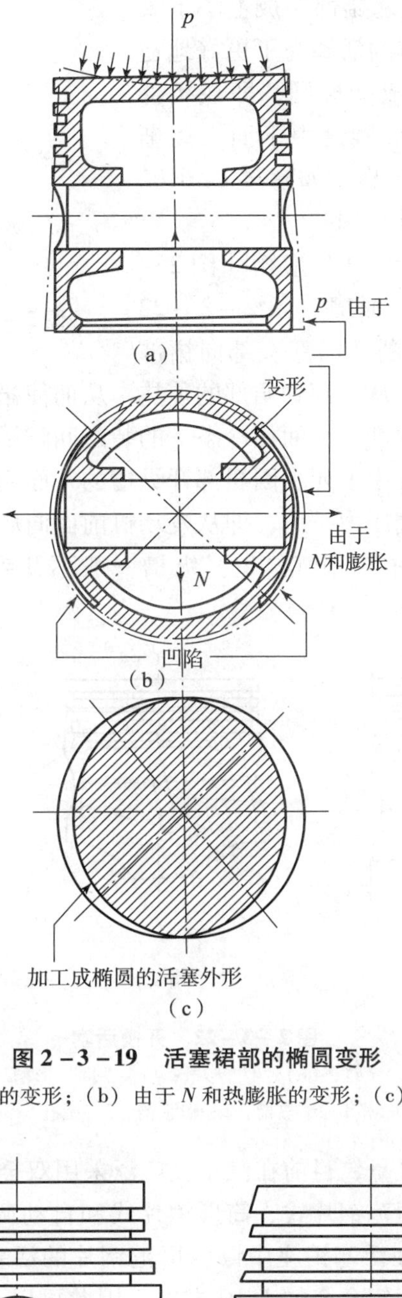

图 2－3－19　活塞裙部的椭圆变形

（a）由于 p 的变形；（b）由于 N 和热膨胀的变形；（c）加工形状

图 2－3－20　活塞头部形状示意图

（a）阶梯形；（b）截锥形

[图2－3－20（b）]，或将活塞裙部制成上小下大的截锥形[图2－3－21]。有的活塞为了更好地适应其热变形，使活塞裙部制成变椭圆，即在裙部的不同部位其椭圆度不同，椭圆度由下而上逐渐增大，即裙部横截面越往上越扁，如解放CA6102型发动机的活塞裙部就是这种结构。

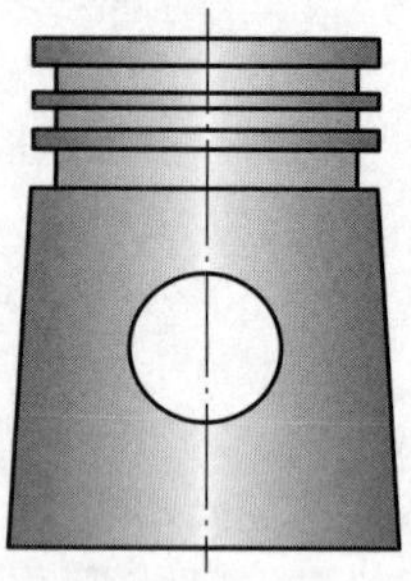

图2－3－21　锥形裙部活塞示意图

有的汽油机活塞，还开有“T”形槽[图2－3－22（a）、（b）]或“Π”形槽[图2－3－22（c）]。其中横槽的作用是切断从活塞头部向裙部传输热流的部分通道，以减少从头部到裙部的传热，从而使裙部的热膨胀量减少。横槽还可兼作油孔。纵槽使裙部具有弹性，从而使冷态下的装配间隙尽可能小，而在热态下又因切槽的补偿作用，活塞不致在气缸中卡死。因裙部开纵槽的一面刚度较小，故装配时应使开纵槽裙部位于做功行程中不承受侧压力一侧，即从发动机前面向后看的右面。纵槽与活塞底面不垂直，可以防止活塞在运动中划伤气缸壁。纵槽一般不开到裙底，以免过分削弱裙部的刚度。

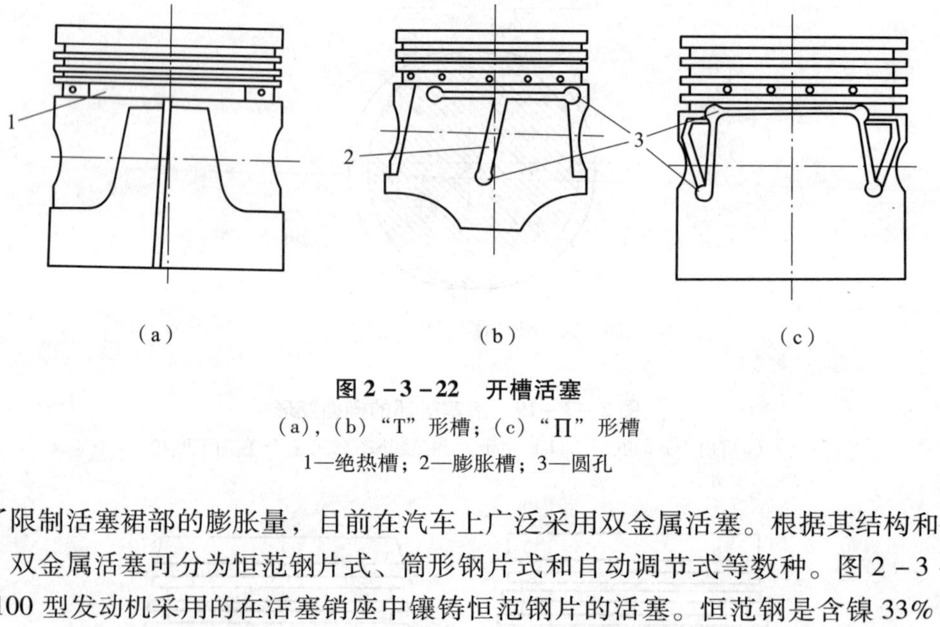

图2－3－22　开槽活塞
（a），（b）“T”形槽；（c）“Π”形槽
1—绝热槽；2—膨胀槽；3—圆孔

为了限制活塞裙部的膨胀量，目前在汽车上广泛采用双金属活塞。根据其结构和作用原理不同，双金属活塞可分为恒范钢片式、筒形钢片式和自动调节式等数种。图2－3－23所示为8V100型发动机采用的在活塞销座中镶铸恒范钢片的活塞。恒范钢是含镍33%～36%的合金钢，其线膨胀系数仅为铝合金的1/10左右，因此可以“恒范钢片”来牵制活塞裙部的热膨胀。

图2－3－24所示为自动调节式活塞。较小膨胀系数的低碳钢片贴在销座铝层的内侧，一方面依靠钢片的牵制作用，另一方面是利用钢片与铝壳之间的双金属效应来减小裙部侧压力方向的膨胀量。

图2－3－25所示为钢片的结构。

柴油机铸铝活塞的裙部有的镶铸圆筒式钢片（图2－3－26）。这是在浇铸时，将钢筒夹在铝合金中，由于铝合金的膨胀系数大于钢，冷却后位于钢筒外的铝合金就紧压在钢筒上，

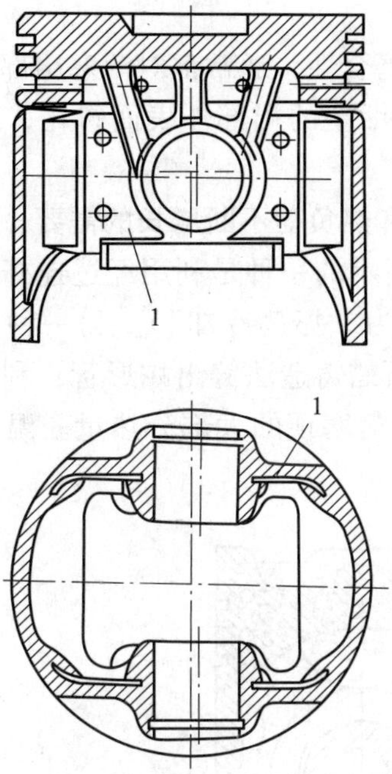

图 2-3-23　镶铸恒范钢片的活塞

1—恒范钢片

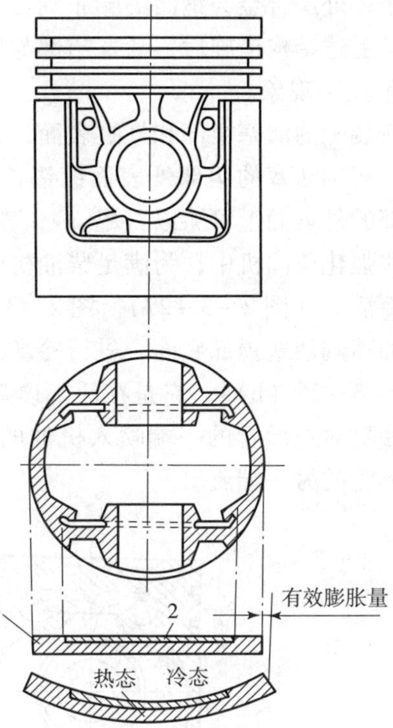

图 2-3-24　自动调节式活塞

1—铝；2—钢片

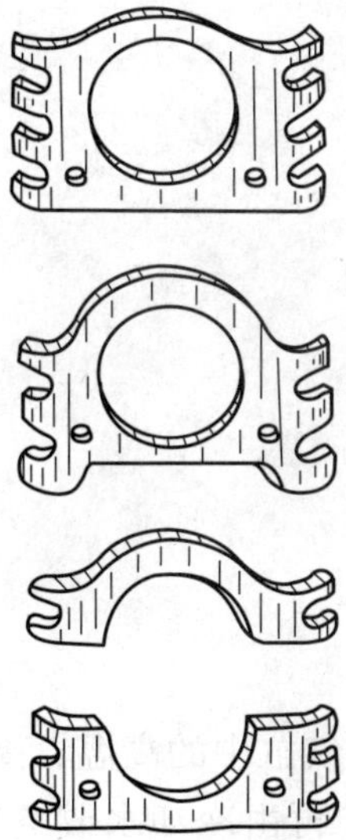

图 2-3-25　钢片的结构

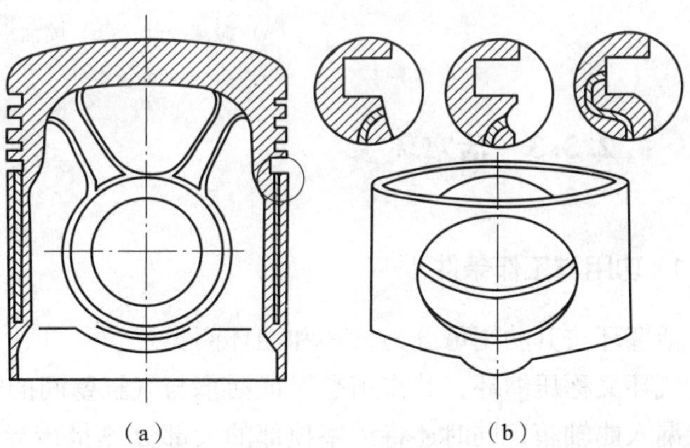

图 2-3-26　镶铸圆筒式钢片的活塞

(a) 活塞裙部镶筒形钢片；(b) 筒形钢片形状

使外层铝合金的收缩量受到钢筒的阻碍而减小，同时产生预应力（铝合金为拉应力，钢筒为压应力）。钢筒内侧铝合金层由于与钢筒没有金属结合，就无阻碍地向里收缩，在二者之间形成一道“收缩缝隙”。当温度升高时，内层合金的膨胀先要消除“收缩缝隙”，而后推动钢筒外胀，外层合金与钢筒的膨胀则首先要消除预应力，从而减小活塞的膨胀量。

采取了上述结构措施后，活塞裙部与气缸壁之间的冷态装配间隙便可减小，使发动机不产生冷“敲缸”现象。

对于新装配的活塞裙部和气缸表面，为了改善其磨合性，通常都对活塞裙部进行表面处理。汽油机铸铝活塞的裙部外表面镀锡；柴油机铸铝活塞的裙部外表面磷化；对于锻铝活塞，在裙部的外表面上可涂以石墨。

在某些强化柴油机中，为满足柴油机的机械负荷和热负荷不断增长的需要，出现了不同结构的油冷活塞（图2－3－27）。图2－3－27（a）所示的一种是利用经过连杆杆身输送到小头的机油喷到活塞顶部底面，进行冷却的方法（称为“振荡冷却”）。另一种为“喷油冷却”[图2－3－26（b）]，它是在活塞顶部材料内用石蜡铸造法铸出蛇形管，利用安装在机体上的喷油嘴对蛇形管的一端喷入机油的方法，带走活塞顶的大部分热量。温度升高的机油，从蛇形管的另一端流出。

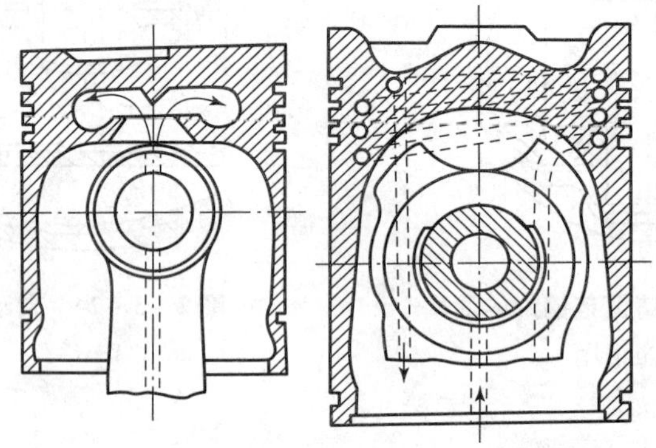

（a）　　（b）

图2－3－27　油冷活塞

（a）振荡冷却；（b）喷油冷却

2.3.3　活塞环

1. 功用与工作条件

活塞环按其功用可分为气环和油环两类。

气环又称压缩环，其作用是保证活塞与气缸壁间的密封，防止气缸中的高温、高压燃气大量漏入曲轴箱，同时还将活塞顶部的大部分热量传导到气缸壁，再由冷却水或空气带走。一般发动机上每个活塞都装有2～3道气环。

油环用来刮除气缸壁上多余的机油，并在气缸壁上布上一层均匀的油膜，这样既可以防止机油窜入气缸燃烧，又可以减小活塞、活塞环与气缸的磨损和摩擦阻力。此外，油环也起到封气的辅助作用。通常发动机有1～2道油环。

气环所起的密封和导热两大作用中，密封作用是主要的，因为密封是导热的前提。如果气环密封性能不好，高温燃气将直接从气环外圆表面漏入曲轴箱，此时不但由于气环和气缸贴合不严而不能很好地散热，相反地气环外圆表面还接受附加的热量，最后必将导致活塞和气环烧坏。

活塞环是在高温、高压、高速以及润滑困难的条件下工作的。它的运动情况很复杂，一方面与缸壁间有相对高速的滑动摩擦，以及由于环的胀缩而产生的环与环槽侧面相对的摩擦；另一方面环对环槽侧面有上下撞击。高温使环的弹力下降，润滑变坏。尤以第一环工作条件最为恶劣。故活塞环是发动机所有零件中工作寿命最短的。当活塞环磨损、损坏或失效时，将出现发动机起动困难，功率不足，曲轴箱压力升高，通风系统严重冒烟，机油消耗增大，排气冒蓝烟，燃烧室、活塞等表面严重积炭等不良状况。

2. 活塞环的类型与结构

一般活塞环的材料采用灰铸铁、球墨铸铁或合金铸铁。目前汽车上广泛应用的是合金铸铁（在优质灰铸铁中加入少量铜、铬、钼等合金元素）。随着发动机的强化，活塞环特别是第一环，承受着很大的冲击负荷，因此要求材料除了有好的耐磨性、耐热性、磨合性、导热性以外，还应有高的强度、冲击韧性和足够的弹性。

一些发动机的第一道气环，甚至所有气环，其外圆柱表面一般都镀上多孔性铬或喷钼，以减缓活塞环和气缸的磨损。多孔性铬层硬度高，并能储存少量机油，以改善润滑条件，使气环的使用寿命提高 2～3 倍。其余气环还可镀锡或磷化处理，以改善磨合性能。

在高速强化的柴油机上，还可以采用钢片环来提高弹力和冲击韧性。

发动机工作时，活塞、活塞环等机件都会发生热膨胀。而活塞环在气缸、活塞环槽内的运动相对较为复杂，既要与活塞一起在气缸内做上下运动，径向胀缩，还要在环槽内做微量的圆周运动，既要保证气缸的密封性，又要防止环卡死在缸内或胀死于环槽中，安装时，活塞环应留有端隙、侧隙和背隙（图 2－3－28）。

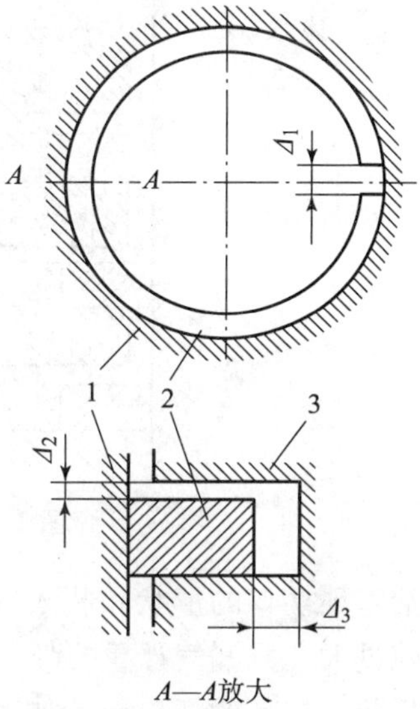

图 2－3－28　活塞环的间隙

1—气缸；2—活塞环；3—活塞

Δ_1—端隙；Δ_2—侧隙；Δ_3—背隙

端隙 Δ_1 又称为开口间隙，是活塞环装入气缸后，该环在上止点时环的两端头的间隙或活塞环在标准环规内两端头的间隙，一般为 0.25～0.50 mm。

侧隙 Δ_2 又称边隙，是指活塞环装入活塞后，其侧面与活塞环槽之间的间隙。第一环因工作温度高，侧隙一般为 0.04～0.10 mm；其他环侧隙一般为 0.03～0.07 mm。油环的侧隙较小，一般为 0.025～0.07 mm。

背隙 Δ_3 是活塞及活塞环装入气缸后，活塞环内圆柱面与活塞环槽底部间的间隙，一般为 0.5～1 mm，油环的背隙较气环大，目的是增大存油间隙，以利于减压泄油。

活塞环在自由状态时，其外形尺寸比气缸内径大些，因此，它随活塞一起装入气缸后，便产生弹力 F_1 而紧贴在气缸壁上，形成第一密封面，使燃气不能通过环与气缸的接触面之间的间隙。活塞环在燃气压力作用下，压紧在环槽的下端面上，形成第二密封面，于是燃气便绕流到环的背面，并发生膨胀，其压力下降。同时，燃气压力对环背的作用力 F_2 使环更紧地贴在气缸壁上形成对第一密封面的第二次密封（图 2-3-29）。压力已有所降低的燃气，从第一道气环的切口漏到第二道气环的上平面时，又把这道气环压贴在第二环槽的下端面上。于是，燃气又绕流到这个环的背面，再发生膨胀，其压力又进一步降低。如此继续进行下去。从最后一道气环漏出来的燃气，其压力和流速已经大大减小，因而泄漏的燃气量也就很少了，各环气体压力递减情况如图 2-3-30 所示。因此，为数很少的几道切口相互错开的气环所构成的“迷宫式”封气装置，就足以对气缸中的高压燃气进行有效的密封。一般汽油机设有 2 道气环，而柴油机由于压缩比高，常设有 3 道气环，通常在保证密封的前提下，应该尽可能减少环数。

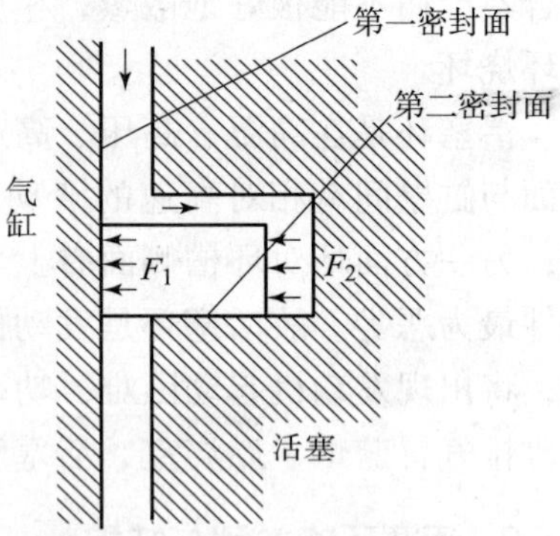

图 2-3-29　气环的密封原理

F_1—环的自身弹力；F_2—背压力

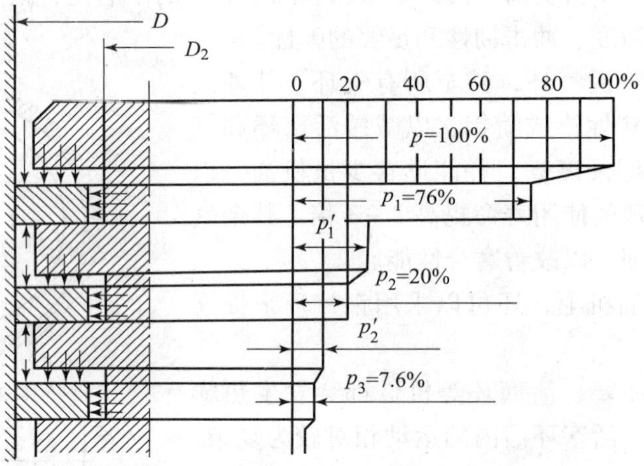

图 2-3-30　各环间隙处的气体压力递减图

活塞环切口的形状和装入气缸后的间隙大小对于漏入曲轴箱的燃气量有一定影响，若切口间隙过大，则漏气严重，使发动机功率减小；若间隙过小，则活塞环受热膨胀后就可能卡死或折断。气环的切口形状如图 2-3-31 所示。直角形切口工艺性好，如图 2-3-31（a）

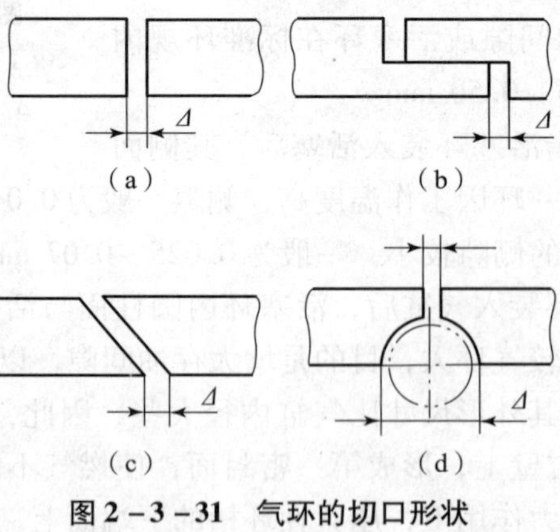

图 2-3-31　气环的切口形状

（a）直角形；（b）阶梯形；（c）斜切口；（d）带防转销钉槽

所示；阶梯形切口的密封性较好，但工艺性较差，如图 2－3－31（b）所示；图 2－3－31（c）所示为斜切口，斜角一般为 30°或 45°，其密封作用和工艺性均介于前二者之间，但其锐角部位在套装入活塞时容易折损；图 2－3－31（d）所示为二冲程发动机活塞环的带销钉槽的切口。压配在活塞环槽中的销钉，是用来防止活塞环在工作中绕活塞中心线转动的。

气环的断面形状有多种（图 2－3－32）。

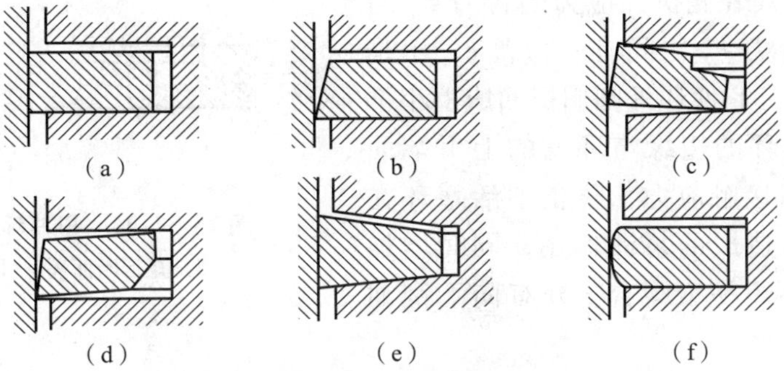

图 2－3－32　气环的断面形状

（a）矩形断面环；（b）锥面环；（c）正扭曲内切环；（d）反扭曲锥面环；（e）梯形环；（f）桶面环

矩形断面环［图 2－3－32（a）］结构简单、制造方便、散热性好，但矩形断面的气环随活塞做往复运动时，会把气缸壁上的机油不断送入气缸中。这种现象称为“气环的泵油作用”，其泵油原理如图 2－3－33 所示。活塞下行时，由于环与缸壁之间的摩擦阻力以及环本身的惯性，环将压靠着环槽的上端面。缸壁上的机油就被刮入下边隙与背隙内。当活塞上行时，环又压靠着环槽的下端面上，结果第一道环背隙里的油就进入气缸中，如此反复，结果就像油泵的作用一样，将缸壁的机油最后压入燃烧室。

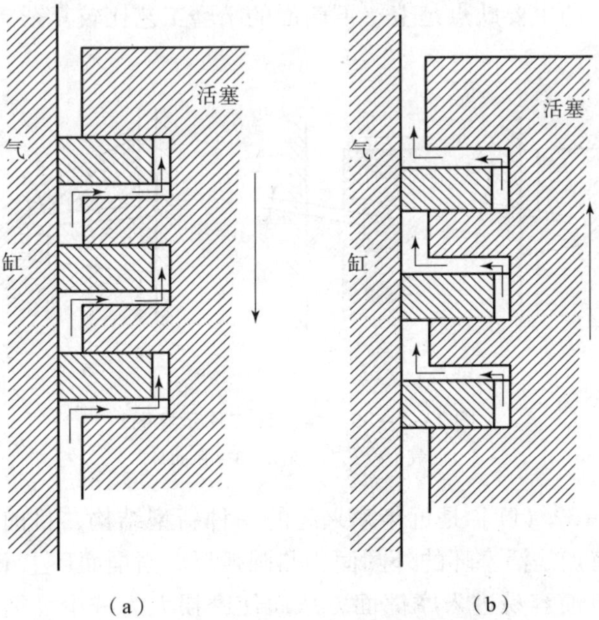

（a）　　　　　　　　（b）

图 2－3－33　矩形断面环的泵油作用

（a）活塞下行；（b）活塞上行

为了消除或减少有害的泵油作用，广泛采用非矩形断面的扭曲环［图2－3－32（c）、（d）］。扭曲环是在矩形的内圆上边缘或外圆下边缘切去一部分。将这种环随同活塞装入气缸时，由于环的弹性内力不对称作用产生明显的断面倾斜，其作用原理如图2－3－34所示。活塞环装入气缸后，其外侧拉伸应力的合力 F_1 与内侧压缩应力的合力 F_2 之间有一力臂 e，于是产生了扭曲力矩 M。它使环外圆周扭曲成上小下大的锥形，从而使环的边缘与环槽的上下端面接触，提高了表面接触应力，防止了活塞环在环槽内上下窜动而造成的泵油作用，同时增加了密封性。扭曲环还易于磨合，并有向下刮油的作用。

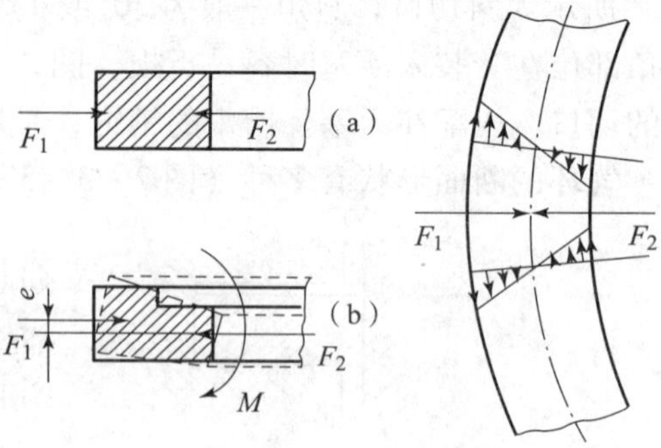

图2－3－34　扭曲环作用原理图

（a）矩形断面环；（b）扭曲环

扭曲环目前在发动机上得到广泛的应用。它在安装时，必须注意环的断面形状和方向，应将其内圆切槽向上，外圆切槽向下，不能装反。

锥面环［图2－3－32（b）］可以改善环的磨合，这种环在气缸内，可向下刮油，而向上滑动时由于斜面的油楔作用，可在油膜上浮起，减少磨损。

梯形环［图2－3－32（e）］的主要作用是使得当活塞受侧压力的作用而改变位置时，环的侧隙 δ 相应发生变化［图2－3－35（a）］，使沉积在环槽中的结焦被挤出，避免了环被黏在环槽中而引起折断。

在做功行程中，作用在梯形环上的燃气作用力 R 的径向分力 R_x，加强了环的密封作用［图2－3－35（b）］。因此，梯形即使在弹力丧失一些的情况下，仍能与气缸贴合良好，延长了环的使用寿命。它的主要缺点是上、下两面的精磨工艺比较复杂。这种环常用于热负荷较高的柴油机的第一环。

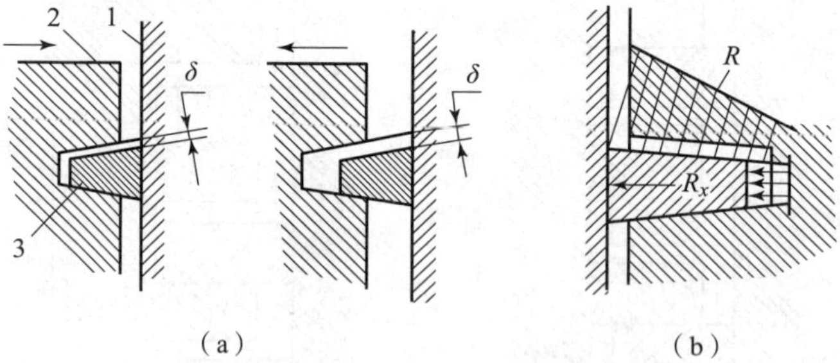

（a）　　（b）

图2－3－35　梯形环工作示意图

1—气缸壁；2—活塞；3—扭曲环

桶面环［图2－3－32（f）］是近年来兴起的一种新型结构，目前已普遍地在强化柴油机中用作第一环。其特点是活塞环的外圆面为凸圆弧形。当桶面环上下运动时，均能与气缸壁形成楔形空间，使机油容易进入摩擦面，从而使磨损大为减少。桶面环与气缸是圆弧接触，故对气缸表面的适应性和对活塞偏摆的适应性均较好，有利于密封。它的缺点是凸圆弧表面加工较困难。

油环分为普通油环和组合油环两种，如图 2 –3 –36 所示。油环的刮油作用如图 2 –3 –37 所示。无论活塞下行还是上行，油环都能将气缸壁上多余的机油刮下来经活塞上的回油孔流回油底壳。

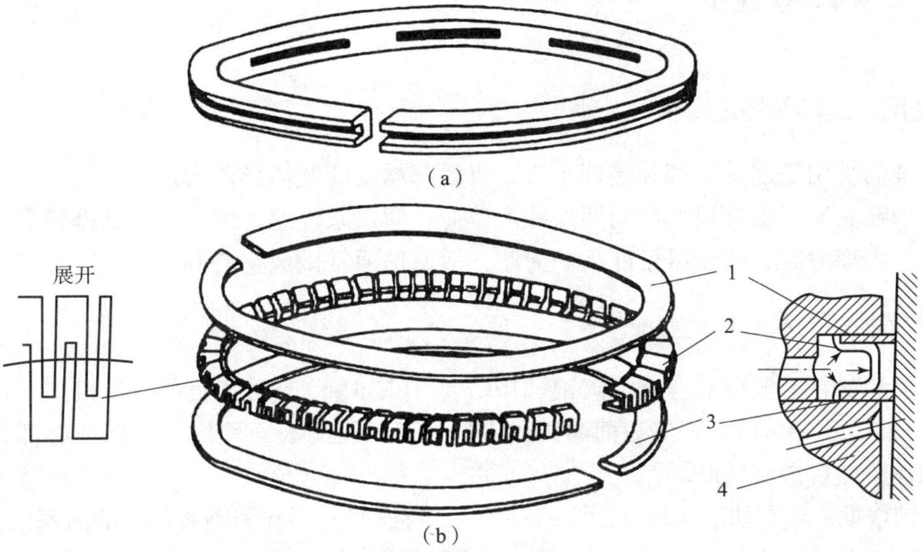

图 2 –3 –36　油环

（a）普通油环；（b）组合油环

1—上刮片；2—衬簧；3—下刮片；4—活塞

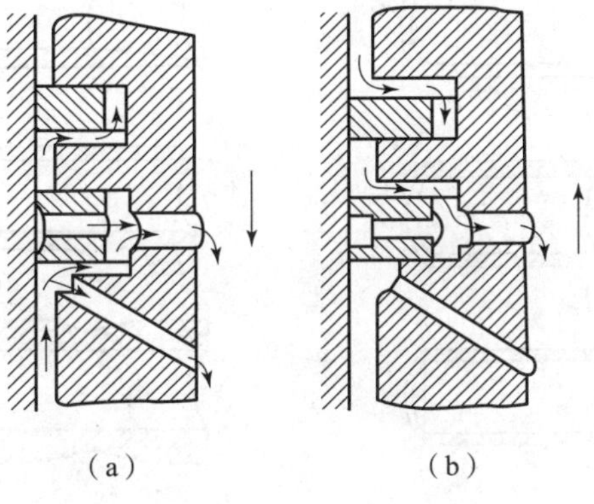

图 2 –3 –37　油环的刮油作用

（a）活塞下行；（b）活塞上行

普通油环的结构［图 2 –3 –36（a）］，一般是用合金铸铁制造的。其外圆面的中间切有一道凹槽，在凹槽底部加工出很多穿通的排油小孔或狭缝。

组合环［图 2 –3 –36（b）］由上、下刮片和产生径向、轴向弹力作用的衬簧组成。这种油环的优点如下：

（1）片环很薄，对气缸壁的比压大，因而刮油作用强。

（2）刮油片是各自独立的，故对气缸的适应性好。

（3）质量小。

（4）回油通路大，因此，组合油环在高速发动机上得到较广泛的应用。

一般活塞上装有1~2道油环。采用两道油环时，下面一道多安置在活塞裙部的下端。

2.3.4 活塞销

1. 功用、工作条件及要求

活塞销的功用是连接活塞和连杆小头，将活塞承受的气体作用力传给连杆。

活塞销在高温下承受很大的周期性冲击载荷，润滑条件差，因而要求活塞销有足够的刚度和强度，表面耐磨，质量尽可能小。为此，活塞销通常做成空心圆柱体。

2. 活塞销结构及材料

活塞销的材料一般用低合金渗碳钢（15Cr或16MnCr5）。对高负荷发动机则采用渗氮钢（34CrAl6或32AlCrMo4）。先经表面渗碳或渗氮处理以提高表面硬度，并保证心部具有一定的冲击韧性，然后进行精磨和抛光。

活塞销根据形状有如下几种（图2-3-38）。直通圆柱形孔和圆锥形孔的活塞销[图2-3-38（a）、（b）]，质量较小；中间或单侧封闭的活塞销[图2-3-38（c）、（d）]适用于二冲程发动机，此种结构可以避免扫气损失；内部有塑料芯的钢套销[图2-3-38（e）]则用于要求不高的汽油机；成型销[图2-3-38（f）]用于增压发动机。

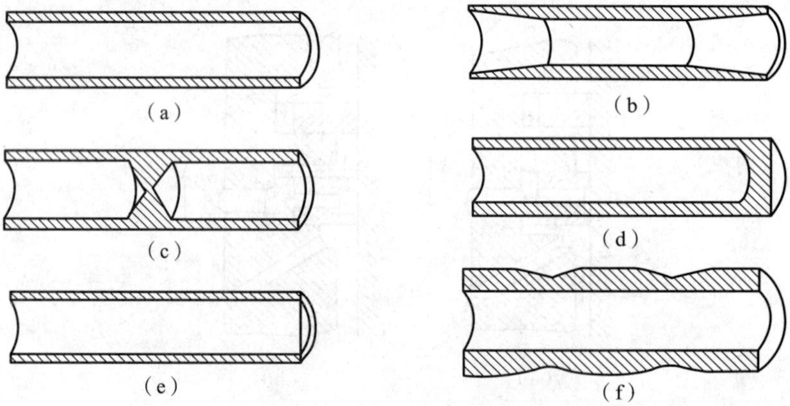

图2-3-38 活塞销的形状

（a）圆柱形；（b）端部呈锥形扩展；（c）中间封闭式；（d）单侧封闭式；
（e）内有塑料芯的钢套销；（f）成型销

3. 活塞销的连接方式

活塞销与活塞销座孔和连杆小头衬套的连接方式，一般有全浮式和半浮式两种形式。

（1）全浮式：在发动机正常工作温度时，活塞销不仅可以在连杆小头衬套孔内，还可以在销座孔内缓慢地转动，以使活塞销各部分的磨损比较均匀（图2-3-39），所以被广泛采用。由于铝合金的活塞销座的热膨胀量大于钢活塞销，为了保证发动机正常工作时有合适的工作间隙（0.01 ~0.02 mm），在冷态装配时活塞销与活塞销座孔为过渡配合。装配时，应先将铝活塞放在温度为70 ~90 ℃的水或油中加热，然后将销装入。为了防止活塞销因轴向窜动而刮伤气缸壁，在活塞销座两端用卡环嵌在销座凹槽中加以轴向定位。

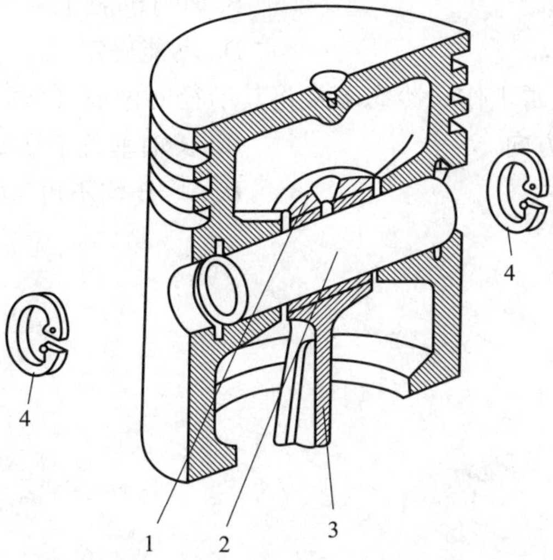

图2-3-39　全浮式活塞销连接

1—连杆小头衬套；2—活塞销；3—连杆；4—卡环

（2）半浮式：活塞销与座孔和连杆小头的两处连接，一处固定，一处浮动。其中大多数采用活塞销与连杆小头固定的方式。

习题

一、判断题

（　　）1. 活塞的端隙是指其开口间隙。

（　　）2. 气环安装时，缺口要在同一位置。

（　　）3. 活塞环包括气环和油环两种。

（　　）4. 活塞的基本构造可分顶部、头部和裙部三部分。

（　　）5. 活塞在沿活塞销的方向受力最大。

二、选择题

1. 下列说法正确的是（　　）。

   A. 活塞顶的记号用来表示发动机功率

   B. 活塞顶的记号用来表示发动机转速

   C. 活塞顶的记号可以用来表示活塞及活塞销的安装和选配要求

   D. 活塞顶的记号用来表示连杆螺钉拧紧力矩

2. 下列说法正确的是（　　）。

   A. 活塞裙部对活塞在气缸内的往复运动可以起导向作用

   B. 活塞裙部在做功时起密封作用

   C. 活塞裙部在做功时起承受气体侧压力作用

   D. 活塞裙部安装有2 ~3 道活塞环

3. 活塞气环主要作用是（　　）；油环主要作用是（　　）。

A. 密封　　B. 布油　　C. 导热　　D. 刮油

4. 活塞气环开有切口，具有弹性，在自由状态下其外径与气缸直径（　　）。

A. 相等　　B. 小于气缸直径

C. 大于气缸直径　　D. 不能确定

5. 为了保证活塞能正常工作，冷态下常将其沿径向做成（　　）的椭圆形。

A. 长轴在活塞销方向　　B. 长轴垂直于活塞销方向

C. A、B 均可　　D. A、B 均不可

班级：____________　　指导教师：____________
组号：____________　　组员：______________________________________

项目三　活塞与活塞环的拆装与检测工作页

一、准备工作

（1）设备：活塞。

（2）工具与量具：千分尺、厚薄规、橡胶锤、一字改锥、活塞环钳、游标卡尺等。

（3）发动机维修手册。

（4）耗材、工单及其他：记号笔、清洁用棉布、手套等。

二、工作过程

（1）检测活塞与活塞环是否磨损。

（2）用 SST 拆卸活塞第一、二道环，用手拆卸油环。

（3）清洁活塞（表面积炭及环槽内部积炭）。

（4）测量活塞直径（根据维修手册在规定范围内测量）。

名称	第一次	第二次	第三次
活塞直径（推力方向）			
活塞直径（轴向方向）			

（5）测量活塞环槽间隙。

（6）测量活塞环端隙（根据维修手册选好测量位置将活塞环放入缸筒，将活塞倒置用活塞头部把环压到测量位置进行测量）。

名称	第一次	第二次	第三次
侧隙			
端隙			

（7）用手安装油环，用 SST 安第一、二道环。

（8）清洁、整理工作台。

三、5S 工作

（1）工量具清洁、收纳、归位；

（2）零件清洁、归位；

（3）维修手册归位；

（4）清洁工作台，耗材按使用情况整理归位或丢入垃圾桶；

（5）清扫实训场地并清空垃圾，关灯、关门。

班级：__________　　指导教师：__________

组号：__________　　组员：______________________________

项目三　活塞与活塞环的拆装与检测评分表

<table>
<tr><td colspan="2">考核发动机机型</td><td colspan="2">1ZZ/2ZZ－FE发动机</td><td colspan="2">评分标准：按照项目细项与总评分表相对应进行评分</td><td>分值</td><td>扣分</td></tr>
<tr><td rowspan="3">一</td><td rowspan="3">作业准备</td><td>维修手册</td><td colspan="3">选择正确维修手册</td><td>4</td><td></td></tr>
<tr><td>场地内考核设备、零件总成</td><td>带台钳工作台、发动机中缸、活塞、活塞环</td><td>量具</td><td>千分表、游标卡尺、量缸表、直尺、塞尺</td><td rowspan="2">6</td><td rowspan="2"></td></tr>
<tr><td>工具（常用、专用）</td><td>活塞环卡钳、丰田常用工具</td><td>耗材、工单及其他</td><td>清洁用棉布、工单、记号笔等</td></tr>
</table>

<table>
<tr><td>二</td><td colspan="3">工作流程（满分30分）</td><td>分值</td><td>扣分</td><td colspan="2">工作质量（满分60分）含：操作规范、记号、装配、工作总结</td><td>分值</td><td>扣分</td></tr>
<tr><td>1</td><td rowspan="4">拆卸活塞环</td><td colspan="2">检查活塞环状态</td><td>2</td><td></td><td colspan="2">维修手册翻到相应的页码</td><td>4</td><td></td></tr>
<tr><td>2</td><td colspan="2">拆卸气环</td><td>2</td><td></td><td colspan="2">正确熟练使用SST</td><td>4</td><td></td></tr>
<tr><td rowspan="2">3</td><td colspan="2" rowspan="2">手工拆下油环</td><td rowspan="2">2</td><td rowspan="2"></td><td rowspan="2">拆卸方法正确</td><td>不能断，不能划伤活塞</td><td rowspan="2">4</td><td></td></tr>
<tr><td>如活塞刮伤直接扣2分</td><td></td></tr>
<tr><td>4</td><td rowspan="9">检查活塞</td><td colspan="2">清洁活塞</td><td>2</td><td></td><td colspan="2">即使没有积炭类，也要用棉布擦干净</td><td>4</td><td></td></tr>
<tr><td rowspan="3">5</td><td rowspan="3">选用千分尺</td><td rowspan="2">清洁千分尺</td><td rowspan="2">1</td><td rowspan="3"></td><td rowspan="3">千分尺</td><td>选择正确千分尺</td><td>1</td><td></td></tr>
<tr><td>清洁到位</td><td>1</td><td></td></tr>
<tr><td>校准千分尺</td><td>1</td><td>正确校准千分尺</td><td>2</td><td></td></tr>
<tr><td rowspan="3">6</td><td colspan="2" rowspan="3">测量</td><td rowspan="3">2</td><td rowspan="3"></td><td rowspan="3">测量正确</td><td>依据修理书，在标准处，可用卡尺或直尺测量</td><td>1</td><td></td></tr>
<tr><td>如用记号笔，不能在测量点上做记号</td><td>1</td><td></td></tr>
<tr><td>千分尺测量方法正确</td><td>2</td><td></td></tr>
<tr><td>7</td><td colspan="2">读数</td><td>2</td><td></td><td colspan="2">读数方法正确，小数点后3位</td><td>4</td><td></td></tr>
<tr><td>8</td><td colspan="2">判断其使用性</td><td>2</td><td></td><td colspan="2">结合活塞标记，对照修理书的标准做出判断</td><td>4</td><td></td></tr>
</table>

续表

<table>
<tr><td>二</td><td colspan="2">工作流程（满分30分）</td><td>分值</td><td>扣分</td><td colspan="2">工作质量（满分60分）含：操作规范、记号、装配、工作总结</td><td>分值</td><td>扣分</td></tr>
<tr><td>9</td><td rowspan="6">检查活塞环</td><td>清洁</td><td>2</td><td></td><td colspan="2">包括活塞环槽、环及塞尺，即使环槽无积炭，也要实际确认</td><td>4</td><td></td></tr>
<tr><td>10</td><td>测量侧隙</td><td>2</td><td></td><td colspan="2">正确选用塞尺量程，由于塞尺量程的限制，判断其不超过最大值即可</td><td>4</td><td></td></tr>
<tr><td rowspan="2">11</td><td rowspan="2">检查端隙</td><td rowspan="2">2</td><td rowspan="2"></td><td colspan="2">用活塞放置环至正确的深度，且保持水平</td><td>2</td><td></td></tr>
<tr><td colspan="2">正确使用塞尺，操作中尽可能使用少的片数</td><td>2</td><td></td></tr>
<tr><td>12</td><td>读数</td><td>2</td><td></td><td colspan="2">读数正确</td><td>4</td><td></td></tr>
<tr><td>13</td><td>维修判断</td><td>2</td><td></td><td colspan="2">结合是哪道环，对照修理书的标准做出判断</td><td>4</td><td></td></tr>
<tr><td rowspan="2">14</td><td rowspan="6">安装活塞环</td><td rowspan="2">手工安装油环</td><td rowspan="2">2</td><td rowspan="2"></td><td rowspan="2">安装正确</td><td>不能损坏活塞</td><td>2</td><td></td></tr>
<tr><td>油环弹簧接口处对齐</td><td>2</td><td></td></tr>
<tr><td rowspan="4">15</td><td rowspan="4">使用SST安装1道和2道环</td><td rowspan="4">2</td><td rowspan="4"></td><td colspan="2">正确熟练使用SST</td><td>1</td><td></td></tr>
<tr><td rowspan="3">正确安装</td><td>1、2道环安装位置正确</td><td>1</td><td></td></tr>
<tr><td>安装方向正确</td><td>1</td><td></td></tr>
<tr><td>参照修理书正确布置活塞环的开口方向</td><td>1</td><td></td></tr>
<tr><td colspan="3">合计</td><td>30</td><td></td><td colspan="2">合计</td><td>60</td><td></td></tr>
<tr><td colspan="3">总分</td><td colspan="2">100</td><td colspan="2">得分</td><td colspan="2"></td></tr>
</table>

项目四

活塞连杆组的拆装

2.4.1 准备工作

（1）设备：台架发动机、工作台。

（2）工具与量具：内径百分表、外径千分尺、成套工具盒、扭力扳手、尖嘴钳等。

（3）发动机维修手册。

（4）耗材、工单及其他：记号笔、机油壶、清洁用棉布、工单、手套等。

2.4.2 活塞连杆组拆卸的工作过程

（1）用缸口铰刀去掉气缸顶部的所有积炭（图 2－4－1），以便在取出活塞连杆组时，保护活塞和缸体不受损伤。

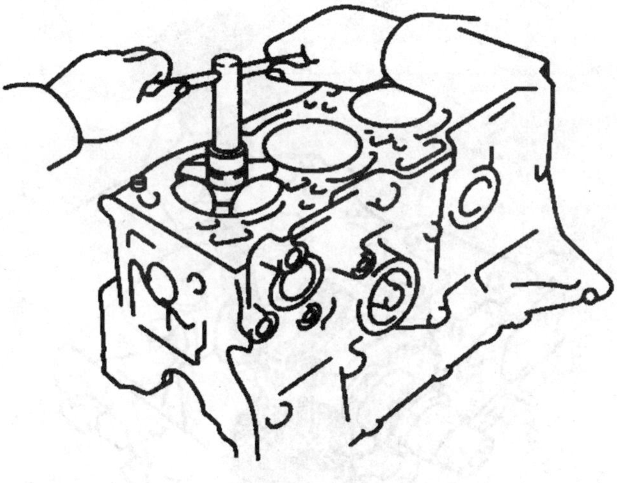

图 2－4－1 清除气缸顶部积炭

（2）拆卸连杆盖。检查连杆和连杆盖上的配合记号（图 2－4－2），以保证正确地重新组装。卸下连杆盖螺母。

（3）用塑料贴面的锤子轻敲连杆螺栓并提起连杆盖，但应保持下轴瓦仍嵌在连杆盖中，如图 2－4－3 所示。注意：不能用铁锤直接敲打连杆盖。

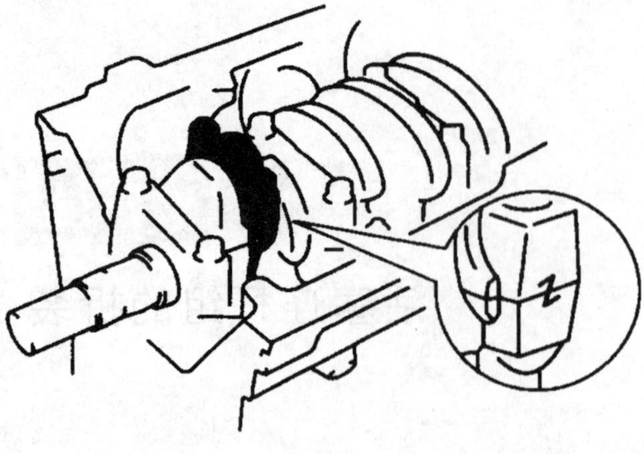

图 2－4－2　连杆盖装配记号

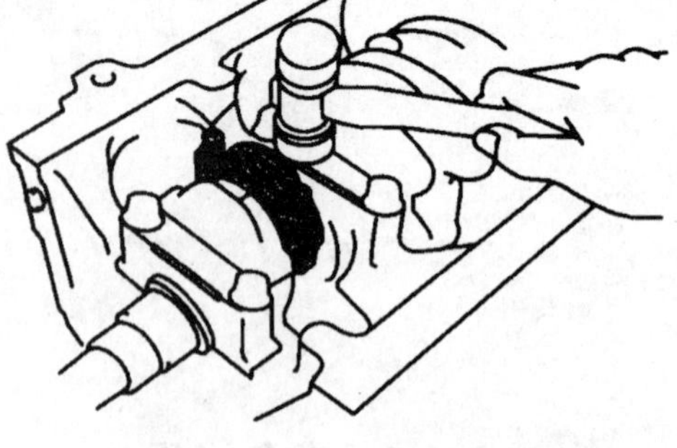

图 2－4－3　拆卸连杆盖

(4) 用短软管套在连杆螺栓上，以保护曲轴与气缸内壁不受损坏，如图 2－4－4 所示。卸下活塞和连杆组件。

(5) 推动活塞、连杆组件及上轴瓦，通过气缸体顶部将其取下，如图 2－4－5 所示。注意：拆卸后应将轴瓦、连杆与连杆盖放在一起，并按正确的顺序放置。

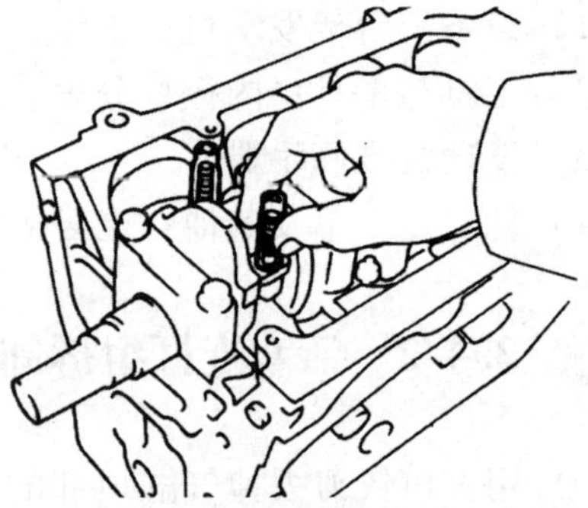

图 2－4－4　安装连杆螺栓保护短软管

图 2－4－5　取出活塞连杆组

(6) 检查活塞和活塞销的配合情况，如图 2－4－6 所示。尝试使活塞在活塞销上前后移动，如果不能移动（全浮式），则更换一套活塞和活塞销。

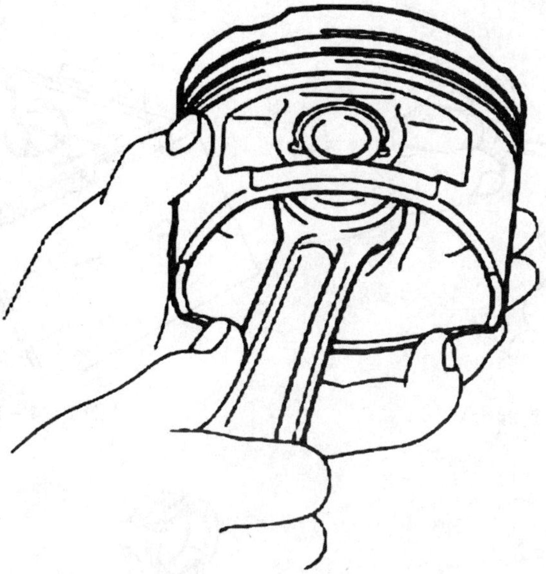

图 2－4－6　活塞和活塞销配合情况的检查

（7）取下连杆轴承上轴承。

（8）拆下活塞环。使用活塞环扩张器拆下气环和油环，如图 2－4－7 所示，对于组合油环可手动拆下上下刮油钢片和衬簧，如图 2－4－8 所示。

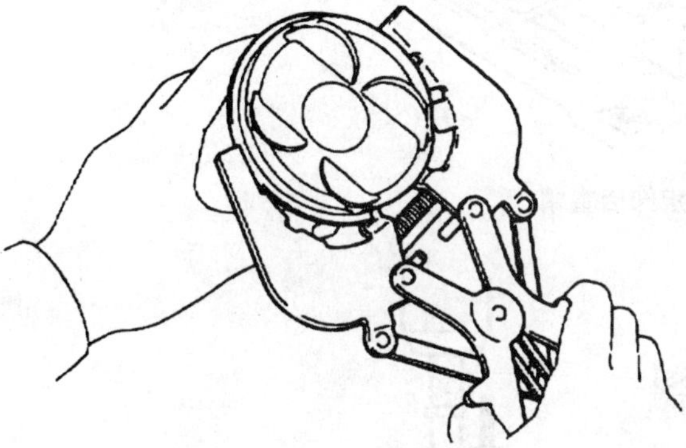

图 2－4－7　活塞环拆卸

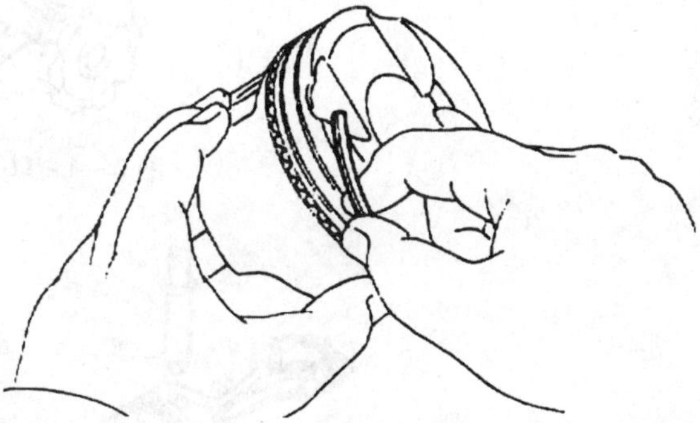

图 2－4－8　组合油环拆卸

（9）拆下连杆。使用小螺丝刀拆下活塞销两端卡环（图 2－4－9）；将活塞加热到大约 80 ℃（图 2－4－10）；使用塑料锤和铜棒轻轻敲出活塞销并拆下连杆（图 2－4－11）。对于半浮式直接用专用工具压出活塞销即可拆下连杆（图 2－4－12）。

注意：活塞、活塞销、活塞环是成套配合的，要按正确的顺序排列活塞、活塞销、活塞环、连杆和轴承（图 2－4－13）。

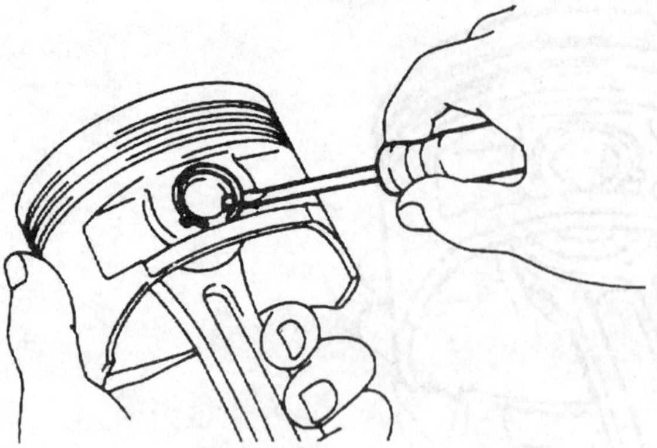

图 2-4-9　拆卸卡环

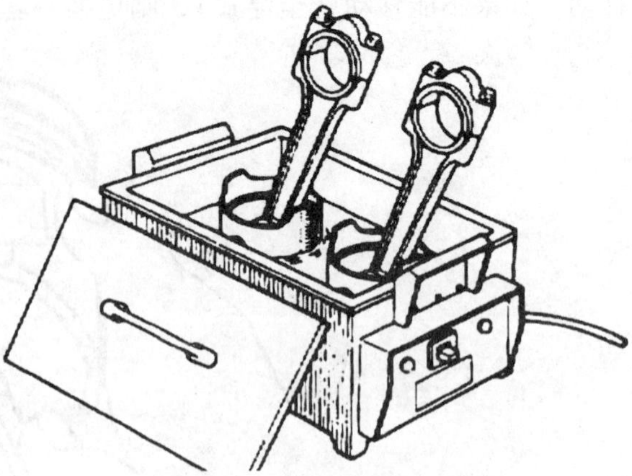

图 2-4-10　加热活塞

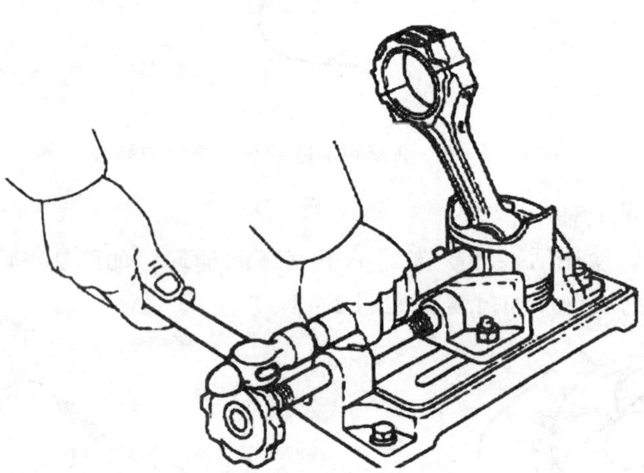

图 2-4-11　拆卸活塞销

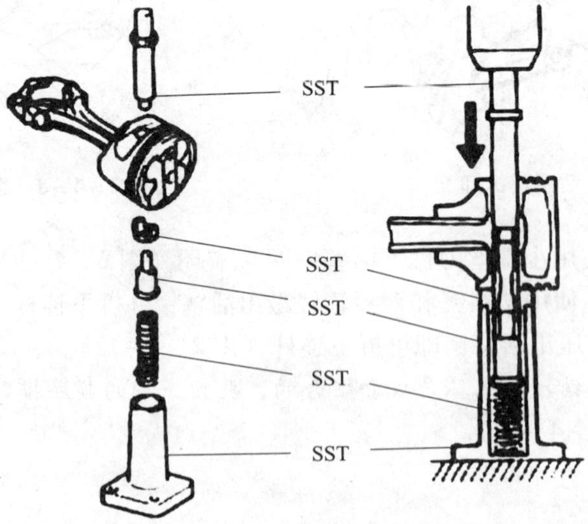

图 2-4-12　专用工具压出活塞销

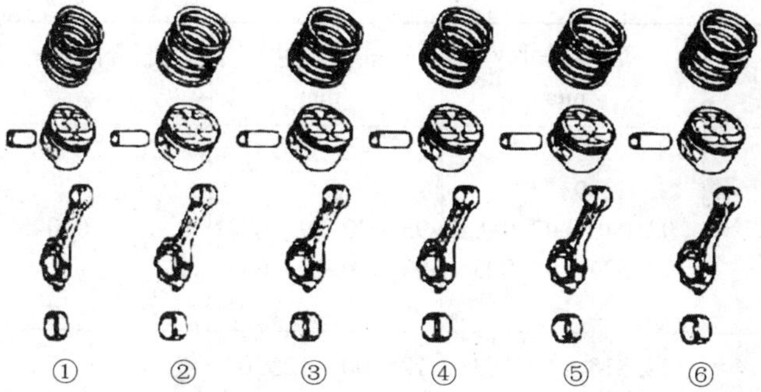

图 2-4-13 按顺序摆放

2.4.3 零件的选配和工艺要求

1. 活塞的选配

当气缸的磨损超过规定值，必须对气缸进行修复；当活塞发生异常损坏时，需视情况选配活塞。选配活塞时要注意以下几点：

（1）根据气缸的修理尺寸选用同一修理尺寸和同一分组尺寸的活塞。活塞裙部的尺寸是镗磨气缸的依据，只有在活塞选配后，才能按选定活塞的裙部尺寸镗磨气缸。

（2）活塞是成套选配的，同一台发动机必须选用同一厂牌的活塞，以保证其材料和性能的一致性。

（3）在选配的成套活塞中，其尺寸差和质量差应符合要求。成套活塞中，其尺寸差一般为 0.01 ~ 0.05 mm，质量差为 4 ~ 8 g，销座孔的涂色标记相同。

新型汽车的活塞与气缸的配合都采用选配法，在气缸的技术要求确定的情况下，选配相应的活塞。活塞的修理尺寸级别一般分为 +0.25 mm、+0.50 mm、+0.75 mm、+1.00 mm 四级，有的只有 1 ~ 2 个级别。在每一个修理尺寸级别中又分为若干组，通常分为 3 ~ 6 组不等。相邻两组的直径差为 0.010 ~ 0.015 mm。选配时，要注意活塞的分组标记和涂色标记。有的发动机为薄型气缸套，活塞不设置修理尺寸，只区分标准系列活塞和维修系列活塞，每一系列活塞中也有若干组供选配。活塞的修理尺寸级别代号常打印在活塞的顶部。部分发动机活塞的分组与气缸直径见表 2-4-1。

表 2-4-1 部分发动机活塞的分组与气缸直径

发动机型号	分组	活塞尺寸 /mm	缸套尺寸 /mm	配合间隙 /mm	备注
桑塔纳发动机（1.8 L）	基本尺寸 一 二 三	80.98 81.23 81.48 81.98	81.01 81.26 81.51 82.01	0.03	测量活塞时，距活塞裙部边缘 15 mm 处测量

续表

发动机型号	分组	活塞尺寸 /mm	缸套尺寸 /mm	配合间隙 /mm	备注
五十铃 4JB1 发动机	基本尺寸 一 二	93 93.040～92.985 93.024～93.005	 93.040～93.021 93.060～93.041	0.025～0.045	4JB1 发动机配套在江铃、庆铃、蓝箭或解放 CA1040 汽车上
日产 P06 发动机	S M L	124.815～124.835 124.835～124.855	125.00～125.02 125.02～125.03 125.03～125.05	0.185～0.205	S 或 L
解放 CA6102 发动机	A B C D	101.54～101.56 101.56～101.58 101.58～101.60 101.60～101.62	101.56～101.58 101.58～101.60 101.60～101.62 101.62～101.64	0.02～0.04	

现代多数发动机的气缸和活塞尺寸均按公差分若干级，并在气缸和活塞上刻有标记，以便活塞与气缸的选配。例如，凌志 LS400 型轿车 1UZ－FE 型发动机气缸和活塞尺寸分三级，用数字“1、2、3”表示，记号分别打印在气缸体上平面和活塞顶部，如图 2－4－14 所示，选配时应使活塞与气缸上的数字记号一致。富康轿车装用的 TU32K 型发动机气缸和活塞尺寸也分三级，更换活塞时，顶部刻有“A、B、C”标记的活塞应分别与气缸体上刻有“1、2、3”标记的气缸对应选配。

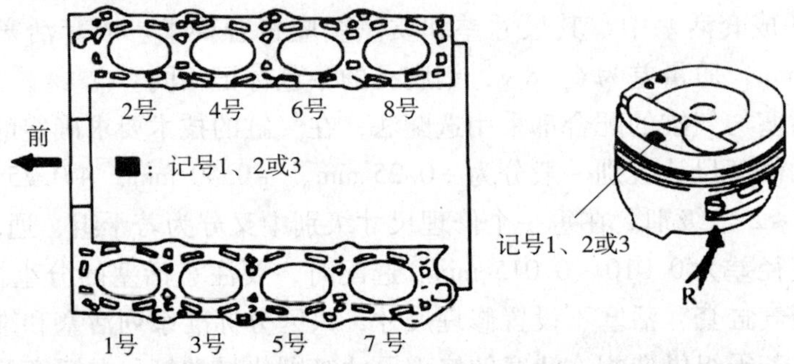

图 2－4－14　LS400 轿车 1UZ－FE 发动机活塞与气缸的选配

2. 活塞环的选配

在发动机大修和小修时，活塞环是被当作易损件更换的。活塞环设有修理尺寸，不因气缸和活塞的分组而分组。

活塞环选配时，以气缸的修理尺寸为依据，同一台发动机应选用与气缸和活塞修理尺寸等级相同的活塞环。发动机气缸磨损不大时，应选配与气缸同一级别的活塞环。气缸磨损较大尚未达到大修标准时，严禁选择加大一级修理尺寸的活塞环锉端隙使用。进口汽车发动机活塞环的更换，按原厂规定进行。

对活塞环的要求是：与气缸、活塞的修理尺寸一致；具有规定的弹力以保证气缸的密封性；环的漏光度、端隙、侧隙、背隙应符合原厂设计规定。

3. 活塞销的选配

在发动机大修时，一般应更换标准尺寸的活塞销，为小修留有余地。

选配活塞销的原则是：同一台发动机应选用同一厂牌、同一修理尺寸的成组活塞销，活塞销表面应无任何锈蚀和斑点，表面粗糙度 $Ra \leqslant 0.20\ \mu m$，圆柱度误差 $\leqslant 0.0025$ mm，质量差在 10 g 范围内。

为了适应修理的需要，活塞销设有四级修理尺寸，可以根据活塞销座和连杆衬套的磨损程度来选择相应修理尺寸的活塞销。

4. 活塞销与座孔的配合

在常温下，汽油机的活塞销与销座配合间隙为 0.002 5 ~ 0.007 5 mm，与连杆衬套的间隙为 0.005 ~ 0.010 mm；柴油机活塞销与销座的过盈量较大，过盈量一般为 0.02 ~ 0.05 mm，与连杆衬套的间隙也比汽油机大，一般为 0.03 ~ 0.05 mm。

现代汽车发动机活塞销与销座和连杆衬套的耐磨程度较小，如进口汽车行驶 30 万 km，活塞销的磨损很轻微，一般只需更换活塞。

活塞销与销座和连杆衬套采用分组选配。由于相邻两组的直径差只有 0.002 5 mm，通常难以进行测量，而是用涂色标记加以识别。装配时，活塞销与活塞销座和连杆衬套涂色标记相同，这就大大简化了维修作业，配合副的装配精度得到明显提高。

5. 组装的工艺要求

目前，全浮式活塞销通常是采用热装合方法进行活塞与连杆的装配（半浮式活塞销采用专用工具常温压装）。因为活塞销与销座在常温下有微量的过盈，所以装合时一定要将活塞加热。方法是：活塞置入水中加热至 353 ~ 373 K，取出后迅速擦净，将活塞销涂以机油，插入活塞销座推过连杆衬套，直至另一端销座的外边缘，然后装入卡环。两卡环的内端应与活塞销有 0.10 ~ 0.25 mm 的间隙。否则卡环将被顶出造成拉缸。卡环嵌入环槽中的深度，应不少于丝径的 2/3。

活塞与连杆组装时，要注意两者的缸序和安装方向，不得错乱。活塞与连杆一般都标有装配标记（图 2 - 4 - 15）。如两者的装配标记不清或不能确认时，可结合活塞和连杆的结构加以识别，如活塞顶部的箭头或边缘缺口朝前，汽油机活塞的膨胀槽开在做功行程侧压力较小的一面，连杆杆身的圆形突点朝前，连杆大端的 45°的机油喷孔润滑左侧气缸壁等。此外，连杆与下盖的配对记号一致并对正，或杆身与下盖承孔的凸榫槽安装时在同一

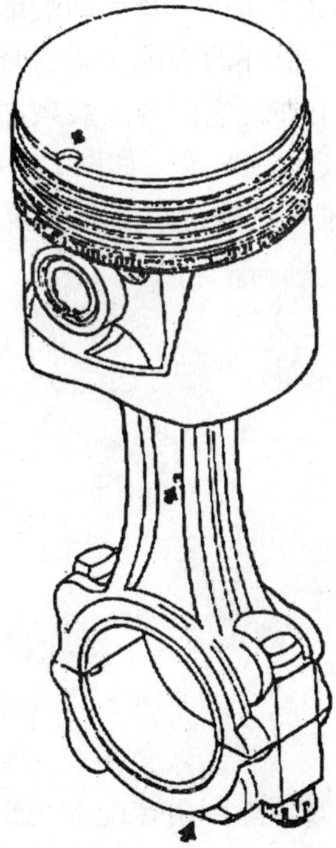

图 2 - 4 - 15　活塞连杆组装标志

侧，以避免装配时的配对错误。

活塞连杆组装后，还需要进行下列检验项目：

（1）在连杆校验仪上检验活塞轴线对连杆大端承孔轴线的垂直度。检验的方法是：将连杆大端承孔套装在校验仪的支承轴上，用厚薄规分别测量的活塞顶部前后方向的边缘与平板的间隙应该一致，两次测量数值的差值即为组件的垂直度误差，其公差为0.05～0.08 mm。超过上述数值时，应分析原因并进行校正。

（2）复检活塞裙部的椭圆度和锥度。当活塞冷却后，复检活塞裙部的椭圆度和锥度应保持安装前数值，如其数值发生变化，其变化量一般不得超过原值的3%。如其数值变化过大，甚至出现反椭圆或反锥度，多由活塞销与活塞销座过盈过大或装配不当所致，应重新铰削销座。

（3）组件质量差的检验在组装前或组装后进行。用天平测量各活塞连杆组的质量，其组件的质量应符合原厂规定。如无原厂规定数值时，组件的质量差：轿车为10～15 g；小型汽油机为20～30 g；汽油机为30～40 g；柴油机为50～60 g。

最后安装活塞环。安装时，应采用专用工具，以免将环折断。由于各道活塞环的结构差异，在安装活塞环时要特别注意各道活塞环的类型和规格、顺序及其安装方向。

安装气环时，有镀铬的活塞环一般装在第一道，因为镀铬环能增强环的耐磨性，延长环的寿命。安装扭曲环时，其安装方向视该环的具体作用而定：用作刮油的正扭曲环其内缺口或内倒角朝上，外缺口或外倒角朝下；用作布油的反扭曲环，其安装方向与上相反。各种环的组合方式和安装方向要按该型号发动机的说明书的要求进行，不得随意改变。

新型发动机活塞环的端部侧面都制有装配标记，活塞环有标记的一面朝上安装，并且要注意每一道环的装配位置。环的标记常有“0”“00”和“T1”“T2”等。除环上有标记的一面朝上外，它们的安装顺序分别为第一、二道。有的活塞环上还制有尺寸标记和厂标，如PIK、NPR、TP等。如图2－4－16所示，活塞环一端的R为厂标，另一端为活塞环的尺寸，S为标准环，修理尺寸用阿拉伯数字表示，如25表示其修理尺寸为+0.25 mm。

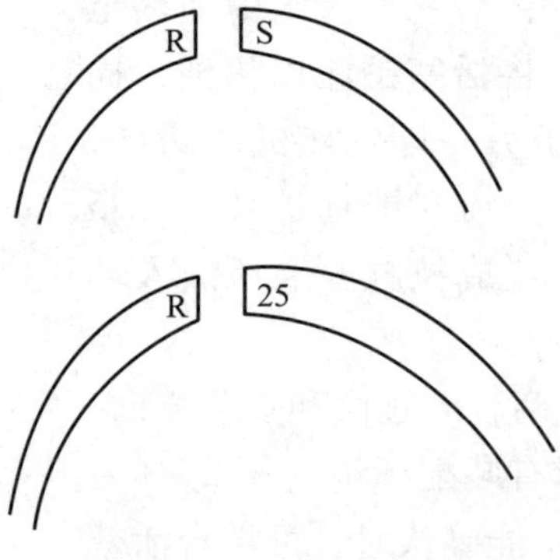

图2－4－16　活塞环标记

活塞环除可由装配标记识别外，还可以从活塞环包装用纸的颜色加以辨认。不同厂家活塞环的包装色彩不同，不同的色彩还能表示活塞环不同的安装顺序。如PIK活塞环的色彩是：第一道气环为蓝色，第二道气环为黄色，第一、二道的形状相同时均为蓝色；第三道气环为白色，第四道气环为红色，第三、四道形状相同时均为白色；第一道油环为绿色，第二道油环为红色，第一、二道油环形状相同时均为绿色。

表2-4-2所示为活塞环的安装示例。在无资料参考时，也可根据表中表示的形状和安装顺序安装在相应型号的发动机上。表中AKW表示轻型汽车，KWP表示中型汽车，HD和OKW表示重型汽车。

表2-4-2　活塞环的安装

名称		PIK活塞环					NPR活塞环		
		AKW	KWP	HD	HD	OKW	100系列	300系列	500系列
气环	第一道		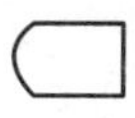	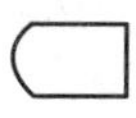	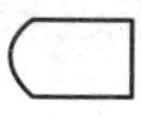	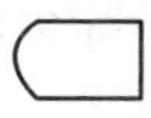	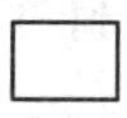	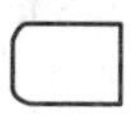	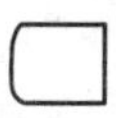
	第二道	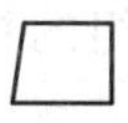		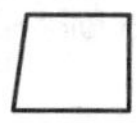	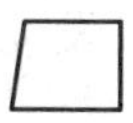	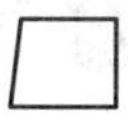	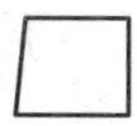	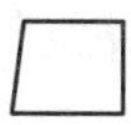	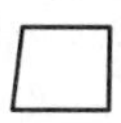
	第三道			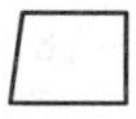	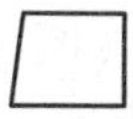			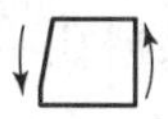	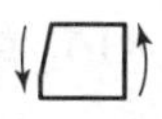
油环	第一道				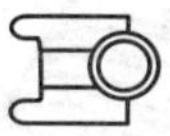				
	第二道					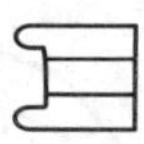			

为了提高气缸的密封性，避免高压气体的泄漏，要求活塞环的开口应交错布置，如图2-4-17所示。一般是以第一道活塞环的开口位置为始点，其他各环的开口布置成迷宫状走

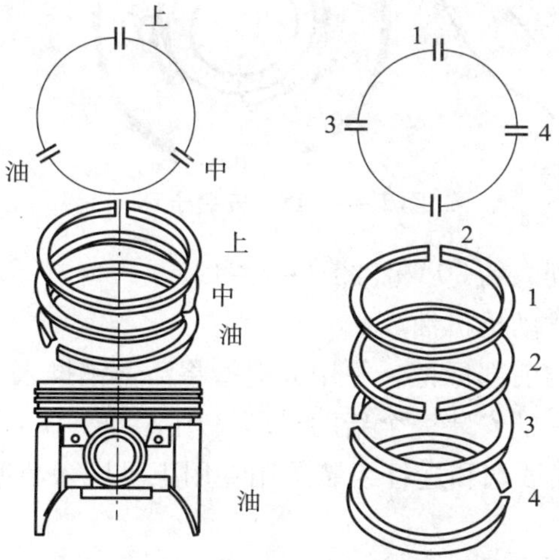

（a）　　　　（b）

图2-4-17　活塞环开口方位

（a）三环活塞；（b）四环活塞

向。各道活塞环的开口一般不要布置在活塞销轴线的 ±45°范围内，因为活塞销轴向两端的润滑油较多，容易向上窜入燃烧室。第一道环应布置在做功行程压力较小的右侧，并且尽可能远离燃烧中心。其他环（包括油环）依次间隔 90°～180°。例如：两道环的发动机，第二道环与第一道环间隔 180°；三道环的发动机，则每道环间隔 120°或第二道环间隔 180°，第三道环与第二道环间隔 90°；四道环的发动机，第二道环与第一道环间隔 180°，第三道环与第二道环间隔 90°，第四道环与第三道环间隔 180°。安装油环的下刮片也要交错排列，二道刮片的下刮片间隔 180°，三道刮片的下刮片则要依次相隔 120°。

2.4.4 活塞连杆组安装的工作过程

活塞连杆组的零件经检测、修复、检验合格后，方可进行组装。组装前应对待装零件进行清洗，并用压缩空气吹干。下面以丰田 2JZ 发动机为例介绍活塞连杆组的具体组装工艺。

1. 组装活塞和连杆

（1）在活塞销孔一端安装一个新的卡环（图 2－4－18）。要求卡环端隙不能跟活塞销孔的切断部分对齐。

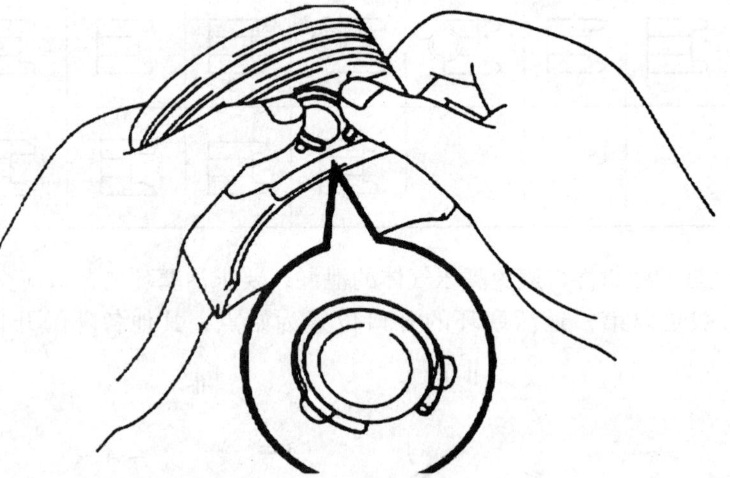

图 2－4－18 安装卡环

（2）将活塞慢慢加热到大约 80℃（图 2－4－19）。

（3）在活塞销上涂抹发动机机油。

（4）对齐活塞与连杆的前部标记，并用大拇指将活塞销推入（图 2－4－20）。

（5）在活塞销孔的另一端安装一个新的卡环（图 2－4－18）。

特别指出：对于半浮式活塞和连杆组装须用专用工具压入活塞销（图 2－4－21），其他工艺基本相同。

2. 安装活塞环

（1）手动安装膨胀环和两个侧环（图 2－4－22）。

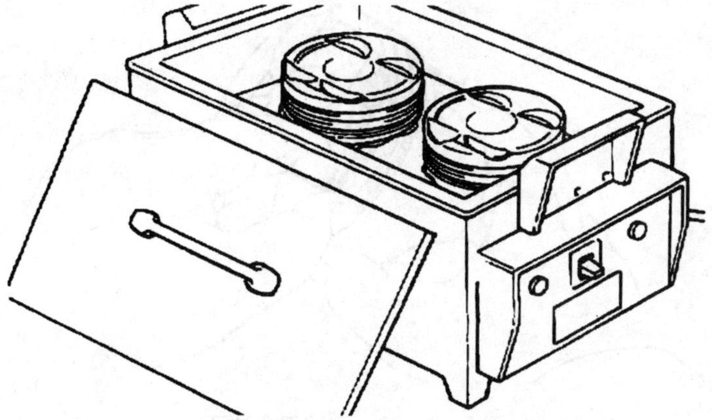

图 2-4-19　加热活塞

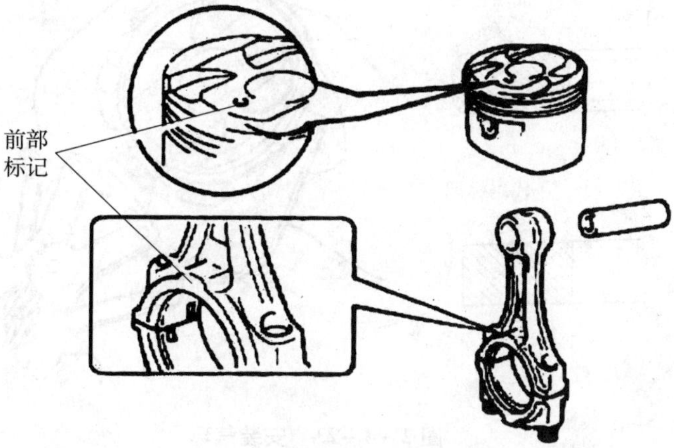

图 2-4-20　热装合活塞连杆组

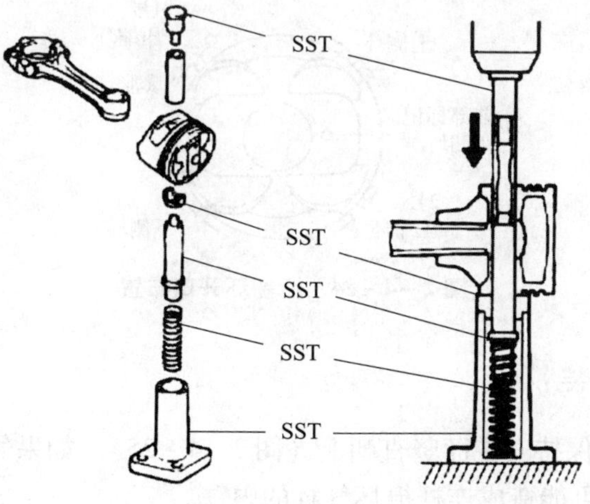

图 2-4-21　压装活塞连杆组

(2) 使用活塞环扩张器，安装两个气环，代码标记（1 号—1N，2 号—2N）应向上（图 2-4-23）。

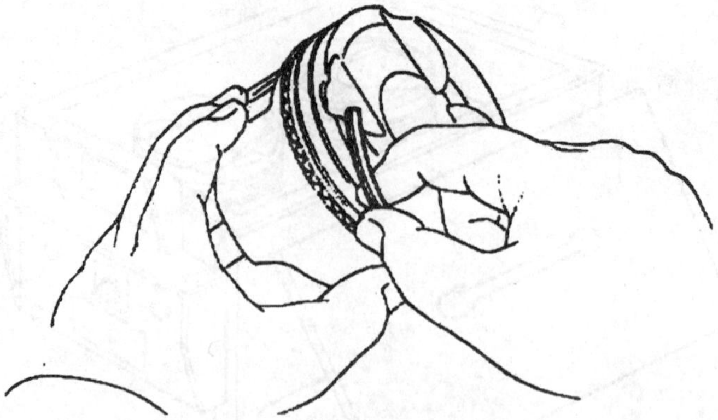

图 2-4-22 安装组合油环

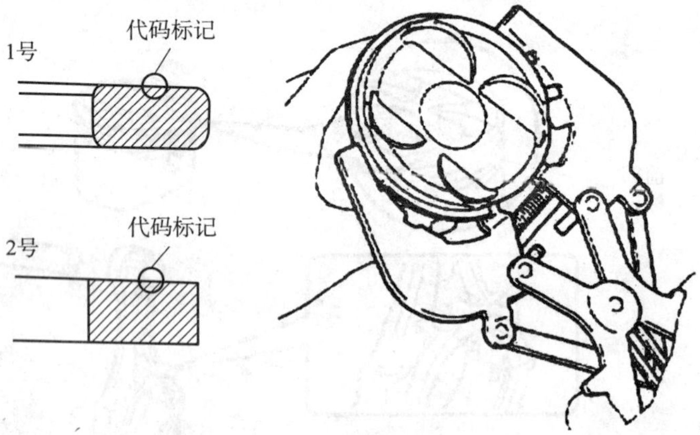

图 2-4-23 安装气环

（3）正确安装活塞环，各活塞环开口位置应正确（图 2-4-24）。

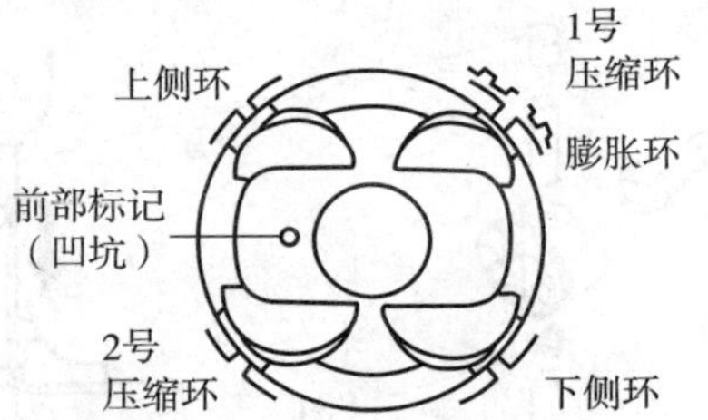

图 2-4-24 活塞环开口布置

3. 活塞连杆组的安装

（1）定位气缸体并保持安装面竖直朝上（图 2-4-25）。如果气缸体的定位发生偏差或者倾斜，活塞的插入便可能造成连杆损坏气缸的内壁。

（2）如果连杆上有螺栓，在各螺栓上套一根塑料管（图 2-4-26）。

（3）在轴承盖和连杆上安装连杆轴承。在轴承表面涂上发动机机油。机油不能涂在轴承背面（图 2-4-27）。

图 2-4-25　定位气缸体

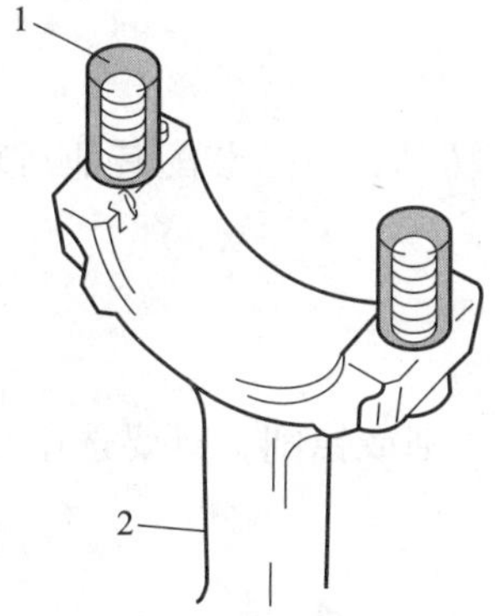

图 2-4-26　在连杆螺栓上套塑料管

1—塑料管；2—连杆

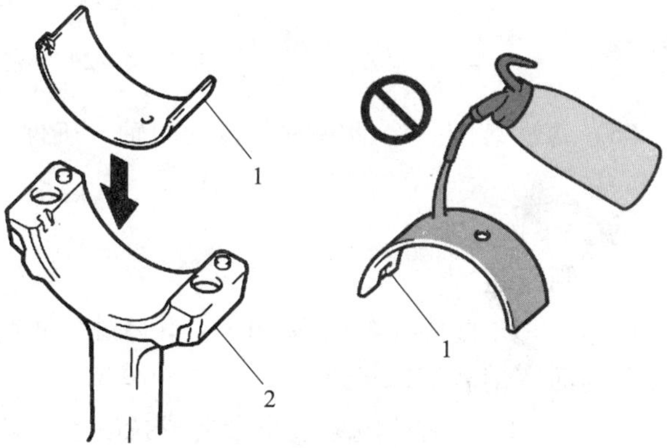

图 2-4-27　安装连杆轴承

1—连杆轴承；2—连杆

(4) 用活塞环压缩器收紧活塞环。不在活塞环压缩器内转动活塞。通过锤柄轻轻敲打将活塞从气缸顶部插入，其定位向前标记应当朝向发动机的前面（图 2-4-28）。

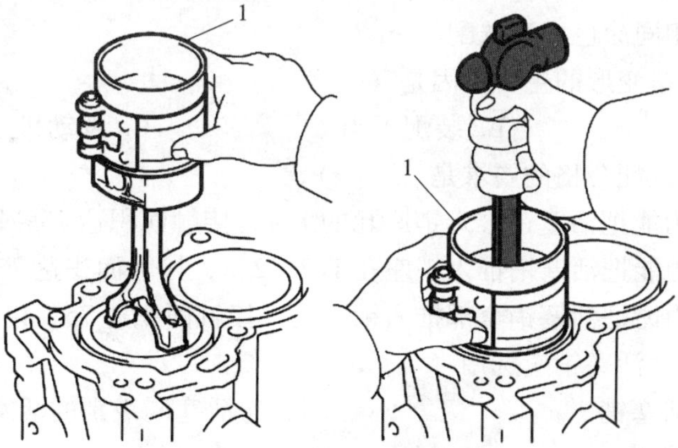

图 2-4-28　安装活塞

1—活塞环压缩器

(5) 安装连杆盖：按号码把连杆盖与相应的连杆配合。安装连杆盖，使前端标记朝前（图

2-4-29)。在连杆盖螺母下面涂上薄薄的一层发动机机油，安装时分几次交替拧紧锁紧螺母。

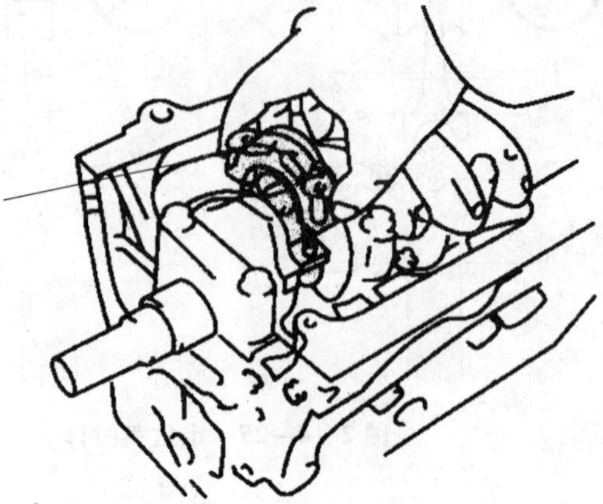

图 2-4-29　安装连杆盖

(6) 每次装配一个活塞时，转动曲轴，确保其能够自由转动，然后装配其他活塞。

习题

一、判断题

(　　) 1. 直接选配活塞销时，不必对活塞销座孔进行铰削或镗削，只要选用与活塞相同颜色的活塞销装配即可。

(　　) 2. 活塞环边隙过小会造成拉缸事故。

(　　) 3. 连杆螺栓裂纹、丝扣滑牙，可以通过焊修后重新加工出螺纹再使用。

(　　) 4. 连杆如有弯、扭，应首先校正弯曲，再校正扭曲。

(　　) 5. 锥形活塞环由于其锥度很小，在装配时，一般没有安装的方向性要求。

二、单选题

1. 活塞销与销座选配的最好方法是（　　）。

A. 用量具测量　　B. 用手掌力击试

C. 用两者有相同涂色标记选配

2. 造成连杆弯、扭变形的主要原因是（　　）。

A. 曲轴弯曲　　B. 装配不当　　C. 发动机超负荷和爆燃

3. 活塞销与座孔试配合格的要求是（　　）。

A. 以手掌之力能把活塞销推入销座孔的 1/4，接触面积达 75% 以上

B. 以手掌之力能把活塞销推入销座孔 1/2 ~ 2/3，接触面积达 75% 以上

C. 以手掌之力能把活塞销全部推入销座孔，接触面积达 75% 以上

4. 发动机大修时，活塞销应选用（　　）。

A. 加大一级活塞销　　B. 与活塞同级别的活塞销

C. 标准活塞销

5. 关于活塞的结构，下面说法不正确的是（　　）。

A. 上小下大锥形　　B. 有安装方向要求

C. 两侧承受侧压力相同

班级：＿＿＿＿＿＿　　指导教师：＿＿＿＿＿＿

组号：＿＿＿＿＿＿　　组员：＿＿＿＿＿＿＿＿＿＿＿＿＿＿＿＿＿＿

项目四　活塞连杆组的拆装工作页

一、准备工作

（1）设备：台架发动机、工作台。

（2）工具与量具：内径百分表、外径千分尺、成套工具盒、扭力扳手、尖嘴钳等。

（3）发动机维修手册。

（4）耗材、工单及其他：记号笔、机油壶、清洁用棉布、工单、手套等。

二、工作过程

1. 检查连杆和盖的配合标记

2. 拆卸连杆总成

（1）拆下连杆螺母。

（2）用塑料头锤子轻敲连杆螺栓，取下连杆盖。

（3）安装连杆螺栓护套，防止损伤曲轴。

（4）向缸体外取出连杆总成。

（5）将取下的连杆总成组合成一个整体。

3. 拆下活塞环组

（1）使用活塞环扩张器，拆下气环。

（2）用手拆下油环。

（3）按正确的顺序摆放活塞环。

4. 清洁带活塞销的活塞分总成

（1）使用铲刀从活塞顶面清除所有积炭。

（2）清洁活塞环槽。

（3）用溶剂和刷子彻底清洁活塞。

5. 清洁活塞与活塞环

6. 安装活塞环组

（1）手动安装油环。

（2）使用活塞环扩张器，安装气环。

7. 安装连杆分总成

（1）安装连杆螺栓护套。

（2）用清洁机油润滑气缸、活塞、活塞环、活塞销等运动部位。

（3）使用活塞环收紧器，按正确的位置把活塞和连杆总成推入气缸，使活塞朝前标记朝前。

8. 把连杆盖装在连杆上

（1）匹配连杆盖和连杆的号码。

（2）安装连杆盖，标记朝前。

（3）在连杆盖螺母下方涂一薄层机油。

（4）分几次交替拧紧螺栓，扭矩为29 N · m（参考值）。

（5）用油漆在螺帽和连杆螺栓上做记号。

（6）再将螺帽拧紧 90°。

（7）检查曲轴转动，应灵活。

三、5S 工作

（1）工量具清洁、收纳、归位；

（2）零件清洁、归位；

（3）维修手册归位；

（4）清洁工作台，耗材按使用情况整理归位或丢入垃圾桶；

（5）清扫实训场地并清空垃圾，关灯、关门。

班级：____________　　指导教师：____________

组号：____________　　组员：____________________________________

项目四　活塞连杆组的拆装评分表

序号	操作步骤	操作内容	配分	评分标准	扣分
1	维修手册	选择正确维修手册	3	页码不对扣2分，不会查数据扣3分	
2	检查连杆和盖的配合标记	检查连杆和盖的配合标记，确保组装要求	1	未做扣1分	
3	拆卸连杆总成	1. 拆下连杆螺母 2. 用塑料头锤子轻敲连杆螺栓，取下连杆盖 3. 安装连杆螺栓护套，防止损伤曲轴 4. 向缸体外取出连杆总成 5. 将取下的连杆总成组合成一个整体	10	漏做1项扣1分，不清洁就组装扣3分，扣完配分为止	
4	拆下活塞环组	1. 使用活塞环扩张器，拆下气环 2. 用手拆下油环 3. 按正确的顺序摆放活塞环	10	不正确使用工具扣1分 拆断活塞环扣10分 不按正确的顺序摆放扣2分	
5	清洁带活塞销的活塞分总成	1. 使用铲刀从活塞顶面清除所有积炭 2. 清洁活塞环槽 3. 用溶剂和刷子彻底清洁活塞	6	每少做一项扣2分	
6	清洁活塞与活塞环	使用汽油对活塞与活塞环进行清洁	4	未清洁每项扣2分	
7	安装活塞环组	1. 手动安装油环 2. 使用活塞环扩张器，安装气环	8	方向安装错误每一道环扣4分	
8	安装连杆轴承	1. 对准轴承凸起和连杆或连杆盖的凹槽 2. 将轴承安装到连杆和连杆盖中	4	每安装错误一项扣2分	
9	安装连杆分总成	1. 安装连杆螺栓护套 2. 用清洁机油润滑气缸、活塞、活塞环、活塞销等运动部位 3. 使用活塞环收紧器，按正确的位置把活塞和连杆总成推入气缸，使活塞朝前标记朝前	9	1. 未装连杆螺栓护套扣2分 2. 未润滑扣2分 3. 安装不正确扣2分 4. 安装中断活塞环扣3分（扣完配分为止）	

续表

序号	操作步骤	操作内容	配分	评分标准	扣分
10	把连杆盖装在连杆上	1. 匹配连杆盖和连杆的号码 2. 安装连杆盖，标记朝前 3. 在连杆盖螺母下方涂一薄层机油 4. 分几次交替拧紧螺栓，扭矩 29 N·m（参考值） 5. 用油漆在螺帽和连杆螺栓上做记号 6. 再将螺帽拧紧 90° 7. 检查曲轴转动灵活性	19	1. 每操作错误或未做一项扣 4 分 2. 拧紧力矩每错一项扣 3 分	
11	工具量具使用	熟练程度（由考官判定）	4	分为好 4 分 较好 3 分 中 2 分 差 1 分	
12	5S	着装干净整洁、无佩饰，着工作鞋	2	有一项不合格扣 1 分	
		作业中工作台、量具摆放等整齐、及时复位	5	摆放无序扣 1 分，有堆放扣 1 分	
			1	量具未及时复位一次扣 1 分	
		废弃物处理	2	废弃物未处理扣 2 分	
13	工作安全	作业操作	5	操作姿势一次不正确扣 1 分；操作不规范一次扣 1 分	
		操作中人身损伤	5	因操作失误造成损伤直接扣 5 分，非操作失误原因等其他因素导致损伤扣 3 分	
		重大安全事故		出现操作错误取消考生该项目资格	
14	工单	填写工单	2	整齐，作业后及时、如实填写	
合计			100		

项目五

连杆的检测

发动机工作过程中，由于超负荷和爆燃等原因，产生复杂的交变载荷，造成连杆弯曲和扭曲变形。连杆的弯曲是指连杆小端轴线与大端轴线在轴线平面内的平行度误差；连杆的扭曲是指连杆小端轴线与大端轴线在轴线平面法向上的平面度误差。

连杆弯曲和扭曲变形使活塞在气缸中歪斜，引起活塞与气缸、连杆轴承与轴颈偏磨，造成发动机性能下降，过早损坏，因此，在发动机修理过程中应对连杆的弯、扭变形进行严格的检验与校正。

另外，连杆的损伤还包括损坏、小头孔磨损、大头孔磨损、连杆螺栓损坏等。

2.5.1 连杆的检测项目实施

1. 准备工作

(1) 设备：带台钳的工作台、连杆带活塞销、连杆变形检验仪、校正仪。

(2) 工具与量具：千分尺、厚薄规、橡胶锤、一字改锥、活塞环钳、游标卡尺等。

(3) 发动机维修手册。

(4) 耗材、工单及其他：记号笔、清洁用棉布、手套等。

2. 连杆变形检验仪

1) 检测工具

连杆弯曲和扭曲变形常用三点规式连杆变形检验仪（图 2-5-1）检测。

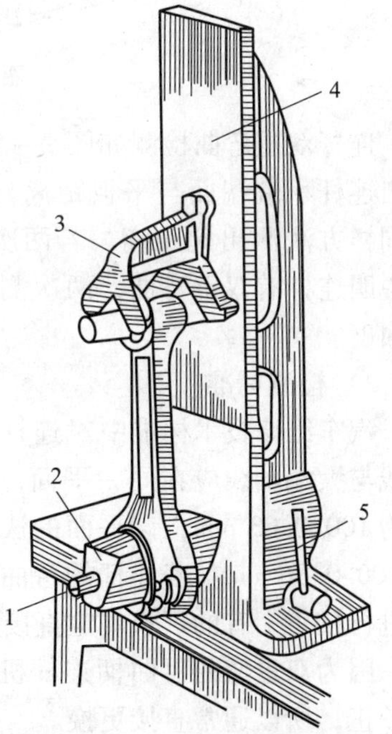

图 2-5-1 连杆变形检验仪

1—调整螺钉；2—支承轴；3—量规；4—检验平板；5—锁紧支承轴扳杠

校验仪上的支承轴，能保证连杆大端承孔轴线与检验平板相垂直。测量工具是一个带有 V 型槽的“三点规”。三点规上的三点构成的平面与 V 型槽的对称平面垂直。三点规的三个点 a、b、c 之间的几何关系如图 2-5-2 所示，$ad=100$ mm，$bc=100$ mm。

检测时，首先将连杆大端的轴承盖装好，不装连杆轴承，并按规定的扭力将连杆螺栓拧紧，同时将活塞销装入小端衬套的承孔中。然后将连杆大端套装在支承轴上，通过调整定位螺钉使支承轴扩张，将连杆固定在校验仪上。

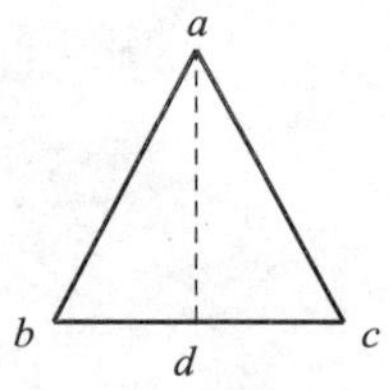

图 2-5-2　三点规三点几何关系

测量时，将三点规的 V 型槽靠在活塞销上并推向检验平板。如三点规的三个测点都与校验仪的平板接触，说明连杆不变形。若有一个点或两个点不接触，可用厚薄规分别测出各测点与平板之间的间隙（图 2-5-3）。扭曲量等于 b 点和 c 点间隙的差值；弯曲量等于 a 点和 d 点间隙的差值，其中 d 点为虚拟点，$d=(b+c)/2$。每 100 mm 长度的扭曲量 $=|b-c|$；每 100 mm 长度的弯曲量 $=|a-d|$（此处用 a、b、c、d 分别代表相应各测点与平板之间的间隙）。

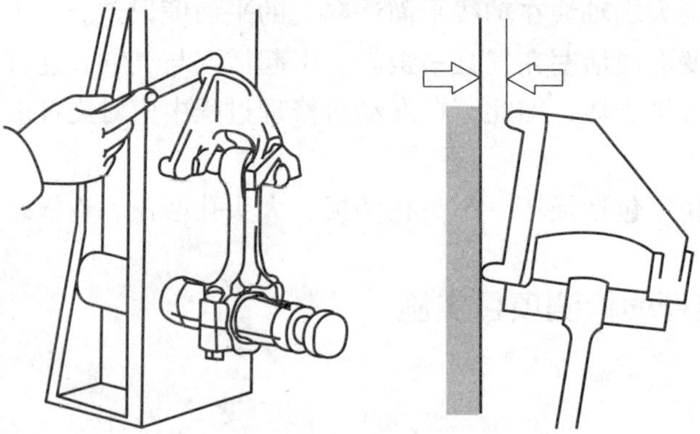
图 2-5-3　测点与平板间隙的测量

连杆双重弯曲检测如图 2-5-4 所示，检测时先测量出连杆小端端面与平板距离，再将连杆翻转 180°后，按同样方法测出此距离。若两次测出的距离数值不等，即说明连杆有双重弯曲，两次测量数值之差为连杆双重弯曲度。

2）检测标准

汽车维修技术标准中对连杆的变形规定：连杆小端轴线与大端轴线应在同一平面，在该平面上的平行度公差为 100∶0.03 mm，该平面的法向平面上的平行度公差为 100∶0.06 mm。若连杆的弯曲和扭曲度超过公差值时应进行校正，有的厂家规定直接更换连杆。

因为双重弯曲对曲柄连杆机构的工作极为有害且极难校正，所以通常直接更换。

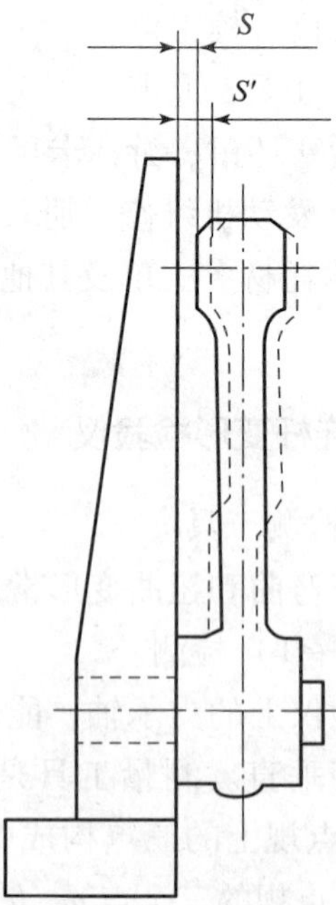

图 2-5-4　连杆双重弯曲的检测

3. 连杆弯曲和扭曲检测的工作过程

（1）正确选择维修手册，翻到相应页码。

（2）清洁连杆大头孔、活塞销。

（3）目视检查连杆、活塞销是否有损伤。

（4）检查活塞杆身与连杆盖安装标记（图2－5－5）。

（5）将活塞销安装到连杆小头孔。

（6）将连杆安装到检验台（图2－5－1）。

（7）清洁三点规的三个点和V型槽。

（8）安放三点规。

（9）选用合适厚度的塞尺测量三个点的间隙（图2－5－3）。

（10）结束后工量具归位。

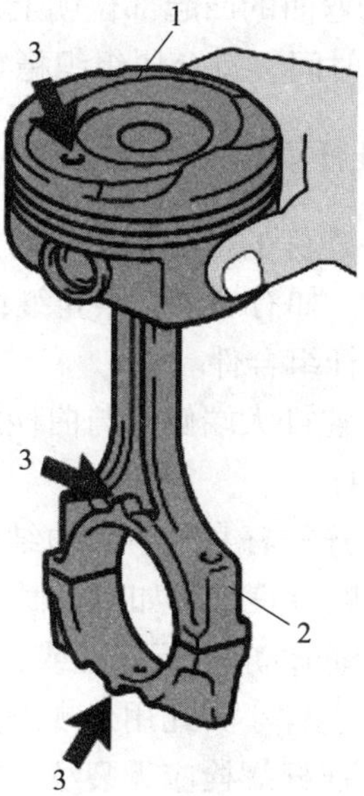

图2－5－5　活塞与连杆的安装标记

1—活塞；2—连杆；3—向前标记

4. 连杆弯曲和扭曲校正的工作过程

经检测确定连杆有变形时，利用连杆校正仪进行校正。一般先校正扭曲，后校正弯曲。注意避免反复的过校正。

连杆的弯扭校正一般在常温下进行，由于材料弹性后效的作用，在卸去载荷后连杆有恢复原状的趋势。因此，在校正变形量较大的连杆后，须进行时效处理。方法是：将连杆加热至573 K，保温一定时间即可；校正变形较小的连杆，只需在校正负荷下保持一定时间，不必进行时效处理。

1）扭曲校正的工作过程

（1）将连杆下盖按规定装配和拧紧，台钳口垫以软金属垫片，夹紧连杆大端侧面。按扭曲方向，将校正扭曲的专用扳钳正确地装卡在连杆杆身上、下部位即可（图2－5－6）。

（2）转动手柄，即可校正扭曲。

2）弯曲校正的工作过程

（1）将弯曲的连杆置入专用的压器（图2－5－7）。

图2－5－6　连杆扭曲的校正

图2－5－7　连杆弯曲的校正

（2）弯曲的凸起部位朝上，在正丝杠的部位加入垫块，扳丝杠使连杆产生反向变形并停留一定时间，待金属组织稳定后再卸下，检查连杆的回位量，直至连杆校正至合格为止。

5. 连杆其他损伤的检测

（1）连杆的杆身与小端的过渡区应无裂纹、表面无碰伤，必要时采用磁力探伤检测连杆的裂纹。如有裂纹，禁止继续使用，应立即更换。另外当连杆下盖损坏或断裂时，也要同时更换连杆组合件。

（2）连杆大端侧面与曲柄之间，一般应有 0.10 ~ 0.35 mm 的间隙，当超过 0.50 mm 时，应更换连杆。

（3）连杆杆身与下盖的结合平面应平整。检测时，使两平面分别与平板平面贴合，其接触面应贴合良好，如有轻微缝隙，不得超过 0.026 mm。如连杆轴承承孔的圆柱度误差大于 0.025 mm，应进行修理或更换连杆。

（4）连杆小头孔用卡规测量，超过规定值更换连杆。

（5）连杆螺栓应无裂纹，螺纹部分应完整、无滑牙和拉长等现象。塑性域螺栓还应测量其长度或直径，超过规定值应更换螺栓。

2.5.2 连杆的结构

1. 连杆的作用及材料

连杆是连接活塞和曲轴的杆件，作用是将活塞承受的力传给曲轴，推动曲轴转动。

连杆工作时承受活塞销传来的气体作用力、活塞连杆组往复运动时的惯性力和连杆大头绕曲轴旋转产生的旋转惯性力的作用。这些力的大小和方向都是周期性变化的，这就使连杆承受压缩、拉伸和弯曲等交变载荷，因此要求连杆在质量尽可能小的条件下有足够的刚度和强度。

连杆一般用中碳钢或合金钢经模锻或辊锻而成，然后经机械加工、热处理和喷丸处理。

2. 连杆的结构

连杆结构如图 2-5-8 所示，由连杆小头 5、连杆杆身 6 和连杆大头 1（包括连杆盖 8）三部分组成。连杆小头用来安装活塞销，以连接活塞。活塞销为全浮式的连杆小头孔内一般压放减摩的青铜衬套或铁基粉末冶金衬套，工作时，活塞销和衬套之间应有相对转动。为了保证其润滑，在小头和衬套上钻出集油孔或铣出集油槽，用来收集发动机运转时飞溅上来的机油。有的发动机连杆小头采用压力润滑，在连杆杆身内钻有纵向的压力油通道。

连杆杆身通常做成“工”字形断面，以求在强度和刚度足够的前提下减小质量。

连杆大头与曲轴的连杆轴颈相连，为便于安装，连杆大头一般做成剖分式的，被分开的部分称为连杆盖，用特制的连杆螺栓紧固在连杆大头上。连杆盖与连杆大头是组合镗孔的，为了防止装配时配对错误，在同一侧刻有配对记号。大头孔表面有很高的光洁度，以便与连杆轴瓦紧密贴合。连杆大头上还铣有连杆轴瓦的定位凹坑。有的连杆大头连同轴瓦还钻有直径 1 ~ 1.5 mm 的小油孔，从中喷出机油以加强配气凸轮与气缸壁的激溅润滑。

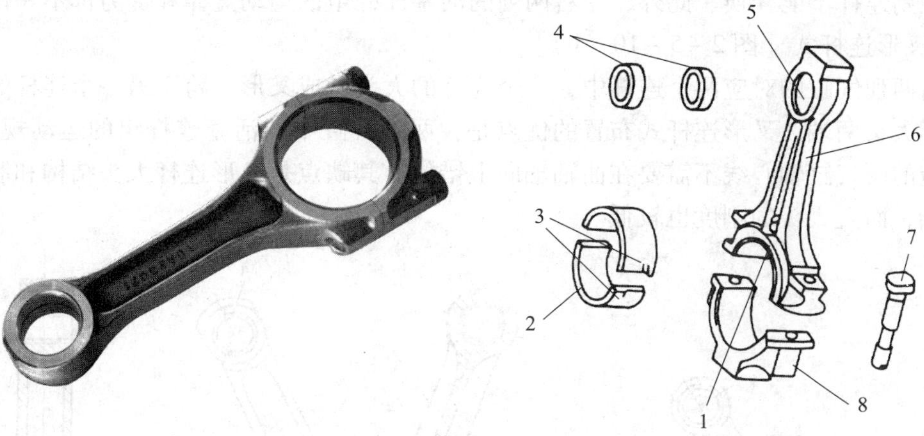

图 2-5-8　连杆结构

1—连杆大头；2—连杆轴承；3—止推凸唇；4—衬套；5—连杆小头；
6—连杆杆身；7—连杆螺栓；8—连杆盖

连杆大头按剖分面的方向可分为平切口和斜切口两种。平切口连杆（图 2-5-8）的剖分面垂直于连杆轴线。一般汽油机连杆大头尺寸都小于气缸直径，可以采用平切口。柴油机的连杆，由于受力较大，其大头的尺寸往往超过气缸直径。为使连杆大头能通过气缸，便于拆装，一般采用斜切口连杆（图 2-5-9）。斜切口式连杆的大头剖分面与连杆轴线成 30°～60°（常用 45°）夹角。

图 2-5-9　斜切口连杆

平切口的连杆盖与连杆的定位，是利用连杆螺栓上精加工的圆柱凸台或光圆柱部分，与经过精加工的螺栓孔来保证的。

V 型发动机左右两侧对应两气缸的连杆是同支于一个连杆轴颈上的，有以下三种布置形式：

1）并列连杆式

相对应的左右两缸的连杆一前一后地装在同一个连杆轴颈上。这样布置的优点是连杆轴颈可以通用，两列气缸的活塞连杆组的运动规律相同。其缺点是曲轴的长度增加，刚度降低。

2）主副连杆式［图 2-5-10（a）］

一列气缸的连杆为主连杆，其大头直接安装在连杆轴颈全长上。另一列气缸的连杆为副连杆，其大头与对应的主连杆大头（或连杆盖）上的两个凸耳作铰链连接。这种结构中，左右两列气缸的主副连杆与其气缸中心线位于同一平面内，故不致加大发动机的轴向长度。

缺点是主副连杆不能互换。此外，左右两列的活塞连杆组的运动规律和受力都不一样。

3）叉形连杆式［图 2－5－10（b）］

左右两列气缸的对应两个连杆中，一个连杆的大头做成叉形，跨于另一个连杆的厚度较小的片形大头两端。叉形连杆式布置的优点是：两列气缸中的活塞连杆组的运动规律相同；左右对应的两气缸轴心线不需要在曲轴轴向上错位。其缺点是叉形连杆大头结构和制造工艺比较复杂，而且大头的刚度也较低。

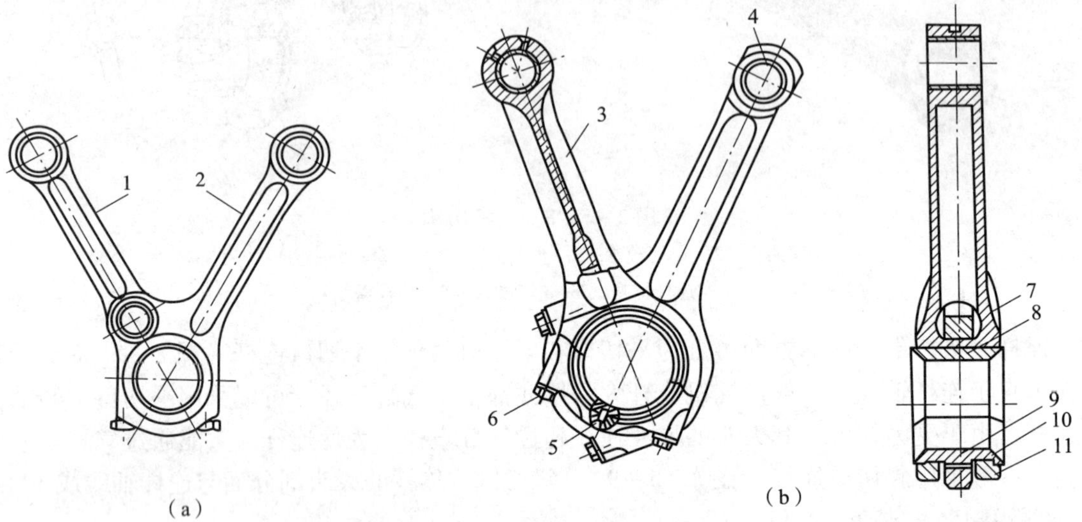

图 2－5－10　主副连杆与叉形连杆

（a）主副连杆；（b）叉形连杆

1—副连杆；2—主连杆；3—叉形大头连杆；4—片形大头连杆；5—销钉；6—叉形连杆大头与连杆盖的紧固螺钉；7—片形大头轴承；8，9—叉形大头轴承；10—片形大头连杆盖；11—叉形大头连杆盖

3. 连杆螺栓及其锁止

连杆大头的两部分用连杆螺栓紧固在一起，连杆螺栓是一个经常承受交变载荷的重要零件，一般采用韧性较高的优质合金钢或优质碳素钢锻制或冷镦成型。连杆大头安装时，必须紧固可靠。连杆螺栓必须以原厂规定的拧紧力矩，分 2 ~ 3 次均匀地拧紧。

现代汽车多采用塑性域螺栓，重复使用时必须检验长度或直径符合标准，否则必须更换。

4. 连杆轴承的结构

连杆轴承（图 2－5－11）也称连杆轴瓦（俗称小瓦），装在连杆大头内，用以保护连杆轴颈和连杆大头孔。其在工作时承受着较大的交变载荷、高速摩擦、低速大负荷时润滑困难等苛刻条件。为此，要求轴承具有足够的强度、良好的减摩性和耐腐蚀性。

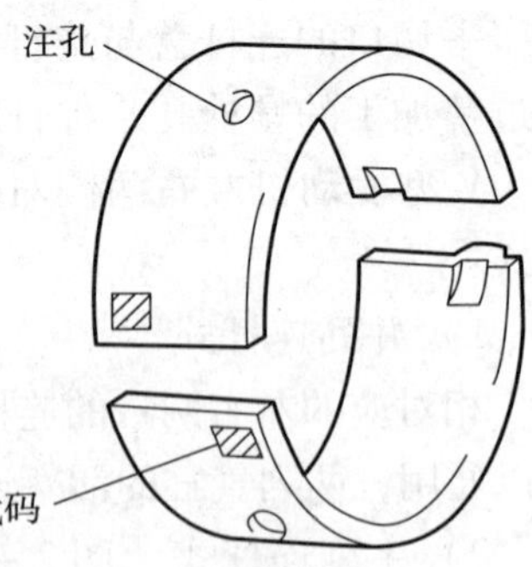

图 2－5－11　连杆轴承结构

现代发动机用连杆轴承是由钢背和减摩层组成的分开式薄壁轴承。钢背由厚 1 ~ 3 mm 的低碳钢制成，是轴承的基体，减摩层是由浇铸在钢

背内圆上厚为0.3～0.7 mm的薄层减摩合金制成。减摩合金具有保持油膜、减少摩擦阻力和易于磨合的作用。有的减摩层为三层，有的为五层。

在连杆轴承内表面上还加工有油槽，用以储油，保证可靠润滑。

连杆轴承的背面应有很高的光洁度。半个轴承在自由状态下并不是半圆形，当它们装入连杆大头孔内时，又有过盈，故能均匀地紧贴在大头孔壁上，具有很好的承受载荷和导热的能力。这样可以提高其工作可靠性和延长使用寿命。当轴承使用中减摩性能变坏，间隙过大时，应直接更换新轴承。

为了防止连杆轴承在工作中发生转动或轴向移动，在两个连杆轴承的剖分面上，分别冲压出高于钢背面的两个定位凸唇。装配时，这两个凸唇分别嵌入在连杆大头和连杆盖上的相应凹槽中。

习题

一、判断题

（　　）1. 连杆杆身采用“工”字形断面主要是为了减小质量，以减小惯性力。

（　　）2. 连杆弯扭会造成气缸磨损成椭圆。

（　　）3. 连杆螺栓裂纹、丝扣滑牙，可以焊修后重新加工出螺纹再使用。

（　　）4. 连杆如有弯、扭应首先校正弯曲，再校正扭曲。

（　　）5. 斜切口的连杆大头，通常是用连杆螺栓的圆柱面来定位。

（　　）6. 连杆大头采用斜切口是为了更加可靠地定位。

（　　）7. 连杆弯曲会导致发动机温度升高后活塞敲缸。

（　　）8. 连杆弯曲会造成连杆轴承偏磨。

（　　）9. 连杆双重弯曲后，可以继续使用。

（　　）10. 连杆的连接螺栓必须按规定力矩一次拧紧。

二、单项选择题

1. 造成连杆弯、扭变形的主要原因是（　　）。

A. 曲轴弯曲　　B. 装配不当

C. 发动机超负荷和爆燃

2. 连杆轴颈的最大磨损通常发生在（　　）。

A. 靠近主轴颈一侧　　B. 远离主轴颈一侧

C. 与油道孔相垂直的方向

3. 连杆大头做成分开式的目的是（　　）。

A. 便于加工　　B. 便于安装　　C. 便于定位

4. 若连杆检验仪的量规的上测点与平板接触，下面两测点与平板存在相等的间隙，则表明连杆发生了（　　）。

A. 弯曲　　B. 扭曲　　C. 双重弯曲　　D. 弯曲与扭曲

5. 连杆的弯、扭校正经常在（　　）下进行。

A. 高温　　B. 常温　　C. 高压

6. 三点规连杆检验仪不能用于检验连杆的（　　）。

A. 弯曲　　B. 扭曲　　C. 双重弯曲　　D. 裂纹

班级：____________　　指导教师：____________

组号：____________　　组员：____________________________________

项目五　连杆的检测工作页

一、准备工作

（1）设备：带台钳的工作台、连杆带活塞销、连杆变形检验仪、校正仪。

（2）工具与量具：千分尺、厚薄规、橡胶锤、一字改锥、活塞环钳、游标卡尺等。

（3）发动机维修手册。

（4）耗材、工单及其他：记号笔、清洁用棉布、手套等。

二、工作过程

（1）清洁连杆。

（2）目视检查连杆状况。

检查结果记录：____。

（3）将连杆安装到检验台。

（4）使用三点规和塞尺检验并记录。

规定值：弯曲________ mm/100 mm；扭曲________ mm/100 mm。

项目	上测点间隙	下左测点间隙	下右测点间隙
第一次			
第二次			
第三次			
平均值			
弯曲	∣上测点间隙－（下左测点间隙＋下右测点间隙）/2∣ ＝		
扭曲	∣下左测点间隙－下右测点间隙∣ ＝		

结论：____。

（5）连杆的校正：先校扭后校弯。

扭曲校正：校正后测量值为________ mm/100 mm

弯曲校正：校正后测量值为________ mm/100 mm。

三、5S 工作

（1）工量具清洁、收纳、归位；

（2）零件清洁、归位；

（3）维修手册归位；

（4）清洁工作台，耗材按使用情况整理归位或丢入垃圾桶；

（5）清扫实训场地并清空垃圾，关灯、关门。

班级：____________　　指导教师：____________

组号：____________　　组员：________________________________

项目五　连杆结构与检测评分表

序号	项目	操作内容	评判标准	配分	扣分
1	维修手册	选择正确维修手册	页码不对扣2分，不会查数据扣3分	3	
2	清洁连杆总成	清洁大头孔、活塞销	漏任一清洁步骤或部件，扣1分	2	
3	目视检查	目视检查连杆、活塞销是否有损伤 检查活塞杆身与连杆盖安装标记	损伤未检查或漏检查任一项，扣2分 标记未检查扣8分	12	
4	弯曲扭曲检查	将连杆安装到检验台	安装不合适扣2分	6	
		清洁三点规的三个点和V型槽安放三点规	没有清洁量具测量部位扣3分	4	
		选用合适厚度的塞尺测量三个点的间隙	三点规未贴紧检测平面扣10分 三点规未贴紧活塞销扣10分	23	
		结束后工量具归位	没有清洁量具扣2分 不整齐扣2分	6	
5	弯曲扭曲校正	扭曲校正	校正过程根据操作情况分： 好6分、较好5分、中4分、差2分	10	
		弯曲校正	校正过程根据操作情况分： 好6分、较好5分、中4分、差2分	10	
		结束后工量具归位	没有清洁量具扣2分 不整齐扣2分	4	
6	工具量具使用	熟练程度（由考官判定）	分为好4分、较好3分、中2分、差1分	4	
7	5S	着装干净整洁、无佩饰，着工作鞋	有一项不合格扣1分	2	
		作业中工作台、量具摆放等整齐、及时复位	摆放无序扣1分，有堆放扣1分 量具未及时复位一次扣1分	5	
		废弃物处理	废弃物未处理扣2分	2	

续表

序号	项目	操作内容	评判标准	配分	扣分
8	工作安全	作业操作	操作姿势一次不正确扣1分，操作不规范一次扣1分	5	
		操作中人身损伤	因操作失误造成损伤直接扣5分，非操作失误原因等其他因素导致损伤扣3分		
		重大安全事故	出现操作错误取消考生该项目资格		
9	工单	填写工单	整齐，作业后及时、如实填写	2	
合计				100	

项目六

曲轴的检测

曲轴在工作中高速旋转，同时周期性地承受气体压力、往复惯性力和离心力的作用，会导致曲轴的弯曲、扭转、断裂、疲劳破坏和轴颈磨损等。

曲轴的常见损伤形式有：轴颈磨损、变形和裂纹等。

2.6.1 曲轴的检测项目实施

1. 准备工作

（1）设备：曲轴、工作台。

（2）工具与量具：检验平台、V 型铁、外径千分尺、百分表、磁力表座、磁力探伤仪等。

（3）发动机维修手册。

（4）耗材、工单及其他：记号笔、清洁用棉布、手套等。

2. 曲轴轴颈磨损检测的工作过程

（1）将曲轴放在检测平台上的 V 型铁上，V 型铁支撑曲轴两端的主轴颈。

（2）清洁曲轴轴颈。

（3）选择合适的千分尺，清洁并校正。

（4）分别测量每一个主轴颈和连杆轴颈的直径（图 2－6－1）。每个轴颈分别检测两个截面，每个截面检测两个直径（垂直与水平），即每个轴颈要测量 4 个直径。

（5）记录每个轴颈的检测数据，并计算每个轴颈的圆度和圆柱度。

（6）参考发动机维修手册，判断是否需要维修或更换。曲轴轴颈的圆度与圆柱度大于技术要求时一般情况是更换曲轴和轴承。

3. 曲轴径向圆跳动检测的工作过程

（1）将曲轴放在检测平台上的 V 型铁上，V 型铁支撑曲轴两端的主轴颈。

（2）清洁曲轴轴颈。

（3）将百分表正确固定在磁力表座上。

（4）将百分表的触杆顶在中间主轴颈弧面的最高位置上（注意避开轴颈油孔的位置）。

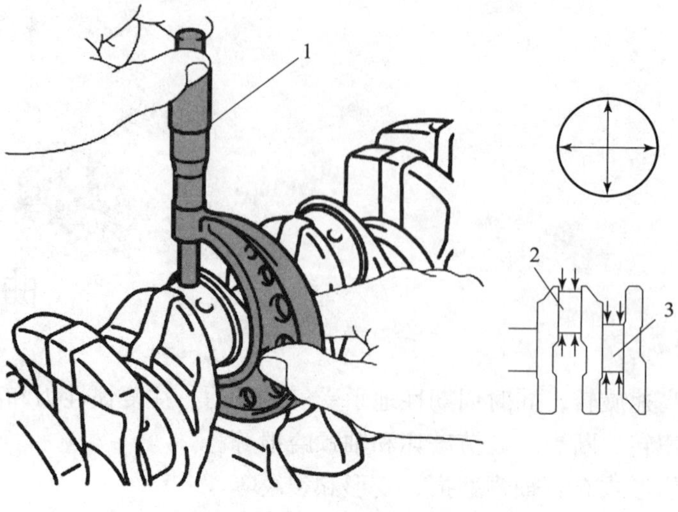

图 2-6-1　曲轴轴颈的检测部位

1—千分尺；2—连杆轴颈；3—曲轴轴颈

让百分表有约 1.00 mm 的压缩量，百分表调零（图 2-6-2）。

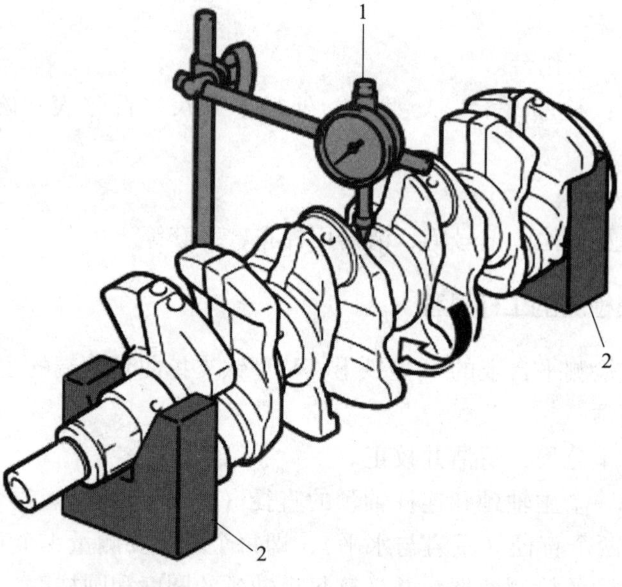

图 2-6-2　曲轴径向圆跳动检测

1—百分表；2—V 型铁

（5）缓慢转动曲轴一周，记录百分表指针摆动的数值，即为最大径向圆跳动值。参考发动机维修手册，判断是否需要维修或更换。

4. 曲轴裂纹检测的工作过程

1）磁力探伤法检测曲轴裂纹

将磁力探伤仪马蹄形电磁铁的两极放在轴颈两旁的曲柄上（图 2-6-3），把细铁粉撒在轴颈与曲柄之间。当接通电流时，铁粉被磁化，均匀分布在轴颈表面。如果有裂纹，铁粉会吸附在裂纹处（图2-6-4），从而显现出裂纹的位置与大小。若曲轴存在裂纹，一般应更换。

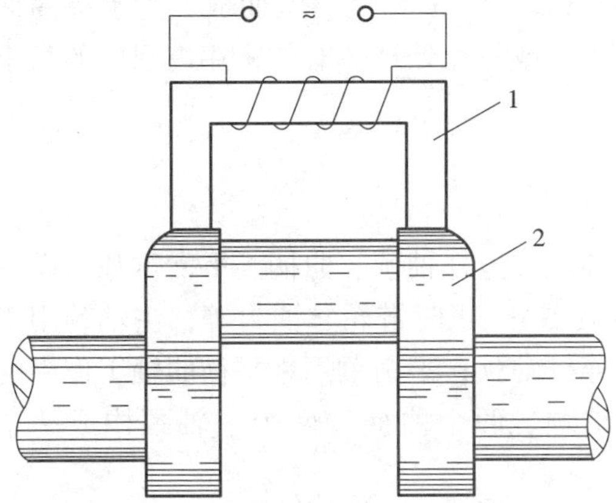

图2-6-3　用磁力探伤仪检测曲轴裂纹

1—马蹄形电磁铁；2—曲轴

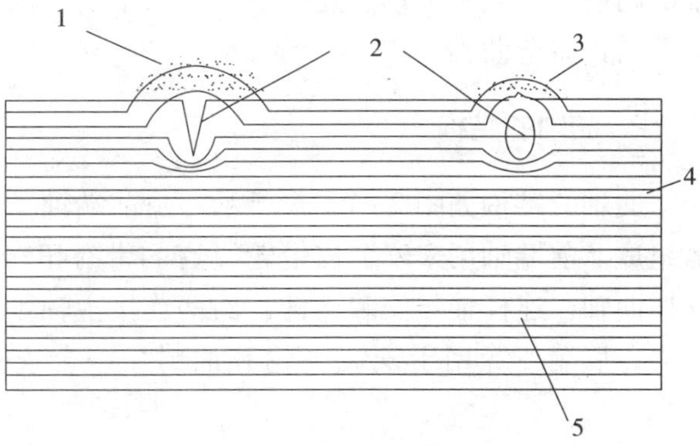

图2-6-4　磁粉在轴颈上的分布

1—磁痕显示；2—缺陷；3—磁粉；4—工件；5—磁力线

2）荧光探伤法检测曲轴裂纹

将溶有荧光染料的渗透剂喷洒在曲轴表面，渗透剂会渗入微小裂纹中，清洗后涂上吸附剂，使缺陷内的荧光油液渗出表面，在紫外线灯照射下显现黄绿色荧光斑点或条纹，从而发现裂纹（图2-6-5）。

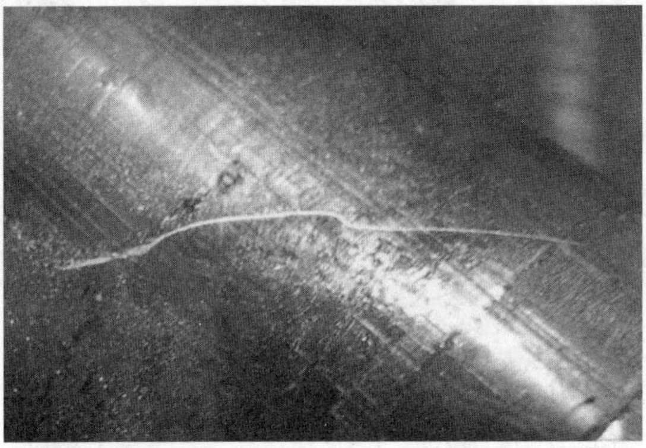

图2-6-5　荧光法探伤

2.6.2　曲轴的结构

1. 曲轴的作用及材料

曲轴主要用来接受连杆传递来的力，并产生绕其本身轴线旋转的力矩，带动飞轮运转。另外，发动机中的配气机构和某些辅助装置（如发电机、空调泵、水泵、转向油泵等）也由曲轴来驱动。

曲轴工作时受到旋转质量的离心力、周期性变化的气体压力和往复惯性力的共同作用，承受弯曲和扭转载荷。为了保证工作可靠，要求曲轴具有足够的刚度和强度，各工作表面要耐磨且润滑良好。因此曲轴要求用强度、冲击韧性和耐磨性都比较高的材料制造。

曲轴一般采用优质中碳钢或中碳合金钢（如 45Mn2、40Cr 等）模锻而成。为了提高曲轴的耐磨性，其主轴颈和连杆轴颈表面上均需高频淬火或氮化处理。有的采用高强度的稀土球墨铸铁铸造曲轴。

2. 曲轴的结构

曲轴的结构如图 2－6－6 所示：由前端轴、主轴颈、连杆轴颈、曲柄、平衡重和后端凸缘组成。前端轴用来安装皮带轮（有的带有扭转减震器）、正时链轮、油封等；主轴颈用于支撑曲轴；连杆轴颈安装连杆；曲柄连接主轴颈和连杆轴颈；平衡重用来平衡曲轴工作中的受力；后端凸缘用于安装飞轮和油封。一个连杆轴颈、两个曲柄和两个主轴颈构成一个曲拐。

图 2－6－6 曲轴的结构

1—前端轴；2—主轴颈；3—连杆轴颈；4—曲柄；5—平衡重；6—后端凸缘

按照曲轴的主轴颈数可以把曲轴分为全支承曲轴和非全支承曲轴两类。在相邻的两个曲拐之间，都设置一个主轴颈的曲轴，称为全支承曲轴（图 2－6－7）；否则称为非全支承曲轴（图 2－6－8）。

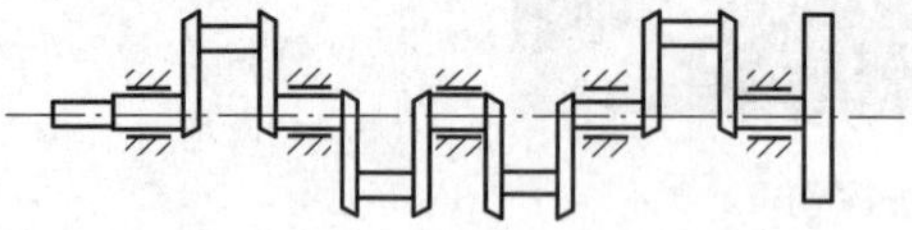

图 2－6－7 全支承曲轴

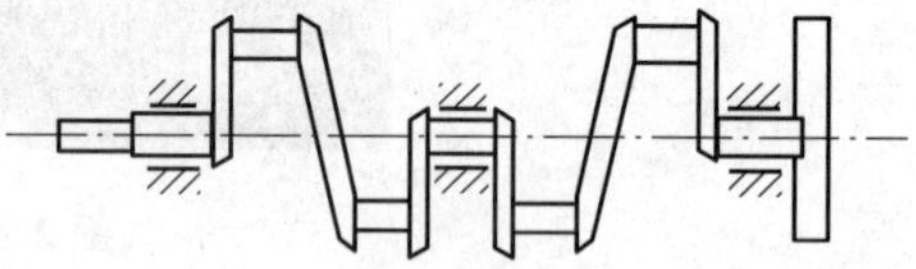

图 2－6－8 非全支承曲轴

因此，直列式发动机的全支承曲轴，主轴颈数比气缸数多一个；V 型发动机的全支承曲轴，其主轴颈总数比气缸数的一半多一个。

全支承曲轴可以提高曲轴的刚度，并且可以减轻主轴承的载荷。其缺点是曲轴的加工表面增多，主轴承增多，机体变长。现代汽车多采用全支承曲轴。

平衡重用来平衡曲轴的离心力和离心力矩，有时还用来平衡一部分往复惯性力。对于 4 缸、6 缸等多缸发动机，由于曲柄对称布置，往复惯性力和离心力及其产生的力矩，从整体上看都能互相平衡，但曲轴的局部却受到弯曲的作用。图 2-6-9（a）中第一和第四连杆轴颈的离心力 F_1 和 F_4 与第二和第三连杆轴颈离心力 F_2 和 F_3 因大小相等、方向相反而互相平衡。F_1 和 F_2 形成的力偶矩 M_{1-2} 与 F_3 和 F_4 形成的力偶矩 M_{3-4} 也能互相平衡。但两个力偶矩都给曲轴造成了弯曲载荷。若曲轴刚度不够就会产生弯曲变形，引起曲轴颈和轴承偏磨。为了减轻主轴承负荷，改善其工作条件，在曲柄的相反方向设置平衡重，使其产生的力矩同 M_{1-2} 与 M_{3-4} 造成的弯矩相平衡，如图 2-6-9（b）所示。

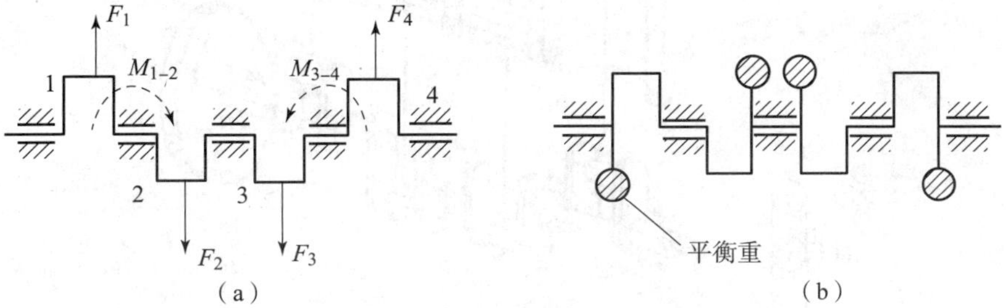

图 2-6-9　曲轴平衡重作用示意图

（a）受力平衡；（b）力矩平衡

平衡重多与曲柄制成一体，有些刚度较大的全支承曲轴可不设平衡重。曲轴无论有无平衡重，都必须进行动平衡实验。

曲轴的前、后端均伸出曲轴箱，为了防止润滑油沿轴颈外漏，在曲轴的前、后端均装有油封以密封。

3. 发动机的做功顺序

曲轴的形状和各曲拐的相对位置取决于缸数、气缸排列方式和做功顺序。多缸发动机的做功顺序，应使连续做功的两缸相距尽可能远，以减轻主轴承承受的连续载荷，同时避免可能发生的进气重叠现象（即相邻两缸进气门同时开启）以免影响充气；做功间隔应力求均匀，也就是说，在发动机曲轴旋转 2 圈，即 720°转角内，每个气缸都应点火做功一次，而且各缸做功的间隔时间（以曲轴转角表示，称为做功间隔角）应力求均匀，以保证发动机运转平稳。例如，四冲程发动机，缸数为 i，则做功间隔角为：$720°/i$。

常用的多缸发动机曲拐布置和做功顺序如下：

四冲程直列四缸发动机做功间隔角为 720°/4 = 180°。其曲拐布置如图 2-6-10 所示，四个曲拐布置在同一平面内。其点火顺序有两种可能的排列，即 1—3—4—2 或 1—2—4—3，现代汽车发动机常用 1—3—4—2 的做功顺序。工作循环见表 2-6-1。

表 2-6-1　四缸发动机机工作循环表（做功顺序：1—3—4—2）

曲轴转角/(°)	第一缸	第二缸	第三缸	第四缸
0～180	做功	排气	压缩	进气
180～360	排气	进气	做功	压缩
360～540	进气	压缩	排气	做功
540～720	压缩	做功	进气	排气

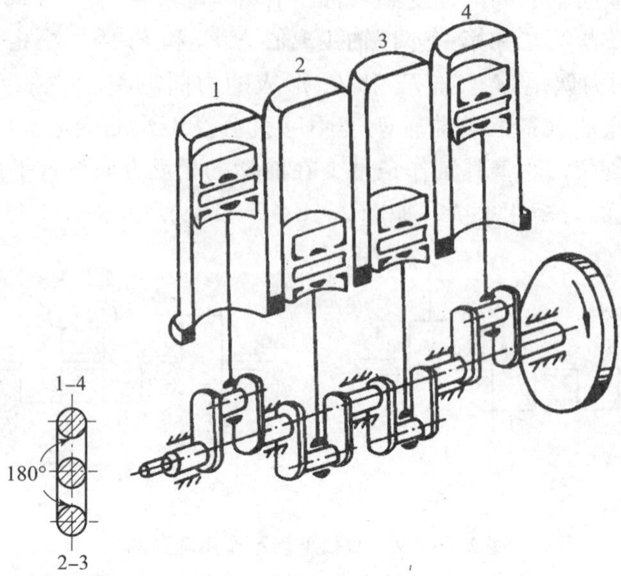

图 2-6-10 直列四缸发动机的曲拐布置

四冲程直列三缸发动机做功间隔角为 720°/3 = 240°。其曲拐布置如图 2-6-11 所示，三个曲拐分别布置在三个平面内，各平面夹角为 120°。其点火顺序有 1—3—2 或 1—2—3 两种。工作循环见表 2-6-2。

图 2-6-11 直列三缸发动机的曲拐布置

表 2-6-2 三缸机工作循环表（做功顺序：1—2—3）

<table>
<tr><th colspan="2">曲轴转角/(°)</th><th>第一缸</th><th>第二缸</th><th>第三缸</th></tr>
<tr><td rowspan="3">0 ~ 180</td><td>0 ~ 60</td><td rowspan="3">做功</td><td>进气</td><td rowspan="2">排气</td></tr>
<tr><td>60 ~ 120</td><td rowspan="3">压缩</td></tr>
<tr><td>120 ~ 180</td><td rowspan="3">进气</td></tr>
<tr><td rowspan="3">180 ~ 360</td><td>180 ~ 240</td><td rowspan="3">排气</td></tr>
<tr><td>240 ~ 300</td><td rowspan="3">做功</td></tr>
<tr><td>300 ~ 360</td><td rowspan="3">压缩</td></tr>
<tr><td rowspan="3">360 ~ 540</td><td>360 ~ 420</td><td rowspan="3">进气</td></tr>
<tr><td>420 ~ 480</td><td rowspan="3">排气</td></tr>
<tr><td>480 ~ 540</td><td rowspan="3">做功</td></tr>
<tr><td rowspan="3">540 ~ 720</td><td>540 ~ 600</td><td rowspan="3">压缩</td></tr>
<tr><td>600 ~ 660</td><td rowspan="2">进气</td></tr>
<tr><td>660 ~ 720</td><td>排气</td></tr>
</table>

四冲程直列六缸发动机做功间隔角为 720°/6 = 120°。其曲拐布置如图 2-6-12 所示，六个曲拐分别布置在三个平面内，各平面夹角为 120°。其点火顺序是：1—5—3—6—2—4，其工作循环见表 2-6-3。

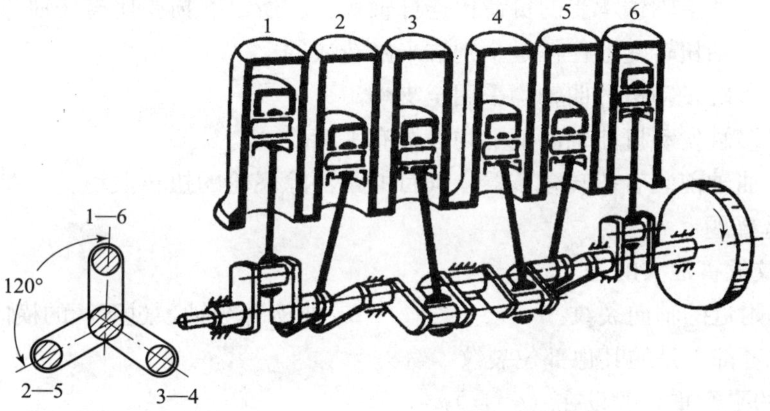

图 2-6-12 直列六缸发动机的曲拐布置

表 2－6－3　六缸机工作循环表（做功顺序：1—5—3—6—2—4）

<table>
<tr><th colspan="2">曲轴转角/(°)</th><th>第一缸</th><th>第二缸</th><th>第三缸</th><th>第四缸</th><th>第五缸</th><th>第六缸</th></tr>
<tr><td rowspan="3">0～180</td><td>0～60</td><td rowspan="3">做功</td><td rowspan="2">排气</td><td>进气</td><td>做功</td><td rowspan="2">压缩</td><td rowspan="3">进气</td></tr>
<tr><td>60～120</td><td rowspan="3">压缩</td><td rowspan="3">排气</td></tr>
<tr><td>120～180</td><td rowspan="3">进气</td><td rowspan="3">做功</td></tr>
<tr><td rowspan="3">180～360</td><td>180～240</td><td rowspan="3">排气</td><td rowspan="3">压缩</td></tr>
<tr><td>240～300</td><td rowspan="3">做功</td><td rowspan="3">进气</td></tr>
<tr><td>300～360</td><td rowspan="3">压缩</td><td rowspan="3">排气</td></tr>
<tr><td rowspan="3">360～540</td><td>360～420</td><td rowspan="3">进气</td><td rowspan="3">做功</td></tr>
<tr><td>420～480</td><td rowspan="3">排气</td><td rowspan="3">压缩</td></tr>
<tr><td>480～540</td><td rowspan="3">做功</td><td rowspan="3">进气</td></tr>
<tr><td rowspan="3">540～720</td><td>540～600</td><td rowspan="3">压缩</td><td rowspan="3">排气</td></tr>
<tr><td>600～660</td><td rowspan="2">进气</td><td rowspan="2">做功</td></tr>
<tr><td>660～720</td><td>排气</td><td>压缩</td></tr>
</table>

习题

一、判断题

(　　) 1. 曲轴主轴颈承受的负荷比连杆轴颈大，所以磨损要比连杆轴颈严重。

(　　) 2. 曲轴扭转变形往往是个别缸卡缸造成的。

(　　) 3. 多缸发动机的曲轴均采用全支承。

(　　) 4. 多缸发动机曲轴曲柄上均设置有平衡块。

(　　) 5. 曲轴前装有扭转减震器，其目的是消除飞轮的扭转振动。

二、单项选择题

1. 曲轴裂纹危害最大的是（　　）。

A. 油孔附近的轴向裂纹　　B. 曲柄臂与轴颈过渡区的横向裂纹

C. 前二者都不是的其他部位裂纹

2. 曲轴上的平衡重一般设在（　　）。

A. 曲轴前端　　B. 曲轴后端　　C. 曲柄上

3. 发动机曲轴轴颈磨损量检查可用（　　）进行。

A. 千分尺　　B. 游标卡尺

C. 百分表　　D. 厚薄规

4. 发动机曲轴现广泛采用（　　），可满足强度和刚度要求以及较高的耐磨性。

A. 合金钢　　B. 球墨铸铁

C. 灰口铸铁　　D. 特殊合金钢

5. 曲轴刚度较大的支承方式是（　　）。

A. 全支承　　B. 非全支承　　C. 半支承

6. 曲轴油封装在（　　）。

A. 主轴颈　　B. 连杆轴颈

C. 曲柄　　D. 前、后端轴

7. 四缸发动机点火顺序 1—3—4—2，第一缸做功时第二缸正在（　　）。

A. 进气　　B. 压缩　　C. 做功　　D. 排气

8. 千分尺用于曲轴的（　　）。

A. 裂纹检测　　B. 弯曲检测

C. 扭曲检测　　D. 轴颈磨损检测

班级：____________　　指导教师：____________

组号：____________　　组员：______________________________________

项目六　曲轴的检测工作页

一、准备工作

（1）设备：曲轴、工作台。

（2）工具与量具：检验平台、V 型铁、外径千分尺、百分表、磁力表座、磁力探伤仪等。

（3）发动机维修手册。

（4）耗材、工单及其他：记号笔、清洁用棉布、手套等。

二、工作过程

1. 清洁曲轴

2. 目视检测曲轴状况（轴颈表面、曲轴前端轴、曲轴后端轴、曲柄、平衡重）

检查结果记录：____。

3. 曲轴主轴颈检测

规定值：轴颈________ mm；圆度________ mm；圆柱度________ mm。

<table>
<tr><th colspan="2">名称</th><th>方向 1</th><th>方向 2</th><th>圆度</th><th>圆柱度</th></tr>
<tr><td rowspan="2">第一道</td><td>截面 1</td><td></td><td></td><td></td><td rowspan="2"></td></tr>
<tr><td>截面 2</td><td></td><td></td><td></td></tr>
<tr><td rowspan="2">第二道</td><td>截面 1</td><td></td><td></td><td></td><td rowspan="2"></td></tr>
<tr><td>截面 2</td><td></td><td></td><td></td></tr>
<tr><td rowspan="2">第三道</td><td>截面 1</td><td></td><td></td><td></td><td rowspan="2"></td></tr>
<tr><td>截面 2</td><td></td><td></td><td></td></tr>
<tr><td rowspan="2">第四道</td><td>截面 1</td><td></td><td></td><td></td><td rowspan="2"></td></tr>
<tr><td>截面 2</td><td></td><td></td><td></td></tr>
<tr><td rowspan="2">第五道</td><td>截面 1</td><td></td><td></td><td></td><td rowspan="2"></td></tr>
<tr><td>截面 2</td><td></td><td></td><td></td></tr>
</table>

4. 曲轴连杆轴颈检测

规定值：轴颈________ mm；圆度________ mm；圆柱度________ mm。

<table>
<tr><th colspan="2">名称</th><th>方向 1</th><th>方向 2</th><th>圆度</th><th>圆柱度</th></tr>
<tr><td rowspan="2">第一缸</td><td>截面 1</td><td></td><td></td><td></td><td rowspan="2"></td></tr>
<tr><td>截面 2</td><td></td><td></td><td></td></tr>
<tr><td rowspan="2">第二缸</td><td>截面 1</td><td></td><td></td><td></td><td rowspan="2"></td></tr>
<tr><td>截面 2</td><td></td><td></td><td></td></tr>
</table>

续表

名称		方向 1	方向 2	圆度	圆柱度
第三缸	截面 1				
	截面 2				
第四缸	截面 1				
	截面 2				

5. 曲轴径向圆跳动检查

将曲轴支承于 V 型铁上。

组装磁力表座与百分表。

规定值：____。

测量值填入下表。

mm

第一次	第二次	第三次	平均值

结论：____。

三、5S 工作

（1）工量具清洁、收纳、归位；

（2）零件清洁、归位；

（3）维修手册归位；

（4）清洁工作台，耗材按使用情况整理归位或丢入垃圾桶；

（5）清扫实训场地并清空垃圾，关灯、关门。

班级：______________　指导教师：______________

组号：______________　组员：______________________________________

项目六　曲轴的结构与检测评分表

序号	项目	操作内容	评判标准	配分	扣分
1	维修手册	选择正确维修手册	页码不对扣 2 分，不会查数据扣 3 分	3	
2	清洁曲轴总成	清洁曲轴轴颈及其油孔（每个油孔均要特别突出清洁）	漏任一清洁步骤或部件，扣 1 分	3	
		清洁步骤：先使用抹布清洁，后用气枪吹净	漏任一清洁步骤或部件，扣 1 分	2	
3	目视检查	目视检查曲轴是否正常（是否外观变形、主轴颈与连杆轴颈有压痕，油孔是否变形、堵塞等）	未检查或漏检查任一部件，扣 2 分	10	
4	曲轴主轴颈测量	清洁被测表面 选用游标卡尺，清洁并校零 使用游标卡尺测量曲轴主轴颈直径	没有清洁被测表面扣 1 分 没有清洁量具测量部位扣 1 分 没有校零扣 1 分	3	
		根据使用游标卡尺测量后的数值选用合适的外径千分尺并清洁 外径千分尺校零并记录误差	没有正确选用外径千分尺扣 1 分 没有清洁量具测量部位扣 1 分 没有清洁检查标准量块扣 1 分 没有对量具校零扣 2 分 校零不正确扣 2 分 工单没有记录误差扣 1 分	8	
		使用外径千分尺测量曲轴主轴颈直径（测量位置如图Ⅰ－Ⅰ与Ⅱ－Ⅱ位置，按曲轴前后测量 4 个数值），测量到数值后需将量具锁止，并将其从测量部位取下后，水平目测刻度后读数。记录并计算出圆度与圆柱度。 检验合格标准：圆度≤0.02 mm，圆柱度≤0.02 mm 不合格需要制定维修标准，将曲轴主轴颈缩小 0.25 mm、0.5 mm 或 1 mm 圆度＝（同一截面最大尺寸－最小尺寸）/2 圆柱度＝（不同截面最大尺寸－最小尺寸）/2	未按图示部位测量扣 2 分 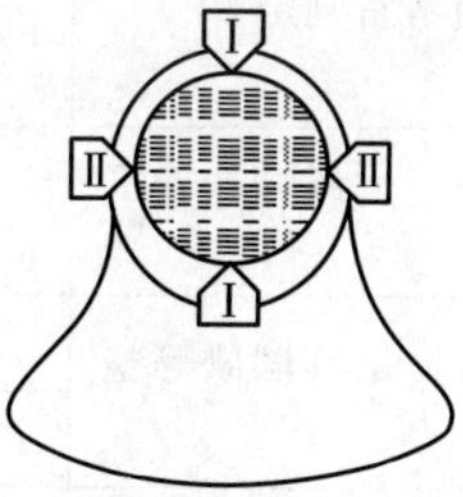 没有取下读数扣 2 分 没有记录数值或测量读数与正确读数误差 0.02 mm 以上，每个扣 2 分 没有写出合格标准扣 2 分 圆度错误或没有记录扣 3 分 圆柱度错误或没有记录扣 3 分 检验结论错误扣 4 分	20	

续表

序号	项目	操作内容	评判标准	配分	扣分
5	曲轴径向圆跳动测量	将曲轴放置于V型铁上	V型铁放置不正扣1分 曲轴位置放置错误扣1分 曲轴放置过程中有严重磕碰扣1分	3	
		清洁磁性表座并将其正确组装	没有清洁磁性表座扣1分 没有正确组装扣1分	2	
		清洁百分表并检查其状态是否正常（表杆移动情况、表盘转动情况、指针转动情况等）	没有清洁扣1分 没有检查表的状态扣2分，不全扣1分	3	
		将百分表安装至磁性表座上并锁止，保证百分表安装牢靠	没有正确组装扣1分	2	
		清洁曲轴被测轴颈表面	没有清洁测量部位扣1分	1	
		将组装完毕的磁性表座安放在检验平台，表头需垂直于被测表面 百分表测量头部必须与被测表面接触且有一定预压量（≥1 mm）	磁性表座没有正确放置至平整基准面扣1分，测量位置错误扣7分 百分表测量杆没有垂直于测量面且过曲轴主轴颈轴心扣3分 预压量小于1 mm扣1分	7	
		平稳地转动曲轴至少一圈，读取曲轴不圆度的测量值并记录 合格标准：曲轴径向圆跳动实测值≤厂家规定最大允许值（一般在0.03～0.08 mm范围内）	旋转不平稳扣1分 旋转小于1圈扣1分 没有记录数值或测量读数与正确读数误差0.02 mm以上，扣2分 检验结论错误扣2分	10	
		测量后清洁被测表面 清洁百分表，锁止并回位 拆卸并清洁磁性表座，回位	没有清洁测量部位扣1分 没有清洁百分表扣1分 没有清洁磁性表座扣1分	3	
6	工具量具使用	熟练程度（由考官判定）	分为好4分、较好3分、中2分、差1分	4	
7	5S	着装干净整洁、无佩饰，着工作鞋	有一项不合格扣1分	2	
		作业中工作台、量具摆放等整齐、及时复位	摆放无序扣1分，有堆放扣1分 量具未及时复位一次扣1分	5	
		废弃物处理	废弃物未处理扣2分	2	
8	工作安全	作业操作	操作姿势一次不正确扣1分，操作不规范一次扣1分	5	
		操作中人身损伤	因操作失误造成损伤直接扣5分，非操作失误原因等其他因素导致损伤扣3分		
		重大安全事故	出现操作错误取消考生该项目资格		
9	工单	填写工单	整齐，作业后及时、如实填写	2	
合计				100	

项目七

曲轴飞轮组的拆装与检测

2.7.1 曲轴飞轮组的拆装与检测项目实施

1. 准备工作

(1) 设备：台架发动机、工作台。

(2) 工具与量具：成套工具盒、扭力扳手、锤子、橡胶锤、一字改锥、磁力表座、百分表、塑料线规、油底壳密封切刀等。

(3) 发动机维修手册。

(4) 耗材、工单及其他：记号笔、机油壶、清洁用棉布、工单、手套等。

2. 曲轴飞轮组拆卸的工作过程

(1) 拆卸油底壳与集滤器（图2-7-1）。使用SST（油底壳密封切刀）拆下二号油底壳。用一字螺丝刀撬起一号油底壳将其拆下（图2-7-2）。

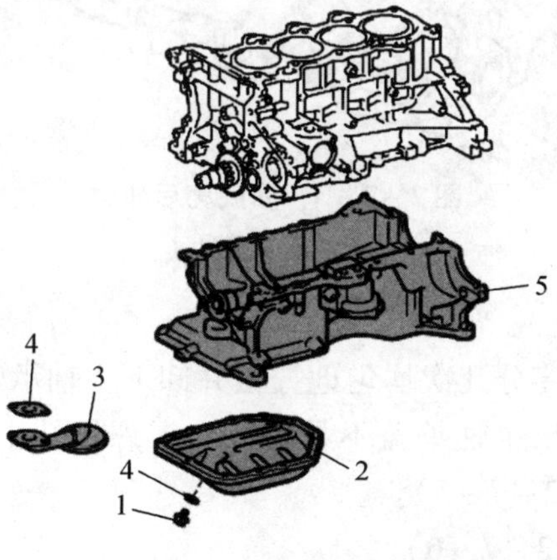

图2-7-1 油底壳与集滤器组成

1—油堵；2—二号油底壳；3—集滤器；4—垫片；5—一号油底壳

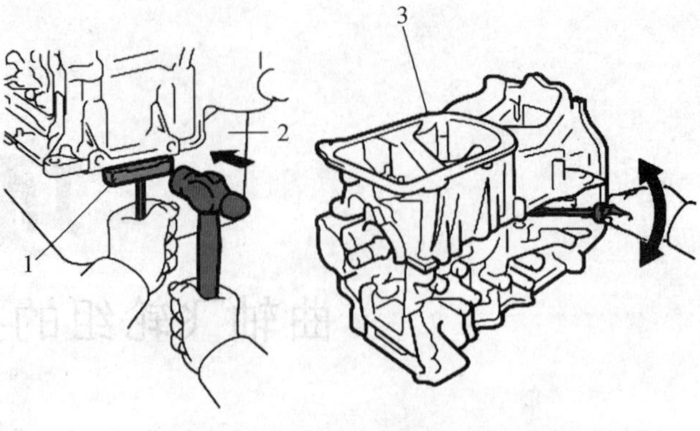

图 2-7-2　油底壳的拆卸

1—SST 油底壳密封切刀；2—二号油底壳；3—一号油底壳

特别提示

● 在拆卸二号油底壳以前，不要倒置发动机；否则，留在油底壳上的油泥和金属微粒便可能进入活塞和气缸，从而损坏气缸内壁。

（2）拆卸发动机油泵。

（3）拆下发动机后油封（图 2-7-3）。

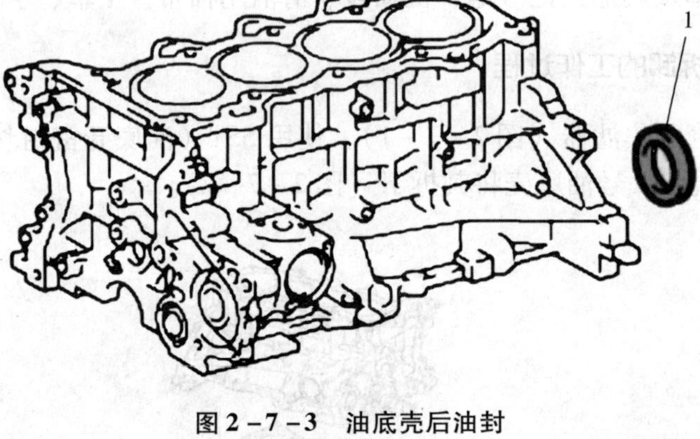

图 2-7-3　油底壳后油封

1—油底壳后油封

（4）拆卸活塞连杆组。

（5）按照从外及内的顺序分几次均匀地拧松并卸下主轴承盖螺栓（图 2-7-4）。

（6）拆下主轴承盖。如果主轴承盖不易拆卸，在螺栓孔上插入两只已拆下的螺栓，扭动螺栓，拆下主轴承盖（图 2-7-5）。

（7）向上取出曲轴（图 2-7-6）。

（8）拆下下主轴承和下止推垫片（仅 3 号主轴承盖），如图 2-7-7 所示。把下主轴承、止推垫片与主轴承盖放在一起并按正确的顺序放置。清洗所有主轴颈和主轴承。

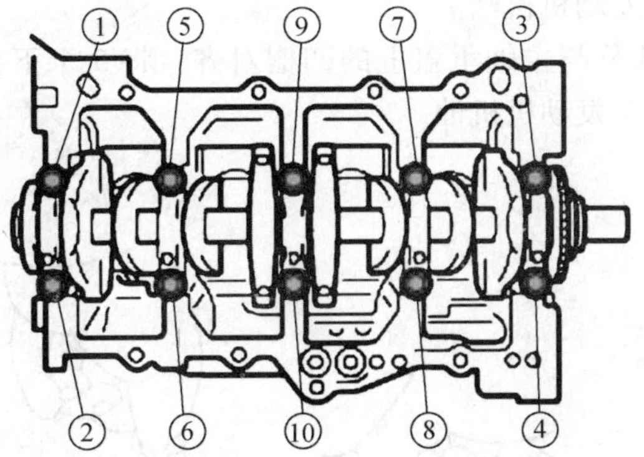

图 2-7-4　曲轴主轴承盖螺栓拧松顺序

①~⑨为主轴承盖螺栓拧松顺序

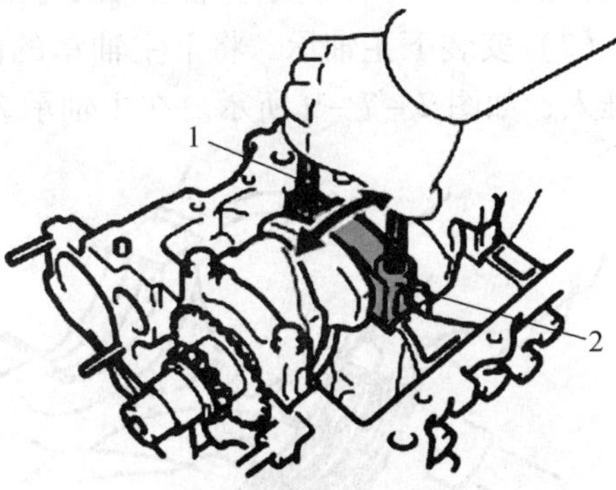

图 2-7-5　轴承盖取下方法

1—轴承盖螺栓；2—轴承盖

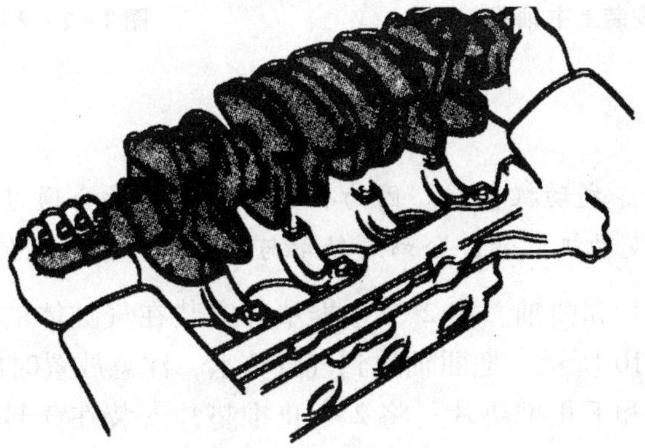

图 2-7-6　向上取出曲轴

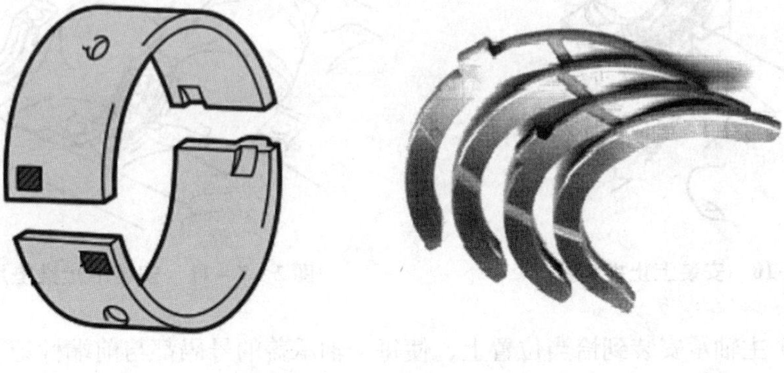

图 2-7-7　轴承和止推垫片

3. 检测曲轴的磨损量与弯曲度（具体检测方法见单元二项目六）

4. 检测曲轴的轴向间隙

（1）安装上主轴承。将上主轴承的凸起部分与气缸体上的凹槽对齐，将 5 个上主轴承推入，如图 2－7－8 所示。在主轴承表面涂上发动机机油。

（2）安装下主轴承。将下主轴承的凸起部分与主轴承盖上的凹槽对齐，将 5 个下主轴承推入，如图 2－7－9 所示。在主轴承表面涂上发动机机油。

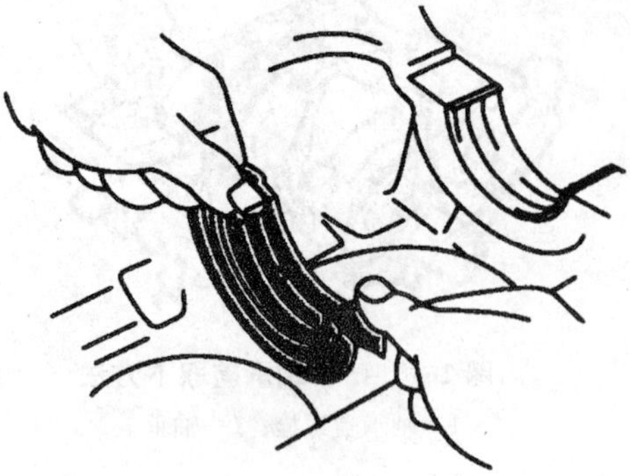

图 2－7－8　安装上主轴承

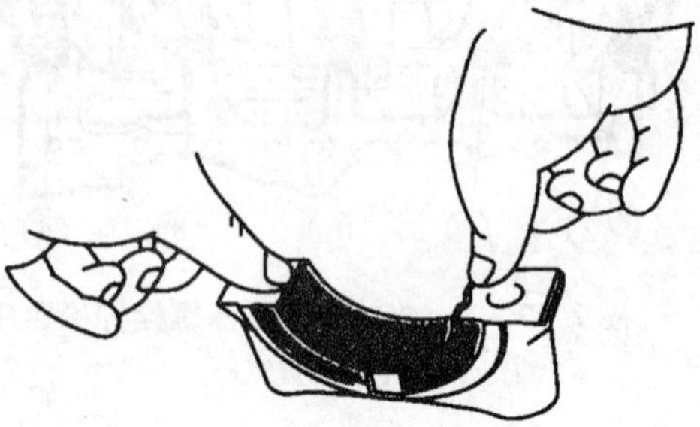

图 2－7－9　安装下主轴承

特别提示

• 不要在轴承背面涂发动机机油。因为轴承产生的热量会通过轴承背面散发到气缸体中。如果在轴承背面涂发动机机油，会妨碍轴承与气缸体的接触，使散热效果变差。

（3）安装上止推垫片和曲轴。将 2 个止推垫片安装在气缸体的 3 号轴颈位置下面，使油槽朝外，如图 2－7－10 所示。把曲轴放到气缸体上，注意放置时的方向。

（4）安装主轴承盖和下止推垫片。将 2 个止推垫片安装在 3 号主轴承盖上，使油槽朝外，如图 2－7－11 所示。

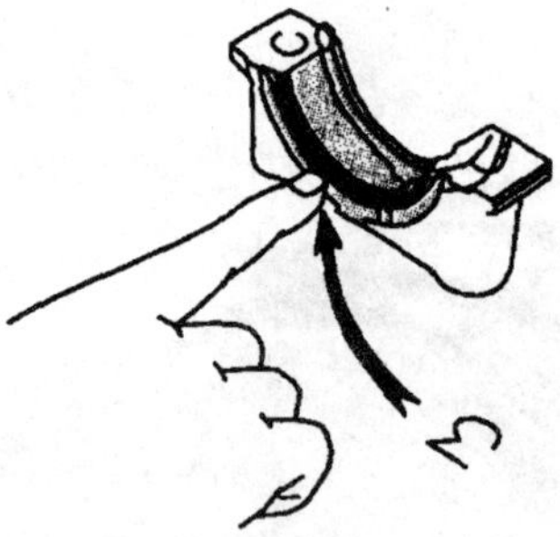

图 2－7－10　安装上止推垫片

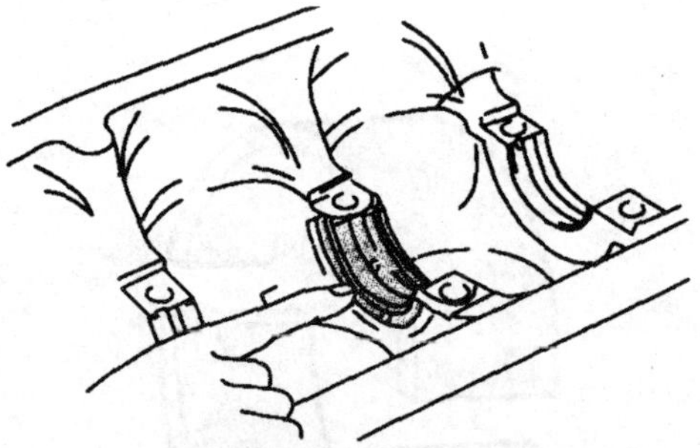

图 2－7－11　安装下止推垫片

（5）将 5 个主轴承安装到恰当位置上，使每个轴承盖的号码都与前端标记对齐，如图 2－7－12 所示。

（6）在主轴承盖螺栓头下和螺纹处涂上薄薄一层发动机机油，按图 2－7－13 所示顺序安装并分几次均匀地拧紧 10 个主轴承盖螺栓，并拧到规定力矩（拧紧力矩为 40 N · m，实际数值可参考各车型维修手册）。如果是塑性区螺栓，请按塑性区螺栓的拧紧方式拧紧。

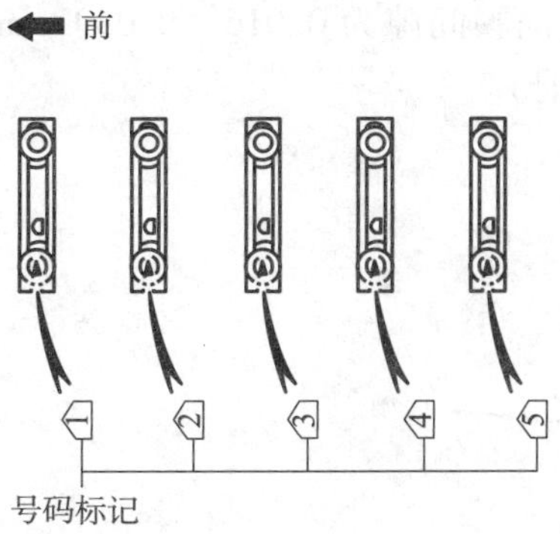

图 2－7－12　轴承盖的安装标记

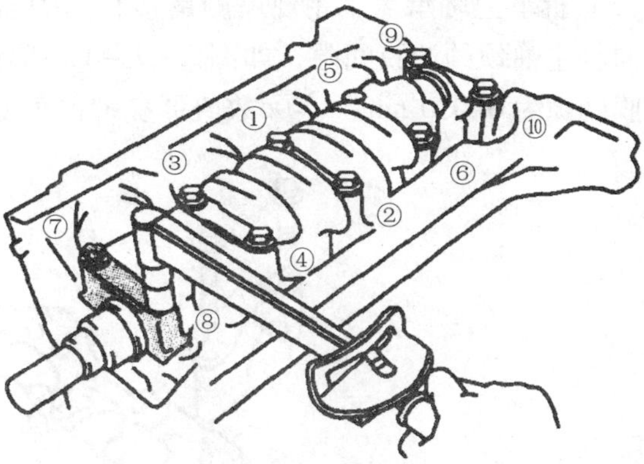

图 2－7－13　主轴承盖螺栓拧紧顺序

（7）把百分表固定在磁力表座上，固定磁力表座，让百分表触杆沿轴线方向顶触在曲轴的一端，并有 1.00～2.00 mm 的压缩量。用螺丝刀来回撬动曲轴的同时，用百分表测量曲轴的轴向间隙，如图 2－7－14 所示（标准轴向间隙为 0.04～0.14 mm，最大为 0.18 mm。实际数值可参考各车型维修手册）。

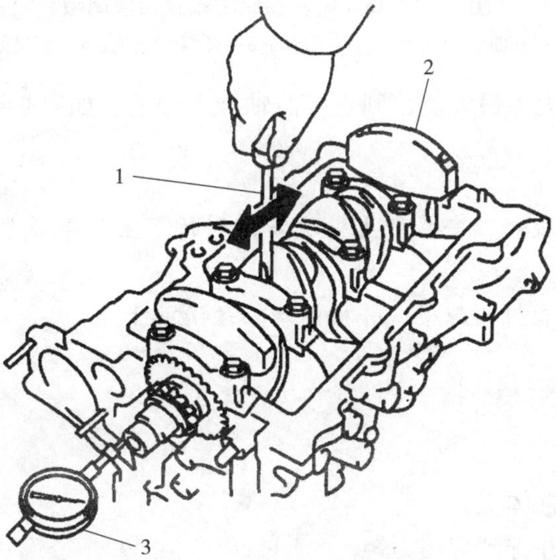

图 2－7－14　曲轴轴向间隙的检测

1—起子；2—曲轴；3—百分表

（8）如果轴向间隙过大，则成套更换止推轴承。

5. 检测曲轴的油膜间隙

（1）安装曲轴轴承。
（2）将曲轴放在气缸体上。
（3）将塑料间隙规摆放在各轴颈上。
（4）把主轴承盖安装到气缸体上，并把主轴承盖螺栓拧到规定力矩。

(5) 拆下主轴承盖，用规尺测量塑料间隙规压扁的最宽处的宽度，与规定值相比较以确定曲轴主轴颈的油膜间隙，如图 2-7-15 所示（标准油膜间隙为 0.016~0.039 mm，最大油膜间隙为 0.050 mm。实际数值可参考各车型维修手册）。

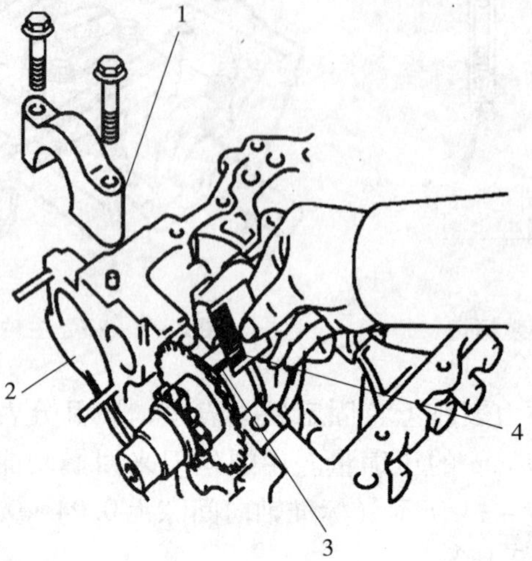

图 2-7-15　检测曲轴主轴颈油膜间隙

1—曲轴轴承盖；2—气缸体；3—塑料间隙规；4—规尺

(6) 如果油膜间隙大于最大值，则更换曲轴推力轴承。如有必要，则更换曲轴。

特别提示

- 从塑料间隙规摆放好，安装好主轴承盖，到拆下主轴承盖期间，不要转动曲轴；否则会把塑料间隙规挤碎。
- 测量完后要取下塑料间隙规，并把曲轴轴颈清洁干净。

6. 曲轴的安装

(1) 安装曲轴轴承。
(2) 将曲轴放在气缸体上。
(3) 安装主轴承盖并拧到规定力矩。

2.7.2　飞轮的结构

飞轮（图 2-7-16）是一个转动惯量很大的圆盘，其主要功用是将在做功行程中输入曲轴的功的一部分储存起来，用以在其他行程中克服阻力，带动曲柄连杆机构越过上、下止点。保证曲轴的旋转角速度和输出扭矩尽可能均匀，并使发动机有可能克服短时间的超载荷，此外，飞轮又往往用作摩擦式离合器的驱动件。为了在保证有足够的转动惯量的前提下，尽可能减小飞轮的质量，应使飞轮的大部分质量都集中在轮缘上，因而轮缘通常做得宽而厚。

飞轮多采用灰铸铁制造，当轮缘的圆周速度超过 50 m/s 时，要采用强度较高的球铁或铸钢制造。

图 2-7-16　飞轮的结构

飞轮外缘上压有一个齿圈，其作用是在发动机起动时，与起动机齿轮啮合，带动曲轴旋转。飞轮上通常刻有点火正时记号，以便校准点火时间。飞轮上通常刻有第一缸发火正时记号，以便校准发火时间。解放 CA6102 型发动机的正时记号是“上止点/1-6”，当这个记号与飞轮壳上的刻线对正时，即表示 1~6 缸的活塞处在上止点位置，如图 2-7-17（a）所示。东风 EQ6100-1 型发动机的飞轮上的这一记号为一个镶嵌的钢球，当钢球与飞轮壳上的刻线对准时，为 1~6 缸的活塞处于上止点位置，如图 2-7-17（b）所示。

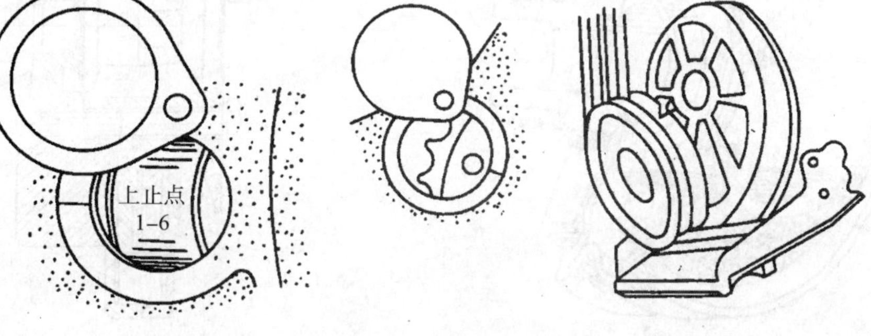

（a）　　（b）

图 2-7-17　飞轮的点火正时标记

（a）CA6102 型发动机点火正时记号；（b）东风 EQ6100-1 型发动机点火正时记号

飞轮与曲轴装配后应进行动不平衡试验，否则在旋转时因质量不平衡而产生离心力，将引起发动机振动并加速主轴承的磨损。为了在拆装时不破坏它们的平衡状态，飞轮与曲轴之间应有严格的相对位置，用定位销或不对称布置螺栓予以保证。

2.7.3　扭转减震器的结构

发动机运转时，由于飞轮的惯性很大，可以看作等速转动。而各缸气体压力和往复运动件的惯性力是周期性地作用在曲轴连杆轴颈上，给曲轴一个周期性变化的扭转外力，使曲轴发生忽快忽慢的转动，从而形成曲轴对于飞轮的扭转摆动，即曲轴的扭转振动。当激力频率与曲轴的自振频率成整数倍关系时，曲轴扭转振动便因共振而加剧。从而引起功率损失、正时齿轮或链条磨损增加，严重时甚至会将曲轴扭断。为了消减曲轴的扭转振动，有的发动机在曲轴前端还装有扭转减震器。

常用的扭转减震器有橡胶式、摩擦式和黏液（硅油）式等数种。

橡胶式扭转减震器（图2－7－18）是将减震器圆盘用螺栓与曲轴带轮及轮毂紧固在一起，橡胶层与圆盘及惯性盘硫化在一起。当曲轴发生扭转振动时，力图保持等速转动的惯性盘便使橡胶层发生内摩擦，从而消除了扭转振动的能量，避免扭振。

摩擦式扭转减震器（图2－7－19）是将惯性盘松套在风扇带轮毂上，两盘可作轴向相对移动，但不能相对转动。惯性盘的端面与带轮和曲轴前端凸缘的端面之间都夹有摩擦片。装在两个惯性盘之间的弹簧使惯性盘紧压摩擦片。在曲轴发生扭转振动时，惯性盘与带轮及曲轴前端凸缘发生相对角振动，靠它们与摩擦片的干摩擦来消减振动。

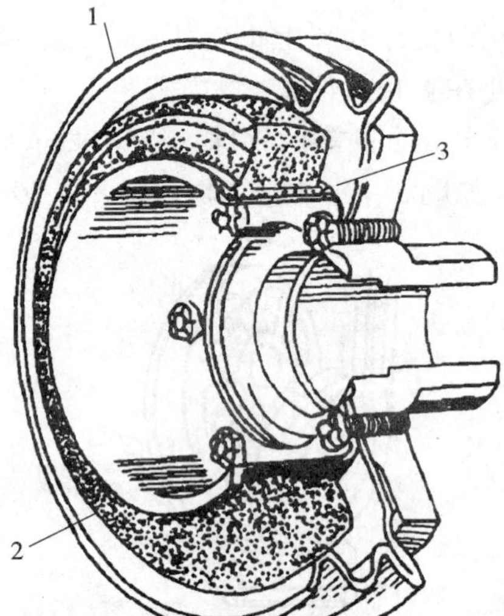

图2－7－18　橡胶式扭转减震器

1—曲轴带盘；2—惯性环；3—橡皮环

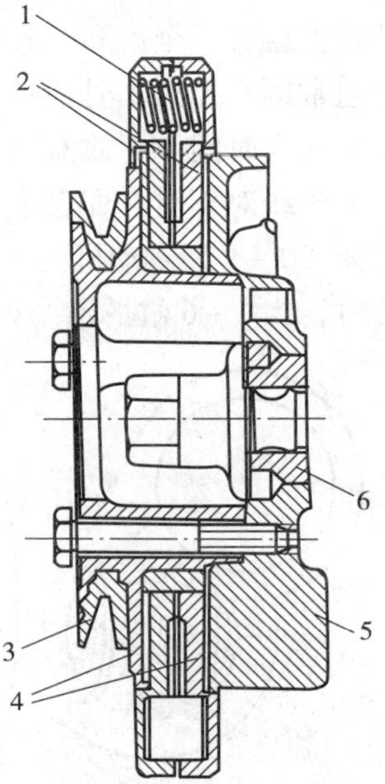

图2－7－19　摩擦式扭转减震器

1—弹簧；2—惯性盘；3—带轮；4—摩擦片；5—曲轴前端凸缘；6—曲轴前端

习题

一、判断题

（　　）1. 为了拆装方便，在拆油底壳时，应倒置发动机。

（　　）2. 安装主轴承时，应在轴承表面涂上发动机机油。

（　　）3. 如果曲轴轴向间隙过大，则成套更换止推轴承。

（　　）4. 曲轴的油膜间隙应用百分表测量。

（　　）5. 为保证发动机转速均匀，应制作质量尽可能大的飞轮。

二、选择题

1. 主轴承盖的螺栓拧松的顺序是（　　）。

A. 由内及外　　B. 由外及内　　C. 任意顺序

2. 下列选项不是飞轮功用的是（　　）。

A. 储存曲轴的部分能量　　B. 保证曲轴输出的功率尽可能均匀

C. 克服短时间的超载荷

3. 当飞轮轮缘的圆周速度超过（　　）m/s 时，要采用强度较高的球铁或铸钢制造。

A. 30　　B. 50　　C. 80

4. 应用（　　）测量曲轴的油膜间隙。

A. 塑料间隙规　　B. 百分表　　C. 千分尺

5. 应用（　　）测量曲轴的轴向间隙。

A. 游标卡尺　　B. 百分表　　C. 千分尺

班级：____________　　指导教师：____________

组号：____________　　组员：________________________________

项目七　曲轴飞轮组的拆装与检测工作页

一、准备工作

（1）设备：台架发动机、工作台。

（2）工具与量具：成套工具盒、扭力扳手、锤子、橡胶锤、一字改锥、磁力表座、百分表、塑料线规、油底壳密封切刀等。

（3）发动机维修手册。

（4）耗材、工单及其他：记号笔、机油壶、清洁用棉布、工单、手套等。

二、工作过程

（1）松开曲轴螺栓。

（2）拆下轴承盖。

（3）取出并检测曲轴。

清洁并目视检测曲轴状况：

曲轴检测项目有：

（4）检测轴承。

轴承的自由弹开量：

轴承的高出量：________。（标准值应为：________）。

结论：____。

（5）轴承的选配方法：

（6）检测螺栓：

（7）安装曲轴轴承。

（8）曲轴轴承盖螺栓的拧紧力矩与方法。

（9）轴承油隙的检测（标准值为：________）。

轴承号	1	2	3	4	5
测量值					

结论：____。

(10) 轴承轴向间隙检测（标准值为：________）。

检测值：____。

结论：________。

三、5S 工作

(1) 工量具清洁、收纳、归位；

(2) 零件清洁、归位；

(3) 维修手册归位；

(4) 清洁工作台，耗材按使用情况整理归位或丢入垃圾桶；

(5) 清洁实训用台架发动机；

(6) 清扫实训场地并清空垃圾，关灯、关门。

班级：____________　　指导教师：____________

组号：____________　　组员：____________________________________

项目七　曲轴飞轮组的拆装与检测评分表

序号	项目	操作内容	评判标准	配分	扣分
1	维修手册	选择正确维修手册	页码不对扣2分，不会查数据扣3分	3	
2	拆下曲轴	松开曲轴螺栓	松螺栓顺序不对扣2分，选用工具不对扣2分，操作动作不对一次扣1分	5	
		拆下轴承盖	操作动作不对一次扣1分	3	
3	曲轴清洁与检测	清洁曲轴轴颈及其油孔（每个油孔均要特别突出清洁）。清洁步骤：先使用抹布清洁，后用气枪吹净	漏任一清洁步骤或部件，扣1分（该项目总分值3分，扣完为止）	3	
		目视检查曲轴是否正常（是否外观变形、主轴颈与连杆轴颈有压痕，油孔是否变形、堵塞等）	未检查或漏检查任一部件，扣1分（该项目总分值3分，扣完为止）	5	
		曲轴的检测项目（口述检测工具、检测方法）	曲轴轴颈磨损的检测5分	10	
			曲轴弯曲的检测5分		
4	轴承的检测与选配	轴承自由弹开量的检测	检测方法不正确一次扣1分	5	
		轴承的高出量检测	安装方法不正确一次扣1分，测量工具不对扣1分，测量方法不对扣1分	5	
		轴承的选配	选配方法不对扣5分	5	
5	螺栓的检测	螺栓的检测（判断螺栓的类型，查手册用正确的方法与量具进行检测）	螺栓类型判断、查手册、工具选用、检测位置、结论，每错误一处扣2分（该项目总分值6分，扣完为止）	6	
6	安装轴承	轴承的安装（安装方向、正确涂油）	方向和涂油位置错一次扣2分	5	
7	螺栓的拧紧	曲轴轴承盖螺栓的拧紧（指拧紧的顺序、力矩与方法）	拧紧的顺序、力矩与方法每错一次扣2分	5	
8	间隙检测	轴承油隙的检测	检测方法错误各扣5分，检测结论错误各扣3分	8	
		轴承轴向间隙检测		8	
9	工具量具使用	熟练程度（由考官判定）	分为好4分、较好3分、中2分、差1分	4	

续表

序号	项目	操作内容	评判标准	配分	扣分
10	5S	着装干净整洁、无佩饰，着工作鞋	有一项不合格扣1分	3	
		作业中工作台、量具摆放等整齐、及时复位	摆放无序扣1分，有堆放扣1分	8	
			量具未及时复位一次扣1分		
		废弃物处理	废弃物未处理扣2分	2	
11	工作安全	作业操作	操作姿势一次不正确扣1分，操作不规范一次扣1分	5	
		操作中人身损伤	因操作失误造成损伤直接扣5分，非操作失误原因等其他因素导致损伤扣3分		
		重大安全事故	出现操作错误取消考生该项目资格		
12	工单	填写工单	整齐，作业后及时、如实填写	2	
合计				100	

项目八

发动机气缸压缩压力低的故障检修

2.8.1 发动机气缸压缩压力的检测

1. 准备工作

（1）设备：汽车、工作台。
（2）工具与量具：火花塞套筒、扭力扳手、气缸压力表等。
（3）发动机维修手册。
（4）耗材、工单及其他：机油、清洁用棉布、工单、手套等。

2. 发动机气缸压缩压力检测过程

发动机气缸压缩压力的高低直接影响发动机的动力性和经济性。

当发动机气缸内零件磨损或损坏时，气缸压缩压力会下降，导致发动机功率下降，燃油消耗增加，机油进入燃烧室使机油消耗增加，排气污染增大，从而使发动机工作时不易起动、动力性差、怠速不稳、排气冒蓝烟等。

气缸压缩压力一般用气缸压力表（图 2-8-1）检测。具体的检测过程为：

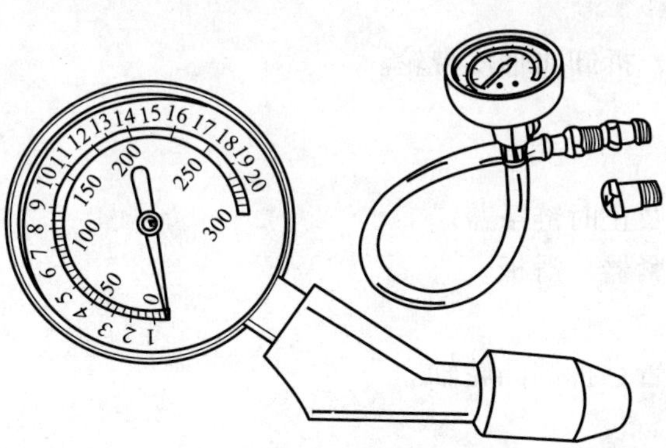

图 2-8-1　气缸压力表

（1）将发动机运转至正常工作温度（水温 80~90 ℃）。
（2）拆下空气滤清器。
（3）拆下全部火花塞（或柴油机喷油器）。

（4）将节气门全开（针对汽油机）。

（5）将气缸压力表压紧（或拧紧）到火花塞孔（或柴油机喷油器孔）。

（6）用起动机转动曲轴3~5 s。

（7）记录压力表读数。

（8）依次测量每个缸，每缸至少测2次，取平均值。

3. 结果分析

（1）标准：查发动机维修手册，确定发动机气缸压缩压力的标准值。

（2）测量结果低于标准值：向该缸注入20~30 ml机油，重新测量气缸压缩压力。①若气缸压缩压力接近标准值：表明活塞、活塞环、气缸之间漏气。②若气缸压缩压力仍低：可能气门、气缸垫漏气。③若相邻两气缸压缩压力都低：可能两气缸之间的气缸垫漏气。

（3）测量结果高于标准值：可能由于燃烧室积炭过多或气缸垫过薄导致燃烧室空间减小。

2.8.2 发动机气缸压缩压力低的检修过程

1. 准备工作

（1）设备：台架发动机、工作台。

（2）工具与量具：成套工具盒、扭力扳手、橡胶锤、一字改锥、磁力表座、百分表、塑料线规、气枪、游标卡尺等。

（3）发动机维修手册。

（4）耗材、工单及其他：记号笔、机油壶、清洁用棉布、工单、手套等。

2. 故障检修过程

（1）拆卸水泵皮带轮。

（2）设定活塞位置，拆卸曲轴皮带轮。

（3）拆卸水泵。

（4）拆下油底壳。

（5）拆卸气缸盖罩及正时链条盖。

（6）拆卸正时链张紧器、滑板。

（7）拆卸正时链条。

（8）设置凸轮轴位置，拆卸凸轮轴。

（9）拆卸气缸盖。

（10）检查气缸盖表面状况。

（11）取下气缸垫。

（12）检查气缸垫的状况。

（13）拆卸连杆盖及活塞连杆组。

（14）清洁活塞，检查活塞表面状况，测量活塞直径。

（15）检查气缸表面状况，测量气缸直径，并计算气缸的圆度、圆柱度、气缸与活塞的配合间隙。

（16）检测活塞环。

（17）通过上述检测确定气缸压缩压力低的故障原因。对有问题的零件进行维修或更换。

（18）安装活塞连杆组。

（19）安装缸垫与气缸盖。

（20）安装凸轮轴。

（21）安装正时链条。

（22）安装正时链张紧器、滑板。

（23）安装气缸盖罩及正时链条盖。

（24）安装油底壳。

（25）安装水泵、曲轴皮带轮、水泵皮带。

习题

一、判断题

（　　）1. 发动机气缸压缩压力的高低直接影响发动机的动力性和经济性。

（　　）2. 气缸压缩压力的检测一般用气缸压力表检测。

（　　）3. 在检测气缸压缩压力时是用起动机转动曲轴 15 s，读取气压表数值。

（　　）4. 在检测气缸压缩压力时依次测量每个缸，每缸至少测两次，取平均值。

（　　）5. 气缸垫过薄会导致气缸压缩压力过低。

二、选择题

1. 发动机气缸内零件磨损或损坏时，气缸压缩压力会下降，不会导致（　　）。

　A. 功率下降　　B. 燃油消耗下降

　C. 排气污染增大

2. 检测汽油机气缸压缩压力，下列（　　）是不需要做的。

　A. 将发动机运转至正常工作温度　　B. 清洁空气滤清器

　C. 拆下全部火花塞　　D. 将节气门全开

3. 国家标准规定，发动机各气缸压缩压力应不小于原设计规定值的（　　）。

　A. 75%　　B. 80%　　C. 85%　　D. 90%

4. 汽油机每缸压力与各缸平均压力的差应不大于（　　）。

　A. 7%　　B. 8%　　C. 9%　　D. 10%

5. 如果测量的气缸压缩压力结果高于标准值，则原因是（　　）。

　A. 气缸过度磨损　　B. 活塞环有损坏

　C. 燃烧室积炭过多　　D. 气缸垫漏气

班级：__________ 指导教师：__________

组号：__________ 组员：______________________________

项目八　发动机气缸压缩压力低的故障检修工作页

一、准备工作

（1）设备：汽车、工作台。

（2）工具与量具：火花塞套筒、扭力扳手、气缸压力表等。

（3）发动机维修手册。

（4）耗材、工单及其他：机油、清洁用棉布、工单、手套等。

二、工作过程

（1）检测气缸压力。

气缸压力检测条件：______________________________。

检测结果：____________。（标准值为：________）

结论：______________________________。

（2）拆卸气缸盖与气缸垫。

检测气缸盖与气缸垫的状况：______________________________。

（3）拆卸油底壳。

（4）拆卸连杆盖及连杆活塞。

（5）测量气缸直径。

缸号	1	2	3	4	标准值
曲轴方向					
垂直曲轴方向					
圆度					
圆柱度					
结论					

（6）清洁活塞，检查活塞、测量直径。

目视检测活塞表面状况：______________________________。

活塞号	1	2	3	4	标准值
活塞直径					
结论					

（7）判断活塞与缸体的间隙是否符合要求。

缸号	1	2	3	4	标准值
间隙					
结论					

（8）拆卸活塞环，检测活塞环。

目视检测活塞表面状况：________________________________。

活塞环号		端隙	端隙标准	侧隙	侧隙标准	背隙	背隙标准	结论
1缸	气环1							
	气环2							
	油环							
2缸	气环1							
	气环2							
	油环							
3缸	气环1							
	气环2							
	油环							
4缸	气环1							
	气环2							
	油环							

（9）安装活塞环。

（10）安装活塞连杆组。

（11）安装缸垫与缸盖。

（12）安装油底壳。

三、5S工作

（1）工量具清洁、收纳、归位；

（2）零件清洁、归位；

（3）维修手册归位；

（4）清洁工作台，耗材按使用情况整理归位或丢入垃圾桶；

（5）清洁实训用车辆、关闭车窗、断电、锁车门；

（6）清扫实训场地并清空垃圾，关灯、关门。

班级：__________　　指导教师：__________

组号：__________　　组员：______________________________

项目八　发动机气缸压缩压力低的故障检修评分表

序号	项目	操作内容	评判标准	配分	扣分
1	维修手册	选择正确维修手册	页码不对扣2分，不会查数据扣3分	3	
2	测量气缸压力	设置气缸压力检测条件	一项设置不对扣1分	2	
		拆卸线圈、火花塞，安装气缸压力表	操作不对一次扣1分	3	
		检测各缸气缸压力	操作不对一次扣1分，测量值不对一次扣2分	3	
3	拆卸缸盖与缸垫	拆卸	螺栓拆卸顺序不对扣2分，操作动作不对一次扣1分	3	
		目视检查气缸盖表面状况	未检查或检查错误扣1分	1	
		目视检查气缸垫表面状况	未检查或检查错误扣1分	1	
4	拆卸油底	拆卸	螺栓拆卸顺序不对扣1分，操作动作不对一次扣1分	2	
5	拆卸连杆盖及连杆活塞	螺栓拆卸，取下连杆盖	螺栓拧松顺序错误扣1分，连杆盖取下方式不对扣1分	2	
		取下活塞连杆组	连杆碰撞气缸内壁一次扣1分	2	
		确定连杆盖、连杆、活塞的安装方向	方向确定不正确一项扣2分	4	
6	量缸	测量气缸直径	工具选择、安装不对一次扣2分	4	
			测量方法错误一次扣2分	4	
			数据处理错误一次扣1分	2	
7	检测活塞	清洁活塞	清洁方法与位置不对一次扣1分	2	
		目视检测活塞	未检查或检查错误扣1分	2	
		测量活塞直径	测量工具、方法不对一次扣2分	4	
8	判断间隙	判断活塞与缸体的间隙	判断错误扣2分	2	
9	拆检活塞环	拆卸活塞环	选用工具、拆装方法错误一次扣1分	2	
		检测活塞环并确定安装方向	检测、确定方向错误一次扣1分	2	
		测量活塞环的间隙	测量方法错误一项扣3分	6	
		结论	结论错误一次扣1分	2	

续表

序号	项目	操作内容	评判标准	配分	扣分
10	安装活塞环	安装活塞环	安装位置、方向、方法错误一次扣1分	2	
			活塞环的开口位置未调整或调整错误一次扣1分	2	
11	安装活塞连杆组	安装活塞连杆组	工具选错、安装方法、操作方式不对一次扣2分	6	
12	安装缸垫与缸盖	安装缸垫与缸盖	工具选错、安装方法、操作方式不对一次扣2分	6	
13	安装油底壳	安装油底壳	工具选错、安装方法、操作方式不对一次扣1分	2	
14	工具量具使用	熟练程度（由考官判定）	分为好4分、较好3分、中2分、差1分	4	
15	5S	着装干净整洁、无佩饰，着工作鞋	有一项不合格扣1分	3	
		作业中工作台、量具摆放等整齐、及时复位	摆放无序扣1分，有堆放扣1分	8	
			量具未及时复位一次扣1分		
		废弃物处理	废弃物未处理扣2分	2	
16	工作安全	作业操作	操作姿势一次不正确扣1分 操作不规范一次扣1分	5	
		操作中人身损伤	因操作失误造成损伤直接扣5分，非操作失误原因等其他因素导致损伤扣3分		
		重大安全事故	出现操作错误取消考生该项目资格		
17	工单	填写工单	整齐，作业后及时、如实填写	2	
合计				100	

单元三

配气机构的检修

学习目标

1. 掌握配气机构的拆装方法。
2. 掌握配气机构零件的检测方法。
3. 掌握配气机构零件的结构、原理。
4. 掌握配气机构的故障诊断方法。

学习要求

能力目标	知识要点	权重
会拆装配气机构	配气机构的组成 配气机构的拆装工艺	25%
会检测气门组的零件性能	气门组组成及零件结构 气门组零件的检测方法	25%
会检测气门传动组零件性能	气门传动组组成及零件结构 气门传动组零件的检测方法	25%
会更换正时皮带和正时链	正时皮带的拆装工艺 正时链的拆装工艺	25%

引例

一辆捷达轿车，行驶里程10万km，发动机怠速运转时，缸盖上部有“啪啪”轻脆金属敲击声，高速运转时声音杂乱。

故障分析与排除：测量点火提前角为8.5°，将其调整至正常值6°，但异响依旧。检查机油油面正常。用手摸机油能感觉到机油太稀，黏度不够，检查机油压力，怠速时比正常值低60 kPa（0.6bar），怀疑是机油质量差，高温时黏度低，造成怠速时润滑系各部泄压较大，液压挺杆内不能建立足够油压，从而产生异响。更换机油后试车，响声比原来减小，运转一会儿后异响完全消失，动力性也恢复正常。

要诊断并排除上述故障，应熟悉发动机配气机构的组成、零部件结构和原理；能够进行配气机构零部件的检修。本单元重点学习发动机配气机构的结构与原理，只有掌握了这些汽车专业知识，才能具备解决发动机配气机构故障的能力。

概　述

1. 配气机构的功用

配气机构是控制发动机进气和排气的装置。其功用是根据发动机的工作顺序和各缸工作循环的要求，定时开启和关闭进、排气门，使新鲜可燃混合气（汽油机）或空气（柴油机）准时进入气缸，废气得以及时排出气缸。进入气缸内的新鲜可燃混合气或空气（也称进气量）对发动机性能的影响很大。进气量越多，发动机的有效功率和转矩越大。因此，配气机构首先要保证进气充分，进气量尽可能多。同时，废气要排除干净，因为气缸内残留的废气越多，进气量将会越少。其次，配气机构的运动件应该具有较小的质量和较大的刚度，以使配气机构具有良好的动力特性。

2. 配气机构的分类及组成

配气机构由气门组和气门传动组两部分组成（图 3－0－1），每组的零件组成则与气门的位置、凸轮轴的位置和气门驱动形式等有关。配气机构按气门的布置位置不同可分为顶置式气门和侧置式气门两类，现代汽车发动机均采用顶置式气门，即进、排气门置于气缸盖内，倒挂在气缸顶上。

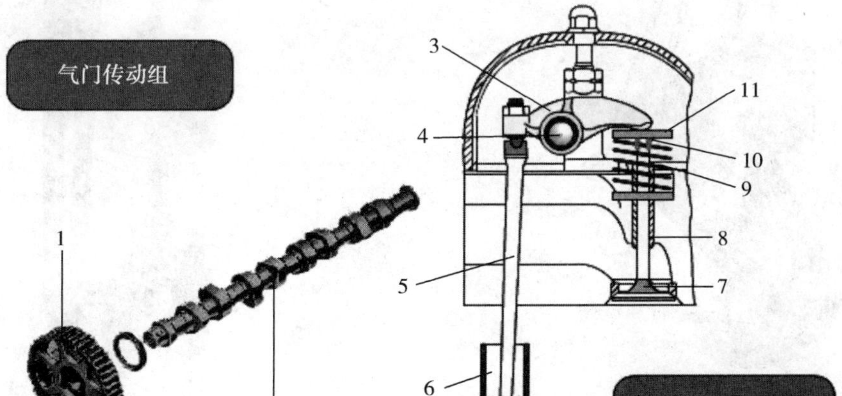

图 3－0－1　凸轮轴下置顶置气门式配气机构的组成与布置

1—凸轮轴正时齿轮；2—凸轮轴；3—摇臂；4—摇臂轴；5—推杆；6—挺柱；7—气门；8—气门导管；9—气门弹簧；10—气门锁环；11—气门弹簧座

顶置式配气机构按凸轮轴的位置，可分为凸轮轴下置式、凸轮轴中置式和凸轮轴上置式；按曲轴和凸轮轴的传动方式，可分为齿轮传动式、链条传动式和同步齿形带传动式；按每缸气门的数量，可分为双气门式和多气门式。

1）按凸轮轴的位置分类

（1）凸轮轴下置式。凸轮轴下置式配气机构的凸轮轴置于曲轴箱内，平行布置在曲轴的一侧。由于曲轴和凸轮轴位置靠近，只用一对正时齿轮传动，传动机构比较简单。优点：简化曲轴与凸轮轴之间的传动装置（齿轮传动），有利于发动机的布置；缺点：气门和凸轮轴相距较远，因而气门传动零件较多，结构较复杂，发动机高度也有所增加。凸轮轴下置式配气机构多用于转速较低的发动机，如解放 CA6102、东风 EQ6100－1、6135Q 等型号发动机。

图 3－0－1 所示为凸轮轴下置顶置气门式配气机构的组成与布置。气门组主要包括气门、气门导管、气门弹簧、气门锁环和气门弹簧座等。气门传动组主要包括凸轮轴正时齿轮、凸轮轴、挺柱、推杆、摇臂和摇臂轴等。

（2）凸轮轴中置式。为减小气门传动组零件往复运动的惯性力，一些速度较高的发动机将下置式凸轮轴的位置抬高到气缸体的中上部，缩短了传动零件的长度，称为凸轮轴中置式配气机构（图 3－0－2）。有些凸轮轴中置式配气机构的组成与凸轮轴下置式配气机构没有什么区别，只是推杆较短而已，如 YC6150Q、6110A、依维柯 8210.22S 等型号发动机都采用这种结构。

（3）凸轮轴上置式。凸轮轴上置式配气机构的凸轮轴直接布置在气缸盖上，凸轮轴直接通过摇臂来驱动气门（图 3－0－3）。优点：省去了推杆、挺柱，使往复运动质量大大减小，因此它适合于高速发动机；缺点：由于凸轮轴离曲轴中心较远，因而都采用链条传动或同步齿形带传动，使得正时传动机构较为复杂，而且拆装气缸盖也比较困难。

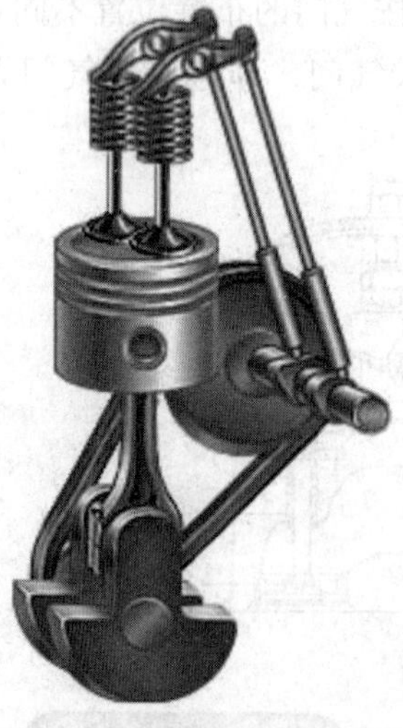

图 3－0－2　凸轮轴中置式配气机构示意图

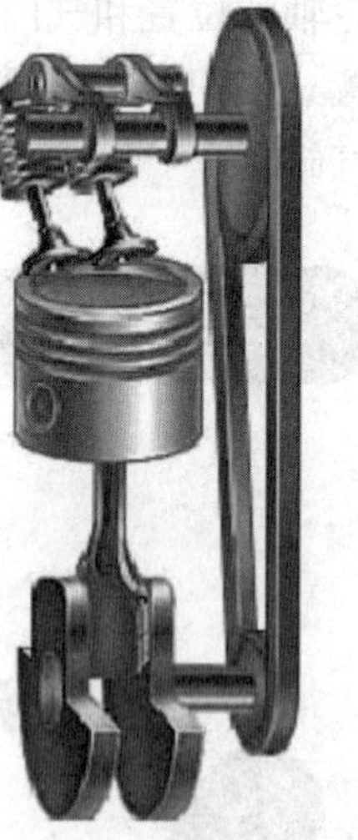

图 3－0－3　凸轮轴上置式配气机构示意图

上置凸轮轴的另一种形式是凸轮轴直接驱动气门，如图 3－0－4 所示。这种配气机构的往复运动质量最小，对凸轮轴和弹簧设计的要求也最低，因此特别适合于高速强化发动机，这在国外的高速汽车发动机上得到广泛的应用。

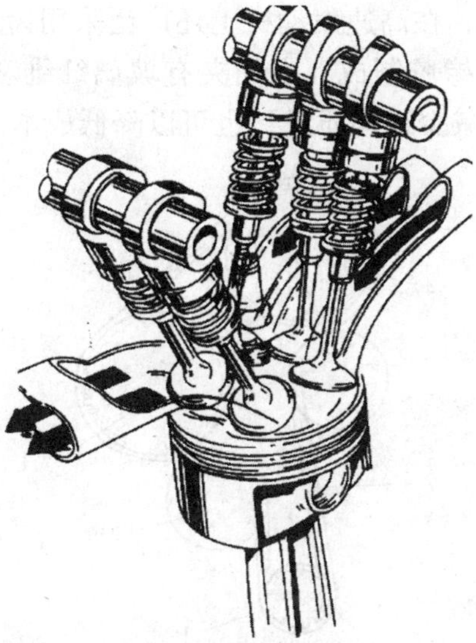

图 3-0-4　上置双凸轮轴直接驱动气门配气机构

2）按凸轮轴的传动方式分类

（1）齿轮传动式。凸轮轴下置式、中置式配气机构大多采用圆柱形正时齿轮传动。一般从曲轴到凸轮轴的传动只需一对正时齿轮，如图 3-0-5 所示，多用于汽油机，如 CA6102、EQ6100-1 型汽油机。若齿轮直径过大，可在中间加装一个惰轮，柴油机多采用这种结构，如 CA6110、CA6105QC、6120 型柴油机。为了啮合平稳，减小噪声，正时齿轮多用斜齿。在中、小功率发动机上，曲轴正时齿轮用钢来制造，而凸轮轴正时齿轮则用铸铁或夹布胶木制造，以降低噪声。

（2）链条传动式。链条与链轮的传动特别适用于凸轮轴上置的配气机构。为使在工作时链条有一定的张力而不至脱链，通常装有导链板、张紧轮装置等。为了使链条调整方便，有的发动机使用一根链条传动，如图 3-0-6 所示。

图 3-0-5　齿轮传动配气机构示意图

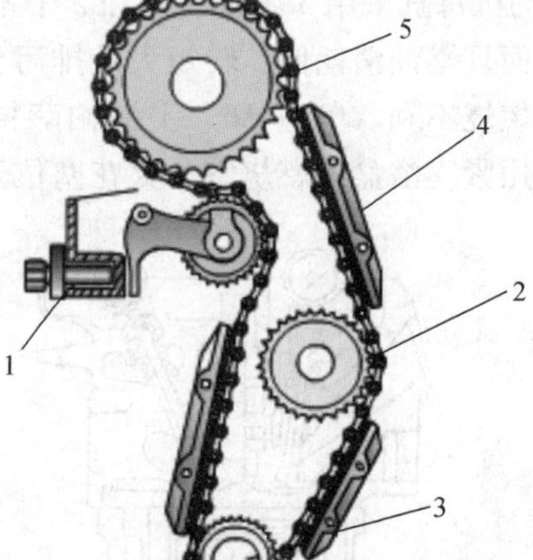

图 3-0-6　链传动配气机构示意图

1—液压张紧装置；2—驱动油泵的链轮；3—曲轴链轮；4—导链板；5—凸轮链轮

（3）齿形带传动。近年来，在高速发动机上还广泛采用齿形带来代替传动链，如图3－0－7所示。这种齿形带用氯丁橡胶制成，中间夹有玻璃纤维和尼龙织物，以增加强度。采用齿形带传动，能减少噪声和减少结构质量，也可以降低成本。

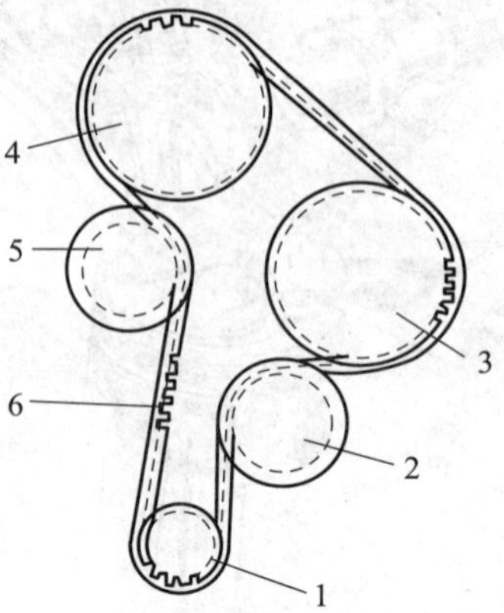

图3－0－7　齿形带传动配气机构示意图

1—曲轴正时齿轮；2，5—张紧轮；3—喷油泵正时齿轮；4—凸轮轴正时齿轮；6—齿形皮带

3）按每缸气门的数量分类

一般发动机较多采用一个进气门和一个排气门。其特点是结构简单，能适应各种燃烧室。但其气缸换气受到进气通道的限制，故都用于低速发动机。现代高性能发动机普遍采用3气门、4气门、5气门，目前应用最多的是4气门发动机。

4气门发动机有两个进气门和两个排气门，如12V150Z型柴油机。采用这种形式后，进气门总的通过断面较大，充气效率较高，排气门的直径可适当减小，使其工作温度相应降低，提高了工作可靠性。此外，采用4气门后还可适当减小气门升程，改善配气机构的性能。4气门的汽油机还有利于改善排放性能。

3气门发动机每缸采用个2个进气门和1个排气门，目前已很少采用。

5气门发动机每缸采用3个进气门和2个排气门，这种结构能明显地增加进气量，提高了充气效率，而且燃油消耗低、转矩大及排污少。但是结构也非常复杂，尤其是增加了燃烧室表面积，对燃烧不利。奥迪A6、上海帕萨特、捷达王等轿车发动机均为5气门。大多5气门发动机采用紧凑浴盆式燃烧室，火花塞位于燃烧室中心，如图3－0－8所示。

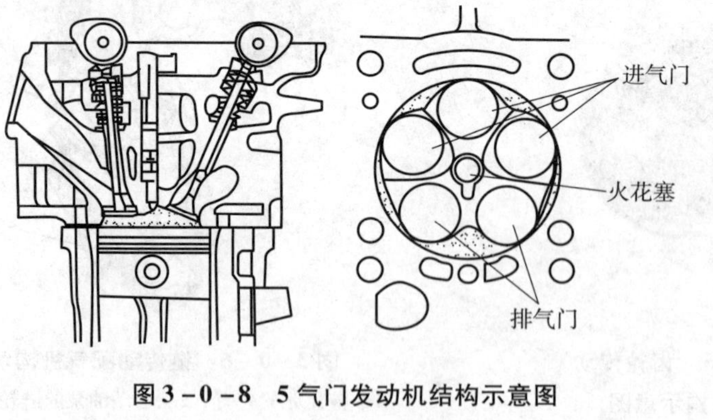

图3－0－8　5气门发动机结构示意图

3. 配气正时（配气相位）

发动机工作时，进入气缸内的新气量越多，发动机的动力性越好。影响进气量的因素很多，而进、排气门开启和关闭的时刻便是其中之一。

以曲轴转角表示的进、排气门开闭时刻及其开启的持续时间称作配气正时（配气相位）。

四冲程发动机的每一个工作行程，其曲轴要旋转 180°。由于现代发动机转速很高，一个行程经历的时间是很短的，如上海桑塔纳的四冲程发动机，在最大功率时的转速达 5 600 r/min，一个行程的时间只有 0. 005 4 s。这样短时间的进气和排气过程往往会使发动机充气不足或排气不净，从而使发动机功率下降。因此，现代发动机都采用延长进、排气时间，使气门早开晚关，以改善进、排气状况，提高发动机的动力性。

进气门在进气行程上止点之前开启谓之“早开”。从进气门开始开启到上止点曲轴所转过的角度称作进气提前角，记作 α，α 一般为 10°～30°。进气门在进气行程下止点之后关闭谓之“晚关”。从进气行程下止点到进气门关闭曲轴转过的角度称作进气迟后角，记作 β，β 一般为 40°～80°。整个进气过程持续的时间或进气持续角为（$\alpha+180°+\beta$）。

进气门早开的目的是在进气开始时进气门能有较大的开度或较大的进气通过断面，以减小进气阻力，使进气顺畅。进气门晚关则是为了充分利用气流的惯性，在进气迟后角内继续进气，以增加进气量。进气阻力减小不仅可以增加进气量，还可以减少进气过程消耗的功率。

排气门在做功行程结束之前，即在做功行程下止点之前开启，谓之“排气门早开”。从排气门开启到下止点曲轴转过的角度称作排气提前角，记作 γ，γ 一般为 40°～80°。排气门在排气行程结束之后，即在排气行程上止点之后关闭，谓之“排气门晚关”。从上止点到排气门关闭曲轴转过的角度称作排气迟后角，记作 δ，δ 一般为 10°～30°。整个排气过程持续的时间或排气持续角为（$\gamma+180°+\delta$）。

排气门早开的目的是在排气门开启时气缸内有较高的压力，使废气能以很高的速度自由排出，并在极短的时间内排出大量废气。当活塞开始排气行程时，气缸内的压力已大大下降，排气门开度或排气通过断面明显增大，从而使强制排气的阻力和排气消耗的功率大为减小。排气门晚关则是利用废气流动的惯性，在排气迟后角内继续排气，以减少气缸内的残余废气量。

通常将进排气门的实际启闭时刻和开启过程，用曲轴转角的环形图来表示，这种图形称为配气相位图（图 3－0－9）。

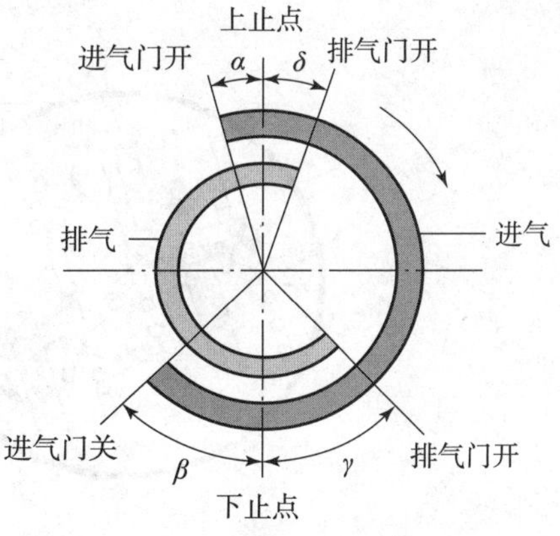

图 3－0－9　配气相位图

项目一

气门组的拆装与检测

3.1.1 气门组的拆装与检测项目实施

1. 准备工作

(1) 设备：台架发动机、工作台。

(2) 工具与量具：成套工具盒、扭力扳手、气门弹簧压缩器、磁性手柄、一字改锥、尖嘴钳、游标卡尺、千分尺、钢角尺等。

(3) 发动机维修手册。

(4) 耗材、工单及其他：普鲁士蓝、机油壶、清洁用棉布、工单、手套等。

2. 气门组的拆装工作过程

(1) 安装气门弹簧压缩器，使其与气门和弹簧座底部在同一直线上（图 3-1-1）。

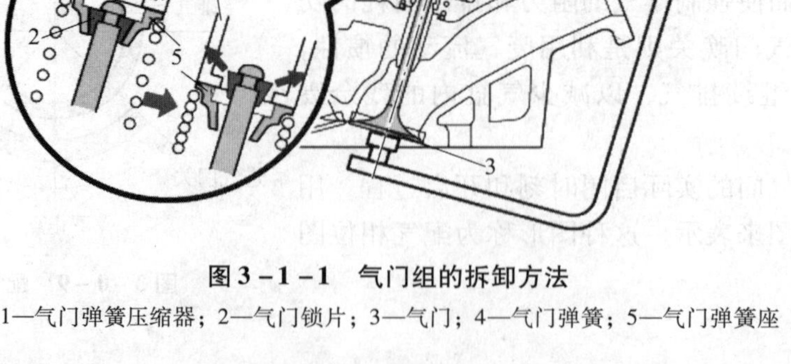

图 3-1-1 气门组的拆卸方法

1—气门弹簧压缩器；2—气门锁片；3—气门；4—气门弹簧；5—气门弹簧座

(2) 上紧气门弹簧压缩器，压缩弹簧并取下两块气门锁片（图 3-1-1）。

(3) 松开门弹簧压缩器，拆卸弹簧座和弹簧，然后将气门朝燃烧室的方向往外拉，拆卸气门。

（4）依次拆下其他进排气门，并按各缸顺序整齐放在工作台的纸上（图 3－1－2）。

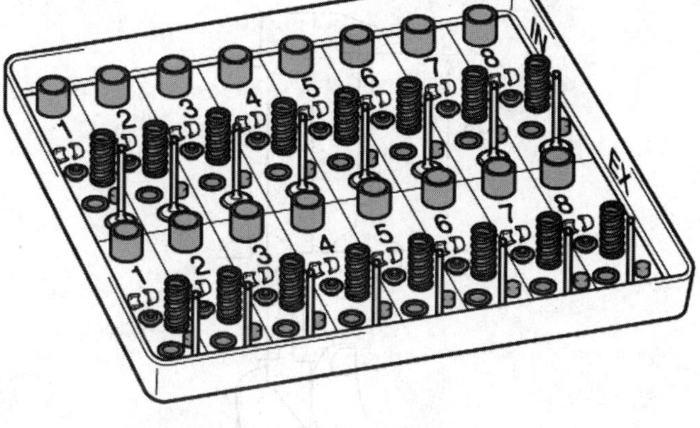

图 3－1－2　气门组零件的放置

（5）用尖嘴钳钳住气门油封底部的金属部分，拆下气门杆油封（图 3－1－3）。

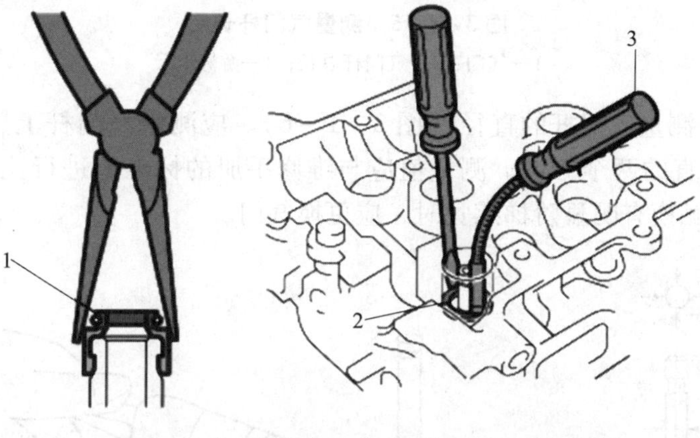

图 3－1－3　拆卸气门杆油封和气门弹簧座

1—气门油封；2—气门弹簧座；3—磁性手柄

（6）用一字改锥撬起气门弹簧座，用磁性手柄吸出气门弹簧座（图 3－1－3）。

3. 检测气门

（1）清洁气门。使用衬垫刮刀，刮除气门头部上所有积炭。

（2）检查气门外观。气门出现裂纹、烧蚀较严重、气门头歪斜等情况，均应换用新气门。

（3）测量气门顶部边缘的厚度（图 3－1－4），如果小于 0.5 mm 应换用新气门。

（4）观察气门的工作锥面，若变宽、起槽、烧蚀出现斑点或用手指能摸出磨损台阶，应换用新气门。

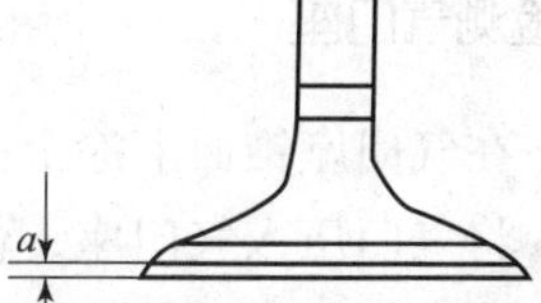

图 3－1－4　测量气门头部边缘的厚度

（5）使用游标卡尺测量气门杆总长度（图 3－1－5），与维修手册的标准值进行比较。当气门总长度减少量超过 0.5 mm 或气门杆端面有凹陷，应更换气门。

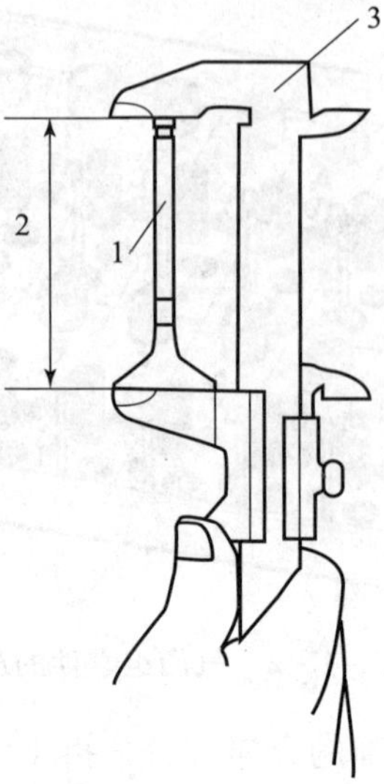

图 3－1－5　测量气门杆长度

1—气门；2—气门杆总长；3—游标卡尺

（6）用千分尺测量气门杆的直径（图 3－1－6）。应测量气门杆上、中、下三个位置，每个位置测相互垂直的两个方向。测量值应与维修手册的标准值进行比较。若磨损量超过 0.05 mm，或用手触摸有明显阶梯感觉时，应更换气门。

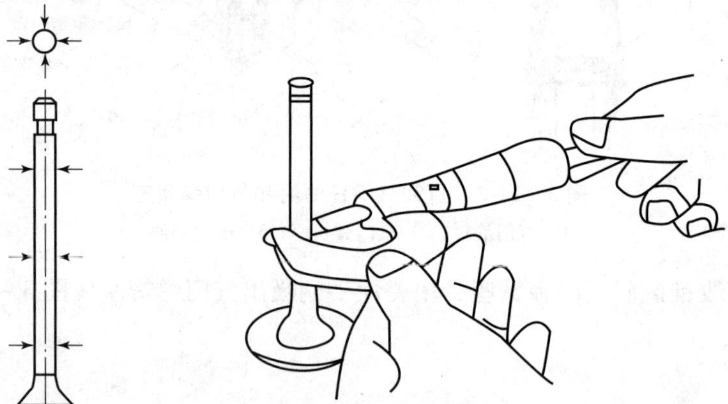

图 3－1－6　测量气门杆直径

4. 检测气门座

（1）在气门座锥面上涂上一层普鲁士蓝。

（2）将气门压入气门座，使气门锥面轻压气门座（图 3－1－7）。

（3）检查气门座和气门锥面的接触状况：如果整个气门锥面 360°均出现普鲁士蓝，则气门锥面是同心的；否则，更换气门。如果整个 360°气门座均出现普鲁士蓝，则气门导管

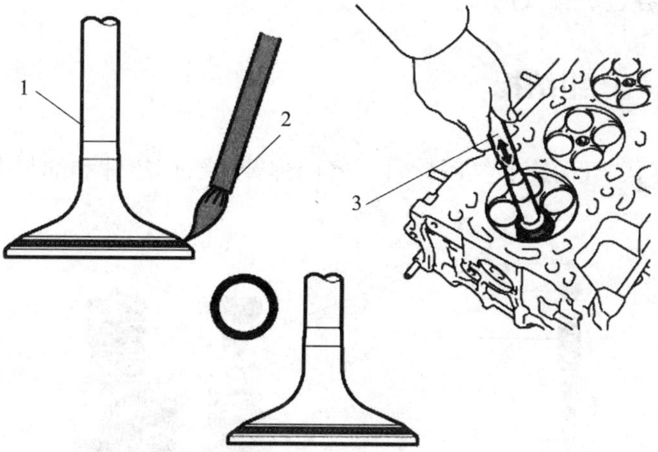

图3－1－7　气门座的检测

1—气门；2—普鲁士蓝；3—手工研磨

和气门锥面是同心的；否则，重修气门座表面。检查并确认气门与气门座接触面在气门锥面的中部，气门座宽度在1.0 mm和1.4 mm。

5. 检测压缩弹簧

（1）清洁气门弹簧。检查气门弹簧是否有裂纹，如有应更换。

（2）使用游标卡尺，测量气门弹簧的自由长度（图3－1－8）。查手册与标准值进行比较，如不符合要求应更换。

（3）用钢角尺测量气门弹簧的偏移量（图3－1－9）。查手册与标准值进行比较。如不符合要求应更换。

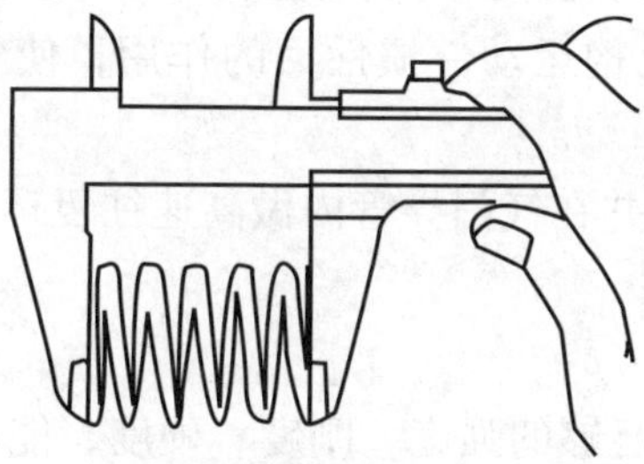

图3－1－8　测量气门弹簧的自由长度

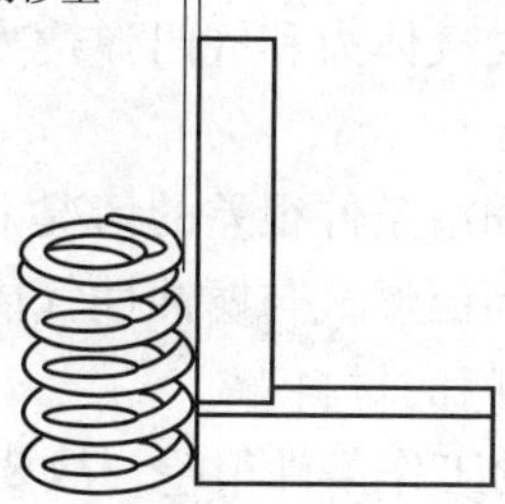

图3－1－9　测量气门弹簧的偏移量

6. 安装气门组

（1）安装气门弹簧下座。

（2）安装气门油封。

（3）在气门杆涂机油，把气门装入气门导管，装上气门弹簧和气门弹簧上座。

（4）使用气门弹簧压缩器顶住气门弹簧上座，压缩气门弹簧，安装气门锁片，然后放松气门弹簧压缩器。

（5）依次安装各进、排气门。

3.1.2 气门组结构

气门组包括气门、气门座、气门导管、气门弹簧、气门锁片和油封等。气门组的组成如图3－1－10所示。

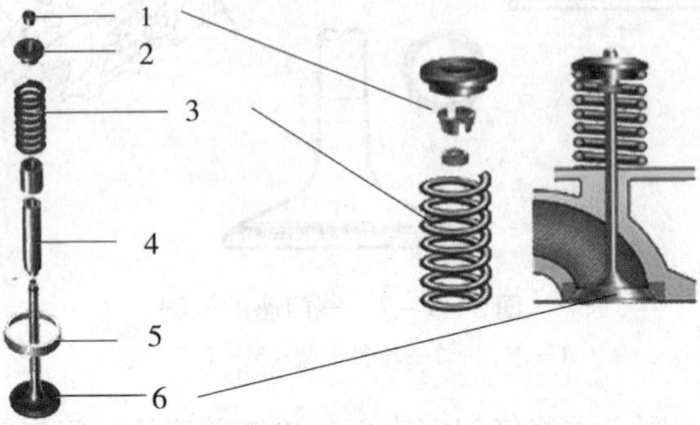

图3－1－10 气门组的组成

1—锁片；2—弹簧座；3—气门弹簧；4—气门导管；5—气门座圈；6—气门

1. 气门

气门分成进气门和排气门两种，用来封闭进排气道。

1）气门的工作条件

气门的工作条件非常恶劣。

（1）与气缸内的高温燃气接触，受热严重，而散热困难，因此气门温度很高。排气门最高温度可达1 200 K，进气门由于受到进气流的冷却，温度稍低，为570～670 K。

（2）受气体力和气门弹簧力的作用，以及配气机构运动件惯性力的作用，使气门落座时受到冲击。

（3）润滑条件很差的情况下以极高的速度开闭，并在气门导管内做高速往复运动。

（4）高温燃气与腐蚀性气体接触而受到腐蚀。

2）气门的材料

气门的工作条件很差，故要求气门材料必须具有足够的强度、刚度、硬度，能耐腐蚀耐磨损。进气门一般采用中碳合金钢制造，如铬钢、铬钼钢和镍铬钢等。排气则多采用耐热合金钢制造，如硅铬钢、硅铬钼钢、硅铬锰钢等。高度强化的发动机趋于用21－4N奥氏体钢和铬镍钨钼钢。这些钢材具有强耐高温性和耐腐蚀性，可延长气门使用寿命。

为节约耐热合金钢，降低材料成本，有些发动机排气门头部采用耐热合金钢，杆身采用中碳合金钢，然后将两者焊在一起。还有一些排气门，在头部锥面喷涂一层钨钴等特种合金材料，以提高其硬度、耐磨性、耐热性和耐腐蚀性，以达到延长气门使用寿命的目的。

3）气门的构造

汽车发动机的进、排气门均为菌形气门，由气门头部和气门杆两部分构成，其结构和各部名称如图3－1－11所示。

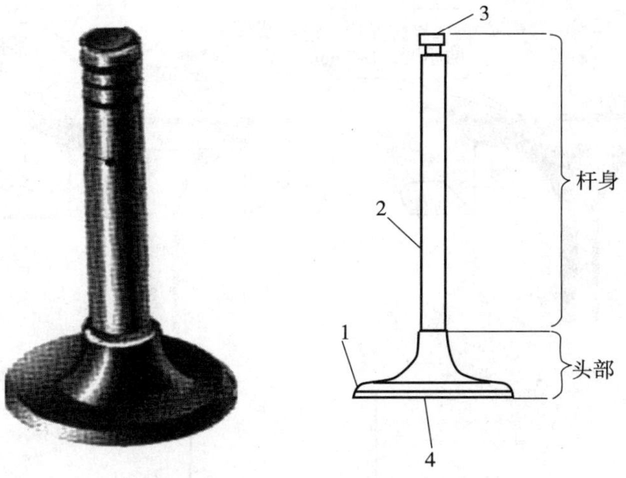

图 3－1－11　气门的结构

1—气门密封锥面；2—气门杆；3—气门尾端；4—气门顶面

气门顶部形状主要分成凸顶、平顶、凹顶三种结构形式，如图 3－1－12 所示。目前应用最多的是平顶气门，其结构简单，制造方便，受热面积小，进、排气门都可采用。凸顶气门刚度大，用于某些排气门。用作排气门时，排气阻力较小，但受热面积大，质量大，加工也比较复杂。凹顶的（有的为漏斗形）质量小、惯性小，头部与杆部有较大的过渡圆弧，使气流阻力小，以及具有较大的弹性，对气门座的适应性好（又称柔性气门），容易获得较好的磨合，但受热面积大，易存废气，容易过热及受热易变形，所以仅用作进气门。

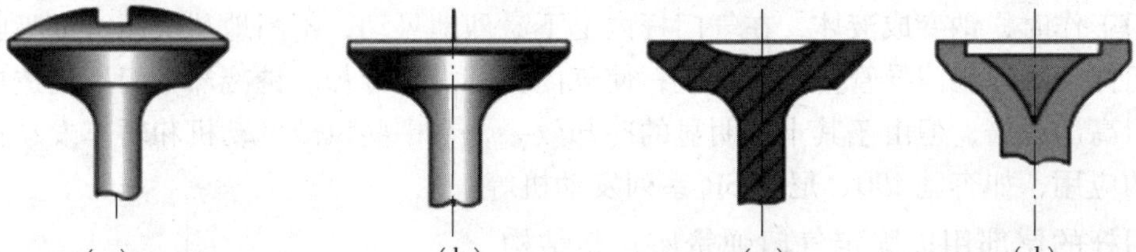

图 3－1－12　气门的顶部形状

(a) 凸顶；(b) 平顶；(c) 凹顶；(d) 凹顶（漏斗形）

气门与气门座或气门座圈之间靠锥面密封。气门密封锥面与顶平面之间的夹角，称为气门锥角（图 3－1－13）。进、排气门的气门锥角一般均为 45°，只有少数发动机的进气门锥角做成 30°。这是因为在气门升程相同的情况下，气门锥角小，可获得较大的气流通过截面，进气阻力较小。但锥角较小的头部边缘较薄，刚度较小，致使气门头部与气门座的密封性和导热性均较差，易在热态时变形，影响贴合。较大的气门锥角可提高气门头部边缘的刚度，气门落座时有较好的自动对中作用，与气门座圈有较大的接触压力等。这些都有利于气门与气门座圈之间的密封和传热，并有利于挤掉密封锥面上的积炭。

气门杆与气门导管配合，为气门运动导向和传热。气门杆要有较高的加工精度和较低的粗糙度，与气门导管保持较小的配合间隙，以减小磨损，并起到良好的导向和散热作用。在某些高度强化的发动机上采用中空气门杆的气门，旨在减小气门质量和气门运动的惯性力。

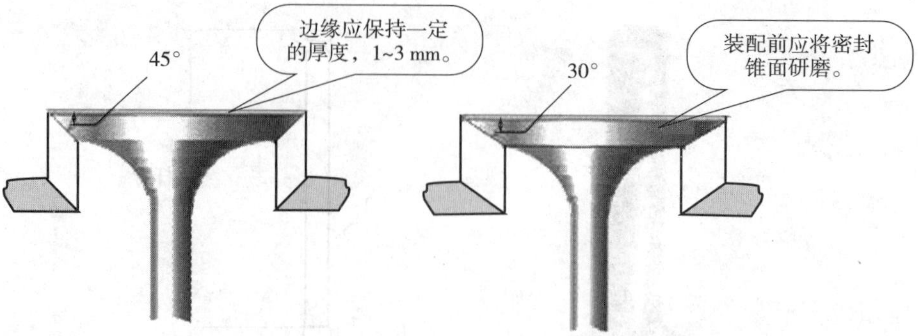

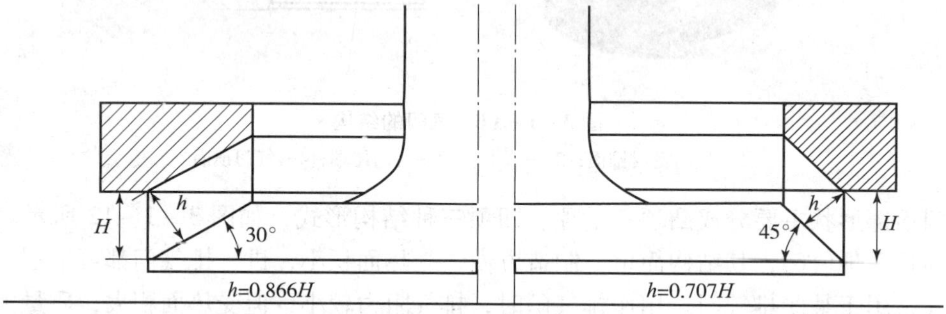

图 3－1－13　气门密封锥面、气门锥角

为了降低排气门的温度，增强排气门的散热能力，在许多汽车发动机上采用钠冷却气门。这种气门是在中空的气门杆中填入一半金属钠。因为钠的熔点是 97.8 ℃，沸点为 880 ℃，所以在气门工作时，钠变成液体，在气门杆内上下激烈地晃动，不断地从气门头部吸收热量并传给气门杆，再经气门导管传给气缸盖，使气门头部得到冷却。钠冷却气门的制造成本比普通排气门高出几倍，但由于其十分明显的冷却效果，在一些风冷发动机和轿车发动机上得到了成功的应用，如奔驰 190、尼桑 SR 系列发动机等。

气门杆的尾部用以固定气门弹簧座，其结构随弹簧座的固定方式不同而异。常用的固定方式有锁片式。锁片式的锥形锁片被剖分成两半，合在一起形成一个完整的圆锥结构，内孔有一环形凸起。弹簧座的中心孔为圆锥孔，用来与锁环的外圆锥面配合。安装时，用力将弹簧座连同气门弹簧压下，将两片锁环套于气门杆尾部合并在一起，锁环内孔的环状凸起正好位于气门杆尾端的环形槽内。放松弹簧座，在气门弹簧的弹力作用下，弹簧座的圆锥孔与锁片的圆锥面紧紧地贴合在一起，不会脱落，如图 3－1－14 所示。

图 3－1－14　锁片式结构

1—气门杆；2—气门弹簧；
3—弹簧座；4—锁片；5—卡环

适量的机油进入气门导管与气门之间的间隙，对于气门杆的润滑是必要的。但如果进入的机油过多，将会在气缸内造成积炭和在气门上产生沉积物。因此，有的发动机在气门杆上设有机油防漏装置，如图 3-1-15 所示。

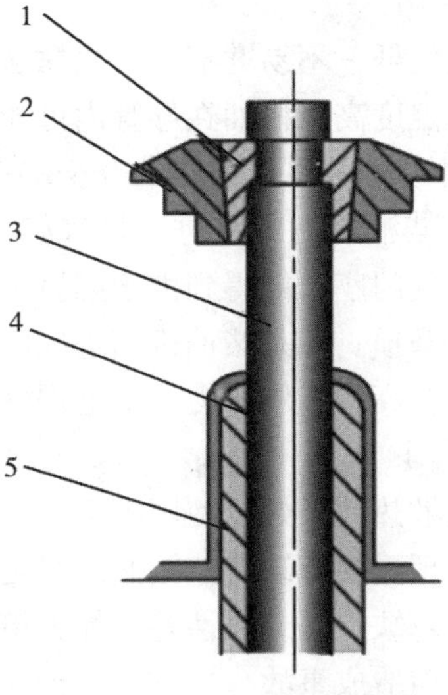

图 3-1-15　气门机油防漏装置

1—锁片；2—弹簧座；3—气门杆；4—防油罩或密封圈；5—气门导管

2. 气门导管

气门导管的功用是起导向作用，保证气门做直线往复运动，使气门与气门座能正确贴合。此外，气门导管还在气门杆与气缸盖之间起导热作用，其结构如图 3-1-14 所示。

气门导管的工作温度也较高，约 200 ℃。气门杆在导管中运动时，仅靠配气机构飞溅出来的机油进行润滑，因此容易磨损。气门导管大多数用灰铸铁、球墨铸铁或铁基粉末冶金制造。为了防止气门导管在使用过程中松落，有的发动机对气门导管用卡环定位（图 3-1-16）。

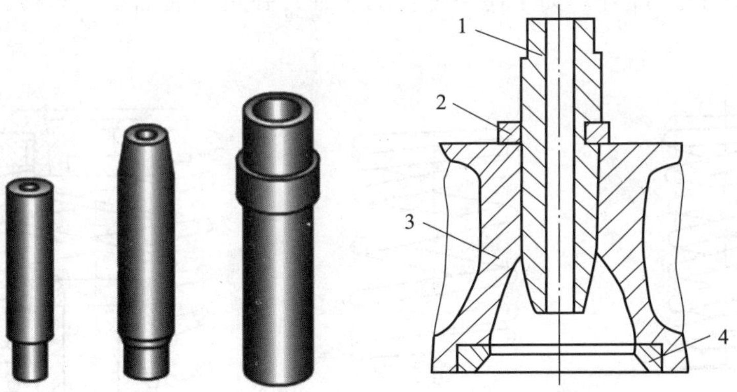

图 3-1-16　气门导管和气门座

1—气门导管；2—卡环；3—气缸盖；4—气门座

3. 气门座

进、排气道口与气门密封锥面直接贴合的部位称为气门座。气门座可在气缸盖上直接镗出。它与气门头部共同对气缸起密封作用，并接受气门传来的热量。气门座在高温下工作，磨损严重，故有不少发动机的气门座用较好的材料（合金铸铁、奥氏体钢等）单独制作，然后镶嵌到气缸盖上（图3－1－16）。

汽油机的进气门座工作温度较低，不易磨损，可以靠从气门导管漏下的机油润滑，故可以在缸盖上直接镗出。但排气门温度高，机油在导管内可能被烧掉，因而排气门座实际上得不到润滑，极易磨损，故多用镶嵌式结构。采用铝合金缸盖的发动机，由于铝合金材质较软，进、排气门座均用镶嵌式。柴油机有的是进、排气门座均用镶嵌式，有的只镶进气门座，这是因为柴油机的排气门与气门座常能得到由于燃烧不完全而夹杂在废气中的柴油、机油以及烟粒等润滑而不致被强烈磨损。但是柴油机的进气门面临的情况则完全不同，从导管漏入的机油很少，而且柴油机有较高的气体压力，加上进气门的直径大，容易变形，这些因素都将导致进气门座的磨损加剧。

直接镗在气缸盖上的气门座散热效果好，使用中不存在脱落造成事故的可能性。但存在不耐高温、不耐磨损，不便于修理更换等缺点。镶嵌式气门座圈不但耐高温、耐磨损和耐冲击，使用寿命长，而且易于更换。缺点是导热性差，加工精度高，如果与缸盖上的座孔公差配合选择不当，还可能发生脱落而造成事故。

4. 气门弹簧

1）气门弹簧的作用

气门弹簧的作用是克服在气门关闭过程中气门及传动件的惯性力，防止各传动件之间因惯性力的作用而产生间隙，保证气门及时落座并紧紧贴合，防止气门发生跳动，破坏其密封性。为此，气门弹簧应有足够的刚度和安装预紧力。

2）气门弹簧的材料

气门弹簧多为圆柱形螺旋弹簧（图3－1－17），其材料为高碳锰钢、铬钒钢等冷拔钢丝，加工后要进行热处理。钢丝表面要光滑，经抛光或用喷丸处理，借以提高疲劳强度，增强弹簧的工作可靠性。此外，为了避免弹簧的锈蚀，弹簧的表面要进行镀锌、镀铜、磷化或发蓝处理。

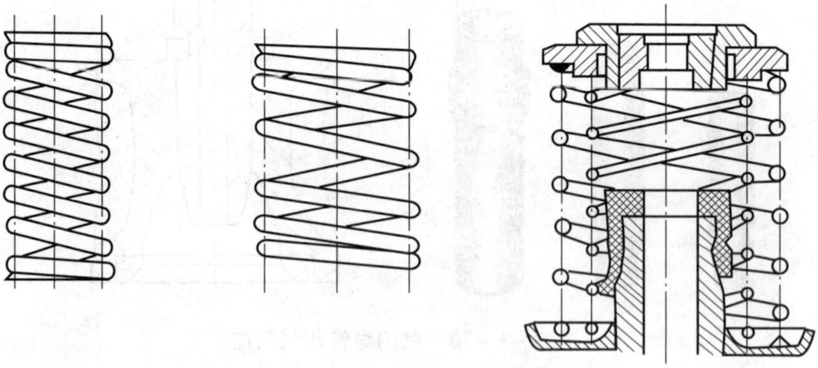

(a)　　(b)　　(c)

图3－1－17　气门弹簧

3）气门弹簧的结构形式

当气门弹簧的工作频率与其自然频率相等或是自然频率的某一倍数时，将会发生共振。

强烈的共振将破坏气门的正常工作，并可使弹簧折断。为避免共振的发生，常采用以下结构措施：

（1）提高弹簧刚度。提高气门弹簧的刚度，即提高气门弹簧的自然振动频率，如加粗弹簧的直径，减小弹簧的圈径，如图 3－1－17（a）所示。

（2）采用变螺距弹簧。各圈之间的螺距不等，在弹簧压缩时，螺距较小的弹簧两端逐渐贴合，使有效圈数逐渐减少，因而固有振动频率不断变化（增加），避免共振发生，如图 3－1－17（b）所示。

（3）采用双气门弹簧结构。每个气门同心安装两根直径不同、旋向相反的内外弹簧，如图 3－1－17（c）所示。由于两弹簧的自振频率不同，当某一弹簧发生共振时，另一弹簧起减振作用。当一根弹簧折断时，另一根还能继续维持工作；旋向相反，可以防止一根弹簧折断时卡入另一根弹簧内，以免好的弹簧被损坏。

习题

一、判断题

（　　）1. 排气门一般用耐热钢制作，进气门一般用中碳钢制作。

（　　）2. 一般发动机中，排气门要比进气门稍大。

（　　）3. 气门一般由头部和杆部构成。

（　　）4. 平顶气门在发动机中应用最广。

（　　）5. 为了使进气充分，气门锥面角一般做成 45°。

二、选择题

1. 气门组由（　　）构成。

   A. 气门，气门弹簧、锁片、气门弹簧座

   B. 凸轮轴、传送皮带、挺柱、推杆

   C. 气门、凸轮轴、挺柱

   D. 气门、挺柱、推杆

2. 发动机配气相位为（　　）。

   A. 排气门早开、进气门晚开　　B. 排气门早开、进气门早开

   C. 排气门晚开、进气门晚开　　D. 排气门晚开、进气门早开

3. 配气机构的传动方式一般不采用（　　）。

   A. 齿轮传动　　B. 齿形带传动　　C. 链条传动　　D. 棘轮传动

4. 气门导管的作用不包括（　　）。

   A. 导热　　B. 散热　　C. 导向　　D. 减磨

5. 曲轴正时齿轮与凸轮轴正时齿轮转速比为（　　）。

   A. 1∶1　　B. 1∶2　　C. 1∶3　　D. 1∶4

班级：____________　　指导教师：____________

组号：____________　　组员：____________________________________

项目一　气门组的拆装与检测工作页

一、准备工作

（1）设备：台架发动机、工作台。

（2）工具与量具：成套工具盒、扭力扳手、气门弹簧压缩器、磁性手柄、一字改锥、尖嘴钳、游标卡尺、千分尺、钢角尺等。

（3）发动机维修手册。

（4）耗材、工单及其他：普鲁士蓝、机油壶、清洁用棉布、工单、手套等。

二、工作过程

（1）选用正确的拆卸气门专用工具压缩气门弹簧，拆卸气门组。

（2）取出气门杆锁片。

（3）松开拆卸工具，并取出弹簧和气门。

（4）取出气门杆油封、气门弹簧座。

（5）清洁并检测气门：

①检测气门外观状况：

②测量气门顶部边缘的厚度：

③观察气门的工作锥面状况：

④测量气门杆总长度：

⑤测量气门杆的直径：

（6）检测气门座和气门锥面的接触状况。

（7）清洁并检测压缩弹簧。

①检查气门弹簧是否有裂纹：

②测量气门弹簧的自由长度：

③测量气门弹簧的偏移量：

（8）安装气门弹簧下座。

（9）安装气门油封。

（10）安装气门、气门弹簧和气门弹簧上座。

（11）安装气门锁片。

（12）依次安装各进、排气门。

三、5S 工作

（1）工量具清洁、收纳、归位；

（2）零件清洁、归位；

（3）维修手册归位；

（4）清洁工作台，耗材按使用情况整理归位或丢入垃圾桶；

（5）清洁实训用台架发动机；

（6）清扫实训场地并清空垃圾，关灯、关门。

班级：__________　　指导教师：__________

组号：__________　　组员：______________________________

项目一　气门组的拆装与检测评分表

序号	项目	操作内容	评判标准	配分	扣分
1	安全与文明生产	正确穿戴工作服和安全鞋	不穿工作服扣2分，不穿安全鞋扣3分	5	
		工具与零件有序摆放	每混乱摆放一个零件和工具扣1分	5	
		工作场地的清洁	油、水洒落后不及时清洁，每次扣1分	3	
2	工具准备	准备正确的工具	每少一件工具扣1分	5	
		选择正确的工具	每次错选一件工具扣1分	3	
3	拆卸气门组零件	选择正确的工具	没有使用专门的拆卸工具扣2分	2	
		工具的操作	工具使用不正确扣2分	2	
		各气门的标记	每组气门没有标记扣1分	5	
		气门的检测（气门杆的磨损、气门边缘厚度）、油封的拆卸	每项各6分	18	
		零件的摆放	零件没有按照顺序摆放扣5分	5	
		操作的规范	每次零件落地扣2分	4	
4	装复气门组	油封的安装	安装新油封	3	
		气门位置的安装	气门装错位置扣5分	5	
		工具的选择	没有使用专门的气门弹簧压缩工具扣3分	3	
		气门弹簧的安装	气门弹簧安装方向错误扣3分	3	
		工具的使用	工具使用不正确扣5分	5	
		操作的规范	每次零件落地扣2分	4	
5	工具量具使用	熟练程度（由考官判定）	分为好4分、较好3分、中2分、差1分	4	
6	5s	作业中工作台、量具摆放等整齐、及时复位	摆放无序扣1分，有堆放扣1分	5	
			量具未及时复位一次扣1分		
		废弃物处理	废弃物未处理扣2分	2	
7	工作安全	作业操作	操作姿势一次不正确扣1分，操作不规范一次扣1分	5	
		操作中人身损伤	因操作失误造成损伤直接扣5分，非操作失误原因等其他因素导致损伤扣3分		
		重大安全事故	出现操作错误，取消考生该项目资格		
8	工单	填写工单	整齐，作业后及时、如实填写	4	
合计				100	

项目二

凸轮轴的拆装与检测

3.2.1 凸轮轴的拆装与检测项目实施

1. 准备工作

（1）设备：工作台、1ZR－FE 发动机总成。

（2）工具与量具：组合工具箱、一字螺丝刀、V 型铁、百分表、磁力表座、塑料线规、千分尺、扭力扳手。

（3）发动机维修手册。

（4）耗材、工单及其他：机油、清洁的容器、清洁用棉布、工单、手套等。

2. 凸轮轴拆装与检测的工作过程

以丰田 1ZR－FE 发动机为例，说明凸轮轴的拆装与检测过程。

1）拆卸凸轮轴

（1）检查进气凸轮轴正时齿轮总成。

①检查凸轮轴正时齿轮的锁止情况。

②清理和除去 1 号凸轮轴轴承盖进气侧上的 VVT 机油孔的油脂后，如图 3－2－1 所示，用胶带或同等品将机油孔完全密封，以防止空气泄漏。

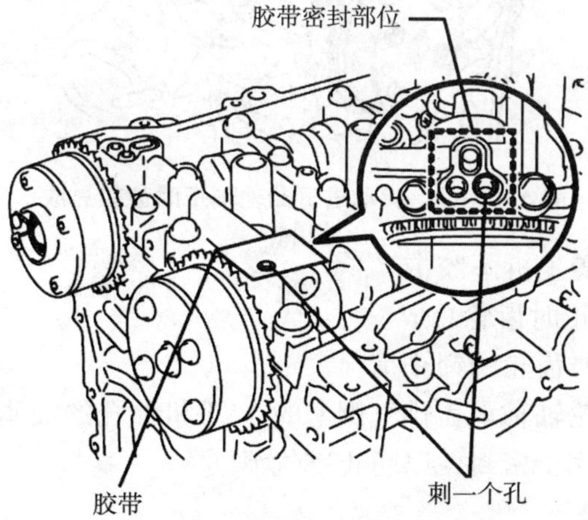

图 3－2－1　胶带密封及刺孔位置

小心：

确保完全密封住机油孔，因为密封不充分导致的空气泄漏会阻碍松开锁销。

③如图 3－2－1 所示，在密封机油孔的胶带上刺一个孔。（程序 A）

④如图 3－2－2 所示，向在程序 A 中刺出的孔施加大约 150 kPa 的空气压力，以松开锁销。

图 3－2－2　向孔中通入压缩空气

小心：

如果空气泄漏，重新用胶带密封。

施加空气压力时用抹布或布条盖住机油孔口，以防止机油飞溅。

⑤用力将凸轮轴正时齿轮总成朝提前方向（逆时针）转动。

提示：

依靠施加的空气压力，凸轮轴正时齿轮总成可不用手就能朝提前方向转动。

⑥如图 3－2－3 所示，在可移动范围（26.5°～28.5°）内转动凸轮轴正时齿轮总成 2 或 3 次，但不要将其转到最大延迟位置，确保凸轮轴正时齿轮总成转动顺畅。

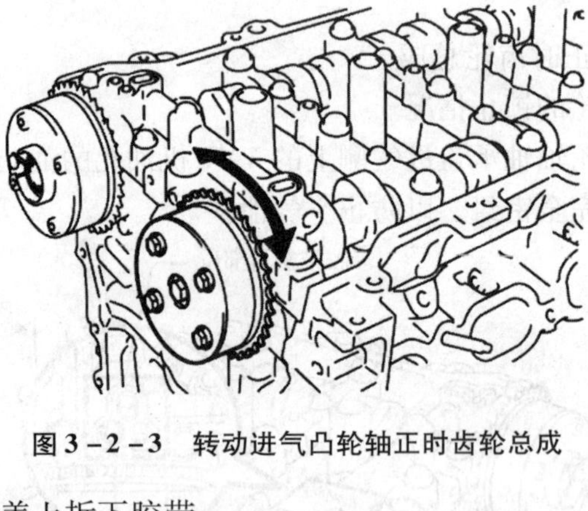

图 3－2－3　转动进气凸轮轴正时齿轮总成

⑦从 1 号凸轮轴轴承盖上拆下胶带。

（2）检查排气凸轮轴正时齿轮总成。

①检查排气凸轮轴正时齿轮的锁止情况。

②清理和除去 1 号凸轮轴轴承盖排气侧上的 VVT 机油孔的油脂后，如图 3－2－4 所示，用胶带或同等品将机油孔完全密封，以防止空气泄漏。

小心：

确保完全密封住机油孔，因为密封不充分导致的空气泄漏会阻碍松开锁销。

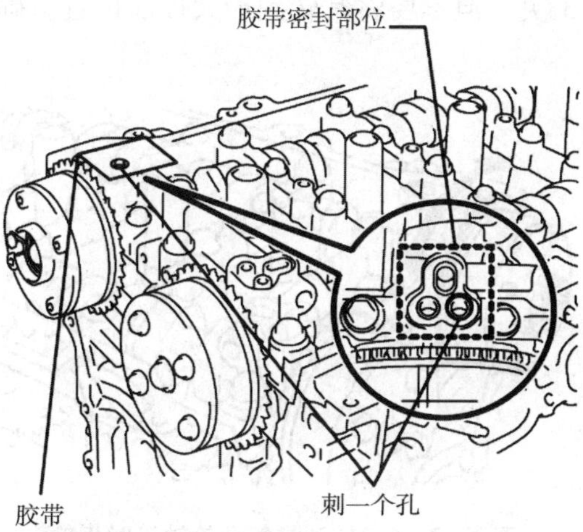

图 3－2－4　胶带密封及刺孔位置

③如图 3－2－4 所示，在密封机油孔的胶带上刺一个孔。(程序 B)

④如图 3－2－5 所示，向程序 B 中刺出的孔施加大约 200 kPa 的空气压力，以松开锁销。

图 3－2－5　通入压缩空气并转动排气凸轮轴正时齿轮

小心：

如果空气泄漏，重新用胶带密封。

施加空气压力时用抹布或布条盖住油孔，以防止机油飞溅。

⑤使用头部缠有胶带的螺丝刀，用力朝延迟方向（顺时针）转动排气凸轮轴正时齿轮，如图 3－2－5 所示。

小心：

用螺丝刀确保排气凸轮轴正时齿轮保持在延迟方向。如果齿轮松开，它将在弹簧的作用力下自动回到最大提前位置。

不要损坏排气凸轮轴正时齿轮。

⑥如图 3－2－6 所示，使用头部包有胶带的螺丝刀，在可移动范围（19°～21°）内转动

排气凸轮轴正时齿轮 2 或 3 次，但不要将其转到最大提前位置。确保排气凸轮轴正时齿轮转动顺畅。

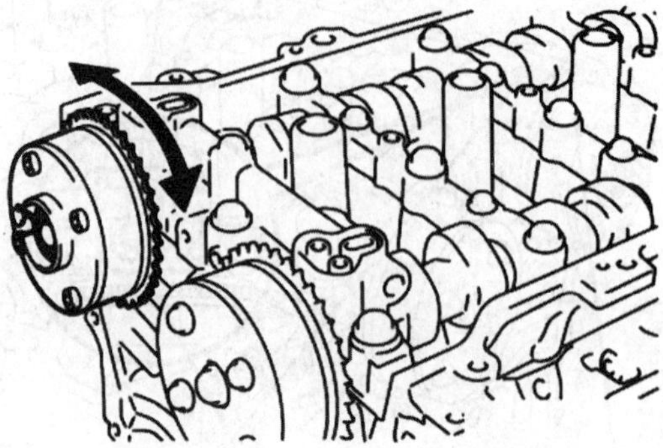

图 3－2－6　转动排气凸轮轴正时齿轮

⑦从 1 号凸轮轴轴承盖上拆下胶带。

（3）拆卸凸轮轴正时齿轮总成。如图 3－2－7 所示，固定凸轮轴的六角头部分的同时，拆下凸缘螺栓，然后拆下凸轮轴正时齿轮总成。

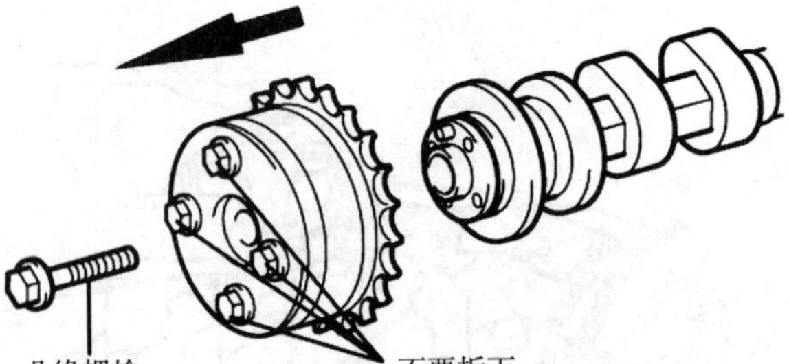

图 3－2－7　拆卸凸轮轴正时齿轮总成

小心：

拆下凸轮轴正时齿轮前，确保锁销已松开。

不要拆下另外 4 个螺栓。

将凸轮轴正时齿轮总成从凸轮轴上拆下时，要使其保持水平。

（4）拆卸排气凸轮轴正时齿轮总成。如图 3－2－8 所示，固定凸轮轴的六角头部分的同时，拆下凸缘螺栓，然后拆下排气凸轮轴正时齿轮总成。

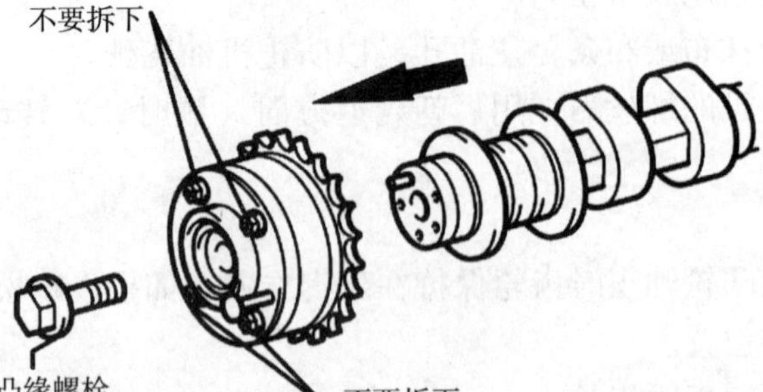

图 3－2－8　拆卸排气凸轮轴正时齿轮总成

小心：
不要拆下另外 4 个螺栓。
将排气凸轮轴正时齿轮总成从凸轮轴上拆下时，要使其保持水平。
（5）拆卸凸轮轴轴承盖。
①按如图 3－2－9 所示顺序，均匀地拧松并拆下 10 个轴承盖螺栓。

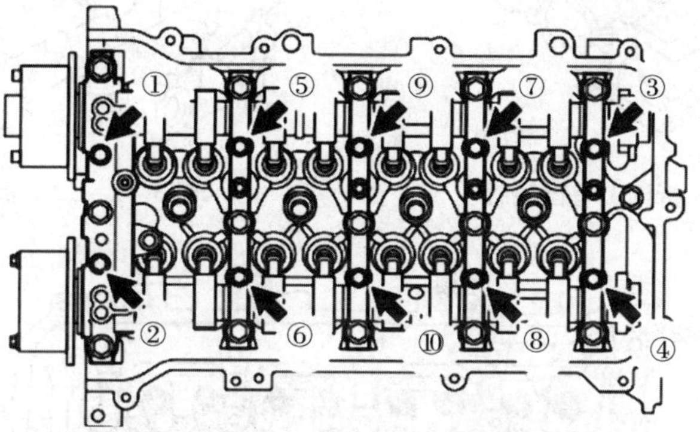

图 3－2－9　拧松 10 个轴承盖螺栓顺序

②按如图 3－2－10 所示顺序，均匀地拧松并拆下 15 个轴承盖螺栓。

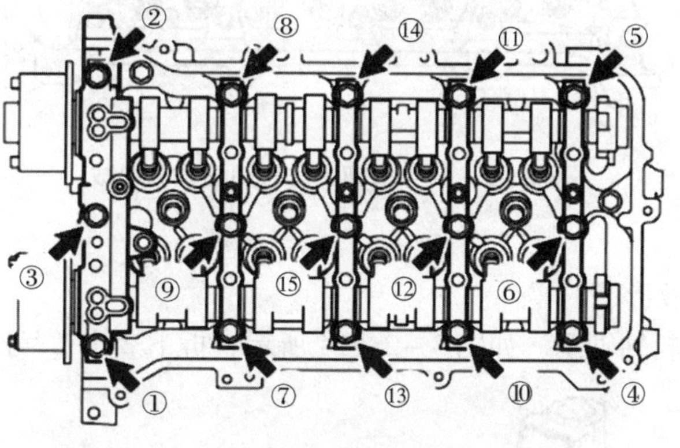

图 3－2－10　拧松 15 个轴承盖螺栓顺序

小心：
曲轴处于水平状态的同时均匀地拧松螺栓。
③拆下 5 个轴承盖。
提示：
按正确的顺序摆放拆下的零件。
（6）拆卸 1 号凸轮轴（图 3－2－11 中加黑凸轮轴）。
（7）拆卸 2 号凸轮轴（图 3－2－12 中加黑凸轮轴）。
（8）拆卸 1 号气门摇臂分总成。如图 3－2－13 所示，从气缸盖上拆下 16 个气门间隙调节器。

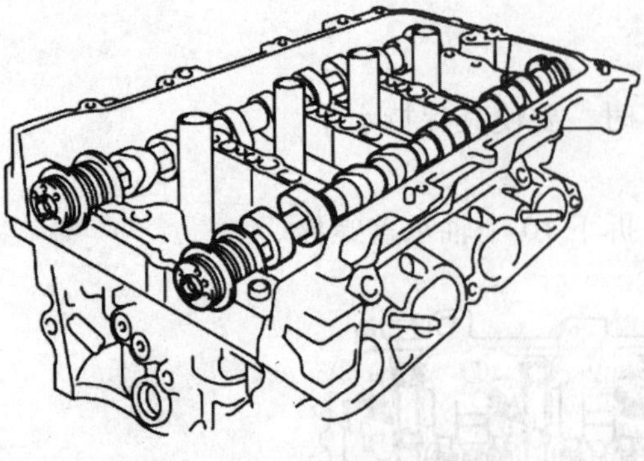

图 3－2－11　拆卸 1 号凸轮轴

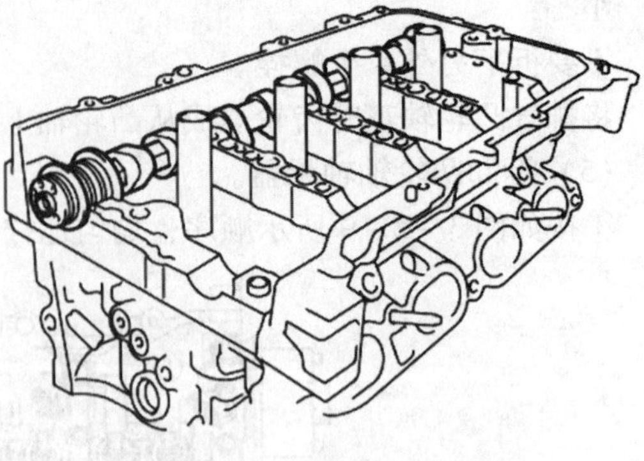

图 3－2－12　拆卸 2 号凸轮轴

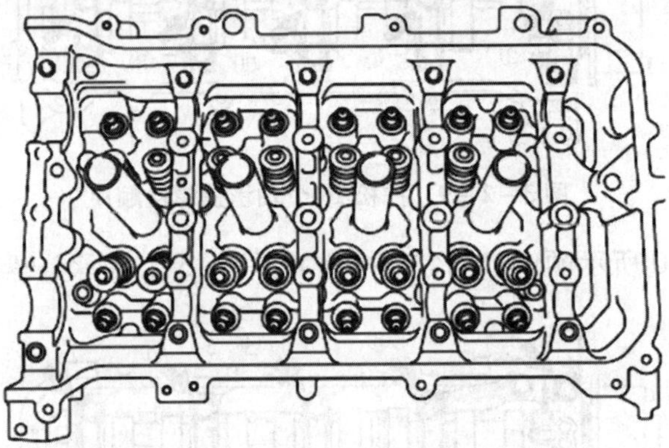

图 3－2－13　拆卸 1 号气门摇臂分总成

提示：

按正确的顺序摆放拆下的零件。

（9）拆卸 1 号凸轮轴轴承。如图 3－2－14 所示，拆下 2 个 1 号凸轮轴轴承。

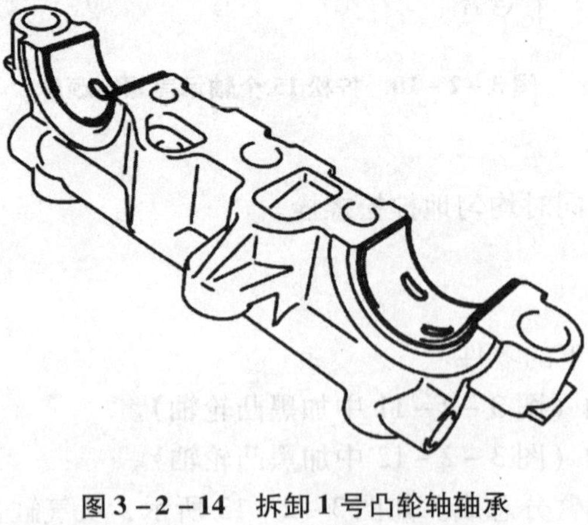

图 3－2－14　拆卸 1 号凸轮轴轴承

（10）拆卸 2 号凸轮轴轴承。如图 3－2－15 所示，拆下 2 个 2 号凸轮轴轴承。

（11）拆卸凸轮轴壳分总成。如图 3－2－16 所示，拆下 2 个螺栓。

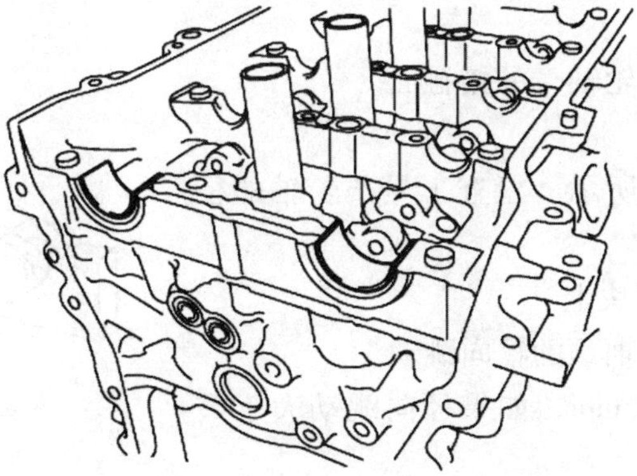

图 3-2-15　拆卸 2 号凸轮轴轴承

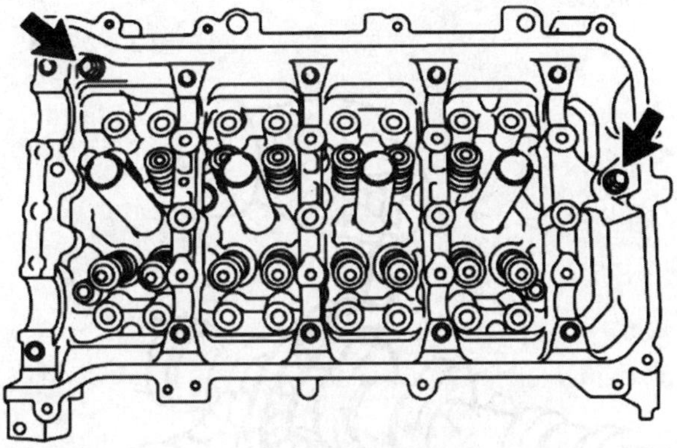

图 3-2-16　拆卸凸轮轴壳分总成螺栓

（12）如图 3-2-17 所示，用头部缠上胶带的螺丝刀撬动气缸盖和凸轮轴壳之间的部位，拆下凸轮轴壳。

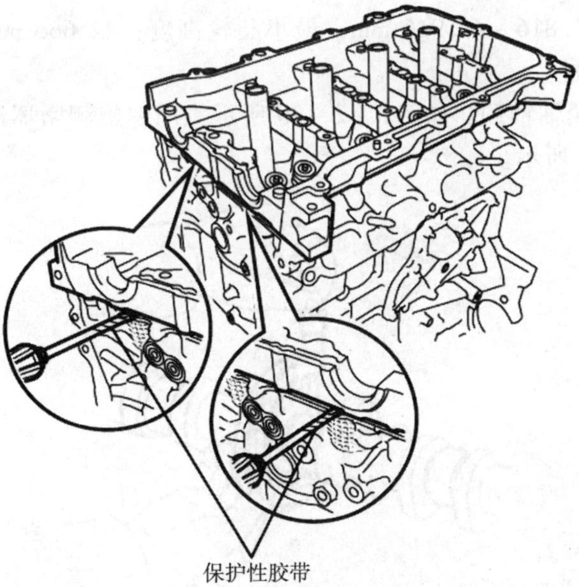

图 3-2-17　拆卸凸轮轴壳

小心：

不要损坏气缸盖和凸轮轴壳的接触面。

2）检测凸轮轴

（1）如图 3－2－18 所示，检查 1 号凸轮轴的径向跳动

①将凸轮轴放在 V 型块上。

②用百分表测量中心轴颈的径向跳动。

最大径向跳动：0.04 mm；如果径向跳动大于最大值，则更换凸轮轴。

（2）检查 1 号凸轮轴凸轮。如图 3－2－19 所示，用螺旋测微器测量凸轮的高度。

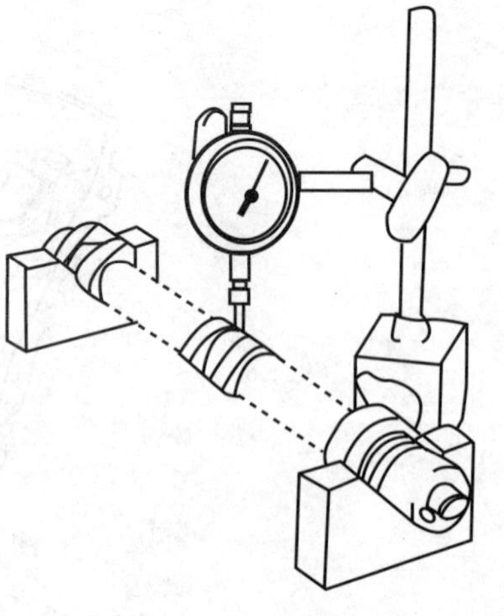

图 3－2－18　检查凸轮轴的径向跳动

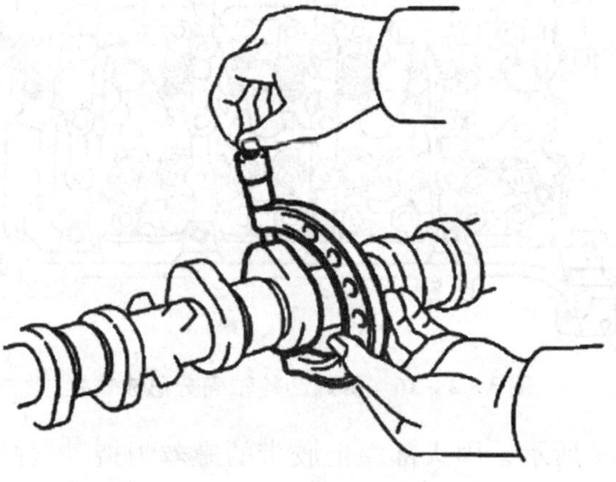

图 3－2－19　检查凸轮轴凸轮

标准凸轮高度：42.816～42.916 mm；最小凸轮高度：42.666 mm；如果凸轮高度小于最小值，则更换凸轮轴。

（3）检查 1 号凸轮轴轴颈。如图 3－2－20 所示，用螺旋测微器测量轴颈的直径。标准轴颈直径如表 3－2－1 所示。

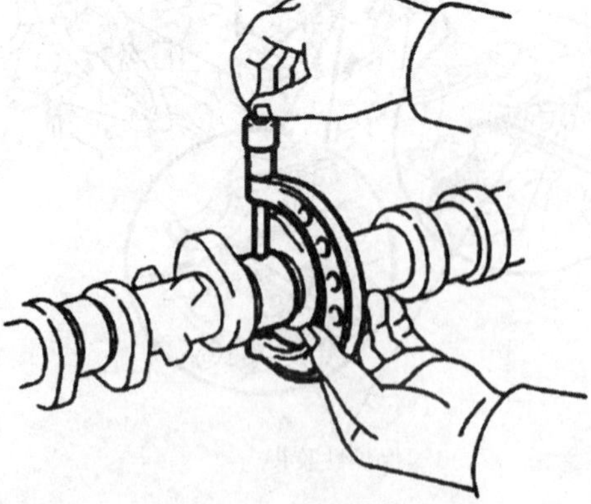

图 3－2－20　检查凸轮轴轴颈

表 3－2－1　标准轴颈直径

轴颈位置	规定状态
1 号	34.449～34.465 mm
其他	22.949～22.965 mm

如果轴颈直径不符合规定，则检查油膜间隙［检查油膜间隙见步骤（8）］。

（4）如图 3－2－18 所示，检查 2 号凸轮轴的径向跳动。

①将 2 号凸轮轴放在 V 型块上。

②用百分表测量中心轴颈的径向跳动。

最大径向跳动：0.04 mm；如果径向跳动大于最大值，则更换 2 号凸轮轴。

（5）检查 2 号凸轮轴凸轮。如图 3－2－19 所示，用螺旋测微器测量凸轮的高度。

标准凸轮高度：44.336～44.436 mm；最小凸轮高度：44.186 mm；如果凸轮高度小于最小值，则更换凸轮轴。

（6）检查 2 号凸轮轴轴颈。如图 3－2－20 所示，用螺旋测微器测量轴颈的直径。

如果轴颈直径不符合规定，则检查油膜间隙［检查油膜间隙见步骤（8）］。

（7）检查凸轮轴轴向间隙。

①安装凸轮轴［参见安装步骤（6）］。

②如图 3－2－21 所示，来回移动凸轮轴的同时，用百分表测量轴向间隙。标准轴向间隙如表 3－2－2 所示。

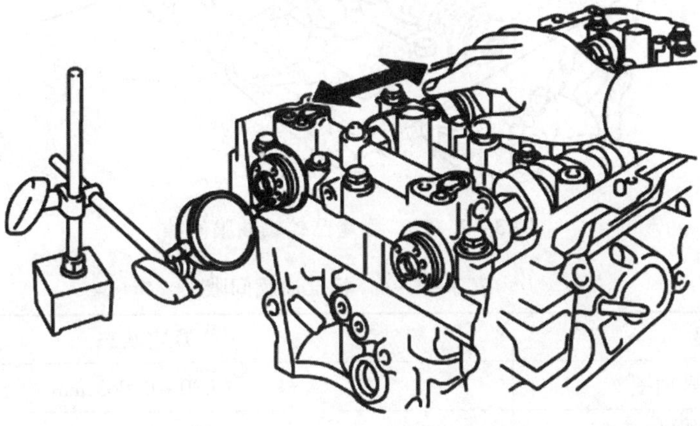

图 3－2－21　检查凸轮轴轴向间隙

表 3－2－2　标准轴向间隙

项目	规定状态
进气	0.06～0.155 mm
排气	0.06～0.155 mm

如果轴向间隙大于最大值（表 3－2－3），则更换凸轮轴壳。如果止推面损坏，则更换凸轮轴。

表 3－2－3　最大轴向间隙

项目	规定状态
进气	0.17 mm
排气	0.17 mm

（8）检查凸轮轴油膜间隙。

①清洁轴承盖和凸轮轴轴颈。

②将凸轮轴放到凸轮轴壳上。

③将塑料间隙规摆放在各凸轮轴轴颈上。

④安装轴承盖［参见安装步骤（7）］。

小心：

不要转动凸轮轴。

⑤拆下轴承盖［参见拆卸步骤（5）］。

⑥如图 3－2－22 所示，测量塑料间隙规最宽处。标准油膜间隙如表 3－2－4 所示。

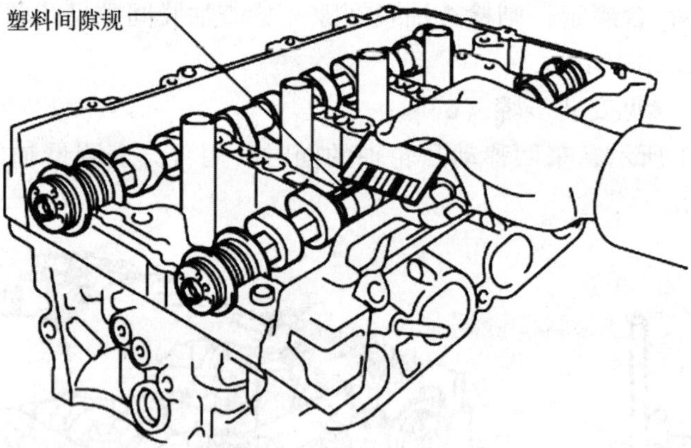

图 3－2－22　测量凸轮轴油膜间隙

表 3－2－4　标准油膜间隙

项目	规定状态
凸轮轴 1 号轴颈	0.030～0.063 mm
凸轮轴其他轴颈	0.035～0.072 mm

小心：

检查后完全清除塑料间隙规。

如果油膜间隙大于最大值（表 3－2－5），则更换凸轮轴。如有必要，则更换气缸盖。

表 3－2－5　最大油膜间隙

项目	规定状态
凸轮轴 1 号轴颈	0.085 mm
凸轮轴其他轴颈	0.039 mm

3）安装凸轮轴

（1）安装气门间隙调节器总成。

小心：

使气门间隙调节器远离灰尘和异物；

仅使用干净的发动机机油。

①将气门间隙调节器放入装有发动机机油的容器中。

②将 SST（SST 09276－75010）顶端插入气门间隙调节器的柱塞中，并用顶端挤压柱塞中的单向球。

③将 SST 和气门间隙调节器压在一起，上下移动柱塞 5～6 次。

④检查柱塞的运动情况并放气。

正常：

柱塞上下移动。

小心：

从高压室放气时，确保 SST 的端部已如图 3－2－23 所示压住单向球。如果没有压住单向球，空气就不会从高压室排出。

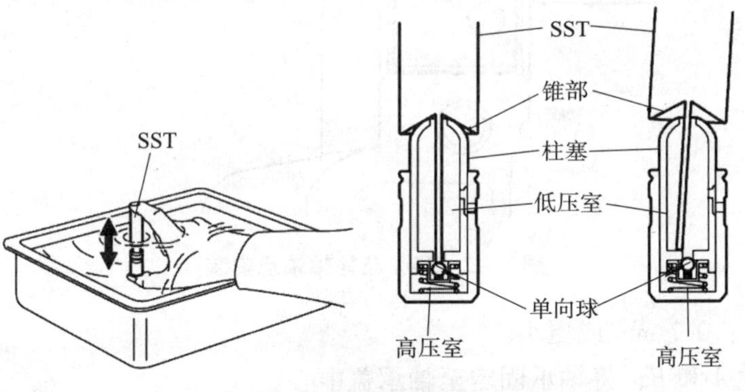

图 3－2－23　气门间隙调节器总成放气

⑤放气后，拆下 SST。然后，试着用手指迅速且用力地按压柱塞。

正常：

柱塞很难移动。

如果结果不符合规定，则更换气门间隙调节器。

⑥将气门间隙调节器安装回原处。

（2）安装 1 号气门摇臂分总成。

①在气门间隙调节器端部和气门杆盖端上涂抹发动机机油。

②确保将气门摇臂安装至图 3－2－24 所示位置。

（3）安装 1 号凸轮轴轴承。

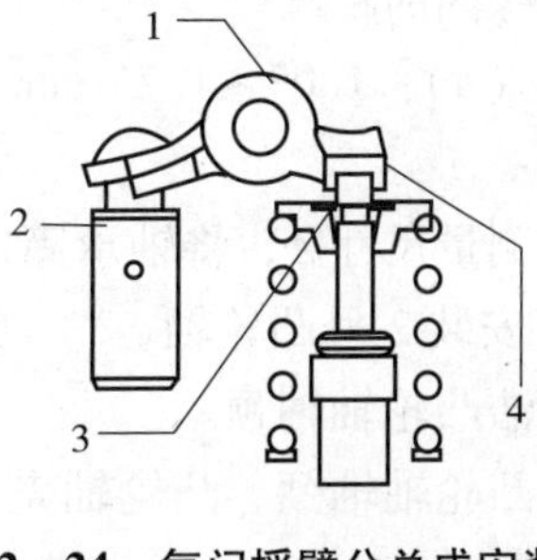

图 3－2－24　气门摇臂分总成安装位置

1—气门摇臂；2—间隙调节器；
3—气门杆；4—气门杆盖

①清洁轴承的双表面。

②如图 3－2－25 所示，安装 2 个 1 号凸轮轴轴承，并用游标卡尺测量轴承盖边缘和凸轮轴轴承边缘间的距离。

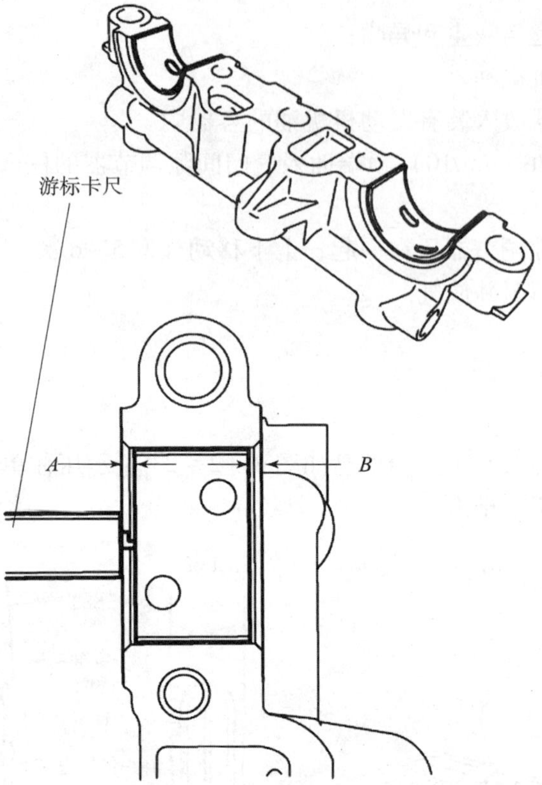

图 3－2－25　凸轮轴轴承安装

尺寸（A、B）：0.7 mm 或更小。

通过测量尺寸 A 和 B，将轴承固定至轴承盖中心。

（4）安装 2 号凸轮轴轴承。

①清洁轴承的双表面。

②如图 3－2－26 所示，安装 2 个 2 号凸轮轴轴承，用游标卡尺测量轴承盖边缘和凸轮轴轴承边缘间的距离。

尺寸（A）：1.05～1.75 mm。

小心：

通过测量尺寸 A，将轴承固定至轴承盖中心。

（5）安装 2 号凸轮轴。

①清洁凸轮轴轴颈。

②在凸轮轴轴颈、凸轮轴壳和轴承盖上涂抹一薄层发动机机油。

③如图 3－2－27 所示，将 2 号凸轮轴安装到凸轮轴壳上。

（6）安装凸轮轴。

①清洁凸轮轴轴颈。

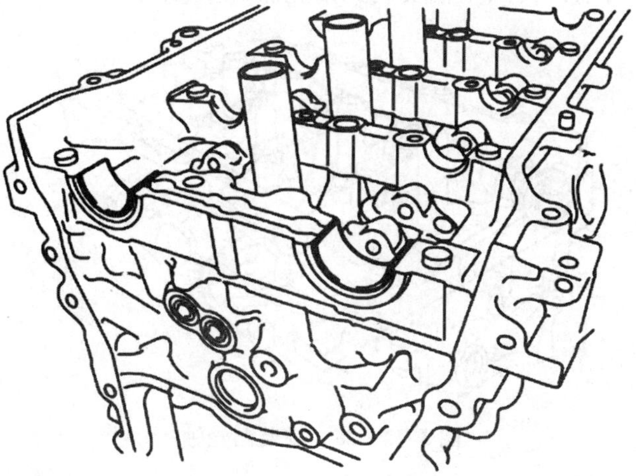

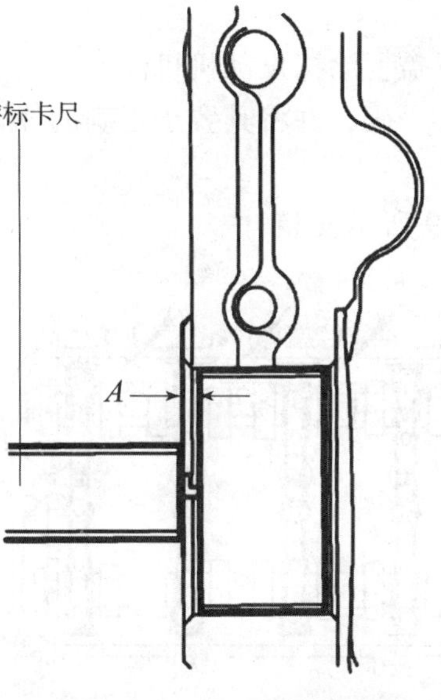

图 3－2－26　2 号凸轮轴轴承安装

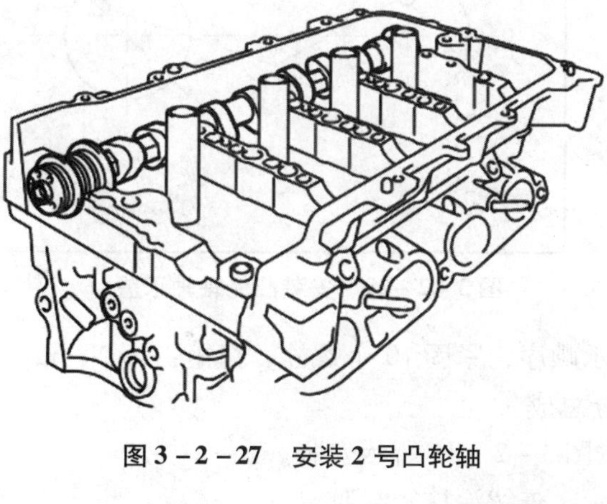

图 3－2－27　安装 2 号凸轮轴

②在凸轮轴轴颈、凸轮轴壳和轴承盖上涂抹一薄层发动机机油。

③如图 3-2-28 所示，将凸轮轴安装到凸轮轴壳上。

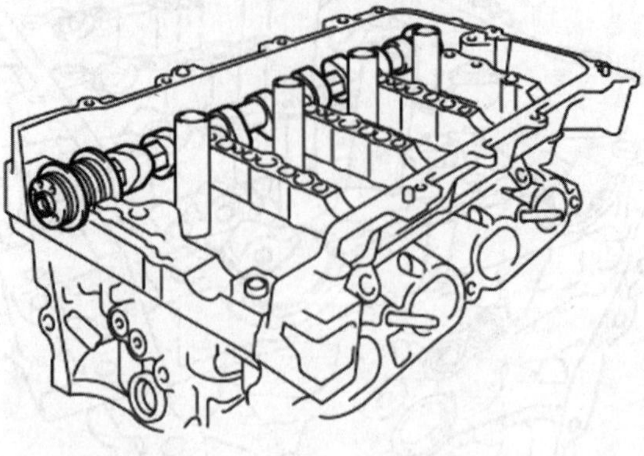

图 3-2-28　安装凸轮轴

(7) 安装凸轮轴轴承盖。

①在凸轮轴轴颈、凸轮轴壳和轴承盖上涂抹发动机机油。

②确认各凸轮轴轴承盖上的标记和号码，并将其置于正确的位置和方向。

提示:

确保凸轮轴的锁销按如图 3-2-29 所示安装。

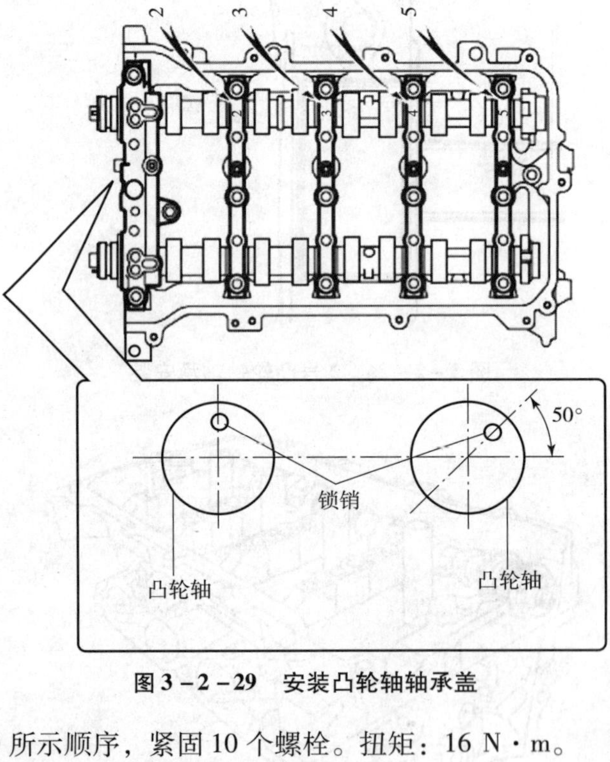

图 3-2-29　安装凸轮轴轴承盖

③按图 3-2-30 所示顺序，紧固 10 个螺栓。扭矩：16 N·m。

(8) 安装凸轮轴壳分总成。

①确保将气门摇臂按图 3-2-31 所示安装。

②如图 3-2-32 所示，连续涂抹密封胶。

密封胶：丰田原厂黑密封胶、Three Bond 1207B 或同等产品。

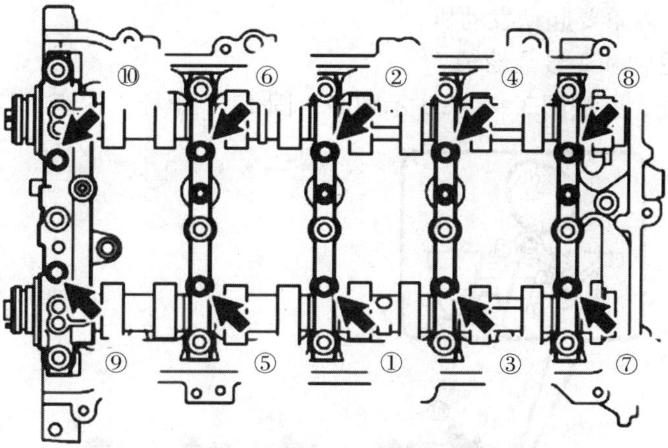

图 3－2－30 凸轮轴轴承盖螺栓紧固顺序

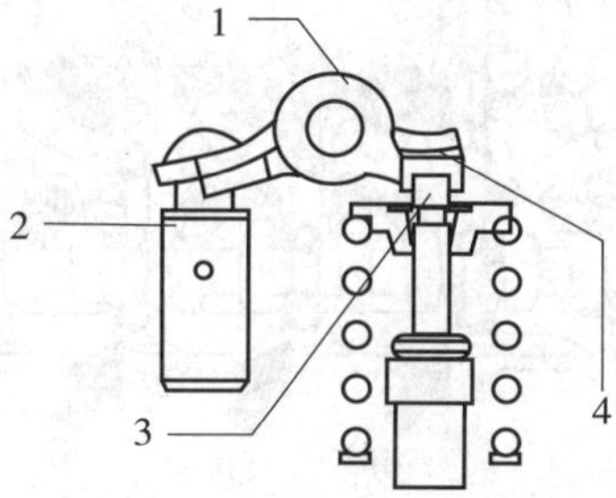

图 3－2－31 气门摇臂安装

1—气门摇臂；2—间隙调节器；3—气门杆；4—气门杆盖

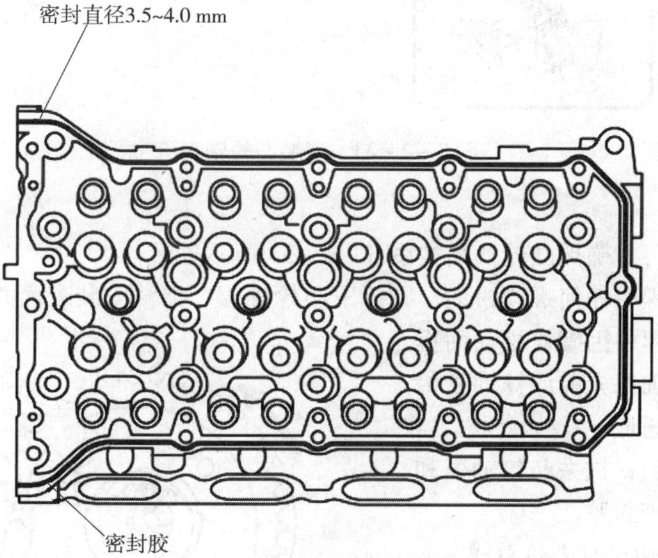

图 3－2－32 涂抹密封胶

密封直径：3. 5 ~4. 0 mm。

小心：

清除接触面的所有机油。

在涂抹密封胶后 3 min 内安装凸轮轴壳分总成。

安装后至少 2 h 内不要起动发动机。

③固定 1 号凸轮轴和 2 号凸轮轴。

④安装凸轮轴壳，并按图 3－2－33 示顺序紧固 17 个螺栓。扭矩：27 N · m。

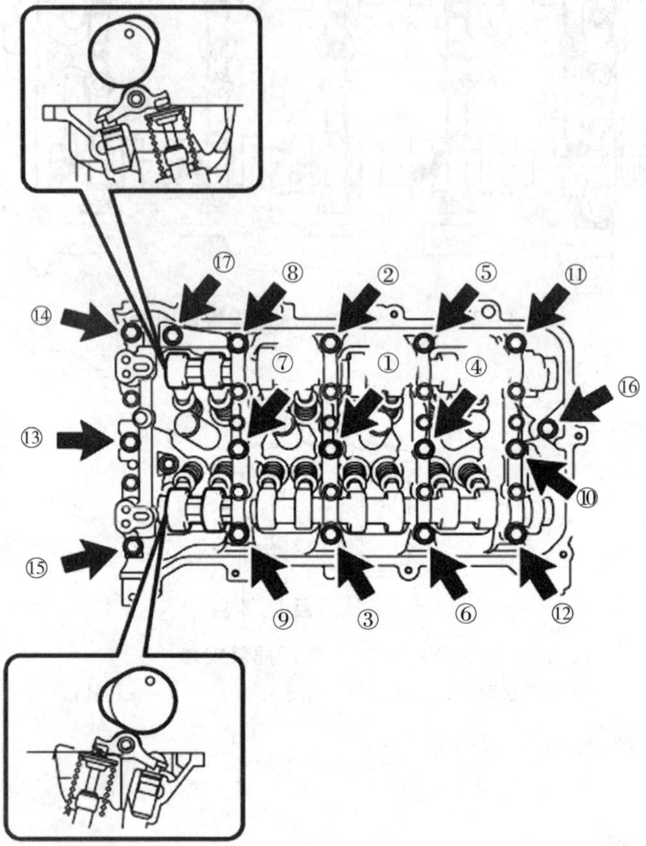

图 3－2－33　安装凸轮轴壳

小心：

安装凸轮轴壳后，确保凸轮凸角按图 3－2－33 所示安装。

如果在安装过程中任何螺栓松动，则拆下凸轮轴壳、清洁安装表面并重新涂抹密封胶。

如果在安装过程中因螺栓松动而拆下凸轮轴壳，则应确保先前涂抹的密封胶未进入任何机油通道。

安装凸轮轴壳后，拭去凸轮轴壳和气缸盖之间渗出的密封胶。

（9）安装凸轮轴正时齿轮总成。

①检查并确认锁销已安装在凸轮轴上。

②如图 3－2－34 所示，使直销和键槽不对准，将凸轮轴正时齿轮和凸轮

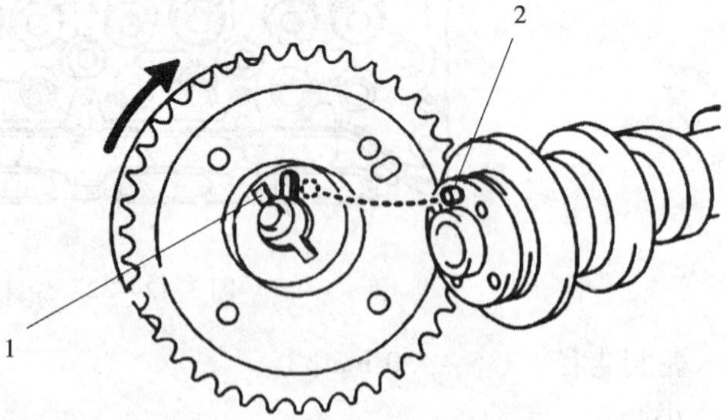

图 3－2－34　直销和键槽不对准

1—键槽；2—直销

轴放置在一起。

小心：

不要用力推入凸轮轴正时齿轮总成。这样可能导致凸轮轴锁销端部损坏凸轮轴正时齿轮总成的安装表面。

③将凸轮轴正时齿轮轻轻推向凸轮轴的同时，按图 3-2-35 所示方向旋转凸轮轴正时齿轮，将齿轮销进一步推入键槽中。

小心：

不要使凸轮轴正时齿轮朝延迟方向（顺时针）转动。

④如图 3-2-36 所示，测量齿轮和凸轮轴间的间隙。间隙：0.1～0.4 mm。

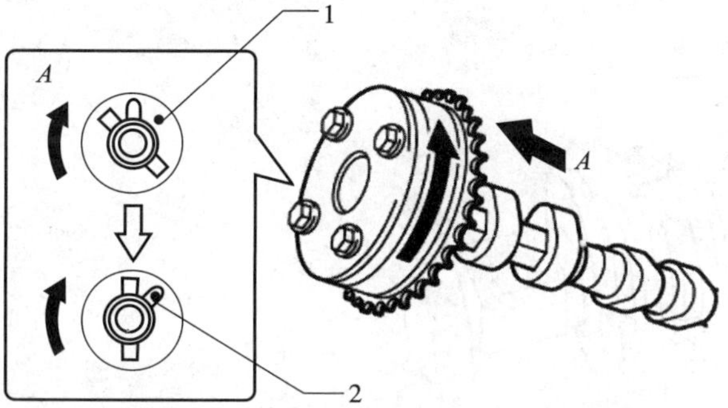

图 3-2-35 旋转凸轮轴正时齿轮

1—直销；2—键槽

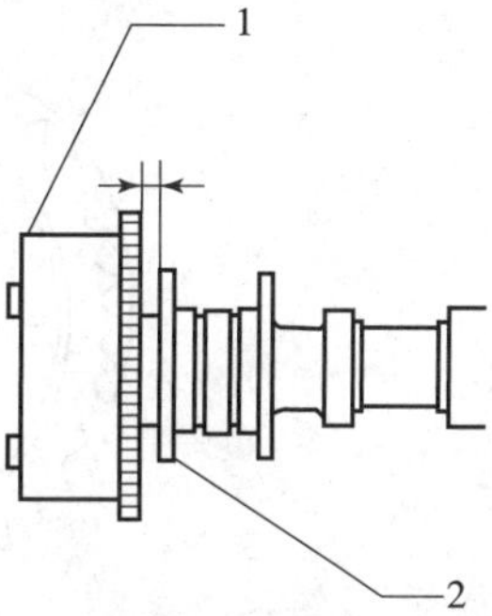

图 3-2-36 测量齿轮和凸轮轴间的间隙

1—凸轮轴正时齿轮；2—法兰

⑤如图 3-2-37 所示，在凸轮轴正时齿轮固定就位时，紧固凸缘螺栓。扭矩：54 N·m。

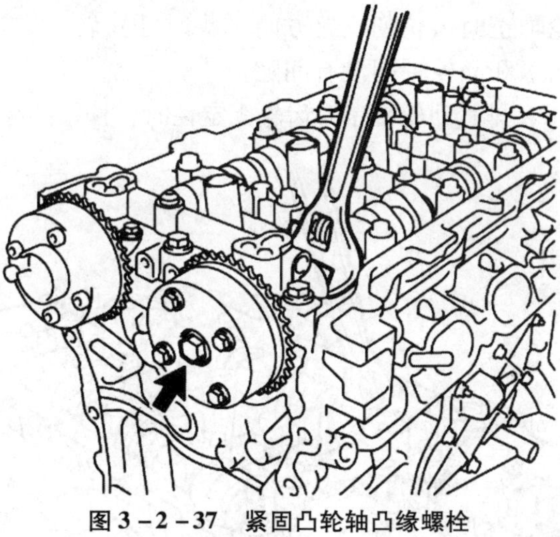

图 3-2-37 紧固凸轮轴凸缘螺栓

⑥如图 3-2-38 所示，检查并确认凸轮轴正时齿轮可以朝延迟方向（顺时针）转动，并锁止在最大延迟位置。

（10）安装排气凸轮轴正时齿轮总成。

①检查并确认锁销已安装在凸轮轴上。

②如图 3-2-39 所示，对准键槽和直销，然后将排气凸轮轴正时齿轮和凸轮轴连接起来。

图 3-2-38 检查凸轮轴正时齿轮转动

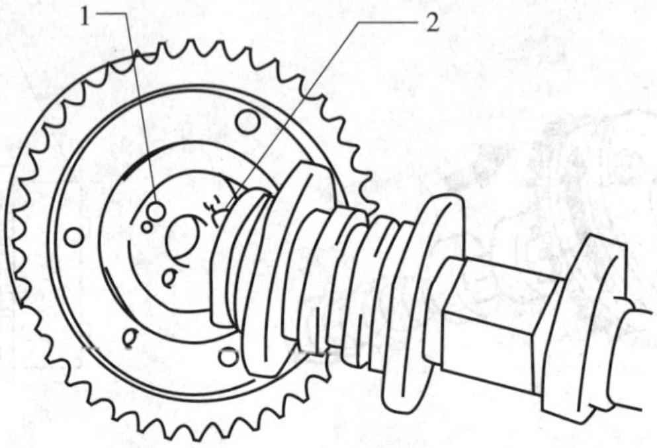

图 3-2-39 连接排气凸轮轴正时齿轮和凸轮轴

1—键槽；2—直销

③将齿轮轻轻地压在凸轮轴上，并转动齿轮。将齿轮销进一步推入键槽中。

小心：

一定不要使排气凸轮轴正时齿轮朝延迟方向（顺时针）转动。

④检查并确认齿轮凸缘和凸轮轴间没有间隙。

⑤如图 3-2-40 所示，排气凸轮轴正时齿轮固定住时，拧紧凸缘螺栓。扭矩：54 N · m。

图 3-2-40 紧固排气凸轮轴凸缘螺栓

⑥检查排气凸轮轴正时齿轮的锁止情况，确保排气凸轮轴正时齿轮已锁止。

3.2.2　气门传动组

气门传动组由凸轮轴和凸轮轴正时齿轮、挺柱、挺柱导管、推杆和摇臂总成等组成，如图3-2-41所示。气门传动组的主要作用是使进、排气门按照配气相位规定的时间开启与关闭。

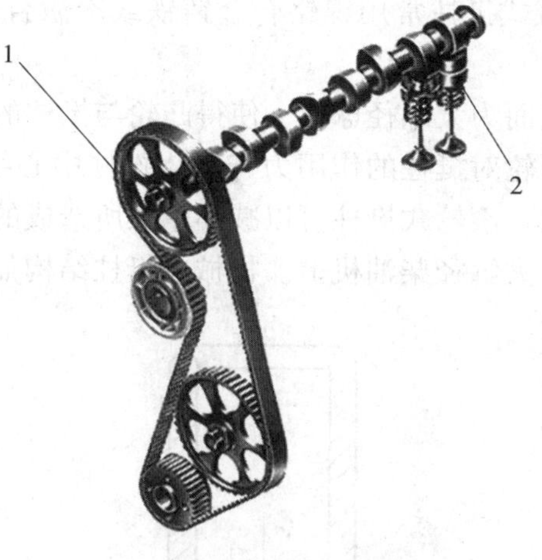

图3-2-41　气门传动组

1—气门传动组；2—气门组

1. 凸轮轴

1）凸轮轴的功用

凸轮轴（图3-2-42）是由发动机曲轴驱动而旋转，用来驱动和控制各缸气门的开启和关闭，使其符合发动机的工作顺序、配气相位及气门开度的变化规律等要求。

图3-2-42　凸轮轴

2）凸轮轴的材料

工作中，凸轮表面要有足够的硬度和耐磨性；否则，凸轮的磨损与变形会造成配气相位的改变，气门升程的减少，影响发动机正常工作。因此凸轮轴一般采用优质钢模锻而成，也有用合金铸铁或球墨铸铁铸造而成的。凸轮与轴颈表面经过热处理，具备高硬度和耐磨性。

3）凸轮轴的一般构造

凸轮轴主要由凸轮、轴颈、偏心轮和螺旋齿轮等组成（图3-2-42）。

凸轮分为进气凸轮和排气凸轮两种，用来驱动与控制气门的开启与关闭。

轴颈对凸轮轴起支承作用。对于下置式凸轮轴来说，凸轮轴上还设有螺旋齿轮和偏心轮，用来驱动分电器、机油泵和膜片式汽油泵。

凸轮轴的前端通过键装有凸轮轴正时齿轮或链轮及同步齿形带轮。

2. 气门挺柱

1）功用

把凸轮的推力传递给推杆，并承受凸轮轴旋转时所施加的侧向力。

2）类型

气门挺柱有机械式挺柱、液力挺柱和推杆三种。

（1）机械式挺柱。机械式挺柱常用镍铬合金铸铁或冷激合金铸铁制造，其摩擦表面应经热处理后研磨。

菌式和筒式机械挺柱底面为大半径球面，使得凸轮与挺柱的接触点偏离挺柱中心线，在挺柱被凸轮推起上升时，凸轮对挺柱的作用力产生绕挺柱中心线的力矩，使挺柱旋转起来，从而使挺柱和凸轮磨损均匀。滚轮式挺柱可以减小摩擦所造成的对挺柱的侧向力，但结构复杂、重量较大，一般多用于大缸径柴油机上。机械式挺柱结构如图 3-2-43 所示。

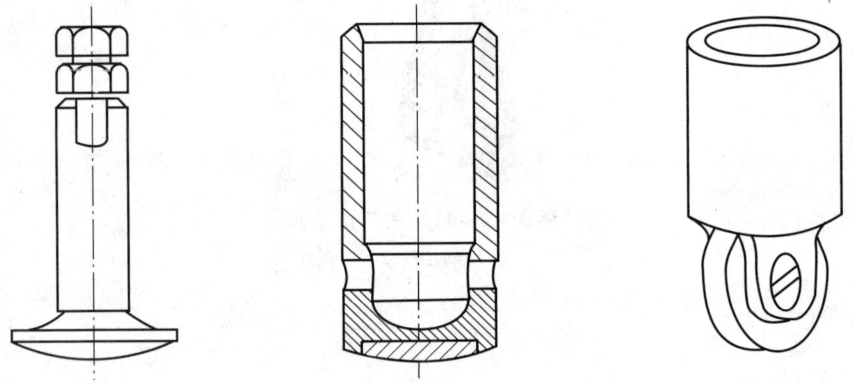

图 3-2-43　机械式挺柱

（a）菌式；（b）筒式；（c）滚轮式

采用机械式挺柱的配气机构需留气门间隙。

（2）液力挺柱。为了防止受热膨胀后气门关闭不严，大多数发动机都预留了气门间隙，但这又会造成气门开启关闭时的冲击，产生磨损和噪声。为解决这一矛盾，目前越来越多的发动机采用了长度随温度轻微变化的液力挺柱。

液力挺柱的外形和结构如图 3-2-44 所示。挺柱体由圆桶和上端盖焊接而成。下端封闭的油缸外圆柱面与挺柱导向孔配合，内圆柱面与柱塞配合。球阀被补偿弹簧压靠在柱塞下端面的阀座上。

挺柱体内部的低压油腔通过挺柱顶背面的键形槽与柱塞上方的低压油腔相通。在挺柱运动过程中，当挺柱体上的环形槽与缸盖上的斜油孔对齐时，缸盖油道内的润滑油通过量油孔、斜油孔和环形油槽进入低压油腔。柱塞下端油缸内部的空腔，称为高压油腔，当球阀打开时，高压油腔与低压油腔相通。

无论是高压油腔还是低压油腔，都充满了油液。补偿弹簧还可以使油缸与柱塞相对运动，保持挺柱顶面与凸轮紧密接触。油缸下端面与气门杆下端面紧密接触，整个配气机构无

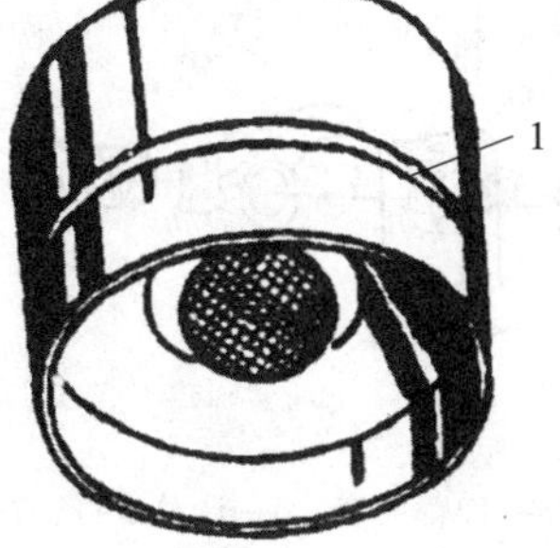

(a)

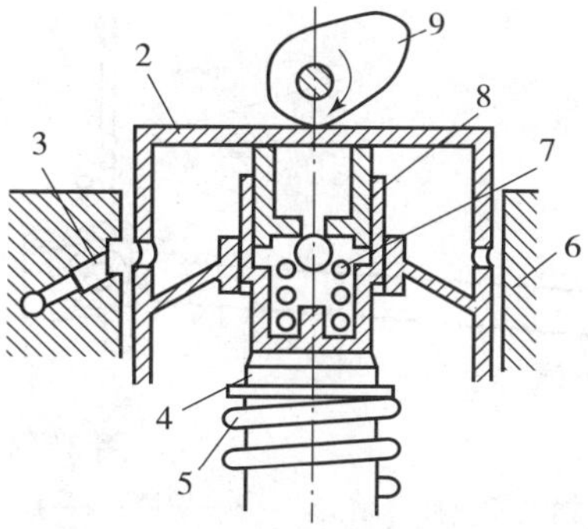

(b)

图 3-2-44　液力挺柱的外形和结构

(a) 外形；(b) 结构

1—环槽；2—挺柱体；3—缸盖机油道；4—气门杆；5—气门弹簧；6—气缸盖；7—弹簧；8—球阀；9—凸轮

间隙。在气门打开的过程中，凸轮推动挺柱体和柱塞下移，油缸受到气门弹簧的阻力而不能马上下移，导致油压升高，球阀将阀门关闭。由于油液的不可压缩性，整个挺柱如同一个刚体一样下移，将气门打开。在此期间，挺柱和油缸之间的间隙也会存在一些油液泄漏，但不影响气门的正常打开。

在气门关闭的过程中，挺柱上移，由于仍受到凸轮和气门弹簧两方面的顶压，高压油腔仍保持高压，球阀仍处于关闭状态，液力挺柱仍是一个刚性体，直至气门完全关闭为止。

气门关闭以后，补偿弹簧将柱塞和挺柱体继续向上推动一个微小的行程（补偿由于油液泄漏而造成的柱塞与挺柱体的下降），同时高压油腔油压下降，此时球阀打开，低压油腔的油液进入高压油腔内补充泄漏掉的油液。当气门关闭时，挺柱体上的环形油槽与缸盖上的斜油孔对齐，润滑系统的油液进入挺柱低压油腔内。

气门受热膨胀伸长时，通过柱塞与油缸之间的间隙，高压油腔内的油向低压油腔泄漏一部分，柱塞与油缸产生相对运动，从而使挺柱自动“缩短”，保证气门关闭紧密。同时通过减少气门关闭后的补油量，也保证了气门的关闭紧密。当气门冷却收缩时，补偿弹簧将柱塞与挺柱体向上推动，球阀打开，低压油腔油液进入高压油腔，挺柱自动“伸长”，可保证无气门间隙。

(3) 推杆。采用下置凸轮轴式的配气机构，利用推杆将挺柱传来的力传给摇臂。推杆的结构如图 3-2-45 所示。

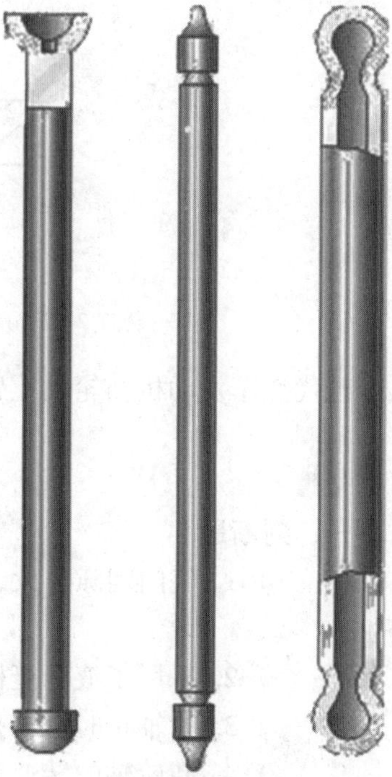

图 3-2-45　推杆

3) 摇臂组

摇臂组主要由摇臂、摇臂轴、摇臂轴支座和定位弹簧等组成，如图 3-2-46 所示。

摇臂轴为空心轴，支撑于摇臂轴支座孔内，支座用螺栓固定于缸盖上。为防止摇臂轴转动，利用摇臂轴紧固螺

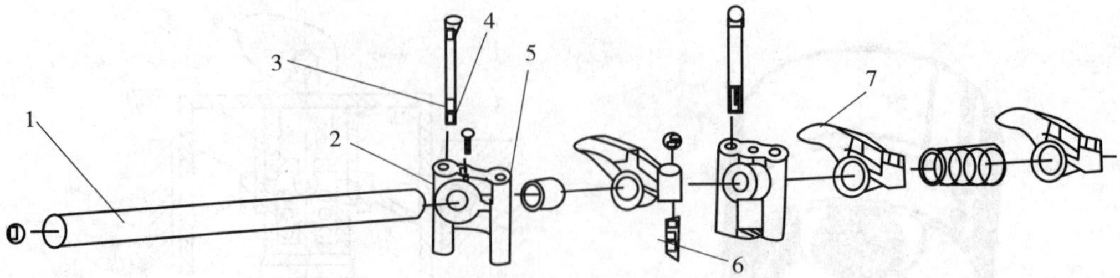

图 3-2-46 摇臂组

1—摇臂轴；2—摇臂轴支座；3—螺栓；4—摇臂轴紧固螺钉；5—摇臂衬套；6—调整螺钉；7—摇臂

钉将摇臂轴固定于支座。中间支座有油孔与缸盖油道相通，油道内的润滑油通过摇臂轴上的油孔进入摇臂轴内腔。碗形塞封住摇臂轴两端，防止润滑油漏出。摇臂通过中间轴孔套装在摇臂轴上，摇臂内的润滑油通过轴上的油孔进入到轴与摇臂衬套的配合间隙中进行润滑，并通过摇臂上的油孔对摇臂两端进行润滑。摇臂在轴上的位置通过定位弹簧来定位，在轴上两摇臂之间装有一个定位弹簧，防止摇臂轴向窜动。

摇臂是一个双臂杠杆，以中间轴孔为支点，将推杆传来的力改变方向和大小，传给气门并使气门开启。摇臂的两臂不等长，长臂端与气门杆尾端接触；短臂端制成螺纹孔，安装有调整螺钉，用来调整气门间隙。调整时转动调整螺钉，调好后拧紧锁紧螺母，以防调整螺钉松动而改变气门间隙。摇臂上端面钻有油孔，中间轴孔的润滑油通过该油孔流向摇臂两端进行润滑。摇臂结构如图 3-2-47 所示。

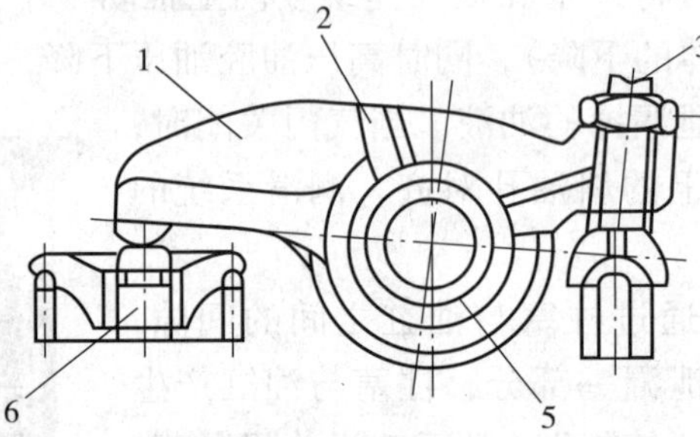

图 3-2-47 摇臂

1—摇臂；2—润滑油道；3—调整螺钉；4—锁紧螺母；5—摇臂衬套；6—气门

现代汽车发动机凸轮轴上置式也有采用图 3-2-48 所示的摇臂。

习题

一、判断题

( ) 1. 气门间隙过大，易造成充气不足、排气不彻底，影响发动机的动力性和经济性。

( ) 2. 采用了液压挺柱的发动机，其气门间隙不需要调整。

( ) 3. 曲轴正时齿轮是由凸轮轴正时齿轮驱动的。

( ) 4. 凸轮轴的转速比曲轴的转速快 1 倍。

( ) 5. 可使用塑料间隙规检查凸轮轴油膜间隙。

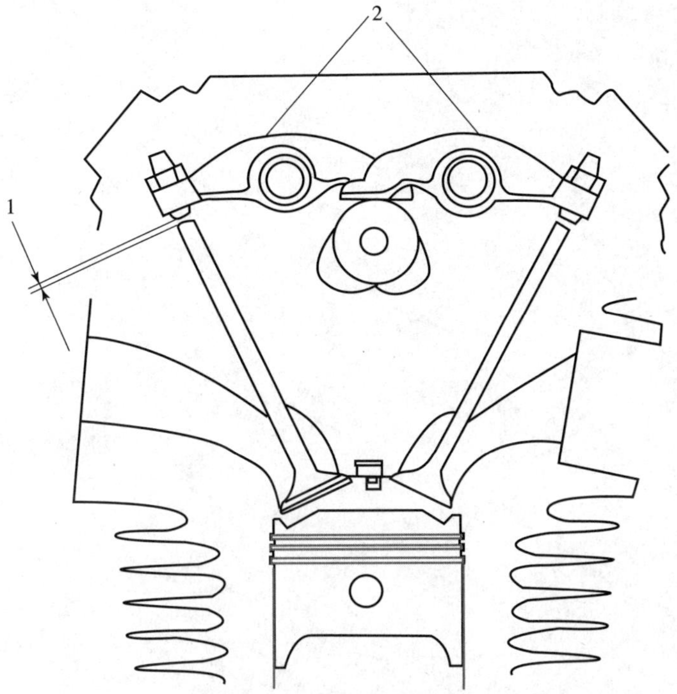

图3-2-48 摇臂

1—气门间隙；2—摇臂

二、选择题

1. 下述各零件不属于气门传动组的是（　　）。

A. 气门弹簧　　B. 挺柱　　C. 摇臂轴　　D. 凸轮轴

2. 发动机凸轮轴变形的主要形式是（　　）。

A. 弯曲　　B. 扭曲

C. 弯曲和扭曲　　D. 圆度误差

3. 气门间隙过大，发动机工作时（　　）。

A. 气门早开　　B. 气门迟开

C. 不影响气门开启时刻

4. 下面凸轮轴布置型式最适合于高速发动机的是（　　）。

A. 凸轮轴下置式　　B. 凸轮轴上置式

C. 凸轮轴中置式

5. 气门传动组零件的磨损，配气相位的变化规律是（　　）。

A. 早开早闭　　B. 早开晚闭　　C. 晚开早闭　　D. 晚开晚闭

班级：__________　　指导教师：__________

组号：__________　　组员：______________________________

项目二　凸轮轴拆装与检测工作页

一、准备工作

（1）设备：工作台、1ZR－FE 发动机总成。

（2）工具与量具：组合工具箱、一字螺丝刀、V 型铁、百分表、磁力表座、塑料线规、千分尺、扭力扳手。

（3）发动机维修手册。

（4）耗材、工单及其他：机油、清洁的容器、清洁用棉布、工单、手套等。

二、工作过程

1. 检查进气凸轮轴正时齿轮总成

2. 检查排气凸轮轴正时齿轮总成

3. 拆卸凸轮轴正时齿轮总成

4. 检查凸轮轴径向跳动

（1）将凸轮轴放在 V 型铁上。

（2）使用百分表测量中间轴颈的径向跳动。

查阅维修手册，该发动机凸轮轴最大径向跳动：________，测量结果________，该凸轮轴的失圆度（超标/未超标），（需要/不需要）更换凸轮轴。

5. 使用千分尺，测量凸轮高度

查阅维修手册，该发动机凸轮轴最小凸轮高度：________，测量结果为________。

该凸轮的磨损（超标/未超标），（需要/不需要）更换凸轮轴。

6. 使用千分尺，测量轴颈

查阅维修手册，该发动机凸轮轴轴颈范围：________，测量结果为________。

该凸轮轴的轴颈磨损（超标/未超标），（需要/不需要）更换凸轮轴。

7. 检查凸轮轴轴向间隙

（1）安装凸轮轴。

（2）使用百分表，前后移动凸轮轴测量止推间隙。

查阅维修手册，该发动机凸轮轴止推间隙最大值：________，测量结果________，该凸轮轴止推间隙（超标/未超标），（需要/不需要）更换凸轮轴。

8. 检查轴颈油隙

（1）检查轴承盖和轴颈。

（2）检查轴承的剥落和拉伤。

轴承（损坏/无明显损坏），（需要/不需要）成套更换轴承和气缸盖。

（3）将凸轮轴放在气缸盖上。

（4）在每个凸轮轴轴颈位置放上塑料间隙规。

（5）按要求安装、拆下轴承盖。

（6）在最宽处测量间隙规，测量完成后取走间隙规。

查阅维修手册，该发动机轴颈油隙最大值：________，测量结果________，该凸轮轴的轴颈油隙（超标/未超标），(需要/不需要）更换凸轮轴。

9. 安装凸轮轴

三、5S 工作

（1）工量具清洁、收纳、归位；

（2）零件清洁、归位；

（3）维修手册归位；

（4）清洁工作台，耗材按使用情况整理归位或丢入垃圾桶；

（5）清洁实训用台架发动机；

（6）清扫实训场地并清空垃圾，关灯、关门。

班级：____________ 指导教师：____________

组号：____________ 组员：________________________________

项目二 凸轮轴拆装与检测评分表

序号	项目	操作内容	评判标准	配分	扣分
1	安全文明否决	重大安全事故、文明操作	造成人身、设备重大事故，或恶意攻击考官、严重扰乱考场秩序，立即终止考试，此项目记0分		
2	安全文明生产	作业操作	不穿工作服、工作鞋，不戴工作帽各扣1分 工具、零件乱放混放每次扣2分 油、水洒落或零部件表面未及时清理每次扣1分 考试完后不清理工零件或场地各扣3分 不服从考官指示、出言不逊，每次扣3分 拆装前不检查发动机台架锁止情况（含每次被考官提醒），每次扣3分	20	
3	准备	工量具准备与检查	工量具每少准备一件扣1分 工量具选择不当，每次扣2分 未校验量具每次扣2分	5	
4	手册	维修手册使用	每查错一个数据或漏查一个数据扣3分，根据工单填写情况对照维修手册标准值评分	10	
5	失圆	检查凸轮轴失圆	未清洁被测凸轮轴扣2分 未清洁量具扣2分 百分表测量轴颈选错扣5分 工具、零件落地每次扣2分 测量数据每错一个扣1分 读数错误扣3分 不能判断检测结果扣5分	10	
6	凸轮桃尖	测量凸轮桃尖高度	未清洁被测凸轮扣2分 未清洁量具扣2分 工具、零件落地每次扣2分 读数不正确扣2分 不能判断检测结果扣5分	10	
7	轴颈	使用千分尺，测量轴颈	未清洁被测轴颈扣2分 未清洁量具扣2分 工具、零件落地每次扣2分 读数不正确扣2分 不能判断检测结果扣5分	15	

续表

序号	项目	操作内容	评判标准	配分	扣分
8	轴颈油隙	检查轴颈油隙	未清洁被测轴颈扣 2 分 工具、零件落地每次扣 2 分 塑料间隙规放置位置不正确扣 2 分 轴承盖拆装顺序不正确扣 3 分 转动凸轮轴扣 3 分 不能判断检测结果扣 3 分	15	
9	凸轮轴止推间隙	检查凸轮轴止推间隙	工具、零件落地每次扣 2 分 百分表装配不当扣 2 分 凸轮轴推动操作不当扣 2 分 读数不正确扣 2 分 不能判断检测结果扣 2 分	10	
10	工单	填写工单	维修记录字迹潦草扣 2 分 填写不完整，每项扣 1 分	5	
			合计	100	

项目三

正时链的检测与更换

3.3.1 准备工作

（1）设备：台架发动机、工作台。

（2）工具与量具：（10 号、12 号、14 号、17 号套筒）、中长细连接杆、T 型臂、活动扳手、工具扳手、大号一字螺丝刀、大/中/小扭矩扳手、水泵皮带轮 SST。

（3）发动机维修手册。

（4）耗材、工单及其他：记号笔、机油壶、清洁用棉布、手套、木块等。

3.3.2 正时链的拆卸

（1）拆卸水泵皮带轮（图 3-3-1）。

（2）拆卸发动机固定支架（图 3-3-2）。

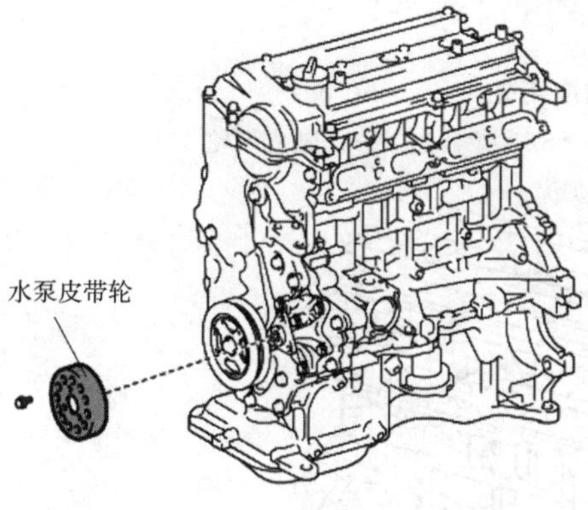

图 3-3-1 拆卸水泵皮带轮

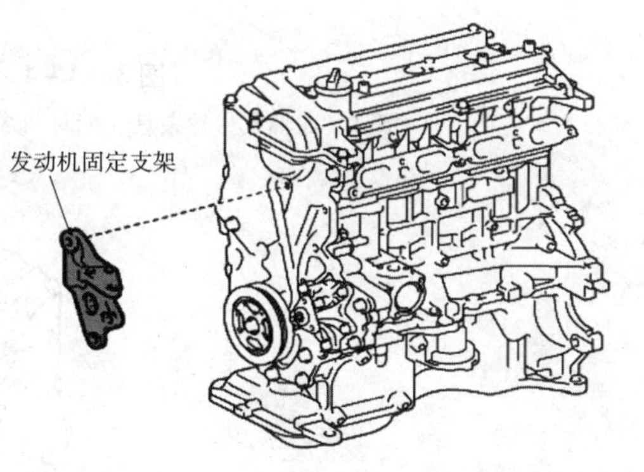

图 3-3-2 拆卸发动机固定支架

（3）设定活塞位置：将曲轴皮带轮的正时标记设置为“0”，将一号气缸设置为压缩上止点，以便使凸轮轴的正时标记朝上（图 3-3-3）。

（4）拆卸曲轴皮带轮（图 3-3-4）。用曲轴皮带轮夹具和配对凸缘卡箍固定曲轴皮带轮并拆卸螺栓。用拉器取下曲轴皮带轮。

（5）拆卸水泵和衬垫（图 3-3-5）。

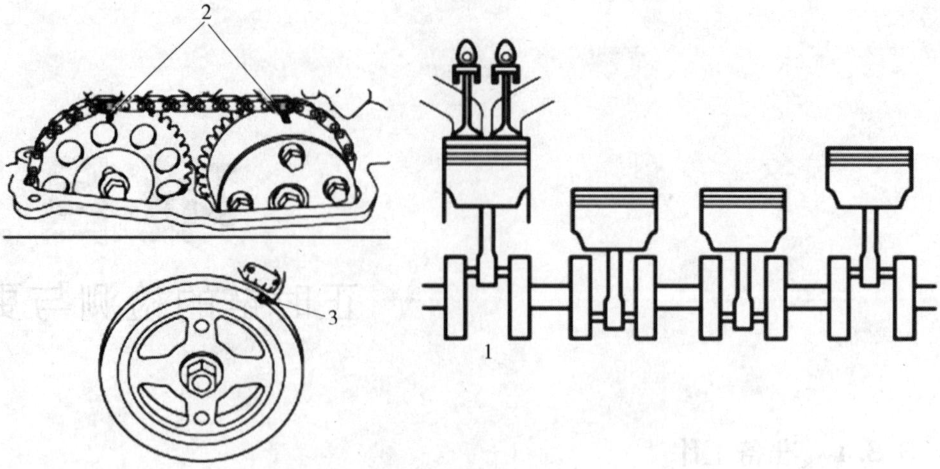

图 3-3-3　设定活塞位置

1—一号气缸压缩上止点；2—凸轮轴正时标记；3—曲轴正时标记

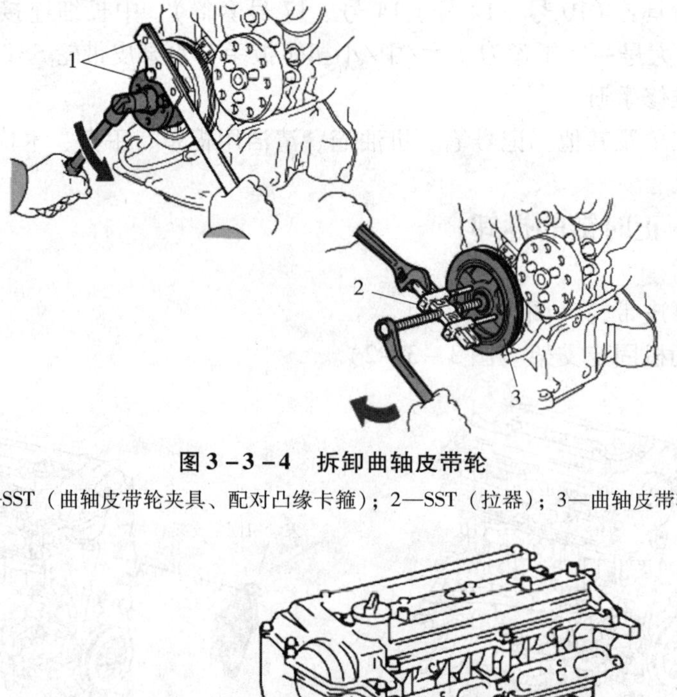

图 3-3-4　拆卸曲轴皮带轮

1—SST（曲轴皮带轮夹具、配对凸缘卡箍）；2—SST（拉器）；3—曲轴皮带轮

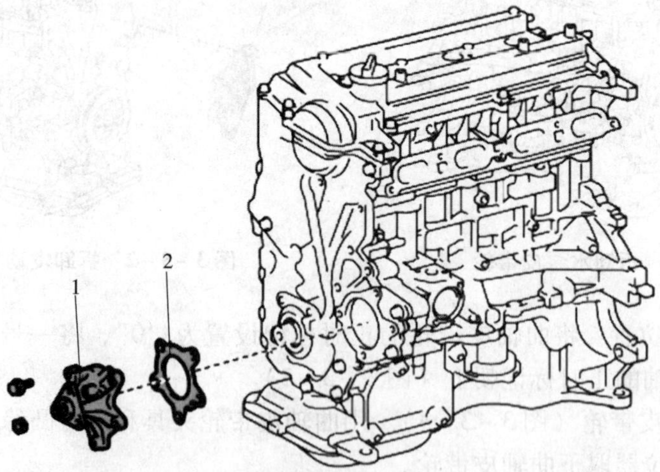

图 3-3-5　拆卸水泵和衬垫

1—水泵；2—衬垫

（6）拆卸气缸盖罩（图3－3－6）。

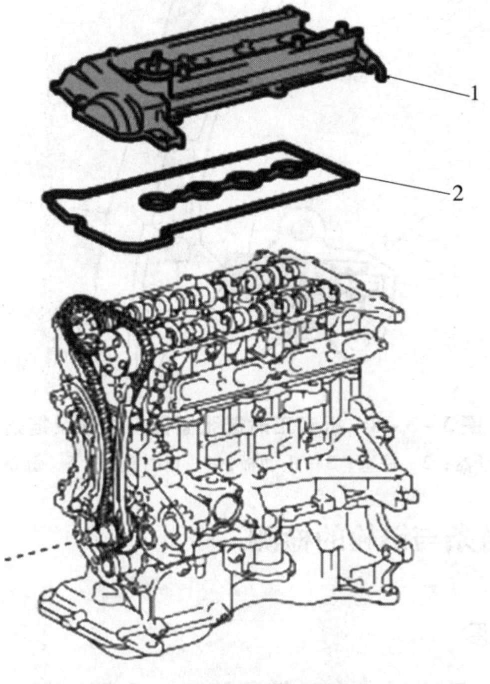

图3－3－6　拆卸气缸盖罩

1—气缸盖罩；2—衬垫

（7）拆卸正时链条盖（图3－3－7）。拆卸下所有螺栓和螺母，然后用缠有胶带的一字螺丝刀插入链条盖和气缸体之间，撬起正时链条盖。

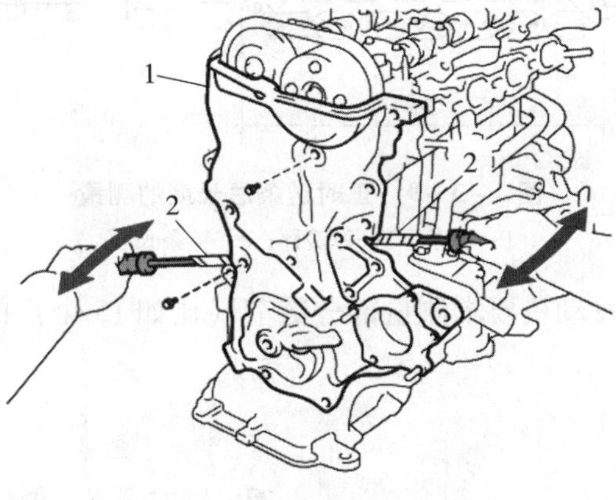

图3－3－7　拆卸正时链条盖

1—正时链条盖；2—缠有胶带的一字螺丝刀

（8）拆卸正时链张紧器、滑板及链条（图3－3－8）。

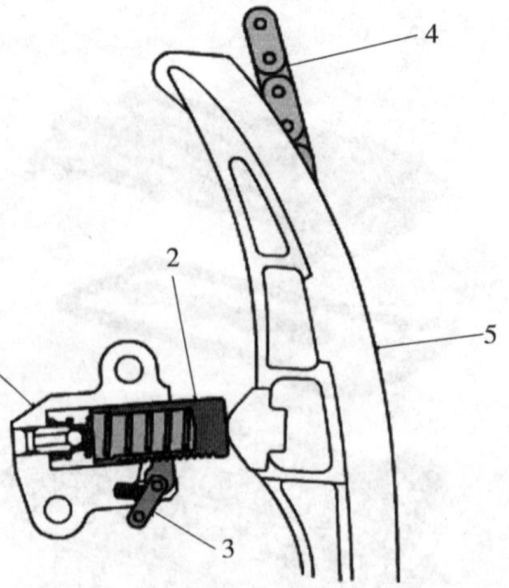

图 3-3-8 拆卸正时链张紧器、滑板及链条

1—链条张紧器；2—柱塞；3—止动板；4—正时链条；5—链条张紧器滑板

3.3.3 正时链条与链轮的检测

1. 检查正时链条的长度

将链条的一端固定，然后通过一个弹簧秤施加一个恒定的拉力拉动链条（拉力可定为 50 N）。用游标卡尺测量链条的总长度（图 3-3-9）。

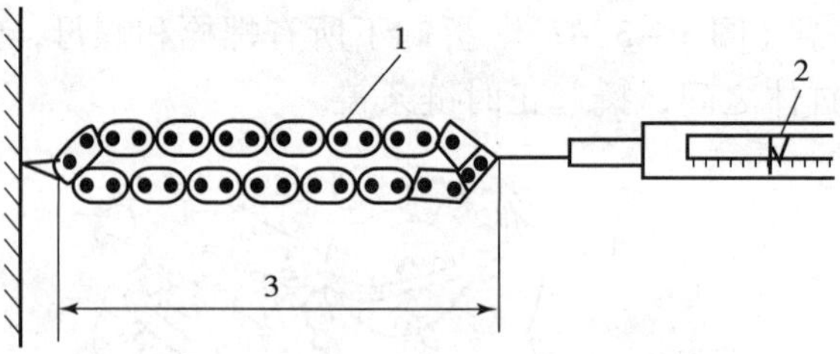

图 3-3-9 正时链条总长度的测量

1—链条；2—弹簧秤；3—链条长度

由于链条较长，有的发动机要求测量部分链节（比如 15 个）的长度（图 3-3-10）。

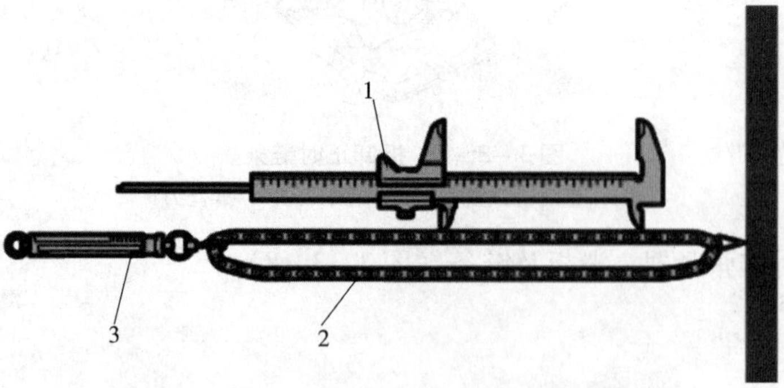

图 3-3-10 正时链条部分链节长度的测量

1—游标卡尺；2—链条；3—弹簧秤

测得的值与手册上的标准值进行比较，如果长度超过最大值，应更换新链条。

2. 正时链轮的检测

将链条安装在链轮上，用手挤紧链条，用游标卡尺测量链条的外径（图 3 – 3 – 11）。当链轮磨损后，测得的直径会减小。

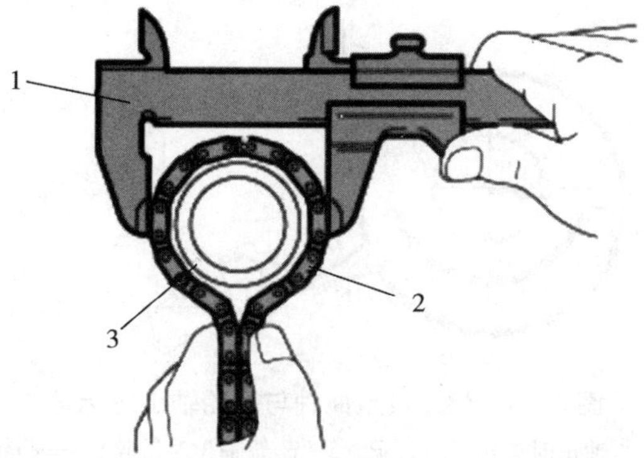

图 3 – 3 – 11　正时链条部分链节长度的测量

1—游标卡尺；2—链条；3—链轮

测得的值与手册上的标准值进行比较，如果长度小于允许值时，应更换链轮。

3. 检查链条张紧器

升起链条张紧器的棘轮爪时，用手推张紧器的柱塞，活塞应能无阻力平滑地移动；当将棘轮爪回位后，柱塞应被锁住，用手推不动（图 3 – 3 – 12）。

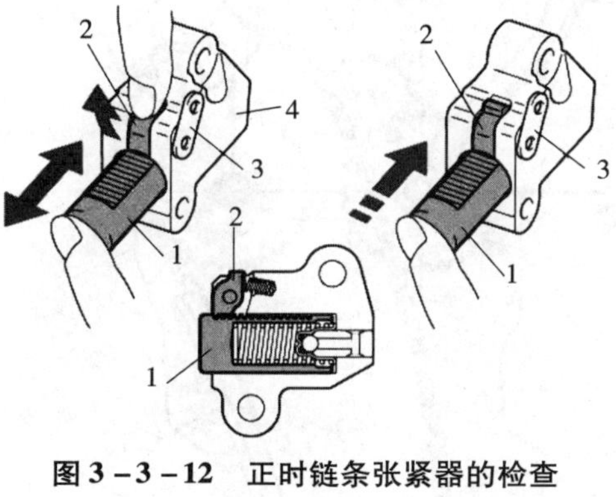

图 3 – 3 – 12　正时链条张紧器的检查

1—柱塞；2—棘轮爪；3—止动板；4—链条张紧器

如果张紧器发生故障，应不可能压紧正时链，造成正时链变松和打滑，进一步会损坏气门机构，所以若张紧器发生故障，则应进行更换。

3.3.4　正时链条的安装

正时链条的安装有以下步骤：

（1）设定曲轴与凸轮轴正时标记（图 3 – 3 – 13）。

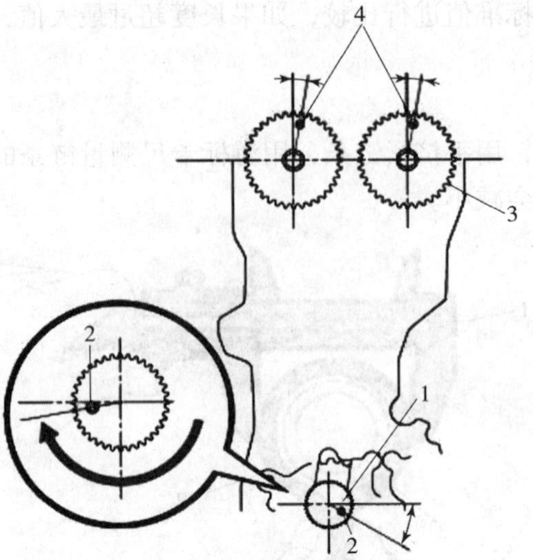

图 3-3-13　设定曲轴与凸轮轴正时标记

1—曲轴正时链轮；2—曲轴正时链轮正时标记；3—凸轮轴正时链轮；4—凸轮轴正时链轮正时标记

将曲轴正时设定于一缸上止点后 40°～140°。

将进气与排气凸轮轴正时齿轮设定于一缸上止点后 20°。

重新将曲轴正时设定于一缸上止点后 20°。

必须按上述步骤对准正时标记，否则气门可能与活塞相互碰撞。

（2）安装正时链条减震器与正时链条（图 3-3-14）。为了防止排气凸轮轴回转，可用

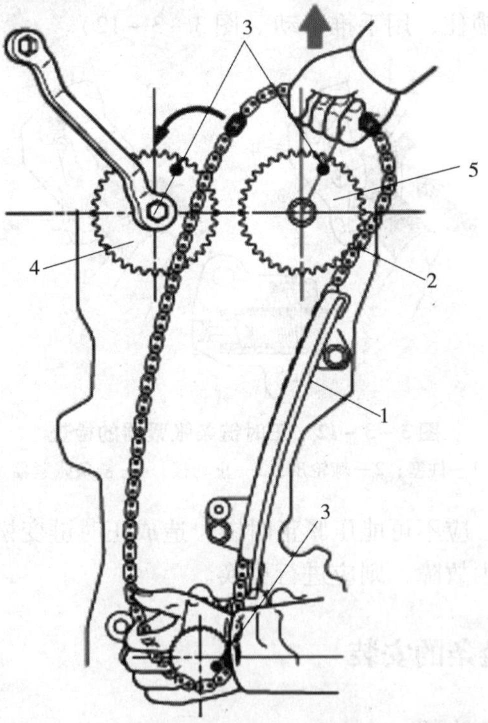

图 3-3-14　安装正时链条减震器与正时链条

1—链条减震器；2—正时链条；3—正时标记；4—排气凸轮轴正时链轮；5—进气凸轮轴正时链轮

扳手转动凸轮轴将之设定在链条的标记位置。

(3) 安装链条张紧器滑板和链条张紧器，并检查正时标记（图3－3－15）。顺时针转动曲轴两周，检查正时标记是否正确。如果正时标记偏离，则应重新安装正时链条。

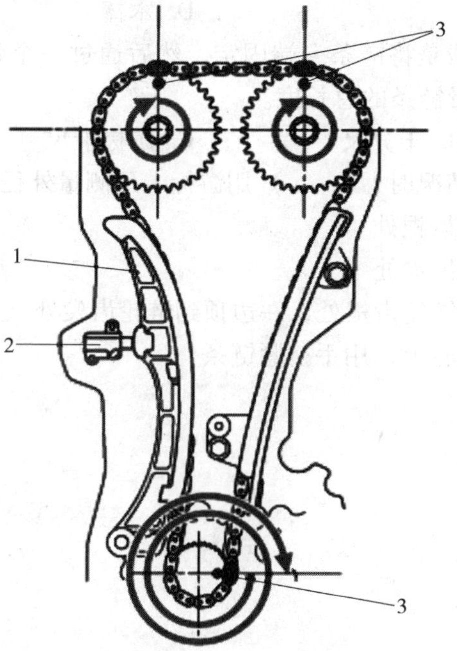

图3－3－15　检查正时标记

1—链条张紧器滑板；2—链条张紧器；3—正时标记

(4) 安装正时链条盖（涂抹黑色密封胶）。

(5) 安装曲轴皮带轮。

(6) 安装水泵。

(7) 安装水泵皮带轮。

习题

一、判断题

(　　) 1. 正时链条比正时皮带寿命更长，经济性更好。

(　　) 2. 可用游标卡尺测量链条的总长度。

(　　) 3. 拆卸下所有螺栓和螺母，然后用一字螺丝刀直接插入链条盖和气缸体之间，撬起链条盖。

(　　) 4. 张紧器发生故障，应不可能压紧正时链，造成正时链磨损加剧。

(　　) 5. 安装正时链条必须对准正时标记。

二、选择题

1. 拆卸正时链前设定活塞位置，将曲轴皮带轮的正时标记设置为“0”，将一号气缸设置为（　　），以便使凸轮轴的正时标记朝上。

A. 压缩上止点　B. 排气上止点　C. 进气终了　D. 做功结束

2. 拆卸下正时链条盖所有螺栓和螺母后，用（　　）插入链条盖和气缸体之间，撬起正时链条盖。

A. 清洁干净的一字螺丝刀　　B. 缠有胶带的一字螺丝刀

C. 铜棒　　D. 木棒

3. 测量链条的长度一般是将链条一端固定，然后通过一个弹簧秤施加一个恒定的拉力拉动链条，用（　　）测量链条的总长度。

A. 直尺　　B. 千分尺　　C. 游标卡尺　　D. 百分表

4. 检测正时链轮磨损情况时，（　　）用游标卡尺测量外径。

A. 用卡尺顶到链轮齿根处

B. 用卡尺顶到链轮齿尖处

C. 用卡尺一边顶到链轮齿根处，一边顶到链轮齿尖处

D. 将链条安装在链轮上，用手挤紧链条

班级：____________　　指导教师：____________

组号：____________　　组员：____________________________________

项目三　正时链的检测与更换工作页

一、准备工作

（1）设备：1ZZ－FE/2ZZ－FE 发动机。

（2）工具与量具：（10 号、12 号、14 号、17 号套筒）、中长细连接杆、T 型臂、活动扳手、工具扳手、大号一字螺丝刀、大/中/小扭矩扳手、水泵皮带轮 SST。

（3）发动机维修手册。

（4）耗材、工单及其他：记号笔、清洁用棉布、手套等。

二、工作过程

1. 正时链条的拆卸顺序

（1）拆卸水泵皮带轮（用 SST）。

（2）拆卸发动机固定支架。

（3）设定活塞位置。

（4）拆卸曲轴皮带轮。

（5）拆卸水泵和衬垫。

（6）拆卸气缸盖罩。

（7）拆卸正时链条盖。

（8）拆卸正时链张紧器、滑板及链条。

2. 检测正时链、链条张紧器

1）检查正时链条的长度

2）检查正时链轮的直径

3）检查链条张紧器

3. 正时链条安装顺序及螺栓扭矩

（1）设定曲轴与凸轮轴正时标记。

（2）安装正时链条减震器与正时链条。

（3）安装链条张紧器滑板和链条张紧器，并检查正时标记。

（4）安装正时链条盖（涂抹黑色密封胶）。

（5）安装曲轴皮带轮。

（6）安装水泵。

（7）安装水泵皮带轮。

三、5S 工作

（1）工量具清洁、收纳、归位；

（2）零件清洁、归位；

（3）维修手册归位；

（4）清洁工作台，耗材按使用情况整理归位或丢入垃圾桶；

（5）清洁实训用台架发动机；

（6）清扫实训场地并清空垃圾，关灯、关门。

班级：____________　　指导教师：____________

组号：____________　　组员：____________________________________

项目三　正时链的检测与更换评分表

<table>
<tr><td colspan="2">考核发动机机型</td><td>1ZZ－FE/2ZZ－FE 发动机</td><td colspan="4">评分标准：按照项目细项与总评分表相对应进行评分</td><td>分值</td><td>扣分</td></tr>
<tr><td rowspan="3">一</td><td rowspan="3">作业准备</td><td>维修手册</td><td colspan="4">选择正确的维修手册</td><td>4</td><td></td></tr>
<tr><td>场地内考核设备、零件总成</td><td colspan="2">带台钳工作台、发动机总成、正时链</td><td>量具</td><td></td><td rowspan="2">6</td><td rowspan="2"></td></tr>
<tr><td>工具（常用、专用）</td><td colspan="2">09213－70011，09330－00021，09950－50012，09223－22010，扭力扳手、塑料锤、丰田常用工具</td><td>耗材、工单及其他</td><td>清洁用棉布、密封填料、工单</td></tr>
<tr><td>二</td><td colspan="2">工作流程（满分 40 分）</td><td>分值</td><td>扣分</td><td colspan="2">工作质量（满分 50 分）
含：操作规范、记号、装配、工作总结</td><td>分值</td><td>扣分</td></tr>
<tr><td>1</td><td rowspan="11">拆卸正时链盖</td><td>转动曲轴皮带轮对准一缸上止点</td><td>2</td><td></td><td colspan="2">维修手册翻到相应的页码</td><td>3</td><td></td></tr>
<tr><td>2</td><td>使用 SST 拆下曲轴皮带轮螺栓</td><td>2</td><td></td><td colspan="2">SST 使用方法正确</td><td>3</td><td></td></tr>
<tr><td></td><td>使用 SST 拆下曲轴皮带轮</td><td>2</td><td></td><td></td><td></td><td></td><td></td></tr>
<tr><td>3</td><td>拆卸水泵总成</td><td>2</td><td></td><td colspan="2"></td><td></td><td></td></tr>
<tr><td>4</td><td>拆下曲轴位置传感器</td><td>1</td><td></td><td colspan="2"></td><td></td><td></td></tr>
<tr><td>5</td><td>拆下正时链条张紧器总成</td><td>2</td><td></td><td rowspan="2">按照维修手册要求</td><td>敲击位置正确</td><td>4</td><td></td></tr>
<tr><td rowspan="2">6</td><td rowspan="2">正确方法拆下正时链盖或皮带罩分总成</td><td rowspan="2">2</td><td rowspan="2"></td><td>螺栓拆卸顺序正确</td><td>4</td><td></td></tr>
<tr><td colspan="2">轻轻拔出，不损伤零件</td><td>2</td><td></td></tr>
<tr><td>7</td><td>拆下曲轴位置传感器片</td><td>2</td><td></td><td colspan="2"></td><td></td><td></td></tr>
<tr><td>8</td><td>拆下链条张紧器滑块</td><td>2</td><td></td><td colspan="2"></td><td></td><td></td></tr>
<tr><td>9</td><td>拆下正时链条</td><td>1</td><td></td><td colspan="2"></td><td></td><td></td></tr>
</table>

续表

考核发动机机型		1ZZ－FE/2ZZ－FE 发动机	评分标准：按照项目细项与总评分表相对应进行评分			分值	扣分
10	更换正时链	设置一号气缸至 TDC/压缩	2		将正时曲轴设定于一号气缸上止点/压缩后 40°～140°	5	
11					将进气和排气凸轮正时链轮设定于一号气缸上止点/压缩 20°	5	
12					重新将正时曲轴设定于一号气缸上止点/压缩后 20°	5	
13		安装曲轴键	1		转动曲轴并设置安装位置向上	4	
14		安装正时链	2		对准正时标记	2	
15		安装正时链轮	1				
16		安装正时链到凸轮轴正时链轮上	1		对准正时标记	2	
17		安装链条张紧器滑块	2				
18		安装曲轴位置传感器片	2		“F” 标记向上	2	
19	安装正时链盖	安装正时链盖（口述）	2		口述正确	3	
					口齿清晰	3	
20		安装链条张紧器总成	2				
21		安装曲轴皮带轮	1				
22		张紧器解锁	1				
23		检查正时记号是否对准	2		对整体检查进行复查	3	
24		安装曲轴位置传感器	1				
25							
合计			40		合计	50	

项目四

正时皮带的更换

3.4.1 准备工作

（1）设备：台架发动机、工作台。

（2）工具与量具：成套工具盒、扭力扳手、尖嘴钳等。

（3）发动机维修手册。

（4）耗材、工单及其他：记号笔、机油壶、清洁用棉布、工单、手套等。

3.4.2 正时皮带更换工作过程

1. 拆卸正时皮带

（1）拆下正时皮带上前盖，如图 3－4－1 所示。

（2）将曲轴扭转减震器沿发动机旋转的方向设置到“第一个气缸的上止点”（标记 1），如图 3－4－2 所示。

图 3－4－1 拆下正时皮带上前盖

图 3－4－2 对齐一缸上止点

（3）拆下凸轮轴盖紧固螺栓，取下凸轮轴盖，如图 3－4－3 所示。

（4）拆下凸轮轴正时齿轮锁止工具的 2 个螺栓（图 3－4－4），从凸轮轴正时齿轮锁止工具右侧拆下前面板。

（5）将凸轮轴正时齿轮锁止工具左侧和凸轮轴正时齿轮锁止工具右侧插入凸轮轴位置执行器调节器中，如图 3－4－5 所示。

图 3-4-3　拆下凸轮轴盖

图 3-4-4　拆下凸轮轴正时锁止工具螺栓

图 3-4-5　安装凸轮轴正时齿轮锁止工具

注意：在此过程中，进气凸轮轴位置执行器调节器上的点式标记与凸轮轴正时齿轮锁止工具左侧的凹槽不一致，而是必须略高于凹槽。排气凸轮轴位置执行器调节器上的点式标记与凸轮轴正时齿轮锁止工具右侧的凹槽必须一致。

（6）安装正时皮带张紧器杆，对正时皮带张紧轮施加张力，如图 3-4-6 所示。

（7）安装飞轮固定工具，并通过起动机齿圈锁止飞轮（或各自的自动变速器挠性盘），如图 3-4-7 所示。

图 3-4-6　安装正时皮带张紧器杆

图 3-4-7　安装飞轮固定工具

（8）拆下并废弃曲轴扭转减震器螺栓，然后拆下曲轴扭转减震器，如图 3-4-8 所示。

（9）拆下 4 个正时皮带下前盖螺栓，拆下正时皮带下前盖，如图 3-4-9 所示。

图 3－4－8　拆下曲轴扭转减震器

图 3－4－9　拆卸正时皮带下前盖

（10）拆下正时皮带惰轮螺栓和正时皮带惰轮，如图 3－4－10 所示。

（11）拆下张紧器螺栓和正时皮带张紧器，如图 3－4－11 所示。

图 3－4－10　拆下正时皮带惰轮

图 3－4－11　拆下正时皮带张紧器

（12）拆下正时皮带并停止正时皮带张紧器，如图 3－4－12 所示。

图 3－4－12　拆下正时皮带

（13）拆下飞轮固定工具以解锁曲轴。

（14）沿发动机旋转方向逆向转动曲轴 60°，如图 3－4－13 所示。

（15）拆下 2 个凸轮轴位置执行器调节器封闭螺栓。拆下并废弃凸轮轴位置执行器调节器螺栓，然后拆下凸轮轴位置执行器调节器，如图 3－4－14 所示。

图 3－4－13　逆向转动曲轴 60°

图 3－4－14　拆下凸轮轴位置执行器调节器封闭螺栓

（16）用圆圈所指的六角水平对准凸轮轴（图 3－4－15）。直至凸轮轴锁止工具可以插入两个凸轮轴内（图 3－4－16）。

图 3－4－15　水平对准凸轮轴

图 3－4－16　插入凸轮轴锁止工具

（17）安装凸轮轴位置执行器调节器。安装新的凸轮轴位置执行器调节器螺栓。分三遍紧固凸轮轴位置执行器调节器螺栓（第一遍紧固至 65 N·m，第二遍紧固至 120°，第三遍紧固至 15°），如图 3－4－17 所示。

图 3－4－17　安装凸轮轴位置执行器调节器

注意：请在正确的位置使用正确的紧固件。替换紧固件的零件号必须正确。除非另有说明，否则不得在紧固件或紧固件连接表面上使用油漆、润滑剂或防蚀剂。这些涂层会影响紧固件的扭矩和夹紧力，并会损坏紧固件。安装紧固件时，务必使用正确的紧固顺序和紧固规格，以避免损坏零件和系统。使用直接装入塑料的紧固件时，务必小心不要剥去配套的塑料零件。只能使用手动工具，切勿使用任何冲击工具或电动工具。紧固件应该用手紧固，完全就位且不能脱落。

该车辆装备有屈服力矩型或一次性紧固件。安装此部件时，使用新的屈服力矩型或一次性紧固件。不更换屈服力矩型或一次性紧固件可能会导致车辆或部件损坏。扭力扳手主要用于有规定扭矩值的螺栓和螺母的装配，如气缸盖、连杆、曲轴主轴承等处的螺栓。常用的扭力扳手有指针式和预置力式两种。

（18）更换凸轮轴位置执行器调节器密封圈（图 3－4－18）。安装 2 个凸轮轴位置执行器调节器封闭螺塞，并紧固至 30 N·m。

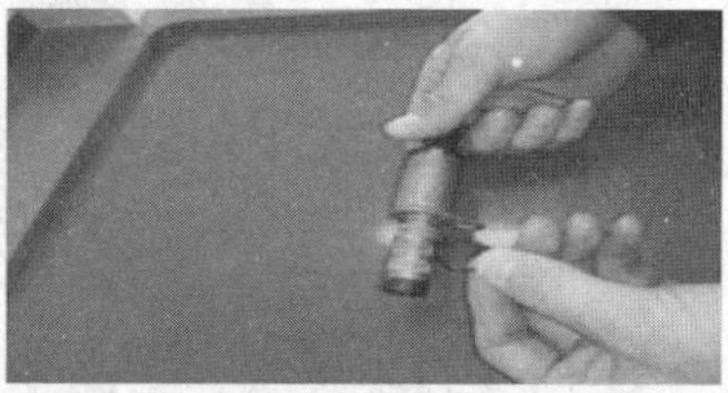

图 3－4－18　更换凸轮轴位置执行器调节器密封圈

（19）拆下凸轮轴锁止工具。

2. 更换并安装正时皮带

（1）清洁正时皮带张紧器螺纹，安装正时皮带张紧器，并将新的正时皮带张紧器螺栓紧固至 20 N·m，如图 3－4－19 所示。

（2）清洁正时皮带惰轮螺纹，安装正时皮带惰轮（图 3－4－20），并将新螺栓紧固至 25 N·m。

图 3－4－19　安装正时皮带张紧器

图 3－4－20　安装正时皮带惰轮

（3）通过曲轴扭转减震器螺栓沿发动机旋转的方向将曲轴转动到气缸一的做功行程上止点，如图 3－4－21 所示。

图 3－4－21　一缸做功行程上止点

（4）安装飞轮固定工具，并通过起动机齿圈锁止飞轮（或各自的自动变速器挠性盘），如图 3－4－22 所示。

图 3－4－22　安装飞轮固定工具

（5）插入正时皮带（图 3－4－23）。向正时皮带张紧轮顺时针施加初步的张紧力（图 3－4－24）。

图 3－4－23　插入正时皮带

图 3－4－24　对张紧轮施加张紧力

（6）拆下正时皮带张紧器杆，释放正时皮带张紧器上的张力，如图 3－4－25 所示。

（7）安装正时皮带下前盖并将 4 个螺栓紧固至 6 N·m。

（8）安装曲轴扭转减震器和新螺栓并使用角度测量仪分三遍拧紧（第一遍紧固至 95 N·m，第二遍紧固至 45°，第三遍紧固至 15°），如图 3－4－26 所示。

图 3－4－25　释放张紧器

图 3－4－26　安装曲轴扭转减震器和新螺栓

（9）拆下飞轮固定工具和凸轮轴正时齿轮锁止工具。

（10）检查凸轮轴位置执行器调节器的位置。通过曲轴扭转减震器螺栓沿发动机旋转的方向将曲轴旋转720°。将凸轮轴正时齿轮锁止工具插入到凸轮轴正时齿轮中（图3-4-27），将凸轮轴锁止工具插入凸轮轴中（图3-4-28）。

图3-4-27 安装正时齿轮锁止工具

图3-4-28 安装凸轮轴锁止工具

（11）检查曲轴位置。曲轴扭转减震器上的标记必须与正时皮带下端盖的标记对齐（图3-4-29），如果没有对齐则重新调整。

图3-4-29 检查曲轴位置

（12）拆下凸轮轴锁止工具和凸轮轴正时齿轮锁止工具。

（13）安装凸轮轴盖和正时皮带上前盖。

习题

一、判断题

（　　）1. 正时齿轮装配时，必须使正时标记对准。

（　　）2. 检查正时皮带发现有轻微的裂纹，可以继续使用。

（　　）3. 正时皮带在更换时可沾上油液。

二、单选题

1. 如果一台发动机正时皮带打滑，那么导致的结果是（　　）。

A. 发动机爆震　　B. 发动机转速升高

C. 发动机熄火　　D. 发动机转速降低

2. 拆卸正时皮带时，要对齐的拆卸标记包括（　　）。

A. 曲轴皮带轮缺口与正时皮带盖罩 0 刻线，凸轮轴正时皮带轮 K 与壳体标记

B. 曲轴皮带轮缺口与正时皮带盖罩 10 刻线，凸轮轴正时皮带轮 K 与壳体标记

C. 曲轴皮带轮缺口与正时皮带盖罩 0 刻线，凸轮轴正时皮带轮 A 与壳体标记

D. 曲轴皮带轮缺口与正时皮带盖罩 10 刻线，凸轮轴正时皮带轮 A 与壳体标记

班级：____________　　指导教师：____________

组号：____________　　组员：______________________________

项目四　更换正时皮带工作页

一、准备工作

（1）设备：台架发动机、工作台。

（2）工具与量具：成套工具盒、扭力扳手、尖嘴钳等。

（3）维修手册。

（4）耗材、工单及其他：记号笔、机油壶、清洁用棉布、工单、手套等。

二、工作过程

（1）拆下正时罩盖。

（2）顺时针旋转曲轴找到正时标记。

（3）对齐曲轴皮带轮标记。

（4）对齐凸轮轴皮带轮标记。

（5）拆卸曲轴皮带轮。

（6）拆卸正时皮带中、下护罩。

（7）拆卸皮带张紧轮。

（8）取下正时皮带。

（9）检查正时皮带，检查要点：

①皮带是否老化。

②齿牙磨损是否严重。

③是否有裂纹。

④是否缺齿。

结论：

（10）正时皮带的更换，安装要点：

①皮带不能沾有油污。

②注意安装方向。

③对好正时记号。

（11）按照拆卸的相反顺序，安装其他零部件。

（12）皮带松紧度的检查，检查方法：下压 10 ~ 15 mm，3 ~ 5 kgf[①]，翻转 90°为合适。

① kgf（千克力）= 9.806 65 N。

三、5S 工作

（1）工量具清洁、收纳、归位；
（2）零件清洁、归位；
（3）维修手册归位；
（4）清洁工作台，耗材按使用情况整理归位或丢入垃圾桶；
（5）清洁实训用台架发动机；
（6）清扫实训场地并清空垃圾，关灯、关门。

班级：____________　　指导教师：____________

组号：____________　　组员：______________________________

项目四　更换正时皮带评分表

序号	项目	操作内容	评判标准	配分	扣分
1	维修手册	选择正确的维修手册	页码不对扣2分，不会查数据扣3分	3	
2	正时皮带的拆卸过程	拆卸过程中松开螺栓	松开螺栓顺序不对扣2分，选用工具不对一次扣2分，操作动作不对一次扣1分	8	
		拆下正时罩盖	操作动作不对一次扣3分	3	
		旋转曲轴找到正时标记	没有顺时针旋转，扣1分，未找到正时标记，扣3分（该项目总分值4分，扣完为止）	4	
		对齐曲轴皮带轮标记	未对齐标记扣3分，该步骤未做扣5分	5	
		对齐凸轮轴皮带轮标记	未对齐标记扣3分，该步骤未做扣5分	5	
		拆卸曲轴皮带轮	未按要求拆卸，酌情扣分	5	
		拆卸正时皮带中、下护罩	未按要求拆卸，酌情扣分	5	
		拆卸皮带张紧轮	未按要求拆卸，酌情扣分	5	
		取下正时皮带	未按要求拆卸，酌情扣分	3	
3	正时皮带磨损情况检查	皮带是否老化	检测方法不正确一次扣1分，漏查一项扣2分，扣完为止	8	
		齿牙磨损是否严重			
		是否有裂纹			
		是否缺齿			
4	正时皮带的安装过程	安装要点： 皮带不能沾有油污 注意安装方向 对好正时记号	螺栓类型判断、查手册、工具选用，每错误一处扣2分；未按安装要点中的一项，扣4分（该项目总分值14分，扣完为止）	14	
5	螺栓的拧紧	安装螺栓过程中的螺栓拧紧（指拧紧的顺序、力矩与方法）	拧紧的顺序、力矩与方法每错一次扣2分（该项目总分值5分，扣完为止）	5	
6	皮带松紧度的检查	检查方法： 下压10～15 mm，3～5 kgf，翻转90°为合适	检查方法错误扣7分	7	

续表

序号	项目	操作内容	评判标准	配分	扣分
7	工具量具使用	熟练程度（由考官判定）	分为好 4 分、较好 3 分、中 2 分、差 1 分	4	
8	5S	着装干净整洁、无佩饰，着工作鞋	有一项不合格扣 1 分	2	
		作业中工作台、量具摆放等整齐、及时复位	摆放无序扣 1 分，有堆放扣 1 分	5	
			量具未及时复位一次扣 1 分		
		废弃物处理	废弃物未处理扣 2 分	2	
9	工作安全	作业操作	操作姿势一次不正确扣 1 分，操作不规范一次扣 1 分	5	
		操作中人身损伤	因操作失误造成损伤直接扣 5 分，非操作失误原因等其他因素导致损伤扣 3 分		
		重大安全事故	出现操作错误取消考生该项目资格		
10	工单	填写工单	整齐，作业后及时、如实填写	2	
合计				100	

项目五

气门室异响的故障诊断

3.5.1 气门室异响的原因分析

发动机运转时在气门室发出连续不断的、有节奏的金属敲击声，转速高时响声一般也随之增高。气门室异响的部位有以下几种：

（1）气门脚响：一般是由气门间隙过大、凸轮轴弯曲、液力挺柱压力腔内存在空气或进油孔被堵塞等引起。

（2）正时链条响：一般是由正时链条磨损松旷、正时链轮齿磨损变形、链条碰擦链轮室盖等引起。

（3）凸轮轴响：一般是由凸轮轴及轴承间配合松旷、凸轮轴弯曲变形、凸轮轴轴向间隙过大等引起。

（4）液力挺柱响：一般是由液力挺柱与导孔配合面磨损严重、液力挺柱液压偶件磨损、有气泡进到液力挺柱中、机油压力过低、液力挺柱失效等引起。

（5）气门弹簧响：一般是由气门弹簧脱落、不等距弹簧装反、弹簧弹力太弱、弹簧硬度过高、超过弹簧疲劳极限等引起。

3.5.2 气门室异响检修工作过程

1. 准备工作

（1）设备：汽车、台架发动机、工作台。

（2）工具与量具：成套工具盒、扭力扳手、橡胶锤、一字改锥、磁力表座、百分表、千分尺、厚薄规等。

（3）发动机维修手册。

（4）耗材、工单及其他：记号笔、机油壶、清洁用棉布、工单、手套等。

2. 拆卸顺序

（1）拆卸水泵皮带轮、发动机固定支架。

（2）设定活塞位置。

（3）拆卸曲轴皮带轮、水泵。
（4）拆卸气缸盖罩及正时链条盖。
（5）拆卸正时链张紧器、滑板、正时链条。
（6）用厚薄规检测气门间隙（图 3－5－1）。

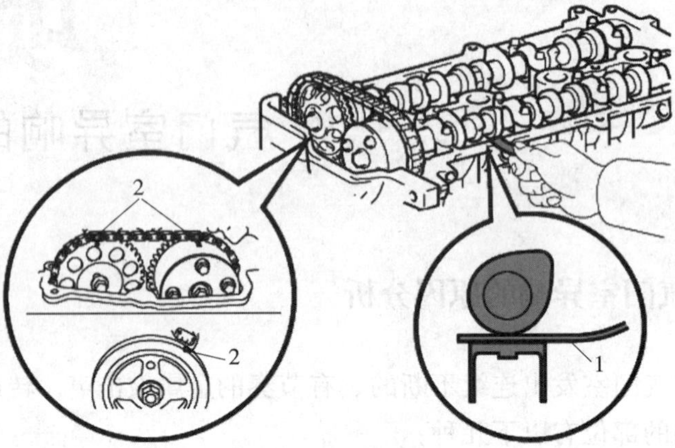

图 3－5－1 检测气门间隙

1—厚薄规；2—正时标记

（7）拆卸凸轮轴。
（8）拆卸气缸盖。
（9）拆卸气门挺柱、气门、气门油封和气门弹簧座。
（10）检测气门、气门挺柱。
（11）检测气门弹簧。
（12）检测凸轮轴。
（13）检测正时链条、链轮。
（14）安装气门。
（15）安装气缸垫、气缸盖。
（16）安装凸轮轴。
（17）安装正时链。
（18）安装其他部件。

3.5.3 气门间隙

1. 气门间隙的含义

发动机工作时，气门将因温度升高而膨胀，如果气门及其传动件之间在冷态时无间隙或间隙过小，则在热态时气门及其传动件的受热膨胀势必引起气门关闭不严，造成发动机在压缩和做功行程中漏气，而使功率下降，严重时甚至不易起动。为了消除这种现象，通常在发动机冷态装配（气门完全关闭）时，在气门与其传动机构中留有适当的间隙，以补偿气门受热后的膨胀量，这一间隙通常称为气门间隙。

2. 气门间隙过大、过小的危害

气门间隙的大小，对发动机的工作和性能影响很大。如果气门间隙过小，发动机在热态下可能因气门关闭不严而发生漏气，导致功率下降，甚至气门烧坏；如果气门间隙过大，则使传动零件之间以及气门和气门座之间产生撞击响声，并加速磨损，同时也会使气门开启的持续时间减少，气缸的充气以及排气情况变坏。

气门间隙的大小由发动机制造厂根据试验确定。一般在冷态时，进气门间隙为 0.25 ~ 0.35 mm，排气门间隙为 0.30 ~ 0.35 mm。在使用和维修中，必须将气门间隙调整到合乎标准值范围。表 3-5-1 所示为常见汽车发动机的气门间隙。

表 3-5-1　常见汽车发动机的气门间隙

发动机型号	进气门/mm		排气门/mm	
	热车	冷车	热车	冷车
威驰 5A、8A，花冠 1ZZ、2ZZ		0.15 ~ 0.25		0.25 ~ 0.35
奇瑞 QQ372		0.20		0.25
长安悦翔 JL474Q		0.13 ~ 0.17		0.23 ~ 0.27
富康 462Q		0.20		0.30
五菱 LJ465Q		0.15		0.15
依维柯（柴油机）		0.50		0.50
斯太尔 WD615（柴油机）		0.30		0.40

对采用液压挺柱的发动机，由于挺柱的长度能自动变化，可随时补偿气门的热膨胀量，故不需要预留气门间隙，也没有气门间隙调整装置，如奥迪、上海别克、广州本田雅阁和桑塔纳等轿车的发动机都采用的是液压挺柱。

3. 气门间隙的调整

1）气门间隙的调整部位

凸轮轴下置式配气机构的气门间隙是指气门杆端与摇臂之间的间隙，它用摇臂上的调整螺钉进行调整（图 3-5-2）。

凸轮轴上置式配气机构的气门间隙的检查和调整部位随气门的驱动方式不同而异，对摇臂驱动式，气门间隙是指凸轮基圆与摇臂之间的间隙（如夏利 TJ376Q 型发动机）或调整螺钉与气门杆端之间的间隙（如富康 TU32K、462Q 型发动机），它用摇臂上的调整螺钉进行调整；对直接驱动式，气门间隙是指凸轮与挺柱之间的间隙，它用换用不同厚度的挺柱或换装在挺柱头部凹槽内的垫片来调整（图 3-5-3）。

2）气门间隙的调整方法

气门间隙的调整是发动机维修中必须进行的一项作业。其调整方法有逐缸调整法和二次

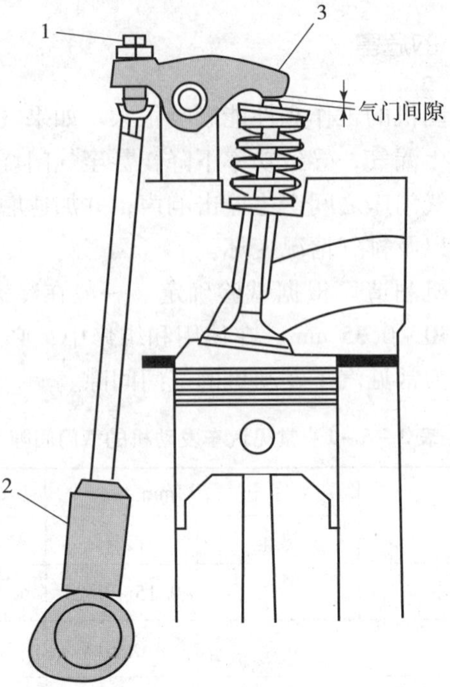

图 3－5－2　凸轮轴下置式的配气机构的气门间隙及调整

1—调整螺钉；2—气门挺柱；3—摇臂

图 3－5－3　直接驱动式配气机构的气门间隙的调整

(a) 更换气门挺杆调整气门间隙；(b)，(c)，(d) 更换调整垫片调整气门间隙

1—气门挺杆；2—调整垫片；3—摇臂

调整法（也称快速调整法）两种。调整时，必须遵循气门间隙的调整原则，确保挺柱（或摇臂）落在凸轮的基圆上，在其他情况下调整出来的气门间隙是不正确的。

（1）气门间隙的逐缸调整法。逐缸调整气门间隙即根据气缸点火次序，确定某缸活塞在压缩上止点位置后，可对此缸进、排气门间隙进行调整，调妥之后摇转曲轴，按此法逐步调整其他各缸气门间隙。

（2）气门间隙的二次调整法——“双排不进法”。由于逐缸调整法的工作效率低，故在生产实践中普遍采用二次调整法调整气门间隙，即当第一缸活塞处于压缩行程上止点时，调整所有气门的半数，再摇转曲轴一周（指四冲程发动机），便可调整其余的半数气门。

“双排不进法”的“双”指该缸的两个气门间隙均可调，“排”指该缸仅排气门间隙可调，“不”指两个气门间隙均不可调，“进”指该缸的进气门间隙可调。

①二次调整法的操作程序。对于工作顺序为1—5—3—6—2—4的直列六缸发动机，当第一缸处于压缩行程上止点时，能同时调整的气门为：第一缸的进、排气门（双），第三、五缸的排气门（排，两个气门视为一组），第六缸不可调（不），第二、四缸的进气门（进，两个气门视为一组）；当转动曲轴一周，使第六缸处于压缩行程上止点时，余下的半数气门即可调整，见表3－5－2。

表3－5－2　六缸发动机

工作顺序	1	5	3	6	2	4
第一遍	双	排		不	进	
第二遍	不	进		双	排	

对于工作顺序为1—3—4—2的直列四缸发动机，当第一缸处于压缩行程上止点时，能同时调整气门间隙的气门是：第一缸的进、排气门（双），第三缸的排气门（排），第四缸不可调（不），第二缸的进气门（进）；当转动曲轴一周，使第四缸处于压缩行程上止点位置时，可以调整余下的半数气门，见表3－5－3。

表3－5－3　四缸发动机

工作顺序	1	3	4	2
	1	2	4	3
第一遍	双	排	不	进
第二遍	不	进	双	排

对于工作顺序为1—2—3的直列三缸发动机可调气门的排列见表3－5－4。

表3－5－4　三缸发动机

工作顺序	1	2	3
第一遍	双	排	进
第二遍	不	进	排

②进气门和排气门的确定。根据进、排气门与所对应的进、排气道确定。

用转动曲轴观察确定。方法是：转动曲轴，观察一缸的两个气门，先动的为排气门，后动的为进气门，并在一种气门上做记号，然后依次检查各缸，做好记号。

③一缸压缩上止点的确定。分火头判断法：记下一缸分高压线的位置，打开分电器，转动曲轴，当分火头与一缸高压线位置相对时，表示一缸在压缩上止点。

逆推法：转动曲轴，观察与一缸曲轴连杆轴颈同在一个方位的六（四）缸的排气门打开又逐渐关闭到进气门动作瞬间，六（四）缸在排气上止点，即一缸在压缩上止点。

习题

一、判断题

（　　）1. 气门间隙过大会引起气门脚响。

（　　）2. 气门间隙一般热车间隙大于冷车间隙。

（　　）3. 采用液压挺柱的发动机气门间隙可以适当加大。

（　　）4. 凸轮轴轴向间隙过大引起凸轮轴异响。

（　　）5. 发动机机油压力过低会引起液力挺柱异响。

二、选择题

1. 气门间隙一般用（　　）检测。

A. 厚薄规　　B. 千分尺

C. 液压卡尺　　D. 百分表

2. 气门间隙过小在发动机正常工作时会引起（　　）。

A. 气缸漏气　　B. 气门和气门座之间产生撞击

C. 气门磨损加速　　D. 气门开启时间减少

3. 当发动机曲轴带轮正时标记对准正时链盖标记时，表示（　　）。

A. 一缸处于压缩上止点　　B. 一缸处于排气上止点

C. 一缸处于上止点　　D. 一缸做功终了

4. 拆卸凸轮轴时，凸轮轴螺栓的拧松顺序是（　　）。

A. 从两边到中间　　B. 从两边到中间

C. 从左向右　　D. 从右向左

5. 在安装气缸盖塑性区螺栓时，拧紧方法是（　　）。

A. 拧到规定力矩　　B. 转到要求的角度

C. 拧到规定力矩再转要求的角度　　D. 拧到拧不动为止

班级：____________　　指导教师：____________

组号：____________　　组员：____________________________________

项目五　气门室异响的故障诊断工作页

一、准备工作

（1）设备：汽车、台架发动机、工作台。

（2）工具与量具：成套工具盒、扭力扳手、橡胶锤、一字改锥、磁力表座、百分表、千分尺、厚薄规等。

（3）发动机维修手册。

（4）耗材、工单及其他：记号笔、机油壶、清洁用棉布、工单、手套等。

二、工作过程

（1）拆卸水泵皮带轮、发动机固定支架。

（2）设定活塞位置。

（3）拆卸曲轴皮带轮、水泵。

（4）拆卸气缸盖罩及正时链条盖。

（5）拆卸正时链张紧器、滑板、正时链条。

（6）检测气门间隙。

（7）拆卸凸轮轴。

（8）拆卸气缸盖。

（9）拆卸气门挺柱、气门、气门油封和气门弹簧座。

（10）检测气门、气门挺柱。

（11）检测气门弹簧。

（12）检测凸轮轴。

（13）检测正时链条、链轮。

（14）安装气门。

（15）安装气缸垫、气缸盖。

（16）安装凸轮轴。

（17）安装正时链。

（18）安装其他部件。

三、5S 工作

（1）工量具清洁、收纳、归位；

（2）零件清洁、归位；

（3）维修手册归位；

（4）清洁工作台、台架发动机，耗材按使用情况整理归位或丢入垃圾桶；

（5）清洁实训用车辆、关闭车窗、断电、锁车门；

（6）清扫实训场地并清空垃圾，关灯、关门。

班级：__________　　指导教师：__________

组号：__________　　组员：______________________________

项目五　气门室异响的故障诊断评分表

序号	项目	操作内容	评判标准	配分	扣分
1	维修手册	选择正确维修手册	页码不对扣 2 分，不会查数据扣 3 分	3	
2	测量气缸压力	设置气缸压力检测条件	一项设置不对扣 1 分	2	
		拆卸线圈、火花塞，安装气缸压力表	操作不对一次扣 1 分	3	
		检测各气缸压力	操作不对一次扣 1 分，测量值不对一次扣 2 分	3	
3	拆卸缸盖与缸垫	拆卸	螺栓拆卸顺序不对扣 2 分，操作动作不对一次扣 1 分	3	
		目视检查气缸盖表面状况	未检查或检查错误扣 1 分	1	
		目视检查气缸垫表面状况	未检查或检查错误扣 1 分	1	
4	拆卸油底	拆卸	螺栓拆卸顺序不对扣 1 分，操作动作不对一次扣 1 分	2	
5	拆卸连杆盖及连杆活塞	螺栓拆卸，取下连杆盖	螺栓拧松顺序错误扣 1 分，连杆盖取下方式不对扣 1 分	2	
		取下活塞连杆组	连杆碰撞气缸内壁一次扣 1 分	2	
		确定连杆盖、连杆、活塞的安装方向	方向确定不正确一项扣 2 分	4	
6	量缸	测量气缸直径	工具选择、安装不对一次扣 2 分	4	
			测量方法错误一次扣 2 分	4	
			数据处理错误一次扣 1 分	2	
7	检测活塞	清洁活塞	清洁方法与位置不对一次扣 1 分	2	
		目视检测活塞	未检查或检查错误扣 2 分	2	
		测量活塞直径	测量工具、方法不对一次扣 2 分	4	
8	判断间隙	判断活塞与缸体的间隙	判断错误扣 2 分	2	
9	拆检活塞环	拆卸活塞环	选用工具、拆装方法错误一次扣 1 分	2	
		检测活塞环并确定安装方向	检测、确定方向错误一次扣 1 分	2	
		测量活塞环的间隙	测量方法错误一项扣 3 分	6	
		结论	结论错误一次扣 1 分	2	

续表

序号	项目	操作内容	评判标准	配分	扣分
10	安装活塞环	安装活塞环	安装位置、方向、方法错误一次扣1分	2	
			活塞环的开口位置未调整或调整错误一次扣1分	2	
11	安装活塞连杆组	安装活塞连杆组	工具选错、安装方法、操作方式不对一次扣2分	6	
12	安装缸垫缸盖	安装缸垫与缸盖	工具选错、安装方法、操作方式不对一次扣2分	6	
13	安装油底壳	安装油底壳	工具选错、安装方法、操作方式不对一次扣1分	2	
14	工具量具使用	熟练程度（由考官判定）	分为好4分、较好3分、中2分、差1分	4	
15	5S	着装干净整洁、无佩饰，着工作鞋	有一项不合格扣1分	3	
		作业中工作台、量具摆放等整齐、及时复位	摆放无序扣1分，有堆放扣1分	8	
			量具未及时复位一次扣1分		
		废弃物处理	废弃物未处理扣2分	2	
16	工作安全	作业操作	操作姿势一次不正确扣1分，操作不规范一次扣1分	5	
		操作中人身损伤	因操作失误造成损伤直接扣5分，非操作失误原因等其他因素导致损伤扣3分		
		重大安全事故	出现操作错误取消考生该项目资格		
17	工单	填写工单	整齐，作业后及时、如实填写	2	
合计				100	

单元四

冷却系统的检修

学习目标

1. 掌握冷却系统零件的结构、原理。
2. 掌握冷却系统零件的检测方法。
3. 掌握冷却液的检测与更换方法。
4. 掌握冷却系统的故障诊断方法。

学习要求

能力目标	知识要点	权重
会检测冷却系统零件的性能	冷却系统零件的结构 冷却系统零件的检测方法	40%
会检测、更换冷却液	冷却液的类型、使用与检测 冷却液的更换	30%
会诊断冷却系统的故障	冷却系统的组成、零件布置 冷却液的循环水路	30%

引例

一辆桑塔纳轿车在行驶中水温表指示水温偏高，停车检查时发现散热器溢罐盖的出口冒出大量的高温冷却液；熄火后罐内冷却液逐渐减少，最后低于标准水位线。当加足冷却液起动发动机后，从盖口中又看到冷却液不断从填水管中流进溢罐内，即使盖拧紧仍会溢出。

经诊断检测发现散热器仅左边进水口处很烫，而其他部位温度明显偏低，可见冷却系统只是进行小循环。经检查，发现节温器失效，更换新件之后，故障排除。

要诊断并排除上述故障，应熟悉发动机冷却系统的组成、零部件结构和原理；能够进行冷却系统零部件的检修。本单元重点学习发动机冷却系统的结构与原理，只有掌握了这些汽车专业知识，才能具备解决发动机冷却系统故障的能力。

概　　述

1. 冷却系统的作用

冷却系统的作用是使工作中的发动机得到适度的冷却，并保持发动机在最适宜的温度状态下工作。所谓适宜的工作温度，对于水冷发动机，要求气缸盖内冷却水温度在 80 ~ 90 ℃，轿车可达 110 ℃。

发动机过热的危害：

（1）降低充气效率，使发动机功率下降。

（2）爆燃的倾向加大，使零件因承受额外冲击性负荷而造成早期损坏。

（3）运动件的正常间隙被破坏，运动阻滞，磨损加剧，甚至损坏。

（4）润滑情况恶化，加剧了零件的摩擦磨损。

（5）零件的机械性能降低，导致变形或损坏。

发动机过冷的危害：

（1）进入气缸的混合气（或空气）温度太低，可燃混合气品质差，使点火困难或燃烧迟缓，导致发动机功率下降，燃料消耗量增加。

（2）燃烧生成物中的水蒸气易凝结成水而与酸性气体形成酸类，加重了对机体和零件的侵蚀作用。

（3）未汽化的燃料冲刷和稀释零件表面（气缸壁、活塞、活塞环等）上的油膜，使零件磨损加剧。

2. 冷却系统的类型

根据冷却介质的不同，发动机的冷却方式有风冷式和水冷式两种。把发动机中高温零件的热量直接散入大气而进行冷却的装置称为风冷系统，如图 4 – 0 – 1 所示。而把这些热量先传给冷却水，然后再散入大气而进行冷却的装置称为水冷系统，如图 4 – 0 – 2 所示。由于水冷系统冷却均匀，效果好，而且发动机运转噪声小，因此目前汽车发动机上广泛采用的是水冷系统。

1）风冷式特点

（1）以空气为冷却介质，利用风扇将高温零件的热量直接散入大气。

（2）无须加水，无漏水故障。

（3）冷却强度不容易控制和调节。

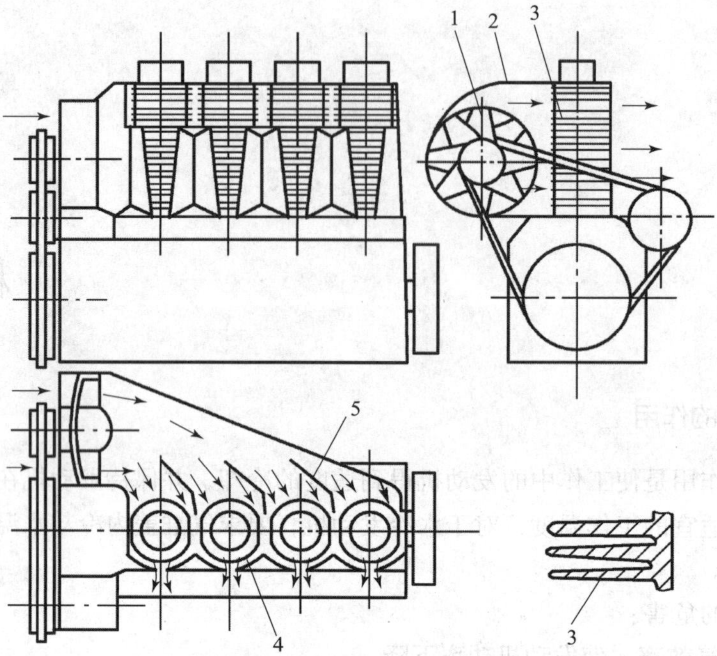

图 4-0-1 风冷系统的示意图

1—风扇；2—导流罩；3—散热片；4—气缸导流罩；5—分流板

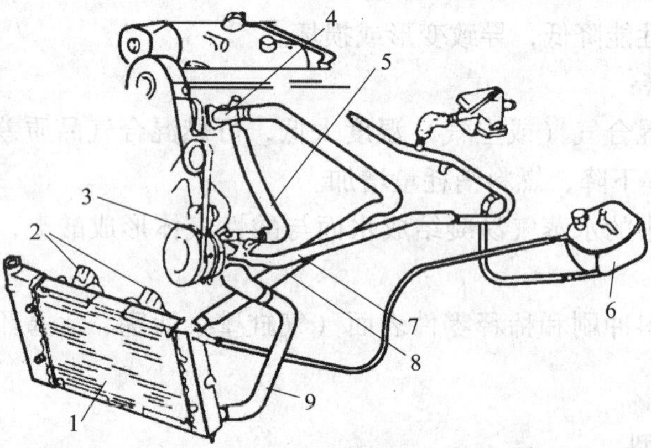

图 4-0-2 冷却系统的示意图

1—散热器；2—电动风扇；3—水泵；4—缸盖出水口；5—旁通水管；6—膨胀水箱；7—暖风机回水软管；8—散热器进水软管；9—散热器出水管

2）水冷式特点

（1）以冷却液为冷却介质，热量先由机件传给水，靠水的流动把热量带走而散入大气，散热后的水再重新流回到受热机件处。

（2）水路和冷却强度可适当调节，能较好保持发动机的正常工作温度。

（3）可用热水预热发动机，便于冬季起动。

3. 水冷却系统组成及工作过程

1）水冷却系统的组成

目前汽车发动机上采用的水冷系统大都是强制循环式水冷系统，利用水泵强制水在冷却系统中进行循环流动。它由散热器、水泵、风扇、冷却水套和温度调节装置等组成，如图 4－0－3 所示。

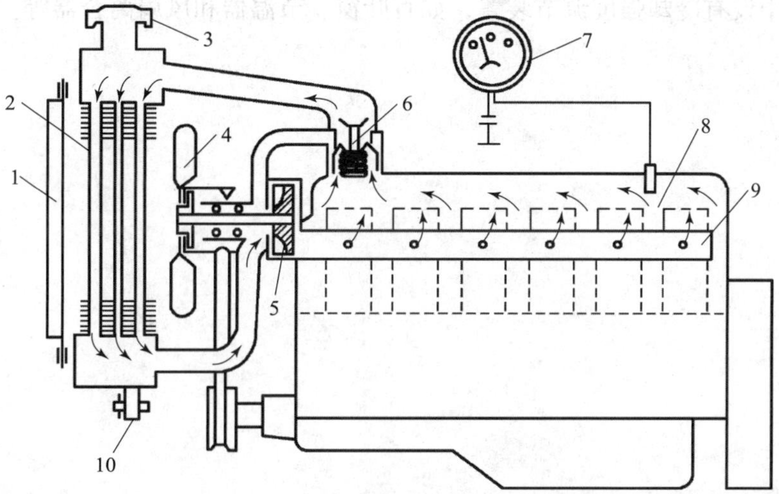

图 4－0－3 强制循环式水冷系统示意图

1—百叶窗；2—散热器；3—散热器盖；4—风扇；5—水泵；6—节温器；7—水温表；8—水套；9—分水管；10—放水阀

散热器一般安装在发动机前方的支架上，通过橡胶水管与发动机缸盖上的水套出水孔及水泵进水口相通。

风扇位于散热器后面，由曲轴或电机驱动，可产生强大的抽吸力，增大通过散热器的空气流量和流速，加强散热器的散热效果。为了使发动机的工作温度维持在正常范围内，风扇与曲轴之间通常用风扇离合器连接，可根据发动机温度改变风扇的旋转速度，即散热器的散热效果。

百叶窗安装在散热器前面，由驾驶员操纵开度来控制通过散热器的空气量，也可实现冷却强度的调节。

在气缸与缸体外壁之间和缸盖上、下平面之间的夹层空间中铸有水套。缸体上平面和下平面有对应的通水孔，使缸盖水套和缸体水套相通。发动机工作时，水套内充满冷却液，直接从缸壁和燃烧室吸收热量。

水泵固装在发动机缸体前端面，由曲轴通过 V 形带驱动，水泵的出水孔通过分水管与水套相通。

节温器位于缸盖出水管出口处，可以根据发动机的工作温度，自动控制冷却液的循环路线，实现冷却强度的调节。

2）水冷却系统的工作过程

强制循环式水冷却系统是用水泵把该系统的冷却液加压，使之在水套中流动，冷却水从气缸壁吸收热量，温度升高，热水向上流入气缸盖，继而从缸盖流出并进入散热器。

散热器内的冷却水经水泵加压后通过分水管压送到气缸体水套和气缸盖水套内，冷却水在吸收了机体的大量热量后经气缸盖出水孔流回散热器。由于有风扇的强力抽吸，空气流由前向后高速通过散热器。因此，受热后的冷却水在流过散热器芯的过程中，热量不断地散发到大气中去，冷却后的水流到散热器的底部，又被水泵抽出，再次压送到发动机的水套中，如此不断循环，把热量不断地送到大气中去，使发动机不断地得到冷却。为了控制冷却水温度，冷却系统中设有冷却强度调节装置，如百叶窗、节温器和风扇离合器等。

项目一

节温器的拆装与检测

4.1.1　节温器的拆装与检测项目实施

1. 准备工作

（1）设备：台架发动机、工作台。

（2）工具与量具：成套工具盒、扭力扳手、尖嘴钳等。

（3）发动机维修手册。

（4）耗材、工单及其他：记号笔、机油壶、清洁用棉布、工单、手套等。

2. 节温器的拆装与检测工作过程

（1）排除发动机冷却液。

（2）拆下交流发电机驱动皮带（图4－1－1）和水泵皮带轮，拆下气缸盖罩，拆下3号和2号正时皮带罩。

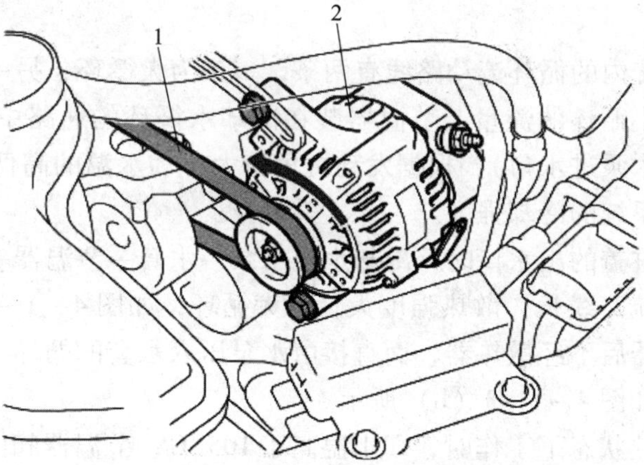

图4－1－1　气门组的拆卸方法

1—传动皮带；2—发电机

（3）卸下油位量尺安装螺栓，拉出量尺导管及油位量尺。

（4）将进水口连接到气缸盖的连接螺栓拆卸下来，取出水泵及进水总成。

（5）拆下进水口。

（6）拆下节温器。

（7）节温器的检修。将节温器置于水中加热，用温度计检测水温，当水温达到 85 ℃时，阀门开始开启，水温达到 105 ℃时，阀门全开达到最大升程，如图 4－1－2 所示。不同的发动机可能节温器的开启温度与全开温度会有不同，应与维修手册中的数据进行比较，其中有一项不符合规定值，则应更换节温器。

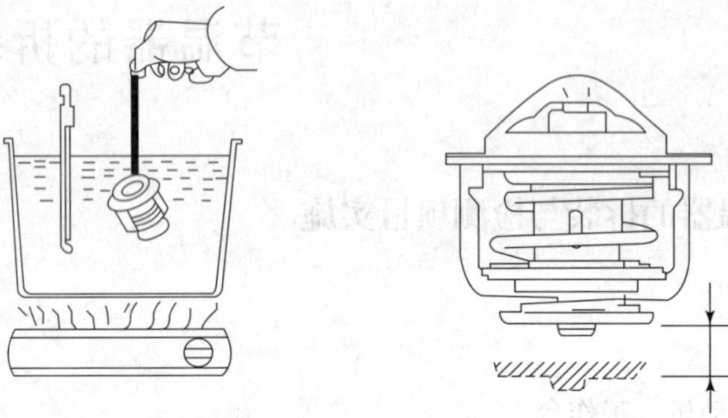

图 4－1－2　节温器的检修方法

（8）节温器的安装。

①装入新节温器，并在节温器上安装新垫片。

②将节温器的跳阀对准双头螺栓的上边，将节温器插进进水口壳，跳阀设定在双头螺栓的上边位置左右 10°内。

（9）安装其他部件。

4.1.2　冷却水的循环流动路线

冷却水在冷却系统内的循环流动路线有两条，一条为大循环，另一条为小循环。通常利用节温器来控制大、小循环的流量。节温器装在冷却水循环的通路中（有的装在气缸盖的出水口，也有的装在水泵进水口），根据发动机负荷大小和水温的高低自动改变水的循环流动路线，以调节冷却系统的冷却强度。

当节温器装在气缸盖的出水口时，冷却水经水泵→水套→节温器→散热器，又经水泵压入水套的循环，其水流路线长，散热强度大，称大循环，如图 4－1－3（a）所示。冷却水经水泵→水套→节温器后不经散热器，而直接由水泵压入水套的循环，其水流路线短，散热强度小，称小循环，如图 4－1－3（b）所示。

当发动机在正常热状态下工作时，即水温高于 105 ℃，节温器阀门打开了通往散热器的通道，同时关闭了通往水泵的旁通管，冷却水全部流经散热器，形成大循环。

当冷却水温低于 85 ℃时，节温器阀门关闭了通往散热器的通道，同时打开了通往水泵的旁通管，水套内的水只能由旁通孔流出经旁通管进入水泵，又被水泵压入发动机水套，此时冷却水并不流经散热器，只在水套与水泵之间进行小循环，从而防止发动机过冷。

当发动机的冷却水温在 85～105 ℃时，通往散热器的通道和通往水泵的旁通管均处于半

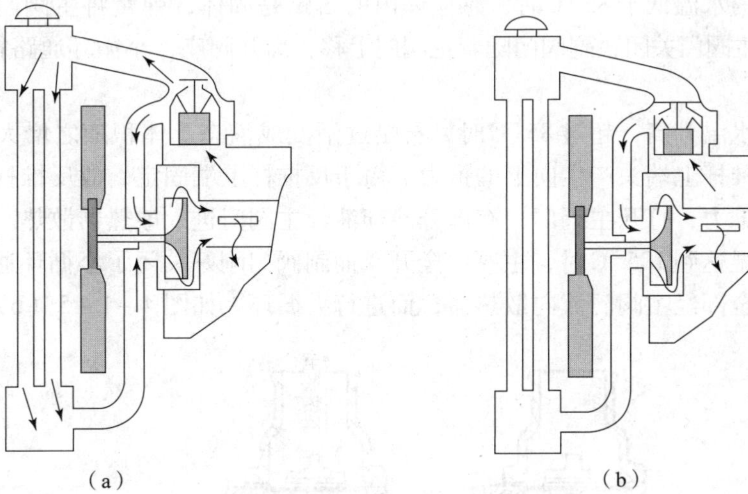

图 4-1-3 冷却系统的循环类型

(a) 大循环；(b) 小循环

开闭状态，此时一部分水进行大循环，而另一部分水进行小循环。

当节温器装于水泵进水口时，其大循环路线：水泵→水套→散热器→节温器→水泵；小循环路线：水泵→水套→节温器→水泵。

4.1.3 蜡式节温器的结构

节温器的作用是根据发动机负荷大小和水温的高低自动改变水的循环流动路线，以达到调节冷却系统的冷却强度的目的。

汽车发动机多采用蜡式节温器，它有单阀型与双阀型之分。双阀型蜡式节温器的结构，如图 4-1-4 所示。推杆的上端固定于支架，下端插入胶管的中心孔内。胶管与节温器外壳之间的环形内腔装有石蜡。节温器外壳上端套装有主阀门，下端套装有副阀门，弹簧位于主阀门与支架下底之间。

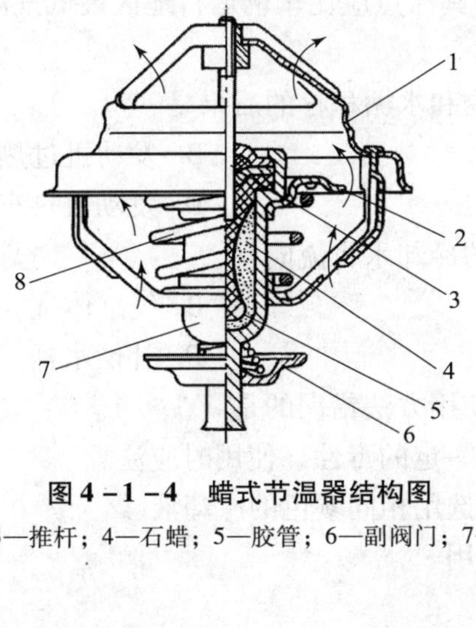

图 4-1-4 蜡式节温器结构图

1—支架；2—主阀门；3—推杆；4—石蜡；5—胶管；6—副阀门；7—节温器外壳；8—弹簧

当冷却系统的水温低于85 ℃时，感应体内的石蜡是固体，弹簧将主阀门推向上方，使之压在阀座上，主阀门关闭，副阀门随着主阀门上移，离开阀座，小循环通路打开，如图4-1-5（a）所示。

当冷却系统水温升高，超过85 ℃时，石蜡逐渐变成液态，体积随之增大，迫使橡胶管收缩，从而对反推杆上端头产生向上的推力。由于反推杆上端固定，故反推杆对橡胶管、感应体产生向下反推力，打开主阀门，有部分冷却液经主阀门进入散热器散热。

当冷却液水温达到105 ℃时，主阀门全开，而副阀门刚好关闭了小循环通路，从气缸盖出水口的冷却水全部经主阀门流向散热器，而进行大循环，如图4-1-5（b）所示。

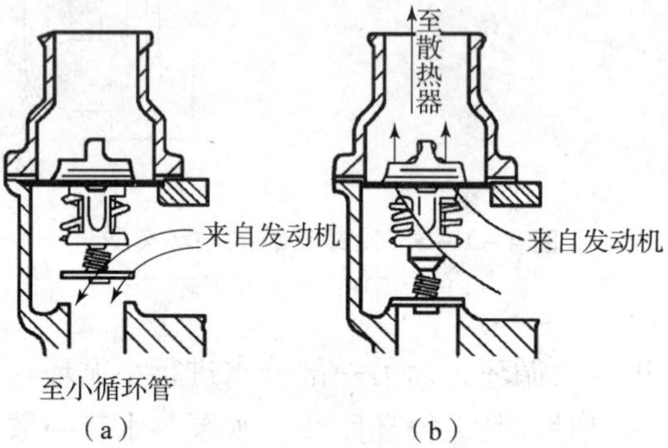

图4-1-5　蜡式节温器的工作原理图

当发动机冷却液处于上述两种温度之间时，主阀门和副阀门均部分开放，故冷却液的大小循环同时存在。

习题

一、判断题

（　　）1. 冷却系统工作中冷却液温度低时实现小循环，温度高时实现大循环。

（　　）2. 冷却系统的作用是将水温降到最低，避免机件受热膨胀变形。

（　　）3. 蜡式节温器失效后无法修复，应按照其安全寿命定期更换。

（　　）4. 选择防冻液时其冰点应比车辆运行地区最低气温低10 ℃左右。

二、单选题

1. 发动机冷却系中锈蚀物和水垢积存的后果是（　　）。

　A. 发动机温升慢　　B. 发动机过热

　C. 发动机怠速不稳　　D. 发动机热车时间延长

2. 小循环中流经节温器的冷却水将流向（　　）。

　A. 散热器　　B. 气缸体

　C. 水泵　　D. 补偿水桶

3. 关于发动机防冻液的使用方法错误的是（　　）。

　A. 乙二醇型冷却液有一定的毒性，使用时应注意

　B. 补加冷却液时，应选用相同颜色的冷却液

　C. 冷却液可以四季通用

D. 选择产品标识齐全的冷却液产品

4. 关于水冷却系统，以下描述不正确的是（　　）。

A. 水泵对冷却水加压，强制冷却水流动

B. 风扇促进散热器的通风，提高散热器的热交换能力

C. 散热器将冷却水的热量散入大气

D. 膨胀水箱建立封闭系统，减少空气对冷却系统内部的氧化，但不能减少冷却水的流失

5. 可让水箱经常保持在正常水位的是（　　）。

A. 水箱盖　　B. 节温器　　C. 溢流管　　D. 储液箱

6. 水冷式冷却系统中，能使发动机温度迅速升高的零件是（　　）。

A. 水箱　　B. 水套　　C. 节温器　　D. 水泵

班级：____________　　指导教师：____________

组号：____________　　组员：______________________________________

项目一　节温器的拆装与检测工作页

一、准备工作

（1）设备：台架发动机、工作台。

（2）工具与量具：成套工具盒、扭力扳手、尖嘴钳等。

（3）发动机维修手册。

（4）耗材、工单及其他：记号笔、机油壶、清洁用棉布、工单、手套等。

二、工作过程

（1）排除发动机冷却液。

（2）拆下交流发电机驱动皮带和水泵皮带轮，拆下气缸盖罩，拆下 3 号和 2 号正时皮带罩。

（3）卸下油位量尺安装螺栓，拉出量尺导管及油位量尺。

（4）将进水口连接到气缸盖的连接螺栓拆卸，取出水泵及进水总成。

（5）拆下进水口。

（6）拆下节温器。

（7）节温器的检修。将节温器置于水中加热，用温度计检测水温，当水温达到________℃时，阀门开始开启，水温达到________℃时，阀门全开达到最大升程，如下图所示。与维修手册中的数据进行比较，其中有一项不符合规定值，则应更换节温器。

结论：____。

（8）节温器的安装。

①装入新节温器，并在节温器上安装新垫片。

②将节温器的跳阀对准双头螺栓的上边，将节温器插进进水口壳，跳阀设定在双头螺栓的上边位置左右 10°内。

三、5S 工作

（1）工量具清洁、收纳、归位；

（2）零件清洁、归位；
（3）维修手册归位；
（4）清洁工作台，耗材按使用情况整理归位或丢入垃圾桶；
（5）清洁实训用台架发动机；
（6）清扫实训场地并清空垃圾，关灯、关门。

班级：____________　指导教师：____________

组号：____________　组员：____________________________________

项目一　节温器的拆装与检测评分表

序号	项目	操作内容	评判标准	配分	扣分
1	维修手册	选择正确维修手册	页码不对扣 2 分，不会查数据扣 3 分	3	
2	节温器的拆卸过程	拆卸过程中松开螺栓	松开螺栓顺序不对扣 2 分，选用工具不对一次扣 2 分，操作动作不对一次扣 1 分	6	
		排除发动机冷却液	操作动作不对一次扣 4 分	6	
		拆下交流发电机驱动皮带和水泵皮带轮，拆下气缸盖罩，拆下 3 号和 2 号正时皮带罩	操作动作不对一次扣 2 分（该项目总分值 10 分，扣完为止）	10	
		卸下油位量尺安装螺栓，拉出量尺导管及油位量尺	操作动作不对一次扣 2 分，该步骤未做扣 6 分	6	
		拆下进水口	操作动作不对一次扣 3 分，该步骤未做扣 6 分	6	
		拆下节温器	未按要求拆卸，酌情扣分	7	
3	节温器的性能检查	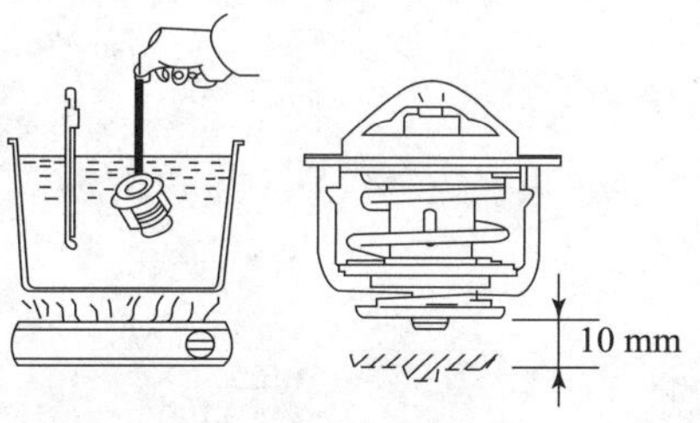	检测方法不正确一次扣 2 分，漏查一项扣 2 分，扣完为止	10	
4	节温器的安装过程	装入新节温器，并在节温器上安装新垫片	操作不规范、查手册、工具选用，每错误一处扣 2 分；未按安装要点中的一项，扣 4 分（该项目总分值 16 分，扣完为止）	16	
		将节温器的跳阀对准双头螺栓的上边，将节温器插进进水口壳，跳阀设定在双头螺栓的上边位置左右 10°内			
5	螺栓的拧紧	安装螺栓的过程中的螺栓拧紧（指拧紧的顺序、力矩与方法）	拧紧的顺序、力矩与方法每错一次扣 2 分（该项目总分值 8 分，扣完为止）	8	
6	工具量具使用	熟练程度（由考官判定）	分为好 4 分、较好 3 分、中 2 分、差 1 分	4	

续表

序号	项目	操作内容	评判标准	配分	扣分
7	5S	着装干净整洁、无佩饰，着工作鞋	有一项不合格扣1分	2	
		作业中工作台、量具摆放等整齐、及时复位	摆放无序扣1分，有堆放扣1分	5	
			量具未及时复位一次扣1分		
		废弃物处理	废弃物未处理扣2分	2	
8	工作安全	作业操作	操作姿势一次不正确扣1分，操作不规范一次扣1分	5	
		操作中人身损伤	因操作失误造成损伤直接扣5分，非操作失误原因等其他因素导致损伤扣3分		
		重大安全事故	出现操作错误取消考生该项目资格		
9	工单	填写工单	整齐，作业后及时、如实填写	2	
合计				100	

项目二

冷却液的更换

4.2.1 冷却液的更换项目实施

1. 准备工作

（1）设备：实训车辆、举升机。

（2）工具与量具：成套工具盒、扭力扳手、橡胶锤、一字改锥等。

（3）发动机维修手册。

（4）耗材、工单及其他：记号笔、新的冷却液、清洁用棉布、工单、手套等。

2. 更换冷却液工作过程

（1）首先，检查冷却系统是否漏水，连接软管有没有裂纹、老化，接口处是否泄漏，散热器、水泵、储液罐、气缸垫、气缸体和气缸盖是否漏水。

（2）拧下散热器盖（图4－2－1）。切勿在发动机处于高温的状态下打开散热器盖。一来会有烫伤的风险，二来会有冷却液喷溅出来。在“热车”时放掉冷却液也会影响到车辆的降温。

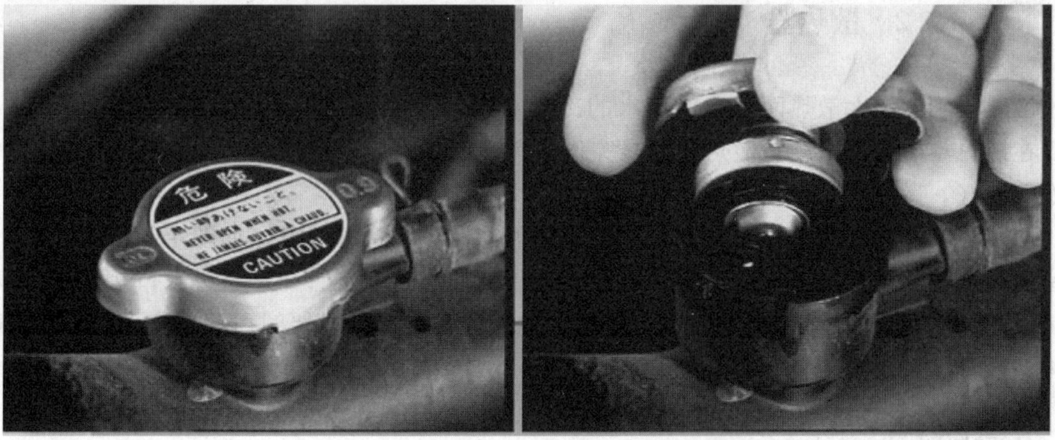

图4－2－1 拧下散热器盖

（3）打开散热器放水阀（图4－2－2）。冷却液一定要放干净。

图4－2－2　散热器及放水阀

（4）清洗冷却系统：将一根连接于自来水管的橡胶管插入散热器流入口，打开自来水龙头，使自来水连续不断地流经发动机冷却系统，直到发散热器放出清水为止。

注意：在冲洗操作时，要使发动机怠速运转。

（5）关上水龙头，待冷却系统的水放净之后，再关上散热器放水阀。

（6）从散热器加水口加入冷却液，使冷却液充满散热器。拧开储液罐盖，加入冷却液，并使液位在“MAX”刻度线之下。

（7）盖上散热器盖和储液罐盖，并拧紧。

（8）起动发动机，怠速运转2～3 min，拧开散热器盖，补充冷却液。同时补充补偿水桶使液面在“MAX”和“MIN”之间。

（9）盖好散热器盖，注意要在散热器已冷却的状态下观察冷却液中是否有杂质，最终补偿水桶中液面要保持在“MAX”和“MIN”之间。

4.2.2　散热器

散热器用于增大散热面积，加速水的冷却。冷却水经散热器后，其温度可降低10～15 ℃，在散热器后装有风扇与散热器配合工作。散热必须有足够的散热面积，而且所用材料导热性能要好。散热器一般用铜或铝制成。

散热器又称为水箱，主要由上水室、散热器芯和下水室等组成，如图4－2－3所示。上水室通过进水软管与缸盖上的出水管相通，下水室通过出水软管与水泵进水口相通，上水室上端设有加水口，并用散热器盖密封，下水室设有放水口，必要时可将散热器内的冷却液放掉。

1. 散热器芯

散热器芯的构造形式有多样，常用的有管片式和管带式两种。

1）管片式散热器芯

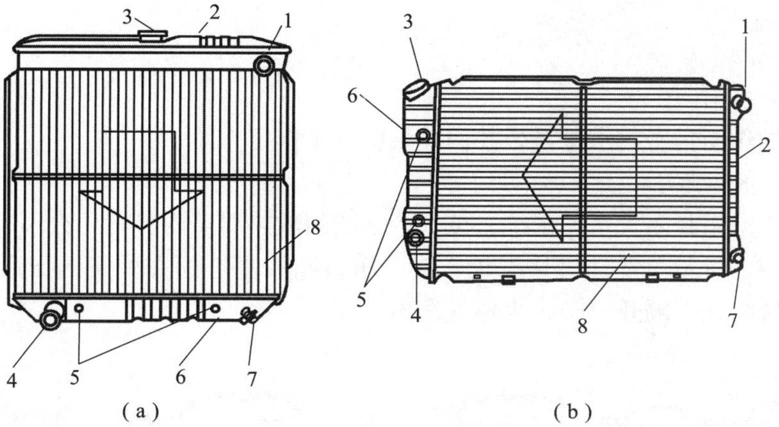

图 4-2-3 散热器的结构

(a) 纵流式；(b) 横流式

1—加水口；2—上水室；3—散热器盖；4—放水口；5—变速器油冷却器进、出口；

6—下水室；7—放水阀；8—散热器芯

管片式散热器芯由许多冷却管和散热片组成，如图 4-2-4（a）所示。冷却管是冷却液的通道，多采用扁圆形断面，因为扁管与圆管相比，在容积相同的情况下具有较大的散热面积；当管内的水冻结膨胀时，扁管可以借其横断面变形而免于破裂。为了增强散热效果，在冷却管外面横向套装了很多散热片来增加散热面积，同时增加了整个散热器的刚度和强度。

2）管带式散热器芯

管带式散热器芯采用冷却管与散热带相间排列的方式，如图 4-2-4（b）所示。散热带呈波纹状，其上开有形似百叶窗的缝隙，用来破坏空气流在散热带上的附面层，从而提高散热能力。这种散热器芯与管片式相比，具有散热能力强、制造工艺简单、质量小、成本低等优点，但刚度不如管片式好，一般在使用条件较好的轿车上得到广泛应用。随着我国道路条件的改善，这种管带式散热器芯在中型货车上也开始采用。

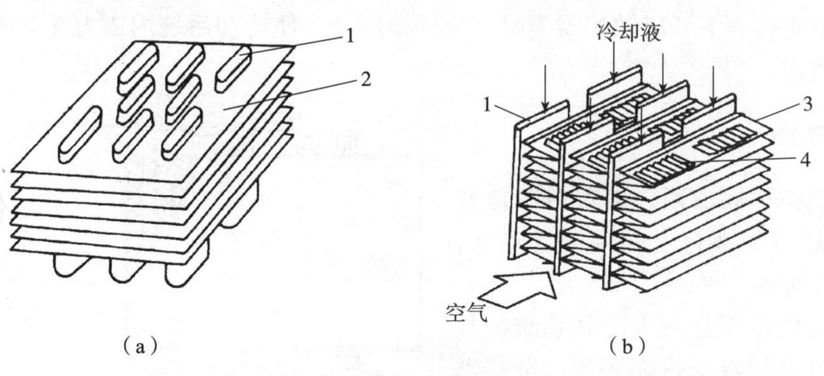

图 4-2-4 散热器芯的结构

(a) 管片式；(b) 管带式

1—散热管；2—散热片；3—散热带；4—缝孔

2. 散热器盖

1）散热器盖的作用

散热器盖的作用是密封水冷系统并调节系统的工作压力。

2）散热器盖的结构

汽车上广泛采用封闭式水冷系统，该水冷系统的散热器盖内装有压力阀、真空阀和溢流管，如图4－2－5所示。发动机热态正常时，压力阀和真空阀在弹簧的作用下处于关闭状态，将冷却系统与大气隔开，防止水蒸气逸出。

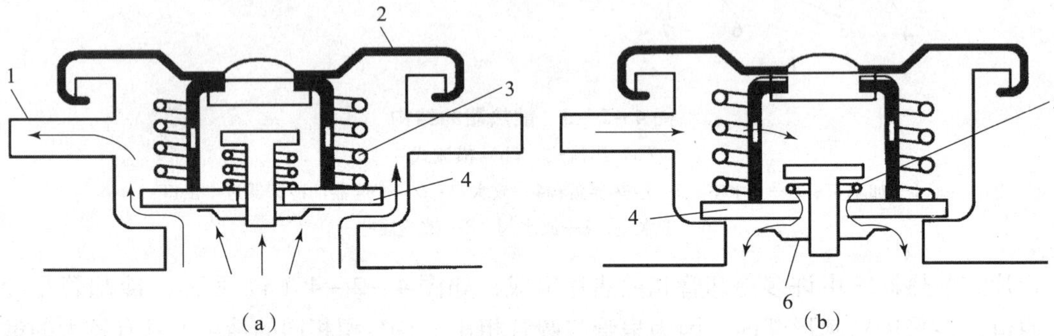

图4－2－5　散热器盖的结构及工作原理

(a) 压力阀开启；(b) 真空阀开启

1—溢流管；2—盖；3—压力阀弹簧；4—压力阀；5—真空阀弹簧；6—真空阀

发动机工作时，冷却液的温度逐渐升高，冷却液体积膨胀，水冷系统内的压力增高，当散热器内部压力升高到一定数值（一般为0.026～0.037 MPa），压力阀开启，一部分冷却液经溢流管流入补偿水桶而使水蒸气从通气孔排出，以防止冷却液胀裂散热器。

发动机停机后，冷却液温度下降，水冷系统的压力也随之降低。当压力降到大气压以下出现真空（一般为0.01～0.02 MPa）时，真空阀开启，补偿水桶内的冷却液部分流回散热器，可以避免散热器被大气压瘪。

在发动机热状态下开启散热器盖时，应缓慢旋开，使冷却系统内压力逐渐降低，以免被喷出的热水烫伤。

3. 补偿水桶

补偿水桶亦称储液罐，由塑料制造并用软管与散热器加液口上的溢流管连接，如图4－2－6所示。

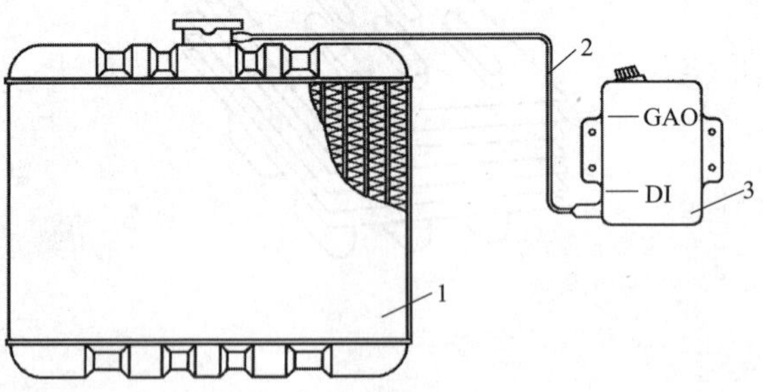

图4－2－6　补偿水桶装置示意图

1—散热器；2—橡胶软管；3—补偿水桶

补偿水桶的作用是减少冷却系统冷却液的损失。当冷却液受热膨胀后，散热器内多余的冷却液流入补偿水桶；而当温度降低后，散热器内产生一定的真空度，补偿水桶中的冷却液又被吸回散热器内，所以冷却液不会溢出。

补偿水桶上印有两条液面高度标记线："DI"（低）标记与"GAO"（高）标记或者"ADD"（添加）标记与"FULL"（充满）标记。当水温在 50 ℃以下时，补偿水桶内液面高度应比低于"DI"或（"ADD"）线。若低于该线，则需要补充冷却液。补充冷却液时可从补偿水桶口加入。在添加冷却液时，桶内液面高度不应超过"GAO"（或"FULL"）线。

4. 膨胀水箱

膨胀水箱用透明塑料制成，位置稍高于散热器，其工作原理如图 4-2-7 所示。

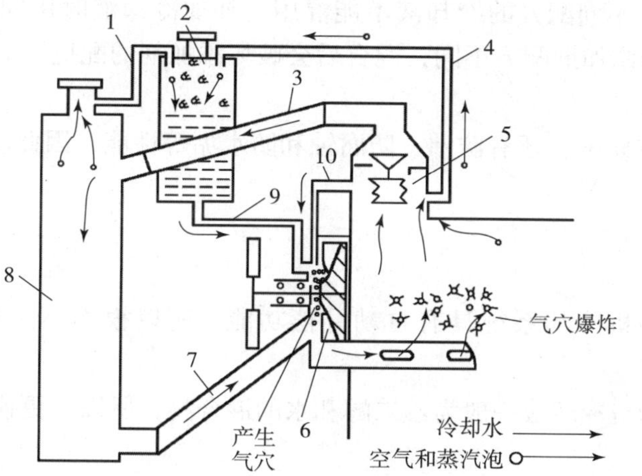

图 4-2-7　膨胀水箱装置示意图

1—散热器出气管；2—膨胀水箱；3—水套出水管；4—水套出气管；5—节温器；6—水泵；7—水泵进水管；8—散热器；9—补充水管；10—旁通管

膨胀水箱上部通过散热器出气管和水套出气管分别和发动机散热器及发动机水套相连，膨胀水箱下部通过补充水管和旁通管相连。当发动机工作时，在散热器和水套内产生的水蒸气通过出气管进入膨胀水箱，冷凝成液体后通过补充水管进入水泵。这样不仅可以减少冷却液的损失，还能消除水冷系统中的气泡，提高冷却能力，还可以防止金属材料因水冷系统中的空气而腐蚀。

4.2.3　冷却液

1. 冷却液的成分

现代汽车普遍采用乙二醇型冷却液，它是在软化水中按比例添加防冻剂乙二醇，配以适量的金属缓蚀剂、阻垢剂、泡沫抑制剂、着色剂等添加剂进行科学调和，达到冬季防冻、夏季防沸，且能防腐、防垢、减轻冷却液泡沫产生等作用，提高冷却效果。

乙二醇是无色略有甜味的黏性液体，沸点为 197 ℃，可以以任何比例混合。

专用冷却液一般呈深绿色或深红色，有一定的毒性，使用时应注意。发现冷却液泄漏应及时检查添加。

2. 冷却液使用过程中的注意事项

（1）选择使用冰点比车辆运行地区最低气温低 10 ℃左右的冷却液产品。

（2）选择产品标识齐全的冷却液产品。

（3）选择无异味的冷却液产品，尽量不要选择过于廉价的冷却液。

（4）到正规店购买冷却液产品，并索要发票。

（5）稀释冷却液浓缩液时，应使用去离子水、蒸馏水或纯净水。

（6）不同品牌、不同配方的冷却液不能混用。补加冷却液时用同一品牌、同一冰点的产品。由于冷却液的添加剂配方不同，混合后会破坏添加剂的配比平衡，从而造成冷却系统的腐蚀。

（7）冷却液不仅防冻，还有防沸、防腐蚀和防水垢等性能，因此应四季通用。

习题

一、判断题

（　　）1. 发动机冷却系统具有自动补偿功能，所以根本不用检查发动机冷却系统液位。

（　　）2. 发动机冷却液一般为乙二醇和水的混合物，所以在更换的时候必须对冷却液进行回收。

（　　）3. 如果发动机冷却液过少，紧急情况下，可以直接注入自来水。

（　　）4. 发动机冷却液一般做成鲜艳的颜色，红色或者绿色。

（　　）5. 不同品牌、不同配方的冷却液可以混用。

二、选择题

1. 发动机冷却液的沸点一般应高于（　　）℃。

A. 80　　B. 90　　C. 100　　D. 105

2. 冷却液中不含有的成分是（　　）。

A. 水　　B. 防止腐蚀的添加剂

C. 防冻剂　　D. 乙醇

3. 发动机冷却液的一般工作温度为（　　）℃。

A. 60　　B. 70　　C. 80　　D. 90

4. 在冷却液的选用上，一般选择冷却液的凝固点比当地极端天气低（　　）℃。

A. 5　　B. 10　　C. 15　　D. 20

5. 关于水箱盖，说法正确的是（　　）。

A. 只有压力阀　　B. 只有蒸汽阀

C. 既有压力阀，又有蒸汽阀　　D. 压力阀和蒸汽阀都没有

班级：____________　　指导教师：____________

组号：____________　　组员：______________________________________

项目二　更换冷却液工作页

一、准备工作

（1）设备：实训车辆、举升机。

（2）工具与量具：成套工具盒、扭力扳手、橡胶锤、一字改锥等。

（3）发动机维修手册。

（4）耗材、工单及其他：记号笔、新的冷却液、清洁用棉布、工单、手套等。

二、工作过程

（1）打开机舱盖，冷却系统检漏。

（2）打开水箱盖。

（3）用举升机将车辆举升到适当位置。

（4）拆下导流板，拧开防水螺栓，回收冷却液。

（5）冷却液冰点测量。

冷却液的冰点：________________。

（6）待冷却液排放干净后，拧紧放水螺栓。

（7）将车辆放回原位置。

（8）加注冷却液。

（9）起动发动机，发动机怠速运转，将暖风调至高挡位。

（10）视冷却液位置情况，加注冷却液。

三、5S 工作

（1）工量具清洁、收纳、归位；

（2）零件清洁、归位；

（3）维修手册归位；

（4）清洁工作台，耗材按使用情况整理归位或丢入垃圾桶；

（5）清洁实训用车辆、关闭车窗、断电、锁车门；

（6）清扫实训场地并清空垃圾，关灯、关门。

班级：__________ 指导教师：__________

组号：__________ 组员：______________________________

项目二 更换冷却液评分表

序号	项目	操作内容	评判标准	配分	扣分
1	安全与文明生产	正确穿戴工作服和安全鞋	不穿工作服扣 2 分，不穿安全鞋扣 3 分	5	
		工具与零件有序摆放	每混乱摆放一个零件和工具扣 1 分	5	
		工作场所的清洁	油、水洒落后不及时清洁，每次扣 1 分	3	
2	起动前检查	发动机油位、液位检查	机油油位、喷洗液液位、冷却液液位、制动液液位每项 2 分	8	
		起动前安全检查	包括车辆和举升机的安全检查，如果不做视为不合格		
		发动机起动暖机方式正确	正确 3 分，错误 0 分	3	
3	发动机冷却系统检漏	检查连接软管有无裂纹、老化		2	
		接口处是否漏水		2	
		散热器、水箱、水泵、储液罐、气缸垫、气缸体和气缸盖是否漏水	每项 2 分，每少检查一项扣 2 分	14	
4	冷却液的排放	打开水箱盖		2	
		举升车辆正确、位置正确	每项 2 分	4	
		拆掉导流板、拧松冷却液排放阀，冷却液要有专门的回收装置	每项 2 分	6	
		冷却液排净后拧紧冷却液排放阀	如果有液体滴落视为不合格	2	
		降下车辆、位置正确		4	
5	冷却液冰点检查	清洁冷却液冰点测量仪		2	
		冰点检测仪使用正确		5	
		清洁冰点测量仪，放回工具盒		2	
6	加注冷却液	加注冷却液时注意观察发动机内冷却液液位		2	
		当冷却液液位到达补偿水桶的上限位置后停止加注		2	
7	运转检漏	起动发动机，保持怠速运转，并运行暖风至高挡位	每项 2 分	6	
		视发动机液位情况，决定是否添加冷却液		5	

续表

序号	项目	操作内容	评判标准	配分	扣分
8	5S	作业中工作台、量具摆放等整齐、及时复位	摆放无序扣1分，有堆放扣1分	5	
			量具未及时复位一次扣1分		
		废弃物处理	废弃物未处理扣2分	2	
9	工作安全	作业操作	操作姿势一次不正确扣1分，操作不规范一次扣1分	5	
		操作中人身损伤	因操作失误造成损伤直接扣5分，非操作失误原因等其他因素导致损伤扣3分		
		重大安全事故	出现操作错误取消考生该项目资格		
10	工单	填写工单	整齐，作业后及时、如实填写	4	
合计				100	

项目三

发动机冷却液温度过高的故障诊断

4.3.1　发动机冷却液温度过高的原因分析

发动机运行过程中，冷却液温度超过90 ℃（有的100 ℃），直至沸腾（俗称“开锅”），这种现象即为发动机过热故障。

汽车行驶过程中，如果冷却液突然沸腾，切莫立即熄火，应使发动机怠速运转几分钟，再熄火，防止高温时活塞黏缸。

发动机过热的原因有两方面：冷却系统自身散热能力下降以及发动机产生的热量增加。

冷却系统本身的原因有以下几点：

（1）冷却液不足。

（2）散热器散热片倾倒过多或散热片间积存泥土太多。

（3）电动风扇不转。

（4）散热器芯管堵塞或其出水胶管被吸瘪。

（5）节温器工作不正常（主阀门开度小或打不开）。

（6）水泵皮带过松或水泵损坏。

（7）气缸垫装错，导致冷却水道堵塞。

（8）气缸垫烧坏或缸体、缸盖裂纹，导致高温气体进入冷却系统。

其他系统的原因有以下几点：

（1）点火时间过迟。

（2）混合气过稀或过浓。

（3）燃烧室积炭过多。

（4）机油量不足或机油散热器工作不良。

（5）汽车长时间超负荷工作。

4.3.2　发动机冷却液温度过高的检修

1. 准备工作

（1）设备：汽车、台架发动机、工作台。

(2) 工具与量具：成套工具盒、扭力扳手、厚薄规等。

(3) 发动机维修手册。

(4) 耗材、工单及其他：记号笔、机油壶、清洁用棉布、工单、手套等。

2. 检查步骤

(1) 检查冷却液液位。

(2) 检查散热器散热片是否倾倒过多或散热片间积存泥土太多。

(3) 检查风扇是否转动。

(4) 检查水泵皮带是否过松。

(5) 用手摸散热器和发动机机体，如果散热器温度较低，说明冷却液循环不良。应检查橡胶软管是否吸瘪变形、检测节温器和拆检水泵。

(6) 检查散热器各部分温度是否均匀，如果冷热不均，说明散热器内部堵塞。

(7) 对刚刚维修过的发动机，还应考虑是否气缸垫装错，造成冷却液循环不良。

4.3.3 水泵

1. 水泵的作用与原理

水泵的作用是对冷却水加压，加速冷却水的循环流动，保证冷却可靠。车用发动机上多采用离心式水泵，离心式水泵具有结构简单、尺寸小、排水量大、维修方便等优点。

离心式水泵的工作原理如图 4－3－1 所示。离心式水泵主要由泵体、叶轮和水泵轴组成，轮叶一般是径向或向后弯曲的，其数目一般为 6～9 片。

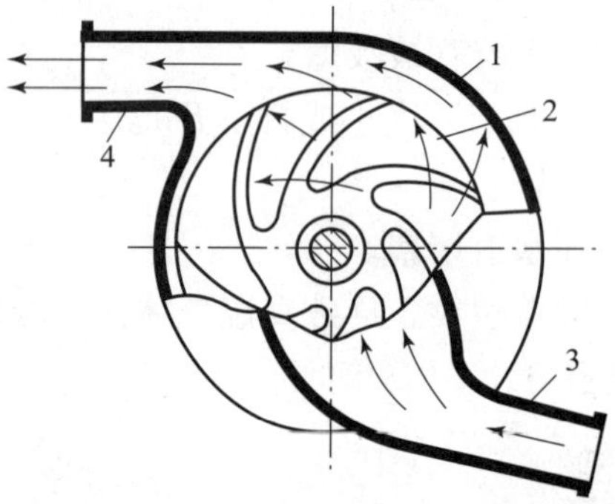

图 4－3－1　离心式水泵的工作原理

1—水泵壳体；2—叶轮；3—进水管；4—出水管

当叶轮旋转时，水泵中的水被叶轮带动一起旋转，在离心力作用下，水被甩向叶轮边缘，然后经外壳上与叶轮成切线方向的出水管压送到发动机水套内。与此同时，叶轮中心处的压力降低，散热器中的水便经进水管被吸进叶轮中心部分。如此连续的作用，使冷却水在水路中不断地循环。如果水泵因故停止工作，则冷却水仍然能从叶轮叶片之间流过，进行热流循环，不至于很快产生过热。

2. 水泵的结构

发动机的离心式水泵结构如图 4－3－2 所示。水泵轴用两套滚珠轴承安装在水泵壳体的轴承座孔中，靠轴承座的台肩和隔套、卡环进行轴向定位。水泵轴的一端装有叶轮，并用螺钉紧固，凸缘盘装在水泵轴的另一端。水泵的叶轮用泵盖、衬垫和螺钉紧固封闭，盖板外缘有孔，是水泵的出水口，其水的流动方向如图 4－3－3 所示。水泵安装在气缸体的前端面上。在叶轮的前端装有水封，防止水泵内腔的水沿水泵轴向前渗漏。

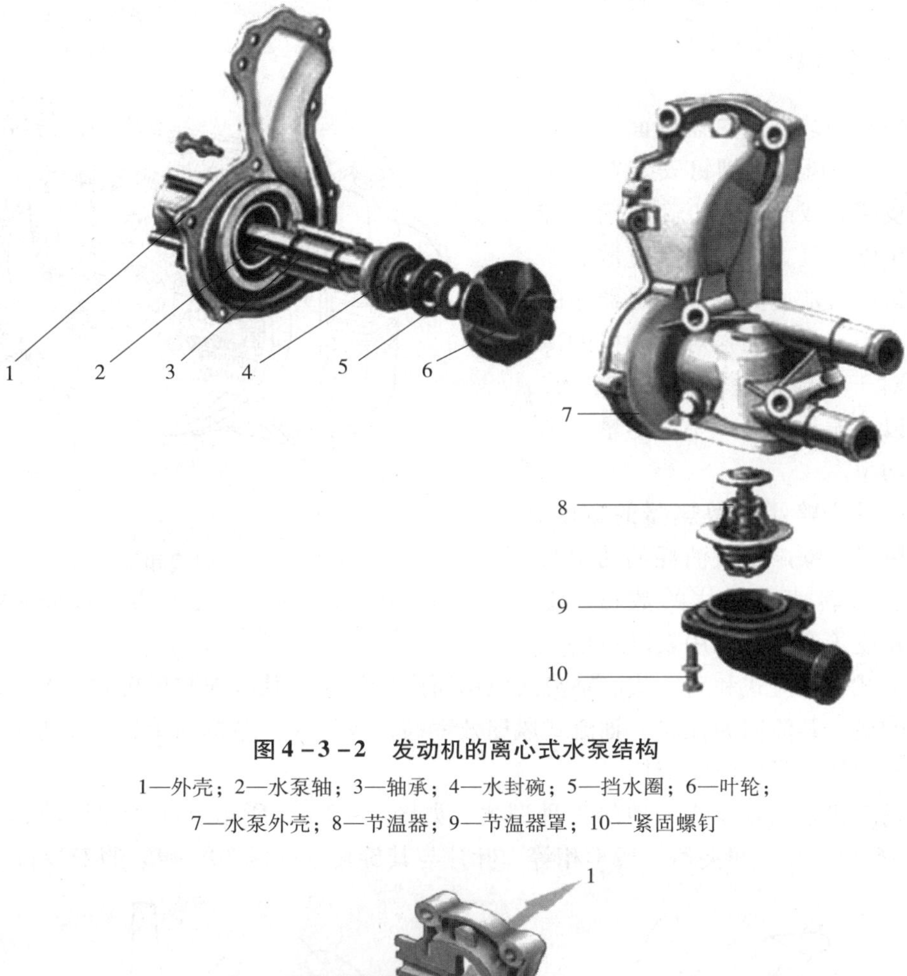

图 4－3－2　发动机的离心式水泵结构

1—外壳；2—水泵轴；3—轴承；4—水封碗；5—挡水圈；6—叶轮；
7—水泵外壳；8—节温器；9—节温器罩；10—紧固螺钉

图 4－3－3　离心式水泵水的流动方向

1—通向气缸体水套水流；2—气缸盖水套水流；3—暖风装置与进气歧管水流；4—散热器水流

水泵一般由曲轴通过皮带驱动。传动带环绕在曲轴带轮与水泵带轮之间。有些发动机的水泵由凸轮轴直接驱动。

4.3.4 风扇

1. 风扇的结构

风扇通常安装在散热器后面，如图4-3-4所示。风扇用螺钉安装在水泵轴前端的皮带轮或凸缘盘上。风扇旋转时，会产生轴向吸力，增加流过散热器芯的空气量，可加速对流经散热器芯的冷却水的冷却，从而加强对发动机的冷却作用。对于风扇来说，要求风量大，效率高，以及振动与噪声小，尽量少消耗发动机功率。

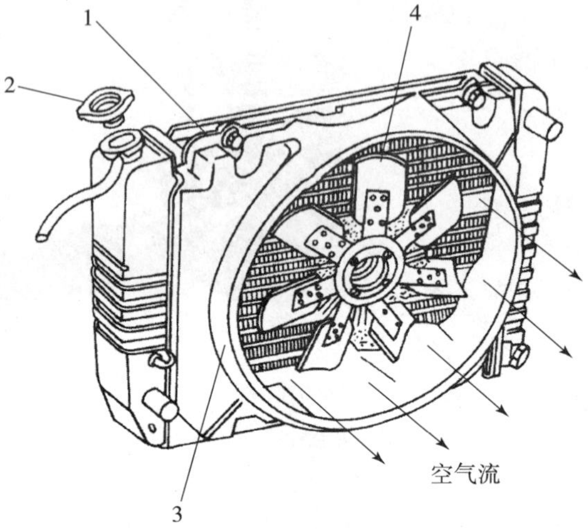

图4-3-4 风扇和导风罩

1—散热器；2—散热器盖；3—导风罩；4—风扇

风扇的外径略小于散热器的宽度。风扇的扇风量、噪声及所消耗的功率与风扇的直径、转速及叶片的数目、形状、安装角度等有关。车用发动机的风扇有两种形式，轴流式和离心式。轴流式风扇所产生的风，其流向与风扇轴平行；离心式风扇所产生的风，其流向为径向。轴流式风扇效率高，风量大，结构简单，布置方便，因而在车用发动机上得到了广泛的应用。

车用发动机采用轴流式风扇的三种型式，如图4-3-5所示。叶片多用薄钢板压制而成，为4~6片，叶片间夹角一般不相等。叶片与其旋转平面成30°~45°的安装斜角。

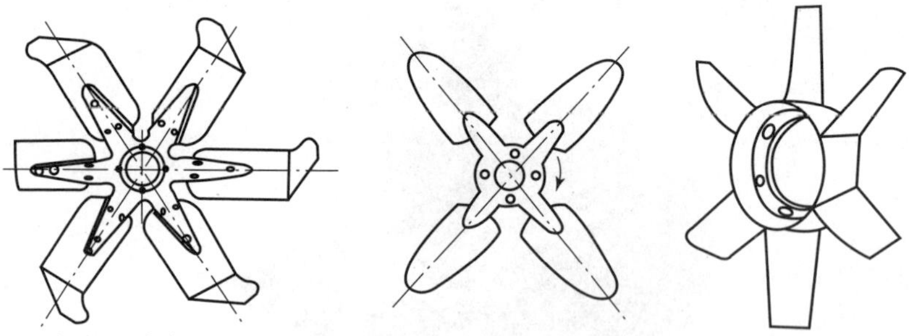

图4-3-5 轴流式风扇的三种型式

(a) 叶尖前弯风扇；(b) 尖窄根宽风扇；(c) 尼龙压铸整体风扇

2. 电动风扇的结构

目前，轿车发动机大多采用电动风扇，风扇不与水泵同轴。电动风扇由电动机驱动，受冷却水温度控制的水温开关控制风扇的转动，不受发动机转速的影响。这样，既能保证发动机在汽车低速时的冷却，又可减少消耗发动机的功率。

发动机低温时风扇不转动，当发动机高温后风扇才转动，且某些发动机风扇有高、低两个挡位，由专门的电路控制，如图 4－3－6 所示。下面以桑塔纳 2000 发动机 AJR 型发动机为例，来说明风扇一挡、二挡的控制温度。

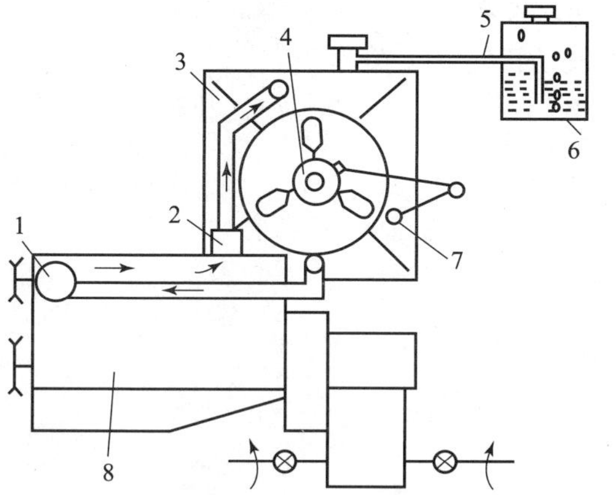

图 4－3－6　电动风扇的组成图

1—水泵；2—节温器；3—散热器；4—电动机和风扇；5—软管；6—膨胀水箱；7—温控开关；8—发动机

（1）当冷却液温度为 84 ~91 ℃时，风扇停转。

（2）当冷却液温度为 92 ~ 97 ℃时，热敏开关接通电动机 Ⅰ 挡（低速挡），风扇以 2 300 r/min 的低转速运转。

（3）当冷却液温度为 99 ~ 105 ℃时，热敏开关接通电动机 Ⅱ 挡（高速挡），风扇以 2 800 r/min 的高转速运转。

（4）当冷却液温度为 93 ~98 ℃时，风扇电动机恢复 Ⅰ 挡改为低转速运转。

习题

一、判断题

（　　）1. 在汽车行驶中，出现发动机过热、冷却液突然沸腾现象，应立即停车熄火检查。

（　　）2. 冷却液不足会引起发动机过热。

（　　）3. 汽车车用发动机上多采用离心式水泵。

（　　）4. 汽车发动机的冷却风扇广泛采用离心式的。

（　　）5. 发动机电动风扇由电瓶供电驱动，由于电瓶电压稳定，所以风扇转速变化很小。

二、选择题

1. 下列（　　）不会引起发动机过热。

A. 电动风扇不转　　　　B. 气缸垫装错

C. 不安装节温器　　　　D. 机油量不足

2. 如果发动机过热，用手摸散热器，发现散热器温度较低，不可能的原因是（　　）。

A. 橡胶软管吸瘪变形　　B. 节温器有问题

C. 水泵不转　　D. 发动机超负荷运转

3. 在发动机刚起动时，电动风扇的转速为（　　）。

A. 0　　B. 低速　　C. 中速　　D. 高速

4. 下列部件中（　　）不能调节发动机水冷却系统的冷却强度。

A. 电动风扇　　B. 水泵　　C. 节温器

5. （　　）的转速与发动机转速无关。

A. 电动风扇　　B. 水泵　　C. 机油泵

班级：____________　　指导教师：____________
组号：____________　　组员：____________________________________

项目三　发动机冷却系统温度过高的故障诊断工作页

一、准备工作

（1）设备：汽车、台架发动机、工作台。
（2）工具与量具：成套工具盒、扭力扳手、厚薄规等。
（3）发动机维修手册。
（4）耗材、工单及其他：记号笔、机油壶、清洁用棉布、工单、手套等。

二、工作过程

1. 检测冷却液液位

检测结果：____。

2. 检测电动风扇

检测结果：____。

3. 检测散热器散热片

检测结果：____。

4. 检查散热器各部分温度是否均匀

检测结果：____。

5. 检查节温器、水泵

检测结果：____。

6. 如果节温器或水泵有问题，拆检节温器与水泵

节温器外观状况：____。

节温器开始打开的温度________________；完全打开的行程：________________。

（打开温度标准值是________________；完全打开的行程标准值是________________。）

7. 其他的检测

三、5S 工作

（1）工量具清洁、收纳、归位；
（2）零件清洁、归位；
（3）维修手册归位；
（4）清洁工作台，耗材按使用情况整理归位或丢入垃圾桶；
（5）清洁实训用车辆、关闭车窗、断电、锁车门；
（6）清扫实训场地并清空垃圾，关灯、关门。

班级：____________　　指导教师：____________

组号：____________　　组员：________________________________

项目三　发动机冷却系统温度过高的故障诊断评分表

序号	项目	操作内容	评判标准	配分	扣分
1	维修手册	选择正确的维修手册	页码不对扣 2 分，不会查数据扣 4 分	4	
2	检测液位	检测冷却液液位	检测位置不对扣 5 分	5	
			检测结果不对扣 4 分	4	
3	检测风扇	检测电动风扇	检测方法不对扣 5 分	5	
			检测结果不对扣 4 分	4	
4	检测散热片	检测散热器散热片	检测方法不对扣 5 分	5	
			检测结果不对扣 4 分	4	
5	检查均匀性	检查散热器各部分温度是否均匀	检测方法不对扣 5 分	5	
			检测结果不对扣 4 分	4	
6	检查节温器	检查节温器	检测方法不对扣 5 分	5	
			检测结果不对扣 4 分	4	
7	检查水泵	检查水泵	检测方法不对扣 5 分	5	
			检测结果不对扣 4 分	4	
8	拆检节温器与水泵	拆检节温器与水泵	选用工具、拆装方法错误一次扣 2 分	8	
			节温器检测方法不对扣 3 分	3	
			水泵检测方法不对扣 3 分	3	
			安装不正确一次扣 2 分	4	
9	工具量具使用	熟练程度（由考官判定）	分为好 4 分、较好 3 分、中 2 分、差 1 分	4	
10	5S	着装干净整洁、无佩饰，着工作鞋	有一项不合格扣 1 分	3	
		作业中工作台、量具摆放等整齐、及时复位	摆放无序扣 1 分，有堆放扣 1 分	8	
			量具未及时复位一次扣 1 分		
		废弃物处理	废弃物未处理扣 2 分	2	

续表

序号	项目	操作内容	评判标准	配分	扣分
11	工作安全	作业操作	操作姿势一次不正确扣1分，操作不规范一次扣1分	5	
		操作中人身损伤	因操作失误造成损伤直接扣5分，非操作失误原因等其他因素导致损伤扣3分		
		重大安全事故	出现重大安全事故该考生该项目为0分		
12	工单	填写工单	整齐，作业后及时、如实填写	2	
合计				100	

单元五
润滑系统的检修

学习目标

1. 掌握润滑系统零件的结构、原理。
2. 掌握润滑系统零件的检测方法。
3. 掌握润滑油、滤清器的更换方法。
4. 掌握润滑系统的故障诊断方法。

学习要求

能力目标	知识要点	权重
会检测润滑系统零件的性能	润滑系统零件的结构 润滑系统零件的检测方法	40%
会更换润滑油、滤清器	润滑油的类型、选用 润滑油的更换方法	30%
会诊断润滑系统的故障	润滑系统的组成、零件布置 润滑系统的润滑油路	30%

引例

一辆桑塔纳轿车低速行驶时一切正常，当速度超过 60 km/s 时，机油压力警告灯闪亮，蜂鸣器也响起，停车重新启动，一切恢复正常，但车速一高，上述现象又会出现。

根据经验，初步判断为机油压力开关损坏。桑塔纳轿车装有两个机油压力开关，分别位于气缸盖后端的低压开关和位于机油滤清支架上的高压开关。发动机在工作过程中，当其中任何一个开关或机油压力低于标准值时，该处的电路就会接通，位于仪表盘上的机油压力报警灯开始闪烁，以提醒驾驶人员该车润滑系统出现故障。

根据其结构及工作原理，检查机油压力开关，换用新压力开关分别对低压和高压开关做换件实验，结果在更换高压开关后故障消除。说明高压开关损坏。

要诊断并排除上述故障，应熟悉发动机润滑系统的组成、零部件结构和原理；能够进行润滑系统零部件的检修。本单元重点学习发动机润滑系统的结构与原理，只有掌握了这些汽车专业知识，才能具备解决发动机润滑系统故障的能力。

概　述

1. 润滑系统的功用

发动机在工作时，各运动零件均以一定的力作用在另一个零件上，并且发生高速的相对运动，相对运动的零件必然因相互摩擦而消耗发动机的一部分功率，如曲轴、凸轮轴与轴承，活塞与缸壁，气门与导管，挺柱或摇臂与凸轮，等等，从而降低发动机的效率，同时引起发热和磨损。为保证发动机的正常工作，必须对相对运动零件的表面加以润滑，以减小摩擦阻力，降低功率消耗，减小机件磨损，延长发动机的使用寿命，所以，发动机必须设置专门的润滑系统。

现代汽车发动机均采用压力润滑和飞溅润滑相结合的复合润滑方式，而对一些分散的部位，如发动机水泵轴承、发电机和起动机等总成的润滑，采用定期加入润滑脂的方式进行润滑。

润滑系统的主要作用就是对发动机中相对运动的零件的摩擦表面进行润滑，除了润滑作用外，其还具有散热、清洗、保护和密封等作用。

（1）润滑作用：润滑运动零件表面，减小摩擦阻力和磨损，减小发动机的功率消耗。

（2）冷却作用：润滑油流经各零件表面时还可带走摩擦产生的热量，起冷却作用。

（3）清洗作用：机油在润滑系统内不断循环，清除零件表面的金属磨屑，带走磨屑以及空气带入的尘土及燃烧产生的炭粒等杂质。

（4）防锈蚀作用：在零件表面形成油膜，对零件表面起保护作用，防止腐蚀生锈。

（5）密封作用：在运动零件之间形成油膜，提高它们的密封性，有利于防止漏气或漏油。

（6）液压作用：润滑油还可用作液压油，如液压挺柱，起液压作用。

（7）减振缓冲作用：在运动零件表面形成油膜，吸收冲击并减小振动，起减振缓冲作用。

2. 润滑方式和滤清形式

1）润滑方式

发动机各零件的润滑强度取决于该零件的环境，相对运动速度和承受机械负荷、热负荷的大小。根据承受负荷的不同和相对运动速度的高低，发动机润滑系统采用下面几种润滑方式：

（1）压力润滑。对负荷大、相对运动速度高的摩擦表面均采用压力润滑，如主轴承、连杆轴承、凸轮轴轴承、气门、摇臂轴等处。

压力润滑是利用机油泵，将具有一定压力的润滑油源源不断地送到零件的摩擦面间，形成具有一定厚度并能承受一定机械负荷的油膜，尽量将两摩擦零件完全隔开，实现可靠的润滑。发动机上一些相对速度高、机械负荷大的零件，都采用这种润滑方式。采用压力润滑，必须在缸体或者缸盖上设有专门的油道来向这些部位输送润滑油。

（2）飞溅润滑。对外露表面、负荷较小的摩擦表面采用飞溅润滑。飞溅润滑是利用发动机工作时某些运动零件（主要是曲轴和凸轮轴）旋转时飞溅起的或从连杆大头上专设的油孔喷出的油滴和油雾，对摩擦表面进行润滑的一种方式。飞溅润滑适合于：暴露的零件表面，如缸壁、凸轮等；相对运动速度较低的零件，如活塞销等；机械负荷较轻的零件，如挺柱等。气缸壁采用飞溅润滑，还可防止润滑油因压力过高、油量过大而窜入燃烧室，导致发动机工作条件的恶化。

（3）定期润滑。对一些不太重要、分散的部位，采用定期加注润滑脂的方式进行润滑，如发动机水泵轴承、发电机、起动机和分电器等总成的润滑，即采用这种方式。

2）润滑油滤清方式

润滑油滤清方式通常有三种形式（图 5－0－1）：

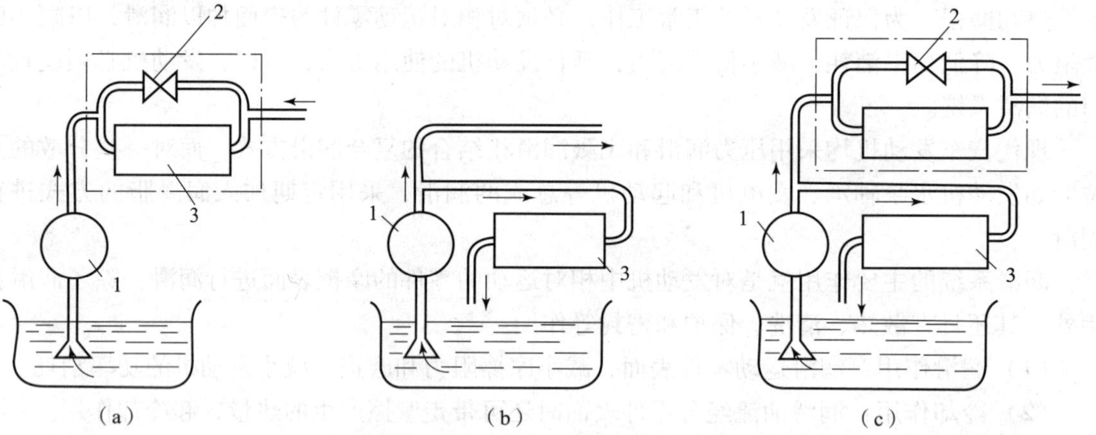

图 5－0－1　润滑油滤清方式示意图

（a）全流式；（b）分流式；（c）并用式

1—机油泵；2—旁通阀；3—滤清器

（1）全流式：滤清器与主油道串联的滤清方式。从机油泵压送出的油全部经过滤清器供给各个摩擦部位，润滑油得到较好的清洁，若滤清器被堵塞，就会出现润滑不良的后果，因此和滤清器并联一个旁通阀，在滤清器被堵塞的情况下，可越过滤清器向各摩擦部位供油。

（2）分流式：仅将油路中的一部分油滤清，即滤清器与主油道并联的滤清方式。

（3）并用式：将全流式与分流式合起来使用。

丰田、标致、桑塔纳及奥迪车等在发动机上都采用了全流式滤清方式。

3. 润滑系统的油路及组成

1）润滑系统的油路

现代汽车发动机润滑油路的布置方案大致相似，只是由于润滑系统的工作条件和具体结构的不同而稍有差别。润滑系统示意图如图 5－0－2 所示，润滑油路示意图如图 5－0－3 所示。

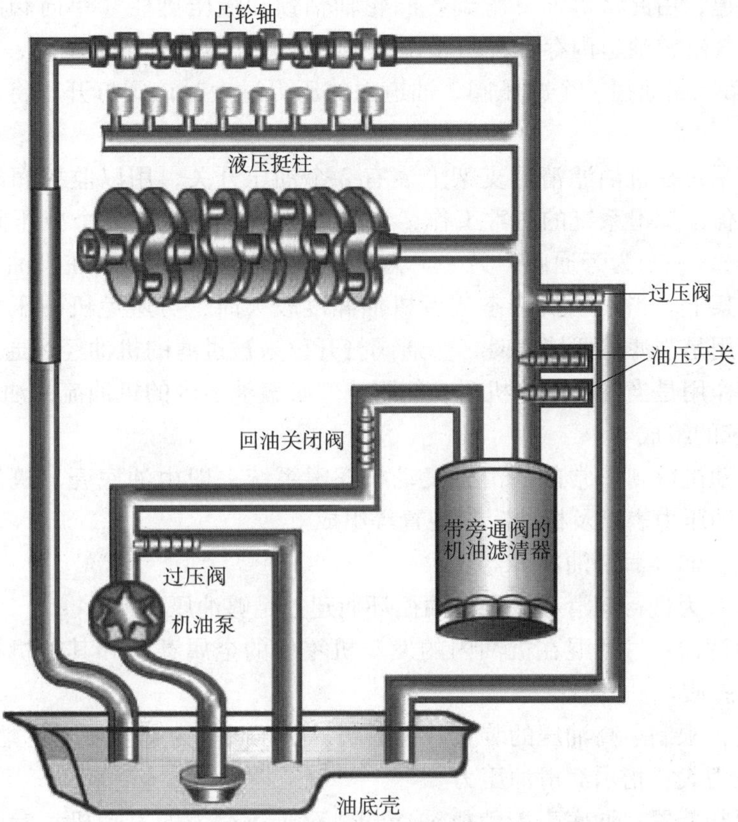

图 5－0－2　发动机润滑系统示意图

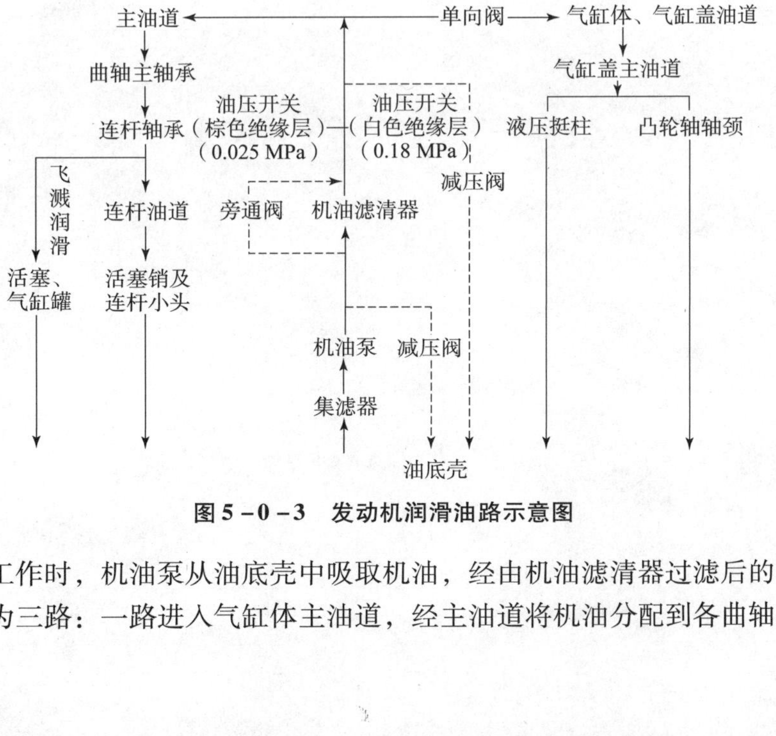

图 5－0－3　发动机润滑油路示意图

当发动机工作时，机油泵从油底壳中吸取机油，经由机油滤清器过滤后的机油在机油滤清器支架内分为三路：一路进入气缸体主油道，经主油道将机油分配到各曲轴主轴承，再由曲轴上的斜油孔通往各连杆轴承，由连杆体上的油孔通往连杆小头衬套；第二路通过安装在机油滤清器上的一个单向阀进入气缸体，通向气缸体上平面油道，经气缸盖的第四个螺栓孔进入气缸盖主油道，由此将机油分配到各凸轮轴轴颈和液压挺柱（单向阀的作用是在发动机停机时能保持气缸盖油道内存油，防止发动机再次起动时缸盖供油不足，导致液压挺柱不能正常工作）；第三路通往一个减压阀，油道内的压力过大时该阀打开，将部分机油旁通流回油底壳。

发动机润滑系统在机油滤清器支架上装有 2 个油压开关，用以监控润滑系统的油压大小。同时，为了保证润滑系统的正常工作，在润滑油路中还装有 2 个减压阀（开起压力为 0. 35 ~0. 45 MPa），一个为旁通阀，另一个为单向阀。减压阀一个装在机油泵上，另一个装在机油滤清器支架上。当发动机冷态或者机油黏度较大时，可避免机油压力过高而造成危险。旁通阀的作用是当滤清器堵塞时，旁通阀打开，未被过滤的机油经旁通阀仍能送到各润滑点。单向阀的作用是当发动机停机时，能阻止气缸盖油道内的机油流回油底壳。

2）润滑系统的组成

为了保证发动机得到正常的润滑，发动机润滑系统一般由油底壳、机油泵、机油滤清器、限压阀、机油压力表以及机油冷却装置等组成。

（1）油底壳：储存润滑油的容器。

（2）机油泵：为进行润滑和保证机油循环而建立足够油压。

（3）机油滤清器：过滤混在机油内的发动机零件的金属磨屑和其他机械杂质等，以及机油本身生成的胶质。

（4）限压阀：限制最高油压的装置。旁通阀、限压阀等为安全限压装置。

（5）机油压力表：指示润滑油压力。

（6）机油冷却装置：油底壳能使机油冷却，对于负荷大的发动机，专门设计机油散热器以加强冷却。

项目一

机油泵的拆装与检测

5.1.1 机油泵的拆装与检测项目实施

1. 准备工作

（1）设备：2ZR－FE 发动机。

（2）工具与量具：10 号、12 号、14 号、17 号套筒，中长细连接杆，T 型臂，活动扳手，工具扳手，大号一字螺丝刀，大/中/小扭矩扳手，水泵皮带轮 SST。

（3）发动机维修手册。

（4）耗材、工单及其他：记号笔、清洁用棉布、手套等。

2. 机油泵的拆装与检测工作过程

1）机油泵的拆卸顺序

（1）拆卸正时链条盖分总成。

①拆下 3 个螺栓和发动机悬置支架（图 5－1－1）。

②拆下 4 个螺栓和机油滤清器支架（图 5－1－2）。

图 5－1－1　拆发动机悬置支架

图 5－1－2　拆机油滤清器支架

③拆下 2 个 O 型圈（图 5－1－3）。

④拆下 19 个螺栓（图 5－1－4）。

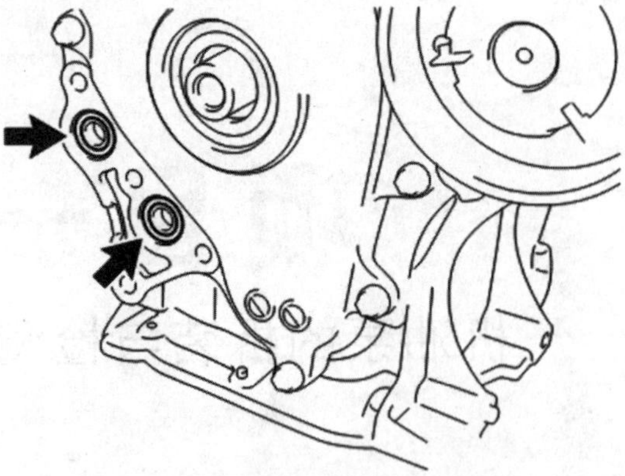
图 5-1-3　拆 O 型圈

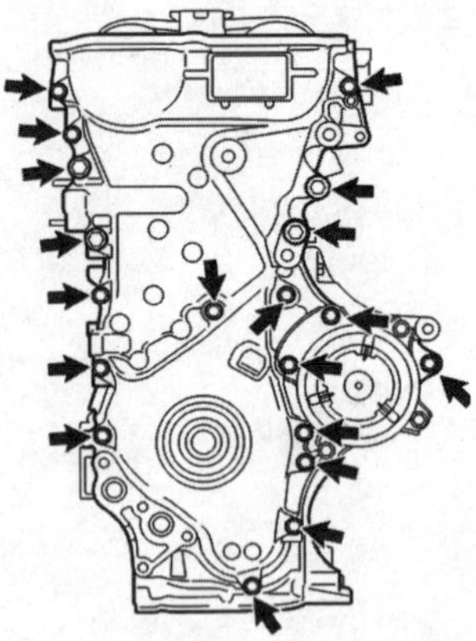
图 5-1-4　拆正时链条盖螺栓

⑤用螺丝刀撬动，拆下正时链条盖（图 5-1-5）。
⑥拆下 3 个 O 型圈（图 5-1-6）。

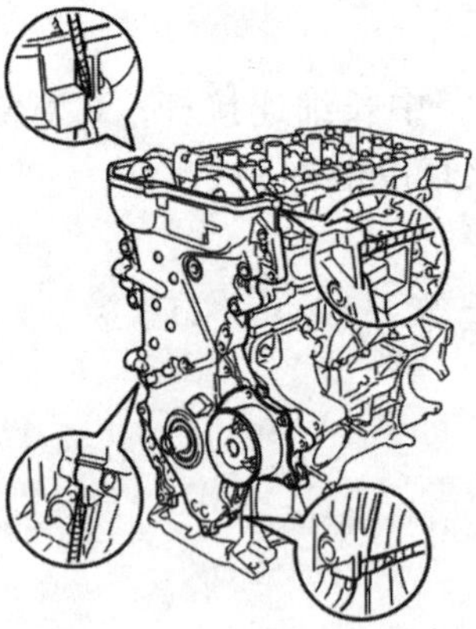
图 5-1-5　用螺丝刀撬动正时链条盖

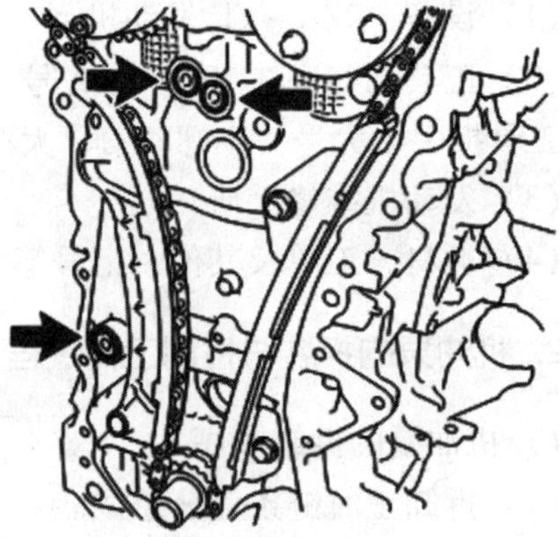
图 5-1-6　拆 O 型圈

⑦拆下 3 个螺栓和水泵（图 5-1-7）。
⑧拆下衬垫（图 5-1-8）。

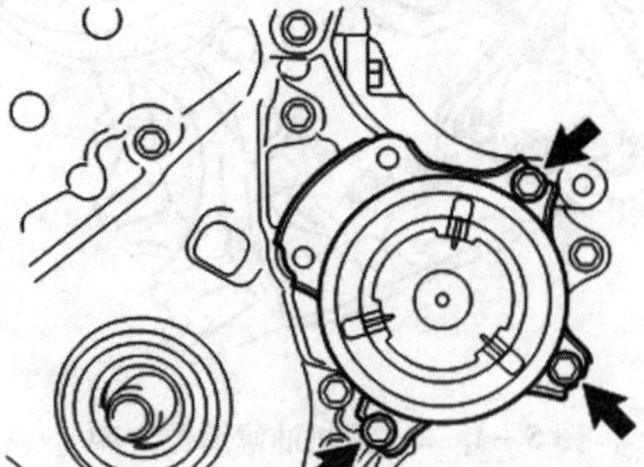
图 5-1-7　拆水泵

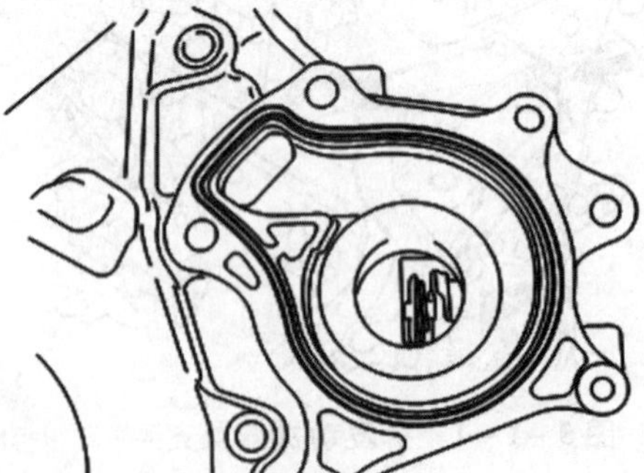
图 5-1-8　拆衬垫

（2）拆卸链条张紧器导板。
（3）拆卸 1 号链条振动阻尼器。
（4）拆卸 1 号链条分总成。
（5）拆卸 2 号链条振动阻尼器，拧下 2 个螺栓（图 5－1－9）。
（6）拆下曲轴正时齿轮（图 5－1－10）。

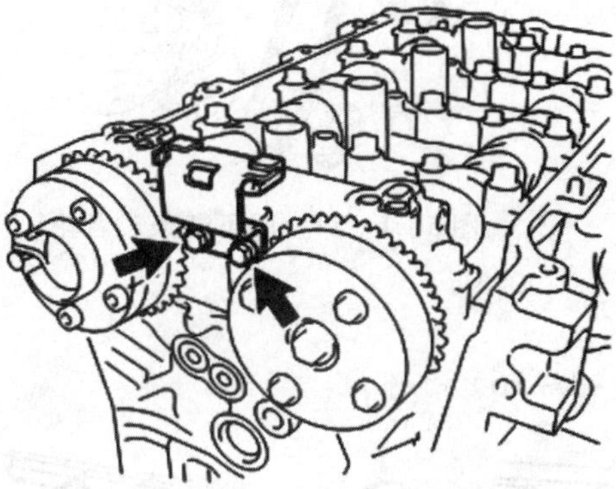

图 5－1－9　拆下 2 号链条振动阻尼器

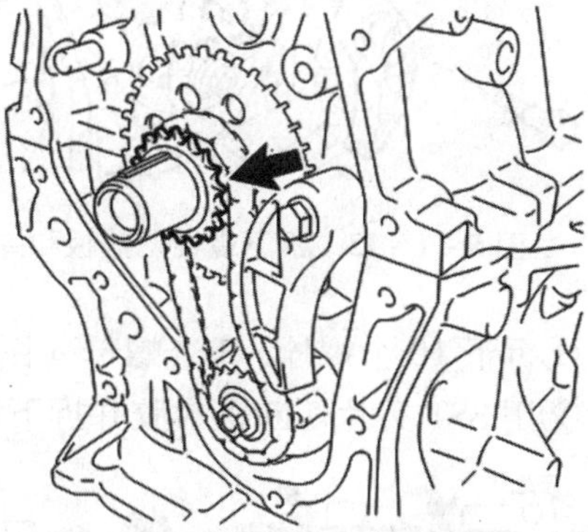

图 5－1－10　拆下曲轴正时齿轮

（7）拆卸 2 号链条分总成。
①暂时紧固曲轴皮带轮螺栓。
②顺时针转动曲轴 90°，将机油泵驱动轴链轮调节孔与机油泵槽对准（图 5－1－11）。
③拆下曲轴皮带轮螺栓。
④将一个直径为 3 mm 的杆插入机油泵驱动轴链轮调节孔，以便将齿轮锁定定位，然后拆下螺母（图 5－1－12）。

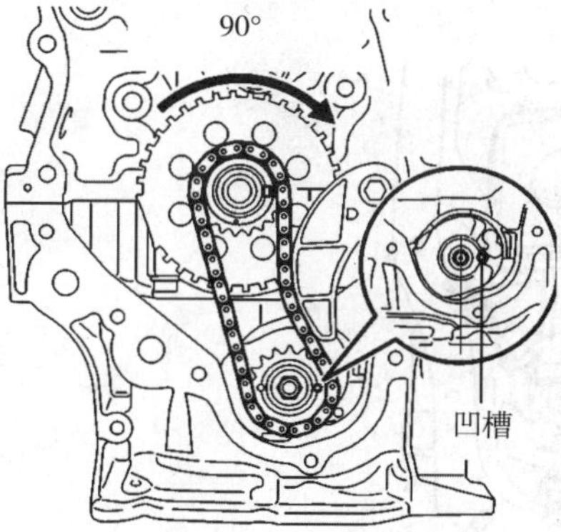

图 5－1－11　顺时针转动曲轴

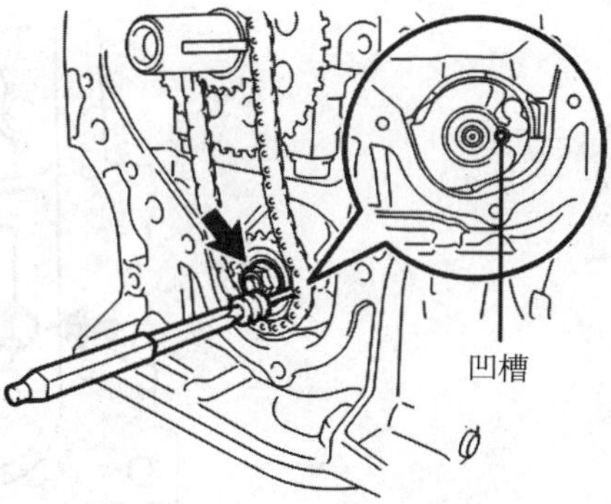

图 5－1－12　齿轮锁定定位

⑤拆下螺栓、链条张紧器盖板和弹簧（图 5－1－13）。
⑥拆下曲轴正时链轮、机油泵驱动轴齿轮和 2 号链条分总成（图 5－1－14）。
（8）拆卸曲轴位置信号盘。
（9）拆卸油底壳分总成器。

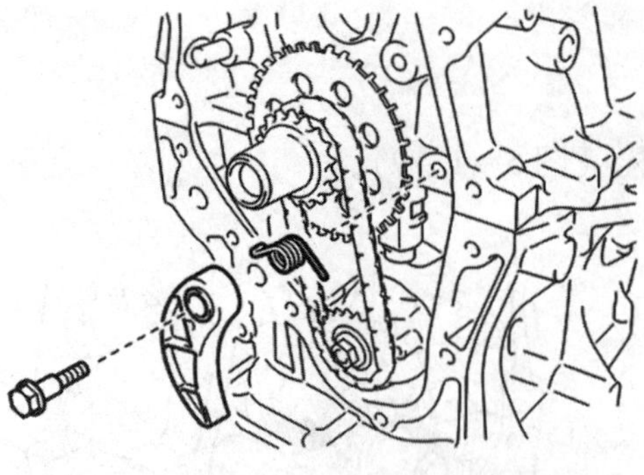

图 5－1－13　拆下螺栓、盖板和弹簧

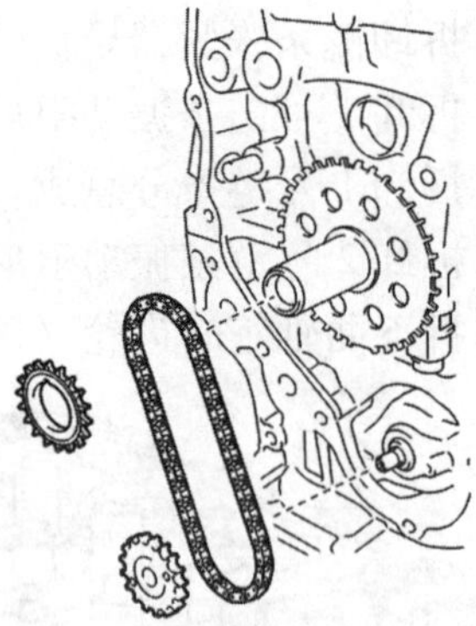

图 5－1－14　取下链条、齿轮

①拆下 10 个螺栓，2 个螺母（图 5－1－15）。

②用 SST 刃片切断密封胶并拆下油底壳（图 5－1－16）。

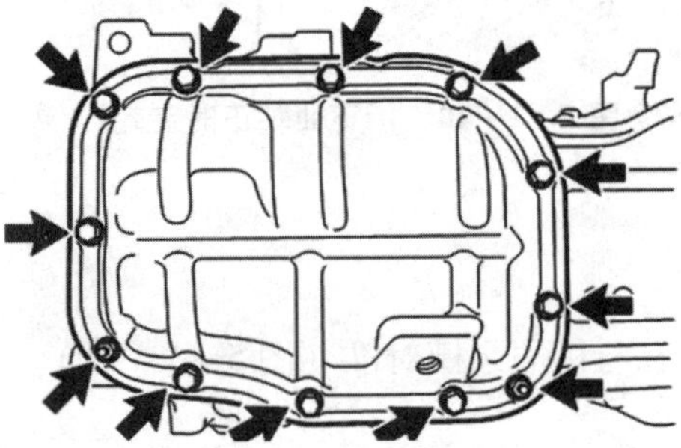

图 5－1－15　拧下螺栓

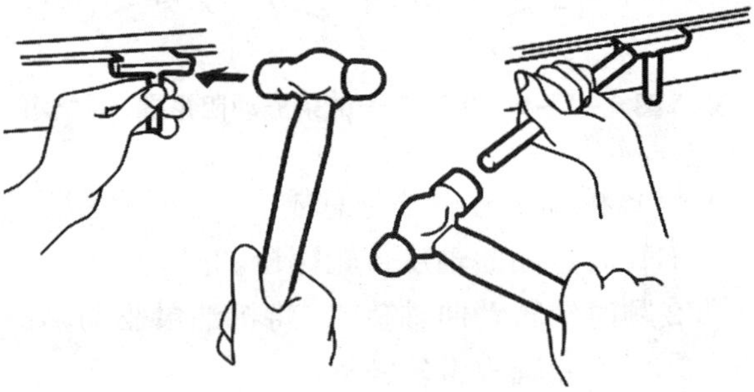

图 5－1－16　拆下油底壳

（10）拆下 3 个螺栓，拆卸机油泵总成（图 5－1－17）。

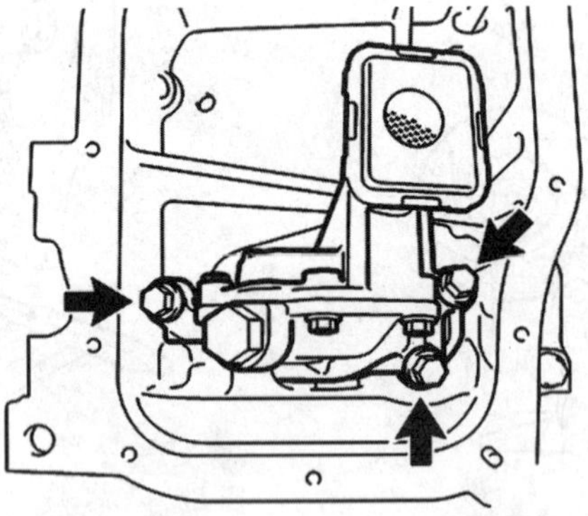

图 5－1－17　拆下机油泵

2）机油泵的检查

（1）机油泵性能试验。机油泵性能试验有简易试验法和试验台试验法两种。

①简易试验法：径向和轴向推拉、晃动主动轴，有间隙但不松旷，表明磨损不严重。然后，把集滤器浸入清洁的机油中，用手按工作时的转向转动机油泵主动轴，机油应从出油口流出。用手堵住出油口，继续转动机油泵，手指应有压力感，同时感到转动主动轴的阻力明

显增大，直至转不动或机油被压出，则表明机油泵技术状况良好，可以继续使用；否则应拆检修理或更换总成。

②试验台试验法：将机油泵装复后应在试验台上试验。检测泵油量及泵油压力，机油泵的压力可以通过增减限压阀弹簧座处的垫片来调整。

（2）机油泵的拆检。由于机油泵工作时，润滑条件好，零件磨损速度慢，使用寿命长，故可以根据它的工作性能确定是否需拆检和修理。

如果机油泵性能达不到要求，应解体机油泵，检测机油泵零件的磨损情况。机油泵零件磨损造成的泄漏，会使泵油压力降低和泵油量减少。

①齿轮泵的检测。

用厚薄规检查机油泵的齿侧间隙［图 5－1－18（a）］。

用刀口尺和厚薄规检测齿轮端面到泵盖端面的端面间隙［图 5－1－18（b）］。

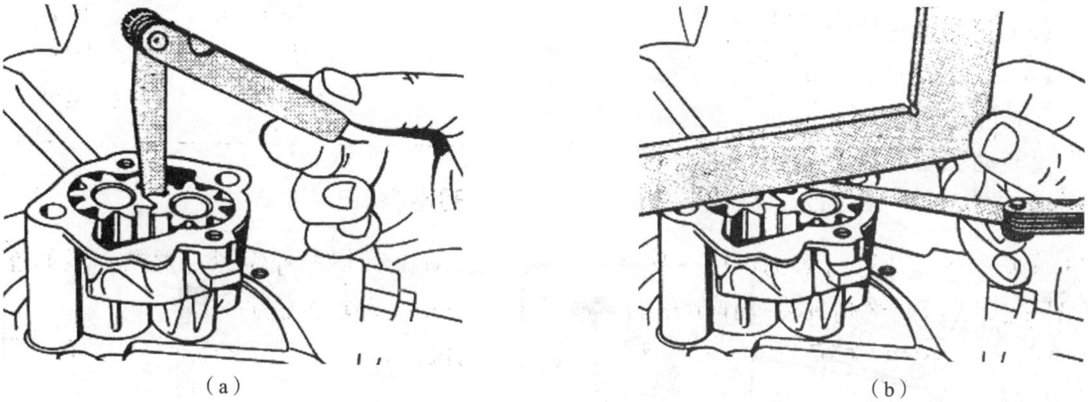

图 5－1－18　齿轮泵的检测方法

（a）检测齿侧间隙；（b）检测端面间隙

②转子泵的检测。

用刀口尺和厚薄规检测转子端面到泵盖端面的端面间隙［图 5－1－19（a）］。

用厚薄规检查外转子与泵壳内圆间隙［图 5－1－19（b）］。

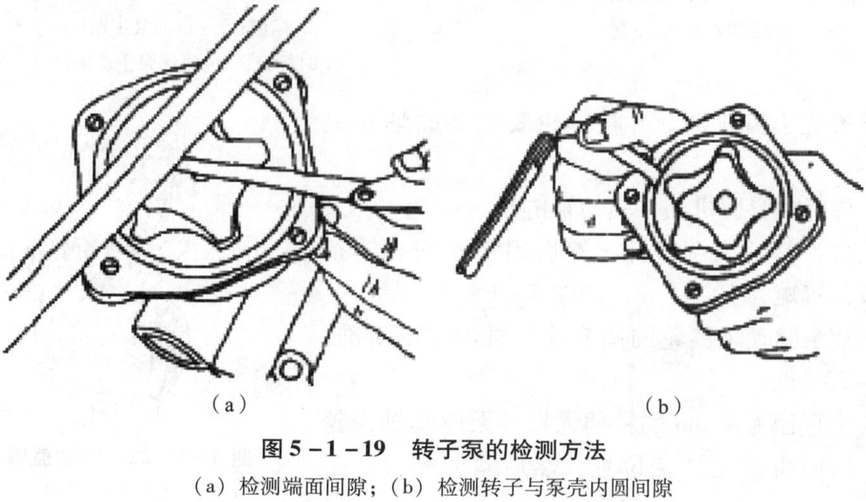

图 5－1－19　转子泵的检测方法

（a）检测端面间隙；（b）检测转子与泵壳内圆间隙

机油泵磨损后，各部分之间的间隙大于使用限度应更换零件或更换总成。机油泵各部间隙的使用极限见表 5－1－1。

表 5－1－1　机油泵各部间隙的使用极限

结构类型	使用限度/mm			
	泵体间隙	转子或齿轮啮合间隙	端面间隙	泵轴间隙
外齿轮式	0. 20	0. 25	0. 15	0. 15
内齿轮式	0. 20	0. 20	0. 20	0. 15

3）机油泵的安装

（1）安装机油泵总成，拧紧 3 个螺栓，力矩 21 N · m。

（2）安装 2 号油底壳分总成。10 个螺栓，2 个螺母，扭矩 10 N · m。

（3）安装曲轴位置信号盘。

（4）安装 2 号链条分总成。

①按照如图 5－1－20 所示设置曲轴键。

②转动驱动轴使切口朝向右水平位置，如图 5－1－20 所示。

③如图 5－1－21 所示，将链条标记与每个齿轮的正时标记对准。

图 5－1－20　安装曲轴键并转至切口朝右水平位置

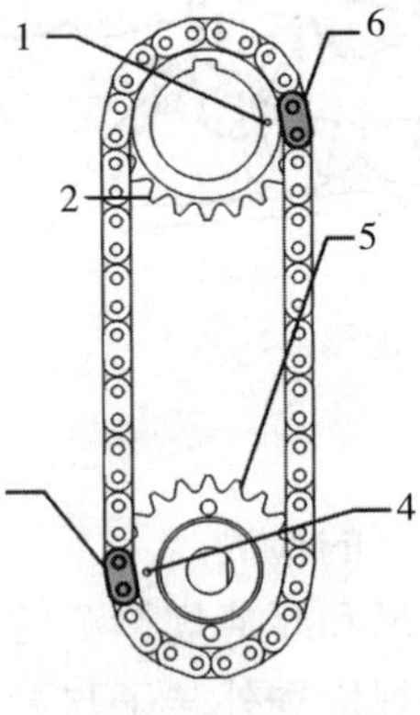

图 5－1－21　对准正时标记

1—正时标记；2—机油泵主动链轮；3—链条标记；4—正时标记；5—机油泵主动轴链轮；6—链条标记

④使链条装于齿轮上，并将链轮安装到曲轴和机油泵轴上。

⑤用螺母暂时紧固机油泵驱动轴链轮。

⑥将减振弹簧插入调节孔，然后用螺栓安装链条张紧器盖板，扭矩为 10 N · m，如图 5－1－22 所示。

⑦将机油泵驱动轴链轮的调节孔与机油泵槽对准，如图 5－1－23 所示。

⑧将一个直径为 4 mm 的杆插入机油泵驱动轴齿轮的调节孔，以便将齿轮锁定位置，然后紧固螺母，扭

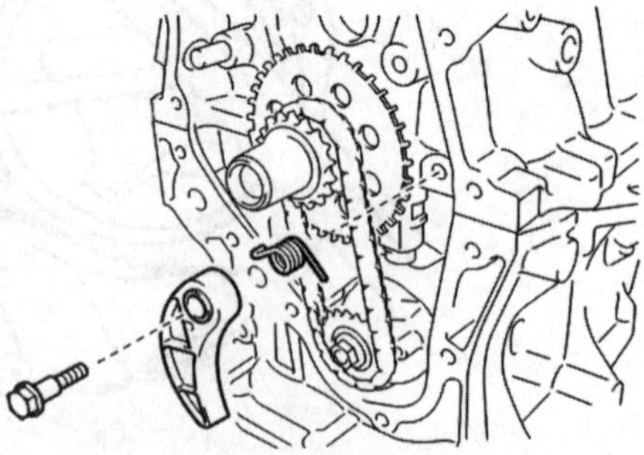

图 5－1－22　安装盖板、弹簧

矩为 28 N·m，如图 5－1－24 所示。

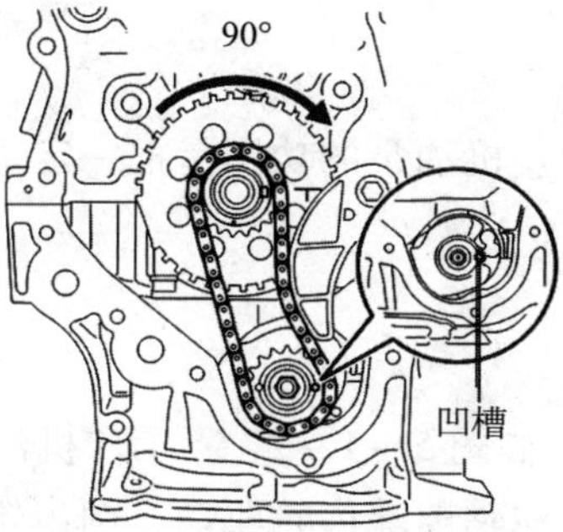

图 5－1－23　调节孔与机油泵槽对准

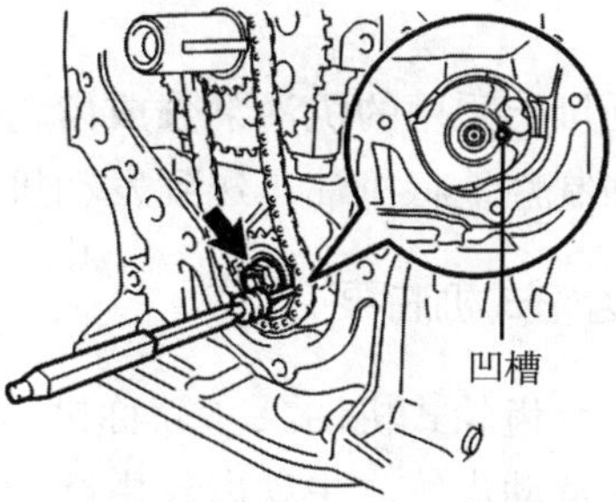

图 5－1－24　锁定齿轮位置

（5）安装曲轴正时链轮，如图 5－1－25 所示。

（6）安装 1 号链条振动阻尼器。

（7）用 2 个螺栓安装 2 号链条振动阻尼器，力矩为 10 N·m。

（8）安装链条分总成。

（9）安装链条张紧器导板。

（10）安装链条正时链条盖分总成。

①安装 3 个新 O 型圈。

②涂密封胶。

③安装新衬垫。

④用 3 个螺栓安装水泵，力矩为 24 N·m。

⑤用 3 个螺栓安装发动机悬置支架。

⑥安装 2 个新 O 型圈。

⑦用 4 个螺栓暂时紧固机油滤清器支架。

⑧用 26 个螺栓安装正时链条盖，如图 5－1－26 所示。

螺栓 A、E：26 N·m；螺栓 B、C：51 N·m；螺栓 D：10 N·m。

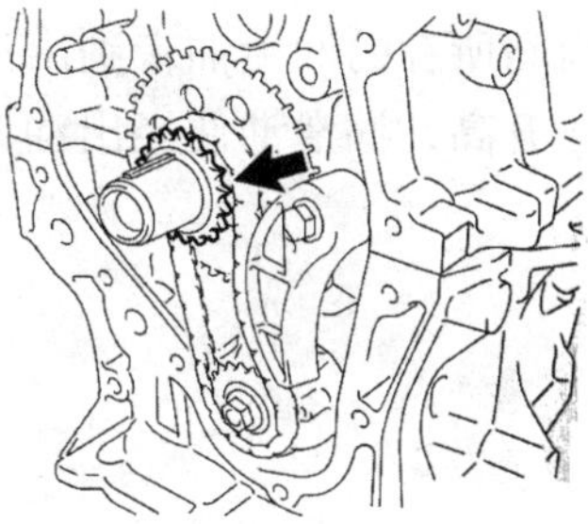

图 5－1－25　安装曲轴正时链轮

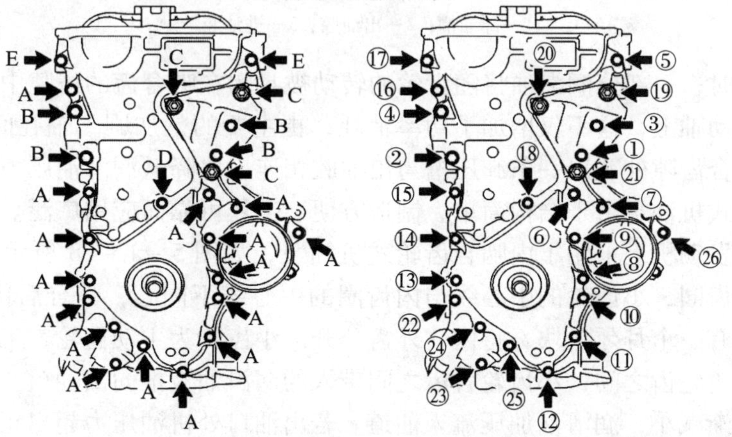

图 5－1－26　安装正时链条盖

5.1.2 机油泵

发动机上采用的机油泵分成齿轮式和转子式两种。机油泵的功用是把一定量的机油压力升高，强制性地将机油压送到发动机各摩擦表面。

1. 齿轮式机油泵

外啮合齿轮式机油泵（简称机油泵）的工作原理如图5－1－27所示。机油泵壳体内装有一对主从动齿轮。主动齿轮由凸轮轴上的斜齿轮或曲轴前端齿轮驱动，两齿轮与壳体内壁之间的间隙很小。发动机工作时，齿轮按图中所示箭头方向旋转，进油腔由于轮齿向脱离啮合方向高速运动而产生一定的真空度，润滑油便从进油口被吸入并充满进油腔。齿轮旋转时，把齿间所存的润滑油带到出油腔内。由于出油腔一侧轮齿进入啮合，润滑油处于被压状态，油压升高，润滑油便经出油口被不断地压出。

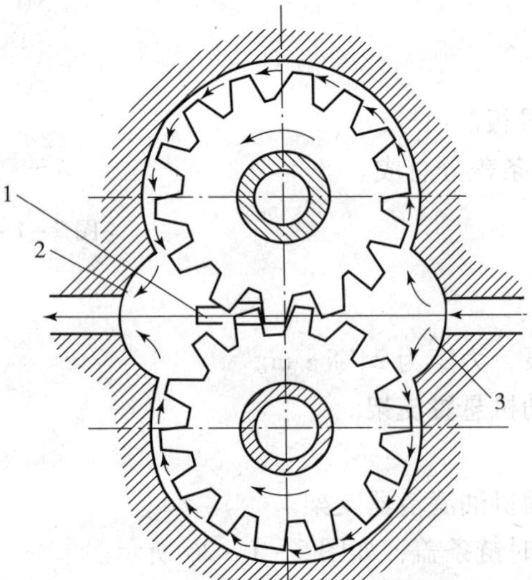

图5－1－27 齿轮式机油泵工作原理

1—卸油槽；2—出油腔；3—进油腔

机油泵工作时，一部分润滑油将随齿轮的转动被封闭在啮合齿的齿隙中，产生很高的压力作用在主、从动轴上，这不仅增加了功率消耗，更主要的是加剧了轴孔间的磨损。为此，在泵盖上对应啮合齿隙处铣出一条卸压槽与出油腔相连，以降低润滑油压力。

外啮合齿轮式机油泵由于结构简单、制造方便、工作可靠而应用广泛。

在一些汽车发动机上采用了内啮合齿轮式机油泵，如图5－1－28所示。这种机油泵的机体内腔装有内齿圈，小齿轮的中心线与内齿圈的中心线不同心，啮合后留有一牙形空腔，在该空腔处设置有一个月牙形块，将内、外齿分开。小齿轮为主动齿轮，工作时，润滑油从进油口吸入两齿轮轮齿之间，小齿轮各齿之间带入的润滑油被推向出油口，并随着内、外齿间啮合间隙的逐渐减小，润滑油加压流入油道。若出油口处机油压力超出正常范围，则限压阀开启，部分机油经此阀门泄入油底壳以减小出油压力。

图 5-1-28　内啮合齿轮式机油泵

2. 转子式机油泵

转子式机油泵主要由内转子、外转子和油泵壳体组成，其结构与工作原理分别如图 5-1-29、图 5-1-30 所示。内转子有 4 个外齿，通过键固定于主动轴上。外转子有 5 个内齿，外圆柱面与壳体配合。内外转子有一定的偏心距，外转子在内转子的带动下转动。壳体上设有进油口和出油口。

图 5-1-29　转子式机油泵结构

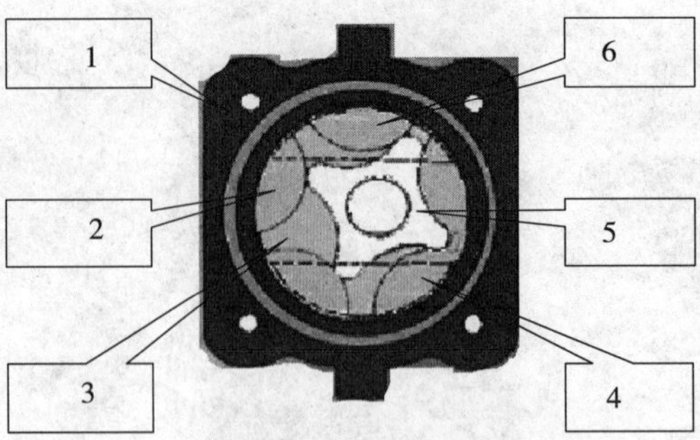

图 5－1－30　8 转子式机油泵工作原理

1—泵壳；2—外转子；3—机油；4—出油腔；5—内转子；6—进油腔

在内外转子的转动过程中，转子每个齿的齿形齿廓线上总能互相成点接触，因此，在内外转子之间形成了四个互相封闭的工作腔。由于外转子总是慢于内转子，这四个工作腔在旋转过程中不但位置改变，容积大小也在改变。每个工作腔总是在最小时与壳体上的进油孔接通，随后容积逐渐变大，形成真空，把机油吸进工作腔。当该容积旋转到与泵体上的出油孔接通且与进油孔断开时，容积逐渐变小，工作腔内压力升高，将腔内机油从出油孔压出。直至容积变为最小，重又与进油孔接通开始进油为止。与此同时，其他工作腔也在进行着同样的工作过程。

转子式机油泵结构紧凑，吸油真空度大，泵油量大，供油均匀度好。安装在曲轴箱外位置较高处时，也能很好地供油。

习题

一、判断题

(　　) 1. 更换发动机机油时，应同时更换或清洗机油滤清器。

(　　) 2. 润滑油路中的油压越高越好。

(　　) 3. 加注润滑油时，加入量越多，越有利于发动机的润滑。

(　　) 4. 过滤式机油滤清器的滤芯可反复多次使用。

(　　) 5. 为既保证各润滑部位的润滑要求，又减少机油泵的功率消耗，机油泵实际供油量一般应与润滑系统需要的循环油量相等。

二、选择题

1. 汽车发动机各零件最理想的摩擦形式是（　　）。

A. 干摩擦　　B. 半干摩擦

C. 液体摩擦　　D. 半液体摩擦

2. 机油泵常用的形式有（　　）。

A. 齿轮式与膜片式　　B. 转子式和活塞式

C. 转子式与齿轮式　　D. 柱塞式与膜片式

3. 曲轴箱通风的目的主要是（　　）。

A. 排出水和汽油

B. 排出漏入曲轴箱内的可燃混合气与废气

C. 冷却润滑油

D. 向曲轴箱供给氧气

4. 活塞通常采用的润滑方式是（　　）。

A. 压力润滑　　B. 飞溅润滑

C. 两种润滑方式都有　　D. 润滑方式不确定

5. 发动机润滑系统中润滑油的正常油温是（　　）。

A. 40～50 ℃　　B. 50～70 ℃

C. 70～90 ℃　　D. 大于 100 ℃

班级：____________　　指导教师：____________

组号：____________　　组员：______________________________

项目一　机油泵的拆装与检测工作页

一、准备工作

（1）设备：2ZR－FE 发动机。

（2）工具与量具：10 号，12 号，14 号，17 号套筒，中长细连接杆，T 型臂，活动扳手，工具扳手，大号一字螺丝刀，大/中/小扭矩扳手，水泵皮带轮 SST。

（3）发动机维修手册。

（4）耗材、工单及其他：记号笔、清洁用棉布、手套等。

二、工作过程

1. 机油泵的拆卸顺序

（1）拆卸正时链条盖分总成。

①拆下 3 个螺栓和发动机悬置支架。

②拆下 4 个螺栓和机油滤清器支架。

③拆下 2 个 O 型圈。

④拆下 19 个螺栓。

⑤用螺丝刀撬动，拆下正时链条盖。

⑥拆下 3 个 O 型圈。

⑦拆下 3 个螺栓和水泵。

⑧拆下衬垫。

（2）拆卸链条张紧器导板。

（3）拆卸 1 号链条振动阻尼器。

（4）拆卸 1 号链条分总成。

（5）拆卸 2 号链条振动阻尼器，拧下 2 个螺栓。

（6）拆下曲轴正时齿轮。

（7）拆卸 2 号链条分总成。

①暂时紧固曲轴皮带轮螺栓。

②顺时针转动曲轴 90°，将机油泵驱动轴链轮调节孔与机油泵槽对准。

③拆下曲轴皮带轮螺栓。

④将一个直径为 3 mm 的杆插入机油泵驱动轴链轮调节孔，以便将齿轮锁定定位，然后拆下螺母。

⑤拆下螺栓、链条张紧器盖板和弹簧。

⑥拆下曲轴正时链轮、机油泵驱动轴齿轮和 2 号链条分总成。

（8）拆卸曲轴位置信号盘。

（9）拆卸油底壳分总成器。

①拆下 10 个螺栓，2 个螺母。

②用 SST 刃片切断密封胶并拆下油底壳。

（10）拆下 3 个螺栓，拆卸机油泵总成。

2. 机油泵的安装

（1）安装机油泵总成，拧紧3个螺栓，力矩21 N·m。

（2）安装2号油底壳分总成。10个螺栓，2个螺母，扭矩10 N·m。

（3）安装曲轴位置信号盘。

（4）安装2号链条分总成。

①设置曲轴键。

②转动驱动轴使切口朝向右侧水平位置。

③将链条标记与每个齿轮的正时标记对准。

④使链条装于齿轮上，并将链轮安装到曲轴和机油泵轴上。

⑤用螺母暂时紧固机油泵驱动轴链轮。

⑥将减震弹簧插入调节孔，然后用螺栓安装链条张紧器盖板，扭矩10 N·m。

⑦将机油泵驱动轴链轮的调节孔与机油泵槽对准。

⑧将一个直径为4 mm的杆插入机油泵驱动轴齿轮的调节孔，以便将齿轮锁定位置，然后紧固螺母，扭矩28 N·m。

（5）安装曲轴正时链轮。

（6）安装1号链条振动阻尼器。

（7）用2个螺栓安装2号链条振动阻尼器，力矩10 N·m。

（8）安装链条分总成。

（9）安装链条张紧器导板。

（10）安装链条正时链条盖分总成。

①安装3个新O型圈。

②涂密封胶。

③安装新衬垫。

④用3个螺栓安装水泵，力矩24 N·m。

⑤用3个螺栓安装发动机悬置支架。

⑥安装2个新O型圈。

⑦用4个螺栓暂时紧固机油滤清器支架。

⑧用26个螺栓安装正时链条盖。

螺栓A、E：26 N·m；螺栓B、C：51N·m；螺栓D：10N·m。

三、5S工作

（1）工量具清洁、收纳、归位；

（2）零件清洁、归位；

（3）维修手册归位；

（4）清洁工作台，耗材按使用情况整理归位或丢入垃圾桶；

（5）清洁实训用车辆、关闭车窗、断电、锁车门；

（6）清扫实训场地并清空垃圾，关灯、关门。

班级：____________　　指导教师：____________

组号：____________　　组员：______________________________

项目一　机油泵的拆装与检测评分表

考核发动机机型		1ZZ-FE/2ZZ-FE 发动机	评分标准：按照项目细项与总评分表相对应进行评分			分值	扣分
一	作业准备	维修手册	选择正确维修手册			4	
		场地内考核设备、零件总成	带台钳工作台、发动机总成	量具		6	
		工具（常用、专用）	09213-70011，09330-00021，09950-50012，09223-22010，扭力扳手、塑料锤、丰田常用工具	耗材、工单及其他	清洁用棉布、密封填料、工单		
二	工作流程（满分 40 分）		分值	扣分	工作质量（满分 50 分）含：操作规范、记号、装配、工作总结	分值	扣分
1	拆卸机油泵	拆卸正时链条盖分总成	2		不要损伤正时链条盖	8	
2		拆卸链条张紧器导板	2				
3		拆卸 1 号链条振动阻尼器	2				
4		拆卸 1 号链条分总成	2				
5		拆卸 2 号链条振动阻尼器	2				
6		拆下曲轴正时齿轮	2				
7		拆卸 2 号链条分总成	2		顺时针转动曲轴 90°	8	
8		拆卸曲轴位置信号盘	2				
9		拆卸油底壳分总成器	2				
10		拆卸机油泵总成	2				

续表

考核发动机机型		1ZZ－FE/2ZZ－FE 发动机	评分标准：按照项目细项与总评分表相对应进行评分			分值	扣分
11	安装机油泵	安装机油泵总成	2		力矩 21 N·m	3	
12	安装机油泵	安装 2 号油底壳分总成	2		扭矩 10 N·m	3	
13	安装机油泵	安装曲轴位置信号盘	2				
14	安装机油泵	安装 2 号链条分总成	2		切口朝向右侧水平位置	3	
					正时标记对准	3	
					调节孔与机油泵槽对准	3	
					力矩	4	
15	安装机油泵	安装曲轴正时链轮	2				
16	安装机油泵	安装 1 号链条振动阻尼器	2				
17	安装机油泵	用 2 个螺栓安装 2 号链条振动阻尼器	2		扭矩 10 N·m	3	
18	安装机油泵	安装链条分总成	2				
19	安装机油泵	安装链条张紧器导板	2				
20	安装机油泵	安装链条正时链条盖分总成	2		安装新 O 型圈	3	
					涂密封胶	3	
					安装新衬垫	3	
					拧紧螺栓力矩	3	
合计			40		合计	50	

项目二

发动机机油与机滤的更换

5.2.1 发动机机油与机滤的更换项目实施

1. 准备工作

（1）设备：举升机、配备 1ZR－FE 发动机的实训车辆、机油回收车。

（2）工具与量具：组合工具箱、扭力扳手、专用工具。

（3）发动机维修手册。

（4）耗材、工单及其他：清洁用棉布、白纸、工单、手套、垫圈、滤清器、机油等。

2. 更换发动机机油与机滤工作过程

以配备 1ZR－FE 发动机的实训车辆为例，说明更换发动机机油与机滤的过程。

1）车上检查

（1）检查发动机机油油位。

①车辆未举升。使发动机暖机，然后停机并等待 5 min。

②检查并确认发动机机油油位在油位计的低油位和满油位标记之间。如果机油油位过低，检查是否漏油并加注机油至标尺满油位标记处。

小心：

加注不要超过满油位标记。

（2）检查发动机机油质量。检查机油是否变质、变色或变稀，以及油中是否混水。如机油质量明显不佳，则更换机油。

（3）检查机油压力。

①断开机油压力开关连接器。

②如图 5－2－1 所示，用 24 mm 长套筒扳手，拆下机油压力开关。

③如图 5－2－2 所示，安装机油压力表。

④使发动机暖机。

⑤检查机油压力。机油压力见表 5－2－1。如果油压不符合规定，检查机油泵（参见项目一机油泵的拆装与检测）。

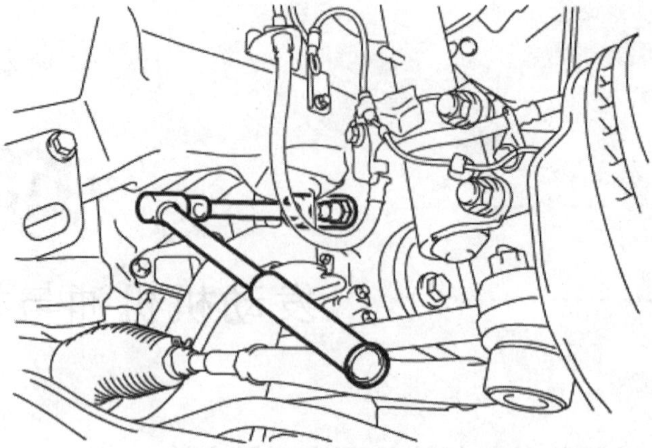

图 5-2-1　拆卸机油压力开关

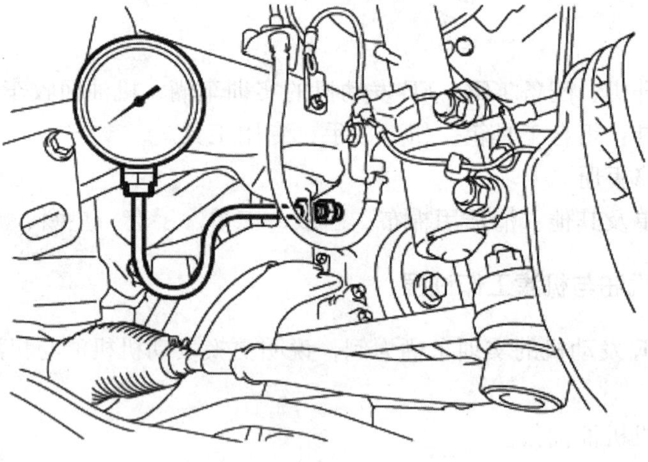

图 5-2-2　安装机油压力表

表 5-2-1　机油压力

发动机转速	怠速	3 000 r/min
压力	25 kPa 或更高	150 ~ 550 kPa

⑥如图 5-2-3 所示，在机油压力开关的 2 或 3 个螺纹上涂抹黏合剂。

黏合剂：丰田原厂黏合剂 1344、THREE BOND 1344 或同等产品。

⑦用 24 mm 长套筒扳手，安装机油压力开关。扭矩：15 N · m。

小心：

安装后至少 1 h 内不要起动发动机。

⑧连接机油压力开关连接器。

⑨检查发动机机油是否泄漏。

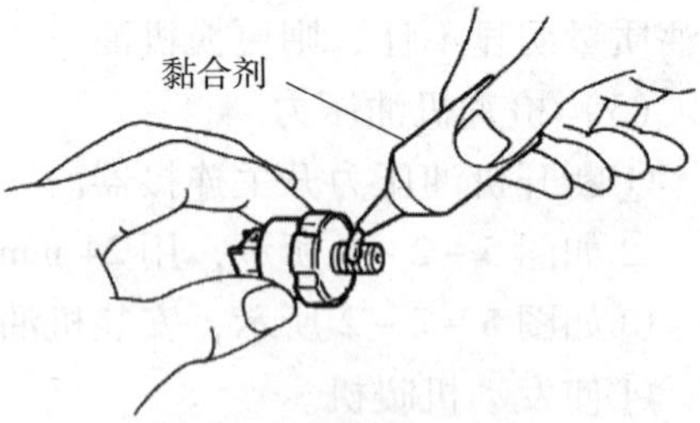

图 5-2-3　在机油压力开关的螺纹上涂抹黏合剂

2）更换机油和机油滤清器

（1）排空发动机机油。

①拆下机油加注口盖。

②举升车辆，拆下放油螺塞，并将机油排放到一个容器中（本项目使用机油回收车）。

③清洗放油螺塞，用新衬垫加以安装。扭矩：37 N·m。

（2）用SST（SST 09228－06501）拆卸机油滤清器分总成。

（3）安装机油滤清器分总成。

①检查并清洗机油滤清器的安装面。

②在新机油滤清器的衬垫上涂抹一层干净的发动机机油。

③将机油滤清器轻轻地旋到位并拧紧，然后直到衬垫开始接触机油滤清器底座。

④用SST（SST 09228－06501）紧固机油滤清器。

根据可利用的工作空间，从以下各项中选择：

如果没有足够的空间，用SST紧固机油滤清器。扭矩：18 N·m。

如果没有足够的空间使用SST，用手将机油滤清器紧固3/4圈。

（4）车辆降至地面，添加新的发动机机油并安装机油加注口盖。加注的机油各等级性能见表5－2－2。加注的机油容量见表5－2－3。

表5－2－2　发动机机油各等级性能

机油等级	机油黏度（SAE）
API SL级节能型 API SM级节能型 ILSAC多级发动机机油	5W－20 5W－30 10W－30
API SL级 API SM级	15W－40 20W－50

表5－2－3　机油容量　　L

机油滤清器更换时放空后的重新加注量	不更换机油滤清器时放空后的重新加注量	净注入量
4.2	3.9	4.7

（5）发动机起动暖机数分钟，举升车辆至高位，确认放油螺塞、油底壳安装面、机油滤清器安装面等部位是否存在机油泄漏。

5.2.2　发动机润滑油

汽车发动机润滑油简称机油，是车用润滑油中用量最大，并且性能要求较高、品种要求繁多、工作条件非常苛刻的一种润滑油。发动机润滑油的主要起润滑、冷却、清洁、密封和防蚀等作用。

1. 发动机润滑油分类

目前，国际上许多国家发动机润滑油采用 API 质量分类法和 SAE 黏度分类法。

1）按照质量等级分类

参照国际通用的 API 分类法，我国国家标准 GB/T 28772—2012 将发动机润滑油分为汽油机油系列（S 系列）和柴油机油系列（C 系列）两类，每一系列按油品特性和使用场合的不同又分为若干等级。汽油机油系列共有 SE、SF、SG、SH、SJ、SL、SM、SN 八个等级；柴油机油共有 CC、CD、CF、CF-2、CF-4、CG-4、CH-4、CI-4、CJ-4 九个等级，同时还废除了 SA、SB、SC、SD 和 CA、CB、CD-Ⅱ、CE 八个等级。各类润滑油油品等级号越靠后使用性能越好。

2）按照黏度分类

参照美国汽车工程师学会（SAE）的标准，我国国家标准 GB/T 14906—1994《内燃机油粘度分类》，将润滑油分为冬季用油（W 级）和非冬季用油。

冬季用油共有 0W、5W、10W、15W、20W 和 25W 六个等级。等级号越小，其低温黏度越小，低温流动性越好，所能适应的温度越低。

非冬季用油共有 20、30、40、50 和 60 五个等级。它的等级号越大，黏度越大，适应温度越高。

2. 发动机润滑油的选择

发动机润滑油的选择应兼顾使用性能级别的选择和黏度级别的选择两个方面。

1）发动机润滑油使用性能级别的选择

发动机润滑油使用性能级别的选择，主要根据发动机性能、结构、工作条件和燃料品质。

柴油机油使用性能级别的选择，主要根据发动机的平均有效压力、活塞平均速度、发动机润滑油负荷、使用条件和轻柴油的硫含量。

2）黏度级别的选择

发动机润滑油黏度级别的选择，主要是根据气温、工况和发动机的技术状况。发动机润滑油的黏度要保证发动机低温易于起动，而走热后又能维持足够黏度，保证正常润滑。

发动机润滑油黏度等级与适用温度范围见表 5-2-4。

表 5-2-4 发动机润滑油黏度等级与适用温度范围

SAE 黏度级别	适用气温/℃
5W/30	-30~30
10W/30	-25~30
15W/30	-20~30
15W/40	-20~40
20W/20	-15~20
30	-10~30
40	-5~40

5.2.3 机油滤清器

1. 纸质滤芯式滤清器

被机油泵所泵送的全部机油都需通过机油滤清器，滤掉油内所含磨损下来的金属碎屑和碳渣。机油滤清器结构及工作原理如图 5-2-4 所示。

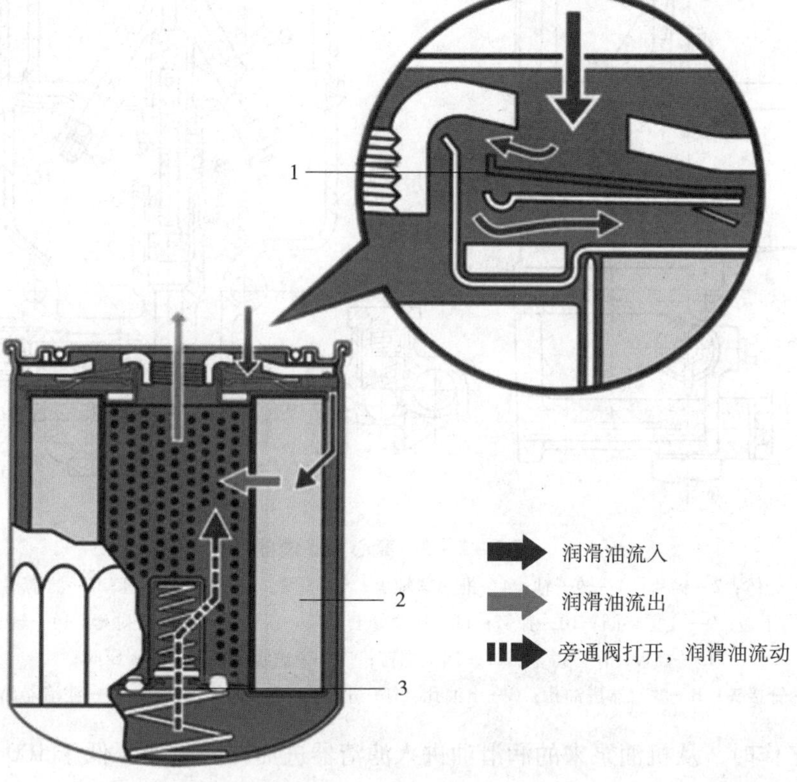

图 5-2-4 机油滤清器结构及工作原理

1—单向阀；2—滤芯；3—旁通阀

机油推开单向阀，进入滤芯的外围四周，通过滤芯的过滤，然后从滤芯中心排出。

机油滤清器开口处的单向阀用于防止聚积在滤芯外围四周的污染物在发动机停机时流回发动机内。如果机油滤清器的滤芯堵塞，则滤芯内侧和外侧就产生压差，并逐渐增大。当压差达到设定值时，旁通阀打开，此时机油并未通过滤芯就被送至被润滑零件。

这样虽然防止了因滤芯堵塞而造成的润滑不良，但是送入的是脏油，所以必须定期更换机油滤清器。

2. 离心式滤清器

离心式滤清器由壳体、转子轴、转子体、转子盖、进油限压阀、机油散热器开关、机油散热器安全阀、进油孔、出油孔等组成，如图 5-2-5 所示。壳体与转子轴固装，转子盖与转子体紧固在一起，转子下面装有止推轴承，还有两个水平安装、互成反向的喷嘴。

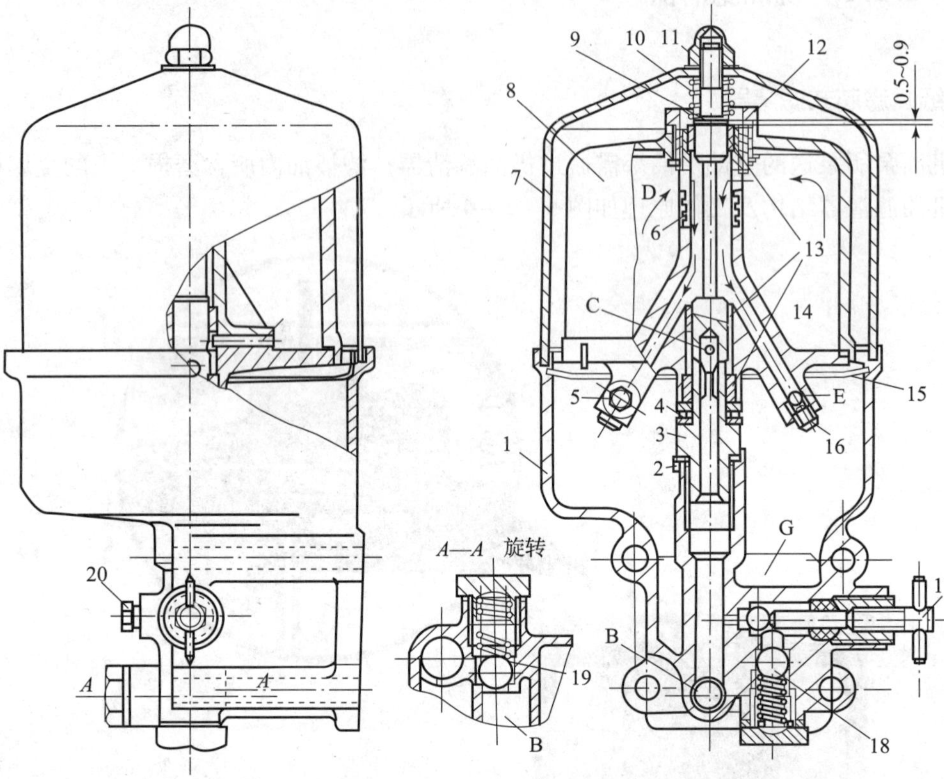

图 5-2-5　离心式滤清器

1—壳体；2—锁片；3—转子轴；4—推力球轴承；5—喷嘴；6—转子体端套；7—滤清器盖；8—转子盖；9—支撑垫圈；10—弹簧；11—压紧螺套；12—压紧螺母；13—衬套；14—转子体；15—挡板；16—螺塞；17—调整螺钉；18—旁通阀；19—进油限压阀；20—管接头；B—滤清器进油孔；C—出油孔；D—进油孔；E—通喷嘴油道；G—滤清器出油口

发动机工作时，从机油泵来的润滑油进入滤清器进油孔。当油压低于 100 kPa 时，进油限压阀不开，机油不经细滤器而全部流向主油道，保证发动机可靠润滑。

当油压超过 100 kPa 时，进油限压阀被顶开，润滑油沿转子轴的中心孔经出油孔进入转子内腔，然后经进油孔、油道从两喷嘴喷出。在油的反射力作用下，转子及其内腔的润滑油高速旋转，转速可高达 10 000 r/min 左右。在离心力的作用下，润滑油中的杂质被甩向转子盖内壁并沉积下来，清洁的机油从出油口流回油底壳。

转子上的喷嘴又是油的限量孔，保证通过细滤器的油量为油泵出油量的 10% ~15%。

离心式滤清器滤清能力强，通过性好，无须更换滤芯，只要定期清洗即可。但对胶质的滤清效果差，制造和装配精度要求较高。此滤清器出油无压力，一般只作分流式连接。

习题

一、判断题

(　　) 1. 加注润滑油时，加入量越多，越有利于发动机的润滑。

（　　）2. 过滤式机油滤清器的滤芯可反复多次使用。

（　　）3. 更换发动机机油时，应同时更换或清洗机油滤清器。

（　　）4. 由于离心式机油滤清器有效地解决了滤清能力与通过能力的矛盾，所以一般串联于主油道中。

（　　）5. 离心式机油细滤器对机油的滤清是由喷嘴对金属杂质产生过滤作用实现的。

二、选择题

1. 机油粗滤器上装有旁通阀，当滤芯堵塞时，旁通阀打开，（　　）。
   A. 使机油不经过滤芯，直接流回油底壳
   B. 使机油直接进入细滤器
   C. 使机油直接进入主油道
   D. 使机油流回油底壳
2. SAE 黏度级别为 5W/30 的机油适用的气温范围是（　　）℃。
   A. −25～30　　B. −30～30　　C. −20～40　　D. −10～30
3. 机油细滤器上设置低压限制阀的作用是（　　）。
   A. 机油泵出油压力高于一定值时，关闭通往细滤器油道
   B. 机油泵出油压力低于一定值时，关闭通往细滤器油道
   C. 使进入机油细滤器的机油保证较高压力
   D. 使进入机油细滤器的机油保持较低压力
4. 润滑系统中旁通阀的作用是（　　）。
   A. 保证主油道中的最小机油压力
   B. 防止主油道过大的机油压力
   C. 防止机油粗滤器滤芯损坏
   D. 在机油粗滤器滤芯堵塞后仍能使机油进入主油道内
5. 发动机润滑系统中润滑油的正常油温是（　　）℃。
   A. 40～50　　B. 50～70　　C. 70～90　　D. 大于100

班级：____________ 指导教师：____________

组号：____________ 组员：____________________________________

项目二 更换发动机机油与机滤工作页

一、准备工作

（1）设备：实训轿车、举升机、机油回收车。

（2）工具与量具：组合工具箱、扭力扳手、专用工具。

（3）发动机维修手册。

（4）耗材、工单及其他：清洁用棉布、白纸、工单、手套、垫圈、滤清器、机油等。

二、工作过程

（1）车辆未举升，发动机运转至正常工作温度后熄火，打开发动机舱盖。

（2）拔出油尺，检查油面高度，将少量机油滴在白纸上检查机油质量，并记录：

油面高度（正常/偏高/偏低），机油颜色________，气味________，机油（是/否）变质。

（3）拆下发动机润滑油加注口盖，在加注口处放上一块干净的布，关闭发动机舱盖。

（4）举升车辆至高位，拆下放油螺塞，使用机油回收车收纳旧机油。

（5）待旧机油放尽，更换放油螺塞垫片，根据规定力矩拧紧放油螺塞。

查阅维修手册，该发动机放油螺塞拧紧力矩为________。

（6）使用专用工具拆下机油滤清器，更换新机油滤清器，按规定力矩安装机油滤清器。

查阅维修手册，该发动机机油滤清器拧紧方式为____。

（7）车辆降至地面，打开发动机舱盖，取下机油加注口处的布，加注新机油后拧紧机油加注口盖。

查阅维修手册，该发动机机油标号为________，机油加注量为________。

（8）将发动机暖机至正常工作温度，通过油尺检查油面高度是否正常；举升车辆至高位，检查机油滤清器安装面周围、放油螺塞周围是否无渗漏。

油面高度（正常/偏高/偏低），机油滤清器周围（有/无）渗漏，放油螺塞周围（有/无）渗漏。

三、5S 工作

（1）工量具清洁、收纳、归位；

（2）零件清洁、归位；

（3）维修手册归位；

（4）清洁工作台，耗材按使用情况整理归位或丢入垃圾桶；

（5）清洁实训用车辆、关闭车窗、断电、锁车门；

（6）清扫实训场地并清空垃圾，关灯、关门。

班级：____________ 指导教师：____________

组号：____________ 组员：______________________________

项目二　更换发动机机油与机滤评分表

序号	项目	操作内容	评判标准	配分	扣分
1	安全文明否决	重大安全事故、文明操作	造成人身、设备重大事故，或恶意攻击考官、严重扰乱考场秩序，立即终止考试，此项目记0分		
2	安全文明生产	作业操作	不穿工作服、工作鞋，不戴工作帽各扣1分 工具、零件乱放混放每次扣2分 油、水洒落或零部件表面未及时清理每次扣1分 考试完后不清理工零件或场地各扣3分 不服从考官指示、出言不逊，每次扣3分 作业前不检查举升机锁止情况（含每次被考官提醒），每次扣3分	20	
3	准备	工具、耗材准备与检查	工具每少准备一件扣1分 工具选择不当，每次扣2分 耗材准备不当，每项扣2分	10	
4	手册	维修手册使用	每查错一个数据或漏查一个数据扣3分，根据工单填写情况对照维修手册标准值评分	10	
5	机油	更换机油	机油数量的检查方法不对扣5分 机油质量的检查方法不对扣5分 机油更换步骤不正确扣5分 机油标号选择不正确扣5分 作业中工具、零件落地一次扣2分 零件未按顺序摆放整齐扣2分	30	
6	机油滤清器	更换机油滤清器	机油滤清器更换步骤不正确扣5分 机油滤清器拆装专用工具选择不当扣5分 作业中工具、零件落地一次扣2分 零件未按顺序摆放整齐扣2分	20	
7	工单	填写工单	维修记录字迹潦草扣2分 填写不完整，每项扣1分	10	
合计				100	

项目三

发动机机油压力过低的故障诊断

5.3.1 机油压力过低的故障诊断

1. 故障现象

发动机运行过程中，仪表板机油压力过低报警灯点亮，蜂鸣器发出报警。

2. 故障原因

（1）机油压力传感器故障。
（2）油底壳机油油面太低。
（3）机油被稀释。
（4）机油黏度降低。
（5）机油泵磨损或损坏。
（6）内、外机油管路有泄漏。
（7）限压阀调整不当、关闭不严、弹簧折断。
（8）集滤器滤网堵塞。
（9）主轴承、连杆轴承、凸轮轴轴承磨损或损坏。

3. 诊断步骤

（1）拔出机油尺检查机油量是否过少。

（2）检查机油黏度是否变小，是否有汽油或水分。若有，则应进一步检查何处渗漏。

（3）检查机油是否有泄漏。

（4）拆下机油压力传感器，安装一个压力表，起动发动机，若机油压力正常，则可能机油压力传感器故障；若机油压力不正常，应检查滤芯、旁通阀、限压阀、机油进油管、集滤器、机油泵等工作是否正常。

（5）若润滑系统部件都正常，则考虑主轴承、连杆轴承、凸轮轴轴承等是否磨损或损坏。

4. 故障实例

一辆大众捷达轿车，行驶里程为 37 400 km。怠速时机油压力报警灯闪亮，气门间隙调节器有“啪啪”异响，发动机转速在 2 100 r/min 以上时，蜂鸣器发出报警。

该故障原因可能是机油压力太低。检查机油油面正常，但油质发黑并且黏度不足，拧下机油滤清器上部的高压开关，连接大众公司专用工具机油压力表 VSG1342，起动发动机怠速运转，发现机油压力值为 10 kPa，而正常时应 >30 kPa，一般实际测量值都在 15 kPa 左右。拆下油底壳，发现机油泵进油滤网被一层很厚的油泥胶质堵住，清洗滤网并更换指定标号的机油后起动发动机，异响消除，机油压力报警灯也不再报警。

原来，此车使用某牌号质量级别为 SE 级机油，且每行驶 10 000 km 才更换一次机油，而捷达轿车使用说明书规定，要使用质量等级为 SF 级以上机油，黏度为 15W/40（华北地区全年使用），每行驶 7 500 km 应更换一次机油。如果使用 SE 级机油，换油周期不能超过 5 000 km。该车因用油不当造成故障。所以，正确选用机油是非常重要的。

5.3.2 曲轴箱通风

1. 曲轴箱通风的作用

发动机工作时，会有少量的未燃混合气和燃烧后的废气经活塞与气缸的间隙漏入曲轴箱，造成以下后果：

（1）汽油蒸气稀释机油，使其性能变差。

（2）水蒸气凝结进入机油形成泡沫，乳化机油。

（3）废气中的 SO_2 遇水形成硫酸腐蚀发动机机件。

（4）曲轴箱内压力增大，破坏密封，导致发动机渗漏。

因此，必须随时将漏入曲轴箱内的气体抽出，再补充进去新鲜空气，这就叫曲轴箱通风。

曲轴箱通风一般有两种方式：柴油机常用自然通风，即将漏入曲轴箱内的气体直接排入大气；汽油机大多采用强制通风，即利用节气门后的真空度，将漏入曲轴箱内的气体强制吸入进气管进入气缸再燃烧，利于提高发动机经济性，减少排气污染。

2. 曲轴箱通风的工作

如图 5－3－1 所示，曲轴箱通风的一条管路连接节气门后方，利用节气门后方的真空将曲轴箱内气体抽回气缸，为防止怠速及小负荷时吸力过大将机油吸入气缸，装有一个 PCV 阀。另一条管路连接节气门前方，向曲轴箱内补充新鲜空气。

PCV 阀结构和工作示意图如图 5－3－2 所示，PCV 阀直径为上小下大的锥形。发动机停机时，在弹簧力作用下，PCV 阀下方关闭［图 5－3－2（a）］；怠速及小负荷或减速时，真空吸力较大，PCV 阀被吸到上方，通气道变小，防止吸入机油及过多空气进入气缸［图 5－3－2（b）］；正常工作时，真空吸力变小，通道保持在比怠速时通道稍大的位置

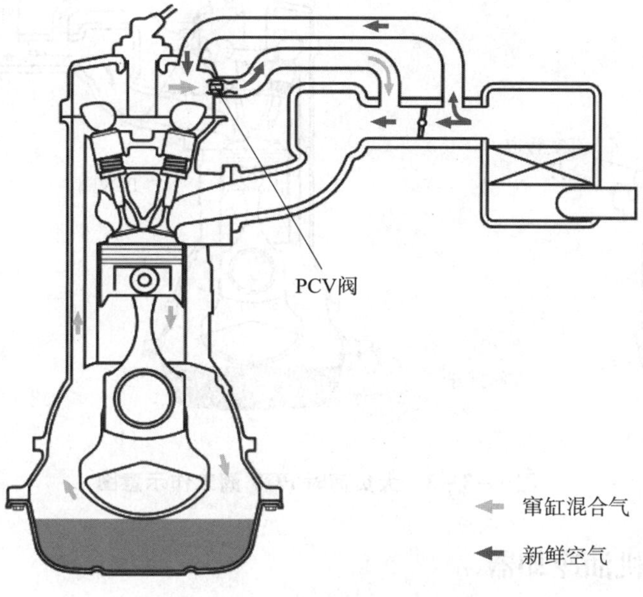

图 5－3－1　曲轴箱强制通风示意图

［图 5－3－2（c）］。大负荷工作时，节气门后方真空吸力最小，通道保持在全开的位置［图 5－3－3（a）］，当漏入曲轴箱内的气体过多时，两条气道同时将曲轴箱的气体引入气缸［图 5－3－3（b）］。

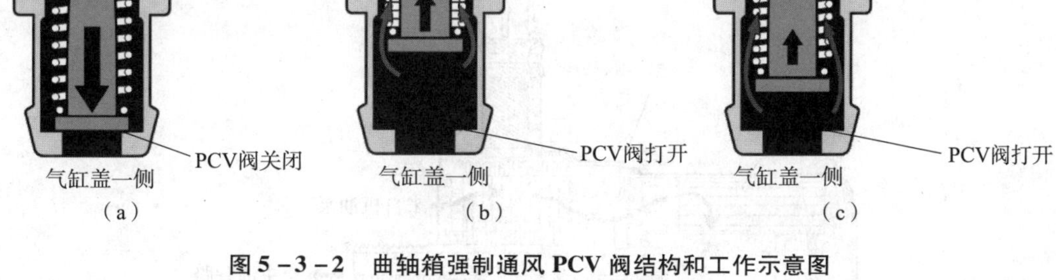

图 5－3－2　曲轴箱强制通风 PCV 阀结构和工作示意图

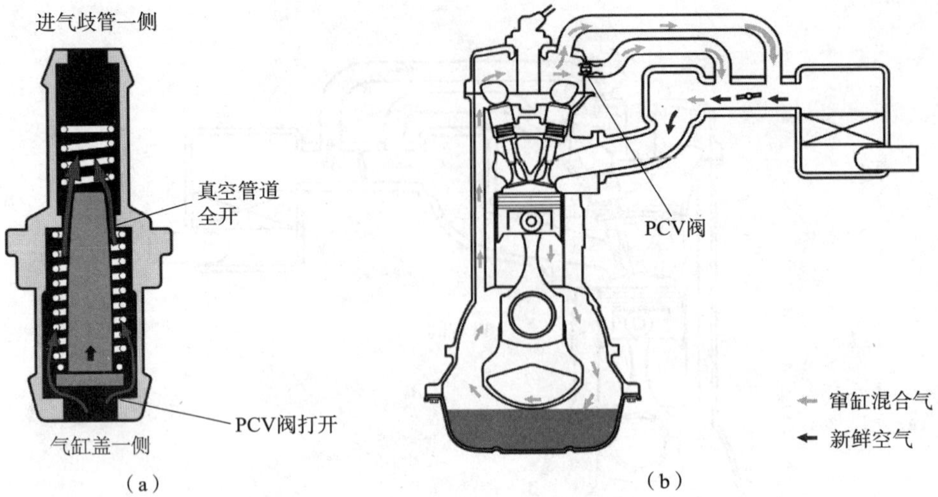

图 5-3-3　大负荷时 PCV 阀工作示意图

5.3.3　机油冷却器

如果发动机机油的温度未升至 100 ℃以上，这是最优状态。但是，如果温度升至 125 ℃以上，则发动机润滑性能将急剧下降。为保持润滑性能，有些发动机装备了机油冷却器。

机油冷却器置于冷却水路中，利用冷却水的温度来控制机油的温度。当机油温度高时，靠冷却水降温，发动机起动时，则从冷却水吸收热量使机油迅速提高温度。

正常状态下，全部机油都应流入机油冷却器，经冷却后再流向发动机各个部分。

在较低温度时，机油黏度较高，易于产生较高的油压。当机油冷却器流入侧和流出侧的压差上升至超过规定值时，旁通阀打开。来自机油泵的机油将从机油冷却器旁通油路，直接流至发动机的其他部分，从而防止烧损故障。

机油冷却器，如图 5-3-4、图 5-3-5 所示由铝合金铸成的壳体、前盖、后盖和铜芯管组成。为了加强冷却，管外又套装了散热片。冷却水在管外流动，机油在管内流动，两者进行热量交换。也有使油在管外流动而水在管内流动的结构。

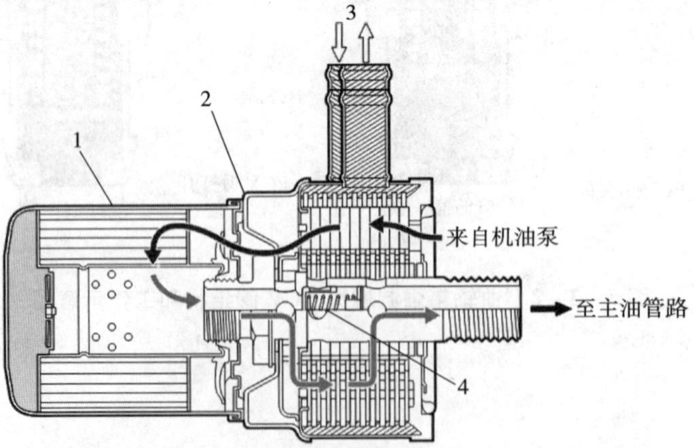

图 5-3-4　与机油滤清器一体的水冷式机油冷却器

1—机油滤清器；2—机油冷却器；3—发动机冷却液；4—旁通阀

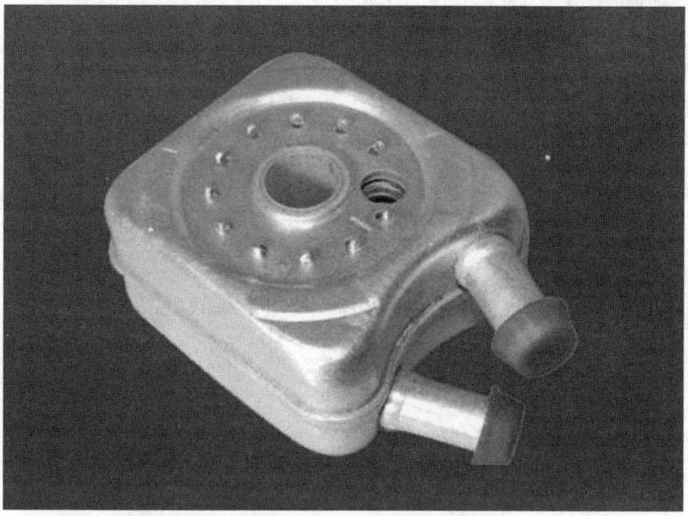

图 5-3-5 水冷式机油冷却器

习题

一、判断题

（　　）1. 机油油量不足或机油黏度过低会造成机油压力低。

（　　）2. 若曲轴主轴承与轴径的配合间隙过大，则机油压力下降，油膜难以形成。所以，配合间隙越小，油膜越易形成。

（　　）3. 由于机油粗滤器串联于主油道中，所以一旦粗滤器堵塞，主油道中机油压力会下降为零。

（　　）4. 采用曲轴箱自然通风的结构装有 PCV 阀。

（　　）5. 机油冷却器多采用水冷式。

（　　）6. 油压警告灯是机油压力过低的警告装置。

（　　）7. 曲轴箱通风单向阀的失效会造成发动机低速时运转不稳定。

二、单项选择题

1. 若曲轴主轴承、连杆轴承或凸轮轴轴承间隙过大会造成（　　）。

A. 机油压力过高　　B. 机油压力过低

C. 机油压力不确定　　D. 机油压力一定

2. 曲轴箱通风的目的主要是（　　）。

A. 排出水和汽油

B. 排出漏入曲轴箱内的可燃混合气与废气

C. 冷却润滑油

D. 向曲轴箱供给氧气

3. 大多数汽油机都采用（　　）。

A. 自然通风法　　B. 强制通风法

C. 两种通风法都采用

4. 单向流量控制阀（PCV 阀）的作用是（　　）。
   A. 防止怠速时混合气被吸入曲轴箱
   B. 防止高速时混合气被吸入曲轴箱内
   C. 防止怠速时机油被吸入气
   D. 防止怠速时曲轴箱内气体吸入气缸冲淡混合气
5. 新装的发动机，若曲轴主轴承间隙偏小，将会导致机油压力（　　）。
   A. 过高　　　　B. 过低
   C. 略偏高　　　D. 略偏低

班级：____________ 指导教师：____________
组号：____________ 组员：____________________________________

项目三 发动机机油压力过低故障诊断工作页

一、准备工作

（1）设备：整车或发动机台架、工作台。

（2）工具与量具：常用、专用拆装工具、诊断工具。

（3）手册。

（4）耗材、工单及其他：清洁用棉布、工单、手套等。

二、工作过程

车辆信息	整车型号	
	车辆识别代码	
	发动机型号	

1. 情况问询

结果记录：

2. 故障验证

结果记录：

3. 故障可能原因分析

原因分析：

4. 诊断过程

过程记录：

5. 故障排除

6. 维修结论

三、5S 工作

（1）工量具清洁、收纳、归位；

（2）零件清洁、归位；

（3）维修手册归位；

（4）清洁工作台、台架发动机，耗材按使用情况整理归位或丢入垃圾桶；

（5）清洁实训用车辆、关闭车窗、断电、锁车门；

（6）清扫实训场地并清空垃圾，关灯、关门。

班级：＿＿＿＿＿＿＿　　指导教师：＿＿＿＿＿＿＿

组号：＿＿＿＿＿＿＿　　组员：＿＿＿＿＿＿＿＿＿＿＿＿＿＿＿＿＿＿＿＿

项目三　发动机机油压力过低故障诊断评分表

序号	项目	操作内容	评判标准	配分	扣分
1	车辆信息	车辆识别代码、整车型号、发动机型号	漏一项或不正确扣1分	3	
2	车辆保护	外部三件套、内部四件套	少一项或不合适扣1分	7	
3	安全预检	车轮挡块、尾排安装、挡位位置、手刹拉上、机油液位、冷却液位、制动液位、电瓶电压	未检查或做不到位任一项，扣1分	8	
4	情况问询	故障发生时间、地点	少一项或不合适扣2分	8	
		行驶路况、里程			
		其他异常情况			
		以往维修情况			
5	故障验证	验证所述故障现象 目视检查相关可疑部位	少一项或不合适扣3分	6	
6	维修手册	正确选择维修手册	页码不对扣2分，不会查数据扣3分	3	
7	故障可能原因分析	机油	答对一项得1分	10	
		润滑系统部件			
		其他			
8	诊断过程	由简到繁	好30～27分、较好26～23分、中22～18分、差18分以下	30	
9	故障排除	确认故障所在并排除	未排除扣5分	5	
10	工具量具使用	熟练程度（由考官判定）	分为好4分、较好3分、中2分、差1分	4	
11	5S	着装干净整洁、无佩饰，着工作鞋	有一项不合格扣1分	2	
		作业中工作台、量具摆放等整齐、及时复位	摆放无序扣1分，有堆放扣1分	5	
			量具未及时复位一次扣1分		
		废弃物处理	废弃物未处理扣2分	2	

续表

序号	项目	操作内容	评判标准	配分	扣分
12	工作安全	作业操作	操作姿势一次不正确扣1分，操作不规范一次扣1分	5	
		操作中人身损伤	因操作失误造成损伤直接扣5分，非操作失误原因等其他因素导致损伤扣3分		
		重大安全事故	出现操作错误取消考生该项目资格		
13	工单	填写工单	整齐，作业后及时、如实填写	2	
合计				100	

参 考 文 献

［1］刘志忠．汽车发动机机械系统检修［M］．北京：清华大学出版社，2012.

［2］向志伟．汽车发动机构造与维修一体教程［M］．沈阳：东北大学出版社，2015.

［3］潘伟荣，刘越琪．汽车结构与拆装［M］．2 版．北京：人民交通出版社，2014.